敬学·高等职业教育人文素质菁华
21世纪高职高专公共基础课规划教材

普通话口语交际

主　编　陈晓云
副主编　吴晓辉　陈再平
编　委　李卫清　兰　薇　涂兰娟
　　　　余　敏　丰津玉　汪　怡
　　　　赵　辛　乐　艳　罗　霄

华中科技大学出版社
http://www.hustp.com
中国·武汉

图书在版编目(CIP)数据

普通话口语交际/陈晓云　主编.—武汉：华中科技大学出版社,2011.9(2024.1重印)

ISBN 978-7-5609-7164-3

Ⅰ.普…　Ⅱ.陈…　Ⅲ.普通话-口语　Ⅳ.H193.2

中国版本图书馆 CIP 数据核字(2011)第 108523 号

普通话口语交际　　　　　　　　　　　　　　　陈晓云　主编
Putonghua Kouyu Jiaoji

策划编辑：张　毅	
责任编辑：张　毅	
封面设计：刘　卉	
责任校对：马燕红	
责任监印：曾　婷	

出版发行：华中科技大学出版社(中国·武汉)　　电话：(027)81321913
　　　　　武汉市东湖新技术开发区华工科技园　　邮编：430223

录　　排：禾木图文工作室
印　　刷：武汉邮科印务有限公司
开　　本：787 mm×960 mm　1/16
印　　张：20.5
字　　数：420 千字
版　　次：2024 年 1 月第 1 版第 3 次印刷
定　　价：40.00 元

本书若有印装质量问题，请向出版社营销中心调换
全国免费服务热线：400-6679-118　　竭诚为您服务
版权所有　侵权必究

前　言

语言是人类最重要的交际工具,是人类特有的交际技能。普通话作为我国的共同语言,优美而庄重,说普通话、用普通话进行沟通,这是时代的要求。大力推广普通话是《中华人民共和国宪法》和《中华人民共和国国家通用语言文字法》所规定的基本国策,推广普通话有利于维护民族团结、增强民族凝聚力,有利于对外开放交流,也有利于促进社会主义先进文化建设。在人才必备的基本素质中,普通话口语交际能力是一种可感性较强的显性素质,它是诸多隐性素质的物质外化。所以,加强大学生语言能力的培养和提高,是高等院校适应社会发展、培养合格人才的需要,也是大学生自身发展的需要。

本书主要针对高职院校普通话训练和口语交际训练而编写,共分上、下两篇:上篇内容主要为普通话基础知识及训练,包括普通话概述、声母和韵母及其辨正、音节、音变、作品朗读、命题说话、测试要求等;下篇内容主要为口语交际及训练,包括交谈、主持与致辞、求职应聘、谈判与推销、演讲与辩论等。编排体例上,普通话与口语交际两条主线并行贯穿整部教材。普通话训练部分,着重在掌握语音知识的基础上进行音节、音变及作品朗读的训练,使普通话水平与应试能力在各项基础训练中得到提高。口语交际部分,选材用例和训练设计尽可能贴近社会交往和职场沟通的需要,训练点尽可能选取职业院校学生的共性技能。同时,实践环节注重课堂教学训练、课外训练和日常口语交际相结合。全书尽量做到理论阐述系统全面,内容编排合理,实例分析新颖透彻,训练内容针对性强。

参加全书编写的有:李卫清(第一章)、陈晓云(第二章、第七章、附录)、丰津玉(第三章)、涂兰娟(第四章)、赵辛(第五章)、余敏(第六章、第九章)、吴晓辉(第八章)、乐艳(第十章)、陈再平(第十一章)、兰薇(第十二章)、罗霄(第十三章)、汪怡(第十四章)。

同时,限于我们的知识能力,书中难免有不成熟和错漏之处,敬请广大读者批评指正。

编　者

目 录

上篇

第一章 普通话与汉语方言 (2)
    第一节 普通话与方言 (2)
    第二节 汉语拼音方案 (5)
    第三节 声调、调类和调值 (9)

第二章 声母 (16)
    第一节 声母的分类与发音 (16)
    第二节 声母辨正 (20)

第三章 韵母 (27)
    第一节 韵母的分类与发音 (27)
    第二节 韵母辨正 (30)

第四章 普通话音节 (35)
    第一节 普通话音节的结构和拼写规则 (35)
    第二节 音节拼读 (39)
    第三节 普通话的音节变化 (41)

第五章 普通话朗读 (51)
    第一节 朗读的基本要求与技巧 (51)
    第二节 不同文体的朗读 (61)

第六章 普通话水平测试——命题说话 (72)
    第一节 命题说话的要求与准备 (72)
    第二节 命题说话提纲分析 (80)

第七章 普通话水平测试 (86)
    第一节 普通话水平测试的性质与等级标准 (86)
    第二节 普通话水平测试应试技巧 (91)

下篇

第八章 交谈 (98)
    第一节 交谈的特征和形式 (98)
    第二节 交谈的基本原则 (101)

第三节　交谈的技巧⋯⋯⋯⋯⋯⋯⋯⋯⋯⋯⋯⋯⋯⋯⋯⋯⋯（105）
　　　第四节　电话交谈⋯⋯⋯⋯⋯⋯⋯⋯⋯⋯⋯⋯⋯⋯⋯⋯⋯⋯（113）
第九章　介绍与解说⋯⋯⋯⋯⋯⋯⋯⋯⋯⋯⋯⋯⋯⋯⋯⋯⋯⋯⋯（120）
　　　第一节　介绍⋯⋯⋯⋯⋯⋯⋯⋯⋯⋯⋯⋯⋯⋯⋯⋯⋯⋯⋯⋯（120）
　　　第二节　解说⋯⋯⋯⋯⋯⋯⋯⋯⋯⋯⋯⋯⋯⋯⋯⋯⋯⋯⋯⋯（125）
第十章　主持与致辞⋯⋯⋯⋯⋯⋯⋯⋯⋯⋯⋯⋯⋯⋯⋯⋯⋯⋯⋯（130）
　　　第一节　主持⋯⋯⋯⋯⋯⋯⋯⋯⋯⋯⋯⋯⋯⋯⋯⋯⋯⋯⋯⋯（130）
　　　第二节　致辞⋯⋯⋯⋯⋯⋯⋯⋯⋯⋯⋯⋯⋯⋯⋯⋯⋯⋯⋯⋯（135）
第十一章　求职应聘⋯⋯⋯⋯⋯⋯⋯⋯⋯⋯⋯⋯⋯⋯⋯⋯⋯⋯⋯（143）
　　　第一节　应聘交谈的原则⋯⋯⋯⋯⋯⋯⋯⋯⋯⋯⋯⋯⋯⋯⋯（143）
　　　第二节　应聘提问及答复⋯⋯⋯⋯⋯⋯⋯⋯⋯⋯⋯⋯⋯⋯⋯（147）
　　　第三节　面试的基本形式⋯⋯⋯⋯⋯⋯⋯⋯⋯⋯⋯⋯⋯⋯⋯（158）
第十二章　推销与谈判⋯⋯⋯⋯⋯⋯⋯⋯⋯⋯⋯⋯⋯⋯⋯⋯⋯⋯（162）
　　　第一节　推销口才⋯⋯⋯⋯⋯⋯⋯⋯⋯⋯⋯⋯⋯⋯⋯⋯⋯⋯（162）
　　　第二节　谈判口才⋯⋯⋯⋯⋯⋯⋯⋯⋯⋯⋯⋯⋯⋯⋯⋯⋯⋯（166）
　　　第三节　推销与谈判案例分析⋯⋯⋯⋯⋯⋯⋯⋯⋯⋯⋯⋯⋯（173）
第十三章　接待与洽谈⋯⋯⋯⋯⋯⋯⋯⋯⋯⋯⋯⋯⋯⋯⋯⋯⋯⋯（179）
　　　第一节　接待⋯⋯⋯⋯⋯⋯⋯⋯⋯⋯⋯⋯⋯⋯⋯⋯⋯⋯⋯⋯（179）
　　　第二节　洽谈⋯⋯⋯⋯⋯⋯⋯⋯⋯⋯⋯⋯⋯⋯⋯⋯⋯⋯⋯⋯（185）
第十四章　演讲与辩论⋯⋯⋯⋯⋯⋯⋯⋯⋯⋯⋯⋯⋯⋯⋯⋯⋯⋯（192）
　　　第一节　演讲概述⋯⋯⋯⋯⋯⋯⋯⋯⋯⋯⋯⋯⋯⋯⋯⋯⋯⋯（192）
　　　第二节　命题演讲⋯⋯⋯⋯⋯⋯⋯⋯⋯⋯⋯⋯⋯⋯⋯⋯⋯⋯（194）
　　　第三节　即兴演讲⋯⋯⋯⋯⋯⋯⋯⋯⋯⋯⋯⋯⋯⋯⋯⋯⋯⋯（202）
　　　第四节　辩论⋯⋯⋯⋯⋯⋯⋯⋯⋯⋯⋯⋯⋯⋯⋯⋯⋯⋯⋯⋯（205）
附录一　普通话异读词审音表⋯⋯⋯⋯⋯⋯⋯⋯⋯⋯⋯⋯⋯⋯⋯（217）
附录二　多音多义字表⋯⋯⋯⋯⋯⋯⋯⋯⋯⋯⋯⋯⋯⋯⋯⋯⋯⋯（247）
附录三　普通话水平测试用必读轻声词语表⋯⋯⋯⋯⋯⋯⋯⋯⋯（262）
附录四　普通话水平测试用儿化词语表⋯⋯⋯⋯⋯⋯⋯⋯⋯⋯⋯（268）
附录五　普通话水平测试等级标准(试行)⋯⋯⋯⋯⋯⋯⋯⋯⋯⋯（273）
附录六　计算机辅助普通话水平测试第四题评分补充规定(试行)⋯（274）
附录七　常见语音错误、语音缺陷举例⋯⋯⋯⋯⋯⋯⋯⋯⋯⋯⋯（275）
附录八　湖北省普通话水平测试朗读作品⋯⋯⋯⋯⋯⋯⋯⋯⋯⋯（277）
参考文献⋯⋯⋯⋯⋯⋯⋯⋯⋯⋯⋯⋯⋯⋯⋯⋯⋯⋯⋯⋯⋯⋯⋯⋯（320）

上篇

ONE 第一章
普通话与汉语方言

第一节 普通话与方言

一、普通话

语言是人类最重要的交际工具。但是,汉语还存在比较严重的方言分歧,给人们交往带来不便,因此需要一种通行全国的共同语言,这就是普通话。

1. 普通话的定义

普通话是以北京语音为标准音、以北方话为基础方言、以典范的现代白话文著作为语法规范的现代汉民族通用的语言,也是我国各民族各地区文化、经济交流的国家通用语言。

普通话是在以北京话为代表的北方方言的基础上形成的。北方方言之所以能成为民族共同语——普通话的基础方言,取决于以下两点:一是在我国长江以北的广大地域,包括云南省、贵州省、四川省在内,北方方言是可以通行的;二是从历史上看,我国北方一直都是政治、经济、文化的中心,秦汉至宋代,历代王朝大多在北方建都,元、明、清三代都城都在北京,北方方言的地位和影响是不言而喻的。

2. 普通话规范的标准

普通话是一种规范的语言。它的语音、词汇和语法都有明确的规范标准,这就是普通话定义中的三条标准。

1) 普通话以北京语音为标准音

"以北京语音为标准音",指普通话词语的读音是北京语音。普通话采用了北京话的声、韵、调系统。不过,普通话以北京语音为标准音,并不是一概照搬。作为一种规范的语言,普通话已经摒弃了北京语音中未加规范的成分,如:土音土语,儿化音过多,鼻音过重,口语里较多的连音、减音等现象;另外,普通话的腔调与北京话也有明显的差异。

2) 普通话以北方话为基础方言

"以北方话为基础方言",指普通话是在北方方言的基础上形成的,这也是普通话的词汇标准。也就是说,北方方言(或称官话方言)是普通话的基础方言,北方方言的词汇是普通话词汇的基础。普通话主要以北方方言词汇作为自己的词汇,指的是那些在北方方言区内能够通行的词汇,并不是指北方方言区内的所有词汇。因此,北方方言词汇不等于普通话词汇。普通话词汇除了采用北方方言词汇外,还吸收了古词语(如"华诞")、有表现力的方言词(如"给力")及外来词汇(如"巧克力"),同时普通话词汇本身也要发展,随着社会的发展和社会生活的需求还会不断产生一些新词语(如"量贩店")。

3) 普通话以典范的现代白话文著作为语法规范

"以典范的现代白话文著作为语法规范",指普通话的语法是以典范的现代白话文著作的语法规则作为语法标准的。如《毛泽东选集》,鲁迅、郭沫若的著作,以及国家的法令、文件等。当然,普通话也不一概采用这些著作中的所有语法模式,而是采用一般的、通行的语法规则。

二、推广普通话

《中华人民共和国宪法》明文规定:"国家推广全国通用的普通话。"《中华人民共和国国家通用语言文字法》明确指出:"普通话是国家通用语言。"

大力推广、积极普及全国通用的普通话,对克服语言隔阂、维护国家统一、增强中华民族的凝聚力、促进经济发展等具有重要的意义。从某种意义上说,语言的规范化、标准化程度,也是一个国家综合国力的重要体现之一。语言的规范化、标准化也是社会主义精神文明建设的重要组成部分。培养有理想、有道德、有文化、有纪律的社会主义公民,提高全民族的思想道德和科学文化素质,都离不开语言的规范化、标准化。

1. 推广普通话的方针

当前我国推广普通话的方针是"大力推行,积极普及,逐步提高"。这与过去"大力提倡,重点推行,逐步普及"的推广普通话方针相比,不难看出我国在强化政府行为、扩大普及范围、提高全民普通话应用水平方面提出了更高的要求。

21世纪我国推广普通话的战略目标是:2010年以前,普通话在全国范围内初步普及,交际中的方言隔阂基本消除,受过中等或中等以上教育的公民具备普通话的应用能力,并在必要的场合自觉地使用普通话,与口语表达关系密切行业的工作人员,其普通话水平达到相应的要求;21世纪中叶以前,普通话在全国范围内普及,交际中没有方言隔阂,经过未来四五十年的不懈努力,我国国民文化素质将大幅度提高,普通话的社会应用更加适应社会主义政治、经济、文化建设需要,形成与中等发达国家水平相适应的良好语言环境。

2. 当前推广普通话的任务

当前推广普通话工作,要认真贯彻《中华人民共和国国家通用语言文字法》,重点抓好以下几个方面的工作。

1）抓好国家机关的推广普通话工作

推广普通话，归根结底是一种政府行为。《中华人民共和国国家通用语言文字法》明确规定了国家和地方语言文字工作部门及相关部门对国家通用语言文字进行管理和监督的任务和职责；明确要求国家机关工作人员在办公、会议、面向社会公众讲话等公务活动中应当使用普通话。而从确立国家意识、法制意识、现代意识，从提高个人素质、改善自我形象、提高工作效率和工作质量的角度看，国家机关工作人员在推广普通话工作中也理所当然地站在最前列，做出表率。

2）抓好学校的推广普通话工作

推广普通话，学校教育是基础。学校校园用语，特别是教学用语使用普通话，使受教育者接受普通话教育的熏陶，这就为国家推广和普及普通话奠定了坚实的基础。

学校推广普通话，要根据《中华人民共和国国家通用语言文字法》，把普及普通话纳入学校的培养目标和教学内容，纳入对教师的基本要求。各级各类学校都必须把推广普通话工作列入学校的工作计划，提出工作目标和要求，建立必要的规章制度，配备必要的专兼职人员来抓这项工作，从"教学用语必须使用普通话"入手，进而实现校园用语使用普通话的目标。

3）抓好广播电视部门和服务行业的推广普通话工作

广播、电视、电影是通过声像进行信息传播的媒体，在我国社会主义物质文明建设和精神文明建设中具有特殊的重要意义。广播、电视又是党和政府的宣传工具。播音员、主持人使用标准的普通话，可以提高宣传质量，有利于优化推广普通话环境，同时也有直接教育、引导群众学习普通话的积极作用。服务行业是推广普通话工作的重要窗口，大力推广普通话，使各类人员达到文明用语、规范用语要求，对提高服务质量和工作效率，对树立窗口服务行业的形象意义重大。同时，服务行业又是社会交际的重要场所，服务行业从业人员广泛而直接地与群众接触，服务行业从业人员坚持使用普通话，可以全方位、多层面地创造良好的社会推广普通话大环境，这无疑将会大大有利于我国的推广普通话工作。

三、现代汉语方言

现代汉语方言是与民族共同语相比较而言的，现代汉语方言与民族共同语——普通话，是现代汉语的不同分支。普通话是现代汉语发展的一种高级形式。普通话与方言的差异主要表现在语音方面，词汇和语法方面也有一定差异。

方言是语言的地方变体，是通行于某一地域的语言。山川地理阻隔，交通不便，行政区划形成的封闭性、人口流动、迁徙等，是导致各地方言差异的主要原因。我国幅员辽阔，人口众多，由于历史和现实的多种因素，造成我国汉语方言复杂、分歧严重、南北方言难以交流的现实。语言学家根据方言的不同特征,划分了七大方言区。

1．北方方言

北方方言习惯上称为"官话",有东北官话、西北官话、晋话、西南官话等,以北京话为代表,内部一致性较强。包括长江以北,长江下游镇江以上、九江以下的沿江地带,四川省、云南省、贵州省、湖北、湖南两省的西北部,广西壮族自治区北部一带。在各方言中,北方方言分布地域最广,使用人数最多,占汉族总人数的70%以上。

2．吴方言

吴方言被誉为"吴侬软语",以上海话为代表(一说以苏州话为代表)。包括江苏省长江以南、镇江以东部分(镇江不在内),浙江省大部分。使用人数占汉族总人数的8.4%左右。

3．湘方言

湘方言以长沙话为代表,分布在湖南省大部分地区,使用人数占汉族总人数的5%左右。

4．赣方言

赣方言以南昌话为代表,主要分布在江西省(东部沿江地带和南部除外)以及湖北省东南一带,使用人数占汉族总人数的2.4%左右。

5．客家方言

客家方言以广东梅县话为代表,主要分布在广东省东部、南部和北部,广西壮族自治区东南部,福建省西部,江西省南部,以及湖南省、四川省的少数地区,使用人数占汉族总人数的4%左右。

6．闽方言

闽方言习惯上称为"客家话",以广东省东部、江西省南部、福建省西部连片最为集中,广泛分布于广东省、福建省、江西省、四川省、湖南省、海南省、广西壮族自治区以及台湾、香港、澳门地区,使用人数占汉族总人数的4%左右。

7．粤方言

粤方言以广州话为代表,分布在广东省大部分地区和广西壮族自治区东南部。香港、澳门地区同胞和南洋及其他一些国家的华侨,大多说粤方言,使用人数占汉族总人数的5%左右。

第二节　汉语拼音方案

一、汉语拼音方案发展历程

1958年2月11日,第一届全国人民代表大会第五次会议讨论了国务院周恩

来总理提出的关于汉语拼音方案草案的议案,以及中国文字改革委员会吴玉章主任关于当前文字改革和汉语拼音方案的报告,决定:

(一)批准汉语拼音方案;

(二)原则同意吴玉章主任关于当前文字改革和汉语拼音方案的报告,认为应该继续简化汉字,积极推广普通话;汉语拼音方案作为帮助学习汉字和推广普通话的工具,应该首先在师范、中、小学校进行教学,积累教学经验,同时在出版等方面逐步推行,并且在实践过程中继续求得方案的进一步完善。

1998年2月11日,为纪念《汉语拼音方案》颁布40周年,国家语委在京举行座谈会。与会专家学者认为,汉语拼音从应用上看更方便,注音更为准确,与现代技术的联结更为直接,某种程度上已经发展为一种辅助性文字。在国际上它已成为国际标准化组织通过的情报网络、图书馆和文献管理中拼写汉语的国际标准。专家们特别指出,今天的汉语拼音不仅是识字教育的基本工具,而且是信息处理领域的有力工具。近年来以拼音方案为基础的计算机汉字编码输入方法的普遍运用,促进了我国计算机应用的普及;推行《汉语拼音方案》并以之推广普通话等方面的成果,越来越多地用于中文信息处理,为我国信息技术的发展提供了有利条件。

二、汉语拼音方案的特点

(1)只用国际通用的26个字母,不增加新字母;

(2)尽量不用附加符号(只用了两个附加符号);

(3)尽量不用变读;

(4)采用y,w和隔音符号"'"来隔音;

(5)采用四个双字母zh,ch,sh,ng;

(6)采用四个声调符号来表示阴平、阳平、上声、去声四个调类;

(7)采用拉丁字母通用的字母表顺序,并确定了汉语拼音字母的名称。

三、汉语拼音方案

1. 字母

字母表如表1-1所示。

V只用来拼写外来语、少数民族语言和方言。字母的手写体依照拉丁字母的一般书写习惯。

2. 声母

声母表如表1-2所示。

3. 韵母

韵母表如表1-3所示。

表 1-1　字母表

字母	名称	字母	名称	字母	名称	字母	名称
Aa	ㄚ	Hh	ㄏㄚ	Oo	ㄛ	Vv	ㄞㄝ
Bb	ㄅㄝ	Ii	ㄧ	Pp	ㄆㄝ	Ww	ㄨㄚ
Cc	ㄘㄝ	Jj	ㄐㄧㄝ	Qq	ㄑㄧㄡ	Xx	ㄒㄧ
Dd	ㄉㄝ	Kk	ㄎㄝ	Rr	ㄚㄦ	Yy	ㄧㄚ
Ee	ㄜ	Ll	ㄝㄌ	Ss	ㄝㄙ	Zz	ㄗㄝ
Ff	ㄝㄈ	Mm	ㄝㄇ	Tt	ㄊㄝ		
Gg	ㄍㄝ	Nn	ㄋㄝ	Uu	ㄨ		

表 1-2　声母表

b	p	m	f	d	t	n	l
ㄅ玻	ㄆ坡	ㄇ摸	ㄈ佛	ㄉ得	ㄊ特	ㄋ讷	ㄌ勒
g	k	h		j	q	x	
ㄍ哥	ㄎ科	ㄏ喝		ㄐ基	ㄑ欺	ㄒ希	
zh	ch	sh	r	z	c	s	
ㄓ知	ㄔ蚩	ㄕ诗	ㄖ日	ㄗ资	ㄘ雌	ㄙ思	

表 1-3　韵母表

		i ㄧ衣	u ㄨ乌	ü ㄩ迂
a	ㄚ啊	ia ㄧㄚ呀	ua ㄨㄚ蛙	
o	ㄛ喔		uo ㄨㄛ窝	
e	ㄜ鹅	ie ㄧㄝ耶		üe ㄩㄝ约
ai	ㄞ哀		uai ㄨㄞ歪	
ei	ㄟ诶		uei ㄨㄟ威	
ao	ㄠ熬	iao ㄧㄠ腰		
ou	ㄡ欧	iou ㄧㄡ忧		

续表

an ㄢ 安	ian ㄧㄢ 烟	uan ㄨㄢ 弯	üan ㄩㄢ 冤
en ㄣ 恩	in ㄧㄣ 因	uen ㄨㄣ 温	ün ㄩㄣ 晕
ang ㄤ 昂	iang ㄧㄤ 央	uang ㄨㄤ 汪	
eng ㄥ 亨	ing ㄧㄥ 英	ueng ㄨㄥ 翁	
ong ㄨㄥ 轰	iong ㄩㄥ 雍		

（1）知、蚩、诗、日、资、雌、思等字的韵母用 i，即：知、蚩、诗、日、资、雌、思等字拼做 zhi、chi、shi、ri、zi、ci、si。

（2）韵母儿写成 er，用做韵尾的时候写成 r。例如，"儿童"拼做 ertong，"花儿"拼做 huar。

（3）韵母 ㄝ 单用的时候写成 ê。

（4）i 行的韵母，前面没有声母的时候，写成 yi（衣）、ya（呀）、ye（耶）、yao（腰）、you（忧）、yan（烟）、yin（因）、yang（央）、ying（英）、yong（雍）。

u 行的韵母，前面没有声母的时候，写成 wu（乌）、wa（蛙）、wo（窝）、wai（歪）、wei（威）、wan（弯）、wen（温）、wang（汪）、weng（翁）。

ü 行的韵母，前面没有声母的时候，写成 yu（迂）、yue（约）、yuan（冤）、yun（晕），ü 上两点省略。

ü 行的韵母跟声母 j、q、x 拼的时候，写成 ju（居）、qu（区）、xu（虚），ü 上两点也省略；但是跟声母 n、l 拼的时候，仍然写成 nü（女）、lü（吕）。

（5）iou、uei、uen 前面加声母的时候，写成 iu、ui、un。例如，niu（牛）、gui（归）、lun（论）。

（6）在给汉字注音的时候，为了使拼式简短，ng 可以省作 ŋ。

4．声调符号

声调符号如表 1-4 所示。

1-4　声调符号

阴平	阳平	上声	去声
－	／	∨	＼

声调符号标在音节的主要母音上，轻声不标。例如，妈 mā（阴平）、麻 má（阳平）、马 mǎ（上声）、骂 mà（去声）、吗 ma（轻声）。

5. 隔音符号

a、o、e 开头的音节连接在其他音节后面的时候,如果音节的界限发生混淆,用隔音符号(')隔开,例如,pi'ao(皮袄)。

第三节　声调、调类和调值

一、声调

1. 声调的定义

声调亦称字调,在汉语中由音节内部的音高(音高是语音的四要素之一,是指声音音调的高低)变化构成。它是每一个音节所固有的声音的高低和升降,它主要是由音高决定的。音乐中的音阶也是由音高决定的,因此,声调可以用音阶来模拟,学习声调也可以借助自己的音乐感。但要注意,声调的音高是相对的,不是绝对的;声调的升降变化是滑动的,不像从一个音阶到另一个音阶那样跳跃式地移动。

2. 声调的作用

在汉语里,声调和语义关系很大,一个音节或同样的两个音节,由于声调不同就完全可以表示两种甚至更多的意思。有了声调,音节就有了不同的含义。在汉语里,声调是音节结构中不可缺少的组成部分,它同声母、韵母一样有区别意义的作用。例如:

题材—体裁　　联系—练习　　看书—砍树　　保卫—包围　　实施—事实

这些音节表示的词的意义不同,主要靠不同的声调来区别。在汉语里,一个音节可以没有声母,但韵母和声调是不可缺少的。例如,ai 这个音节,它没有声母,只有韵母,还能读出不同声调,表示不同意义的汉字(埃、挨、矮、爱)。再如,千、前、浅、欠,四个音节的声韵相同,但意义不同,是因为声调不同所致。

同时汉字因为有了抑扬顿挫的声调变化,汉语的音韵美才得以体现和发挥,才能充分地用来表达情感。

除此之外,声调还可以用来调节气息,纯正字音。可以通过对两字词及四字词的夸张练习来体会气息的运动,使字音准确、响亮。

二、调类和调值

1. 调类

调类是按照一种语言声调的调形和调值归纳出来的类别,简单地说就是声调的种类,即声调的分类。一种语言或方言有几个不同的声调,就有几个不同的调类。按照调值归纳出来,普通话有四种基本的调类,即阴平、阳平、上(shǎng)声、去声,也称为一声、二声、三声和四声。这是根据古汉语"平、上、去、入"的名称沿用下来的。

普通话四个声调的调型分别为平调、升调、曲折调和降调。具体地说,阴平声调高而平,是高平调;阳平由中音升到高音,是中升调;上声先降再升,是降升调;去声由高到低是高降调,也称为全降调。

2．调值

调值是声调的实际读法,即声调高低升降的具体变化。

调值有五度:低(1度)、中低(2度)、中(3度)、中高(4度)、高(5度)。

3．五度标记法

为了把调型和调值描写得具体形象,一般用"五度标记法"来表示。

"五度标记法"是用五度竖标来标记调值相对音高的一种方法。画一条竖线,分作四格五度,表示声调的相对音高,并在竖线的左侧画一条线,表示音高升降变化的形式。根据这条线的形式,制成五度标调符号,如果以1、2、3、4、5来表示相对音高从低到高的五个等级,那么阴平是一个高平调,调型为55;阳平是一个中升调,调型为35;上声是一个降升调,调型为214;去声是一个全降调,调型为51。发高音时,声带相对紧张;发低音时,声带相对松弛。其中上声的音长在四个声调中最长,去声则是最短。如图1-1所示。

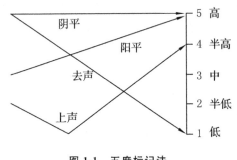

图1-1　五度标记法

4．普通话四个声调的五度标记法

(1)阴平　念高平,用五度标记法来表示,就是从5到5,写做55。声带绷到最紧,始终无明显变化,保持音高。例如:

青春光辉　春天花开　公司通知　新屋出租

(2)阳平　念中升,起音比阴平稍低,然后升到高。用五度标记法表示,就是从3升到5,写做35。声带从不松不紧开始,逐步绷紧,直到最紧,声音从不低不高到最高。例如:

人民银行　连年和平　农民犁田　圆形循环

(3)上声　念降升,起音半低,先降后升,用五度标记法表示,就是从2降到1再升到4,写做214。声带从略微有些紧张开始,立刻松弛下来,稍稍延长,然后迅速绷紧,但没有绷到最紧。例如:

彼此理解　理想美满　永远友好　管理很好

(4)去声　念高降(或称全降),起音高,接着往下滑,用五度标记法表示,就是

从5降到1,写做51。声带从紧开始到完全松弛为止,声音从高到低,音长是最短的。例如:

下次注意　世界教育　报告胜利　创造利润

把调类、调型和调值结合起来分析,可制成如表1-5所示的普通话声调表。

表1-5　普通话声调表

调类	调型	调值	调号	调值描写	例字
阴平	高平	55	¯	起音高高一路平	山
阳平	中升	35	´	由中到高往上升	明
上声	降升	214	ˇ	先降后升曲折起	水
去声	高降	51	`	高起猛降到底层	秀

总之,普通话的声调特点可以概括为"一平、二升、三曲、四降",调型差别较大,不易混淆。声调是普通话的"门面",声调读准了,普通话就基本像样了,读准声调就是调值到位。

三、声调的标记

《汉语拼音方案》规定声调符号标在主要元音上。普通话有10个主要元音,分别是:a、o、e、ê、i、u、ü、-i(舌尖前)、-i(舌尖后)、er。有一首顺口溜可以帮我们记住标调的方法:a、o、e、i、u、ü,标调时按顺序。i上标调去掉点,iu并排标后边。例如,huà(化)、xué(学)、jiào(教)、mǐ(米)、xiù(秀)等。

四、声调的特点和气息的运用

1. 普通话声调调值的特点

(1) 调型区分明显,普通话四个调类的调值为一平、二升、三曲、四降。

(2) 调值高扬成分多,阴平为高平调(55),阳平为中升调(35),上声为降升调调尾还是升到4(214),去声虽为全降调但头起得高(51)。

(3) 普通话四声调有高、低、升、降、平、曲,很有旋律感,富有音乐性。

2. 普通话声调的发音

(1) 阴平调:发音时,声带绷紧,起音高平莫低昂,气势平均不紧张。要保持住音高。例如,工兵、交通、播音、拥军。

(2) 阳平调:发音时,声带从不松不紧开始,逐渐绷紧,从中起音向上走,气息从弱渐强。例如,红旗、垂直、直达、团结。

(3) 上声:发音时,声带开始略微有些紧张,但立刻松弛下来,稍稍延长,然后迅速绷紧。声音先降后转上挑再扬上去,气息要稳住上走,并逐渐加强。例如,领导、厂长、广场、感想。

（4）去声：发音时，声带从紧开始到完全松弛为止。声音从最高往最低处走，气息从强到弱，要通畅，走到最低处，气息要托住，与声带配合好以避免声"劈"。例如，大厦、惧怕、布告、破例。

五、二字词练习要注意的问题

二字词练习过程中要注意如下问题。

（1）两个阴平连读时，很容易出现第二个音调值不够55，只有44的现象，或者阴平调的字在语句末尾时也会调值不够。这时，可以把第一个字音读成44，第二个念成55，符合听觉规律。例如，西安（44、55），而末尾的阴平字只能是55调。

（2）两个阳平连读时，很容易出现阳平拐弯的现象。前一个音由于受后一个音的影响，调值可以低一点念成34，后一个音念35。这样发音更充分。例如，红旗（34、35），声音直上避免拐弯。

（3）两个上声相连时，属于变调问题，讲变调时再谈。

（4）两个去声连读时，很容易出现起音时的高度达不到五度，下走气息托不住声音，产生"劈"的现象。发音时，可以把第一个音发成53调，第二个音的气息相对充分一些，发成51调。声音从上往下走，气息要饱满通畅，声音不能"劈"。

六、四字词练习要注意的问题

四字词可以用来进行声调准确与否的练习、气息的控制练习以及情感表达的练习。练习过程中要注意如下问题。

（1）声、韵、调要准确。

（2）通过对四声拉开立起的夸大练习，体会气息的支撑，下走音用气息托住，高音不挤，低音不散。

（3）通过对四字词的练习，体会声音弹性的变化，可以对声音进行大小、强弱、刚柔的调节。

（4）根据词语的意义，体会在不同的语境中，怎样以不同的情感进行表意，达到情、声、气完美的结合。

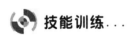 技能训练

━━━━━━━━━━━━━━━━━━━━━━━━━━━━━━━━━━

1. 调值训练

| 一 | 姨 | 乙 | 艺 | yī | yí | yǐ | yì |
| 辉 | 回 | 毁 | 惠 | huī | huí | huǐ | huì |

风	冯	讽	奉	fēng	féng	fěng	fèng
飞	肥	匪	费	fēi	féi	fěi	fèi
通	同	桶	痛	tōng	tóng	tǒng	tòng
迂	于	雨	遇	yū	yú	yǔ	yù

2．阴平调训练

磋商　颁发　悲观　参加　操心　冲锋　春天　粗心　丁香　东方

3．阳平调训练

才华　成员　重阳　船员　峨嵋　繁荣　格言　环球　华侨　宏图

4．上声调训练

产品　岛屿　典雅　腐朽　古典　果品　领土　口语　理解　简短

5．去声调训练

辩证　地震　赤道　电话　奉献　绿化　示范　债券　任用　惠顾

6．双音节对比训练

1）双音节同调训练

阴平＋阴平：

交通　出发　波涛　鲜花　炊烟　芳香　突出　功勋　推敲

阳平＋阳平：

驰名　前途　蓬勃　觉察　国籍　黎明　翱翔　习俗　重逢　岩石

去声＋去声：

荡漾　寂寞　陆续　认证　败诉　护照　浪漫　倡议　锻炼　盼望

2）双音节异调训练

阴平＋上声：

书法　山谷　终点　倾吐　标点　温暖　深浅　餐饮　嘉奖

阴平＋去声：

听众　膝盖　欢乐　机智　拍摄　督促　收获　称赞　精干　松树

阳平＋阴平：

长期　迎接　明天　研究　节约　学说　节拍　烛光　石雕　人间

阴平＋阳平：

奔流　蹉跎　观察　生活　积极　帆船　苍茫　忧愁　清明　胸膛

阳平＋上声：

雄伟　没有　即使　营养　滑雪　平等　拂晓　尘土　明显　晴朗

阳平＋去声：

回忆　于是　难道　文化　跋涉　决策　农谚　残废　迟到　答辩

去声＋阴平：

汽车　大约　健康　信息　唱歌　桂花　信心　故乡　电灯

去声＋阳平：
化学　调查　住房　事宜　斥责　克服　树林　玉石　善良　汽油

去声＋上声：
具有　袖口　跳舞　后悔　彻底　翅膀　电影　乐曲　地址　汉语

3) 四声顺序训练
山明水秀　天然宝藏　千锤百炼　中流砥柱　心明眼亮　兵强马壮

4) 四声逆序训练
暴雨狂风　绿草如茵　大显神通　调虎离山　奋笔疾书　厚古薄今

5) **容易读错声调的词语**

笨拙 bènzhuō	泯灭 mǐnmiè	筵席 yánxí	斐然 fěirán
成绩 chéngjì	黄鹂 huánglí	诤友 zhèngyǒu	后裔 hòuyì
花蕾 huālěi	堆积 duījī	帆船 fānchuán	扼要 èyào
侮蔑 wǔmiè	牛鞅 niúyàng	号召 hàozhào	肖像 xiàoxiàng
狩猎 shòuliè	迄今 qìjīn	卓越 zhuóyuè	勾当 gòudàng
挣命 zhèngmìng	毗邻 pílín	瘙痒 sàoyǎng	庇荫 bìyìn
污垢 wūgòu	荟萃 huìcuì	贮藏 zhùcáng	蛲虫 náochóng
花卉 huāhuì	文牍 wéndú	痔瘘 zhìlòu	老茧 lǎojiǎn
蜚声 fēishēng	网兜 wǎngdōu	蛰伏 zhéfú	糠秕 kāngbǐ
肚脐 dùqí	陀螺 tuóluó	渣滓 zhāzǐ	缄默 jiānmò
苍术 cāngzhú	头颅 tóulú	糟粕 zāopò	戏谑 xìxuè
饲料 sìliào	跳蚤 tiàozǎo	园圃 yuánpǔ	驮子 duòzi
星宿 xīngxiù	殷红 yānhóng	老鸹 lǎoguā	豆豉 dòuchǐ
字模 zìmú	恸哭 tòngkū	豇豆 jiāngdòu	婀娜 ēnuó
白术 báizhú	迫击炮 pǎijīpào	搁浅 gēqiǎn	蛊惑 gǔhuò
船坞 chuánwù	编辑 biānjí	矩形 jǔxíng	眼眶 yǎnkuàng
怪癖 guàipǐ	挫折 cuòzhé	重荷 zhònghè	镂刻 lòukè
装订 zhuāngdìng	蚱蜢 zhàměng	痉挛 jìngluán	符合 fúhé
藏掖 cángyē	芜杂 wúzá	蟠桃 pántáo	气氛 qìfēn
侵蚀 qīnshí	绕道 ràodào	亲昵 qīnnì	祛除 qūchú
鲍鱼 bàoyú	只身 zhīshēn	澎湃 péngpài	萎靡 wěimǐ
碾砣 niǎntuó	黄芪 huángqí	倭寇 wōkòu	骤然 zhòurán
奶酪 nǎilào	枸杞 gǒuqǐ	围歼 wéijiān	桎梏 zhìgù
谰言 lányán	扉页 fēiyè	外债 wàizhài	笊篱 zhàolí
咯血 kǎxiě	笃信 dǔxìn	蜕变 tuìbiàn	造诣 zàoyì
豢养 huànyǎng	鹁鸪 bógū	铁锨 tiěxiān	熨斗 yùndǒu

瑕疵 xiácī	商榷 shāngquè	调羹 tiáogēng	呱呱坠地 gūgūzhuìdì
贿赂 huìlù	巷道 hàngdào	潸然 shānrán	粗犷 cūguǎng
整饬 zhěngchì	轧钢 zhágāng	瓜蔓 guāwàn	隽永 juànyǒng
恪守 kèshǒu	虎跑寺 hǔpáosì	解剖 jiěpōu	讹传 échuán
驯顺 xùnshùn	雌蕊 círuǐ	驳斥 bóchì	嫉恨 jíhèn
倚仗 yǐzhàng	与会 yùhuì	档案 dàng'àn	寒噤 hánjìn
根茎 gēnjīng	孵化 fūhuà	腥臊 xīngsāo	可憎 kězēng
感慨 gǎnkǎi	白桦 báihuà	屋脊 wūjǐ	祈求 qíqiú
脂肪 zhīfáng	公顷 gōngqǐng	平仄 píngzè	匹配 pǐpèi
褥疮 rùchuāng	笔筒 bǐtǒng	华山 huàshān	棕榈 zōnglú
汲取 jíqǔ	渲染 xuànrǎn	咆哮 páoxiào	蝙蝠 biānfú
炫耀 xuànyào	内涝 nèilào	漯河 luòhé	摈弃 bìnqì
梵文 fànwén	内疚 nèijiù	滂沱 pángtuó	谄媚 chǎnmèi
殉职 xùnzhí	脑髓 nǎosuǐ	半拉 bànlǎ	病菌 bìngjūn
灯泡 dēngpào	不遂 bùsuí	夹板 jiābǎn	不禁 bùjīn
胡同 hútòng	创伤 chuāngshāng	拘泥 jūnì	处理 chǔlǐ
曲折 qūzhé	当做 dàngzuò	悄然 qiǎorán	床铺 chuángpù
桅杆 wéigān	干支 gānzhī	乳臭 rǔxiù	答复 dáfù

第二章 声母

第一节 声母的分类与发音

一、声母的分类

声母是汉语音节开头的辅音。普通话有 21 个辅音声母,即 b、p、m、f、d、t、n、l、g、k、h、j、q、x、zh、ch、sh、r、z、c、s。不同的声母是由不同的发音部位和发音方法决定的。发音部位指气流受到阻碍的位置。发音方法是阻碍气流和解除阻碍的方式、气流的强弱及声带是否颤动等。因此,可以根据声母的发音部位和发音方法给声母进行分类。按发音部位可以将声母分为七类:双唇音、唇齿音、舌尖前音、舌尖中音、舌尖后音、舌面音、舌根音。按发音方法,可以将声母分为五类:塞音、擦音、塞擦音、鼻音、边音。普通话声母总表如表 2-1 所示。

表 2-1 普通话声母总表

发音方法 发音部位	塞音		塞擦音		擦音		鼻音	边音
	清音		清音		清音	浊音	浊音	浊音
	不送气	送气	不送气	送气				
双唇音	b	p					m	
唇齿音					f			
舌尖前音			z	c	s			
舌尖中音	d	t					n	l
舌尖后音			zh	ch	sh	r		
舌面音			j	q	x			
舌根音	g	k			h			

二、声母的发音

1. 双唇音发音

b　双唇、不送气、清、塞音。发音时,双唇自然闭拢,软腭上升,堵塞鼻腔通道,声带不颤动,让较弱的气流突然冲开双唇的阻碍,迸发而出,爆破成声。

奔波 bēnbō	把柄 bǎbǐng	步兵 bùbīng
辨别 biànbié	标榜 biāobǎng	褒贬 bāobiǎn
必备 bìbèi	背包 bēibāo	斑驳 bānbó

p　双唇、送气、清、塞音。发音时,除在打开时送出的气流较强外,其他的情况和 b 完全一样。

偏旁 piānpáng	乒乓 pīngpāng	偏僻 piānpì
批评 pīpíng	匹配 pǐpèi	澎湃 péngpài
抛盘 pāopán	铺排 pūpái	评聘 píngpìn

m　双唇、浊、鼻音。发音时,双唇闭拢,软腭下降,鼻腔畅通。气流从鼻腔出来,同时颤动声带。

茂密 màomì	麦苗 màimiáo	埋没 máimò
美妙 měimiào	面貌 miànmào	麻木 mámù
明媚 míngmèi	命脉 mìngmài	弥漫 mímàn

2. 唇齿音的发音

f　唇齿、清、擦音。发音时下唇和上齿接近,形成窄缝。软腭上升,堵塞鼻腔通道。声带不颤动,气流从唇齿之间的窄缝中挤出,发出摩擦声。

发奋 fāfèn	反复 fǎnfù	仿佛 fǎngfú
芬芳 fēnfāng	防范 fángfàn	肺腑 fèifǔ
丰富 fēngfù	方法 fāngfǎ	非凡 fēifán

3. 舌尖中音的发音

d　舌尖中、不送气、清、塞音。发音时舌尖抵住上齿龈,软腭上升,堵塞鼻腔通道。声带不颤动,较弱的气流冲破舌尖和上齿龈的阻碍,迸发而出,爆破成声。

大豆 dàdòu	等待 děngdài	当地 dāngdì
电灯 diàndēng	当代 dāngdài	导弹 dǎodàn
大地 dàdì	道德 dàodé	奠定 diàndìng

t　舌尖中、送气、清、塞音。发音时除冲破阻碍用较强的气流外,其他情况和 d 完全一样。

逃脱 táotuō	体贴 tǐtiē	探讨 tàntǎo
跳台 tiàotái	铁塔 tiětǎ	团体 tuántǐ
天堂 tiāntáng	忐忑 tǎntè	滩涂 tāntú

n　舌尖中、浊、鼻音。发音时,舌尖抵住上齿龈,软腭下降,阻塞气流在口腔中的通路。打开鼻腔通道,气流从鼻腔出来,同时颤动声带。

能耐 néngnài	袅娜 niǎonuó	农奴 nóngnú
扭捏 niǔniē	南宁 nánníng	牛奶 niúnǎi
男女 nánnǚ	恼怒 nǎonù	泥泞 nínìng

l　舌尖中、浊、边音。发音时舌尖顶住上齿龈,软腭上升,堵住鼻腔通路。气流振动声带,从舌头前部的两边通过。

理论 lǐlùn	流利 liúlì	嘹亮 liáoliàng
轮流 lúnliú	拉拢 lālǒng	来历 láilì
留恋 liúliàn	联络 liánluò	玲珑 línglóng

4. 舌根音的发音

g　舌根、不送气、清、塞音。发音时舌根抵住软腭,软腭上升,堵塞鼻腔通道。声带不颤动,较弱的气流冲破舌根和软腭形成的阻碍,迸发而出,爆破成声。

国歌 guógē	改革 gǎigé	巩固 gǒnggù
钢轨 gāngguǐ	高贵 gāoguì	梗概 gěnggài
公共 gōnggòng	桂冠 guìguān	故宫 gùgōng

k　舌根、送气、清、塞音。发音时,除冲破阻碍时用较强的气流外,其他情况和 g 完全一样。

刻苦 kèkǔ	宽阔 kuānkuò	坎坷 kǎnkě
可靠 kěkào	困苦 kùnkǔ	慷慨 kāngkǎi
苛刻 kēkè	空旷 kōngkuàng	开垦 kāikěn

h　舌根、清、擦音。发音时,舌根接近软腭,形成窄缝,软腭上升,堵塞鼻腔通道。声带不颤动,气流从舌根和软腭之间的窄缝中挤出,摩擦成声。

航海 hánghǎi	欢呼 huānhū	洪湖 hónghú
黄河 huánghé	辉煌 huīhuáng	互惠 hùhuì
荷花 héhuā	憨厚 hānhòu	绘画 huìhuà

5. 舌面音的发音

j　舌面、不送气、清、塞擦音。发音时舌面前部抵住硬腭前部,软腭上升,堵住鼻腔通路,声带不颤动,然后把舌面放松一点儿,让气流很微弱地冲开舌面的阻碍,从窄缝中挤出,摩擦成声。

经济 jīngjì	见解 jiànjiě	究竟 jiūjìng
焦急 jiāojí	境界 jìngjiè	家具 jiājù
将军 jiāngjūn	季节 jìjié	结晶 jiéjīng

q　舌面、送气、清、塞擦音。发音时和 j 相同,只是透出的气流比 j 强。

确切 quèqiè	恰巧 qiàqiǎo	氢气 qīngqì

崎岖 qíqū　　　　　　全球 quánqiú　　　　　亲切 qīnqiè

情趣 qíngqù　　　　　祈求 qǐqiú　　　　　　牵强 qiānqiǎng

x　舌面、清、擦音。发音时，舌面前部抬起，接近上齿龈和硬腭前部，留出窄缝，软腭上升，堵塞鼻腔通路，声带不颤动，让气流从窄缝中挤出来。

休息 xiūxi　　　　　　下旬 xiàxún　　　　　新鲜 xīnxiān

学习 xuéxí　　　　　　形象 xíngxiàng　　　　雄心 xióngxīn

相信 xiāngxìn　　　　　喜讯 xǐxùn　　　　　　细小 xìxiǎo

6．舌尖后音的发音

zh　舌尖后、不送气、清、塞擦音。发音时，舌尖向上翘起，顶住前部，软腭上升，堵住气流通道，声带不颤动。让较弱的气流冲开舌尖的阻碍，从窄缝中挤出，摩擦成声。

茁壮 zhuózhuàng　　　战争 zhànzhēng　　　　珍重 zhēnzhòng

支柱 zhīzhù　　　　　　正直 zhèngzhí　　　　　招展 zhāozhǎn

主张 zhǔzhāng　　　　　辗转 zhǎnzhuǎn　　　　庄重 zhuāngzhòng

ch　舌尖后、送气、清、塞擦音。发音时，情况和 zh 相同，只是从窄缝里挤出来的气流较强。

踌躇 chóuchú　　　　　驰骋 chíchěng　　　　　抽查 chōuchá

超产 chāochǎn　　　　　出差 chūchāi　　　　　充斥 chōngchì

戳穿 chuōchuān　　　　车床 chēchuáng　　　　长城 chángchéng

sh　舌尖后、清、擦音。发音时舌尖向上翘起，接近硬腭前部，留出窄缝，软腭上升，堵塞鼻腔通路，声带不颤动。气流从窄缝中挤出，摩擦成声。

神圣 shénshèng　　　　山水 shānshuǐ　　　　　史诗 shīshī

闪烁 shǎnshuò　　　　　少数 shǎoshù　　　　　身世 shēnshì

上升 shàngshēng　　　　述说 shùshuō　　　　　施舍 shīshě

r　舌尖后、浊、擦音。发音时情况和 sh 相近，只是要振动声带。

仍然 réngrán　　　　　　柔软 róuruǎn　　　　　容忍 róngrěn

忍让 rěnràng　　　　　　荏苒 rěnrǎn　　　　　软弱 ruǎnruò

如若 rúruò　　　　　　　柔韧 róurèn　　　　　闰日 rùnrì

7．舌尖前音的发音

z　舌尖前、不送气、清、塞擦音。发音时舌尖向上轻轻顶住上齿背，软腭上升，堵住鼻腔通路，声带不颤动，较弱的气流先把舌尖的阻碍冲开一道窄缝，接着从窄缝中挤出，摩擦成声。

自尊 zìzūn　　　　　　造作 zàozuò　　　　　　自在 zìzài

藏族 zàngzú　　　　　　祖宗 zǔzong　　　　　总则 zǒngzé

曾祖 zēngzǔ　　　　　　罪责 zuìzé　　　　　　走卒 zǒuzú

c 舌尖前、送气、清、塞擦音。发音时，除冲破阻碍时用较强的气流外，其他情况和 z 一样。

草丛 cǎocóng　　　　仓促 cāngcù　　　　措辞 cuòcí
层次 céngcì　　　　　苍翠 cāngcuì　　　　催促 cuīcù
粗糙 cūcāo　　　　　参差 cēncī　　　　　猜测 cāicè

s 舌尖前、清、擦音。发音时，舌尖接近上齿背，形成窄缝，软腭上升，堵塞鼻腔通道，声带不颤动，气流从舌尖和上齿背间的窄缝中挤出，摩擦成声。

色素 sèsù　　　　　思索 sīsuǒ　　　　　诉讼 sùsòng
松散 sōngsǎn　　　 速算 sùsuàn　　　　瑟缩 sèsuō
洒扫 sǎsǎo　　　　 琐碎 suǒsuì　　　　 甚少 shènshǎo

第二节 声母辨正

普通话是以北京语音为标准音的。普通话的声韵系统和各方言的声韵系统不尽相同，学习普通话首先要把自己的方音改正过来，使它合乎普通话标准音。在辨正方音的时候，我们应该特别注意方音与普通话在声母、韵母和声调上的对应关系。这样可以突出重点，更快地学会普通话。

一、分辨舌尖后音 zh、ch、sh、r，舌尖前音 z、c、s 和舌面音 j、q、x

普通话的声母中有舌尖后音 zh、ch、sh、r 和舌尖前音 z、c、s 两套，这是许多方言区的人学习的重点。吴方言、闽方言、粤方言、客家方言一般没有舌尖后音，东北话和西南话也大多没有这套音。这些地方的人学习普通话，常常把声母为 zh、ch、sh 的字读成 z、c、s。所以注意这两套音的分别，是学好普通话的一个关键。比较下列各对词语：

师长 shīzhǎng　　　　　司长 sīzhǎng
诗人 shīrén　　　　　　私人 sīrén
主力 zhǔlì　　　　　　 阻力 zǔlì
木柴 mùchái　　　　　 木材 mùcái

西南官话、赣方言、闽粤方言区的人还常常把这两套舌尖音和舌面音 j、q、x 混同起来。学习普通话，要注意分开。比较下列词语：

针线 zhēnxiàn　　　　　金线 jīnxiàn
长度 chángdù　　　　　强度 qiángdù
诗词 shīcí　　　　　　　稀奇 xīqí

普通话里的舌尖后、浊、擦音 r 在许多方音里不存在，最常见的情形是把 r 读成零声母 y,也有的地方把 r 读成 l 或 n。比较下列各对词语：

日常 rìcháng　　　　　　异常 yìcháng

如今 rújīn　　　　　　　于今 yújīn

呢绒 níróng　　　　　　尼龙 nílóng

软和 ruǎnhuo　　　　　　暖和 nuǎnhuo

下面介绍一些方法帮助辨别记忆。

（1）利用形声字偏旁类推。形声字有两个部分,一部分表示意义,称为形旁；一部分表示读音,称为声旁。例如,"獐"字右边的"章"表示"獐"的读音,是声旁。由"章"这个声旁构成的汉字有漳、彰、嫜、璋、蟑、樟等,它们的声旁相同,声母也相同,我们可以利用形声字的这一特点来辨别记忆一些属于同一声母或同一韵母的字。

（2）利用普通话声韵配合规律来分辨。例如,ua、uai、uang 这三个韵母只跟舌尖后音 zh、ch、sh 相拼,不跟舌尖前音 z、c、s 相拼。又如,ong 这个韵母可以跟 s 相拼,但不能同 sh 相拼。所以,"抓、拽、庄"等字的声母肯定是舌尖后音,而不是舌尖前音。"松、耸、送"等字的声母只能是 s,不能是 sh。

普通话声母 z、c、s 不能和 i、ü 或 i、ü 起头的韵母相拼,而 j、q、x 只能和 i、u 或以 i、u 开头的韵母相拼,像"家、恰、瞎、捐、圈、轩"一类字的声母,一定是舌面音。方言区的人,遇到自己方言语音中 z、c、s 同 i、ü 或以 i、ü 起头的韵母相拼时,一律改为 j、q、x,就和普通话一致了。

（3）记少不记多。普通话中 zh、ch、sh 声母字大大多于 z、c、s 声母字,我们可以只记 z、c、s 声母字。这样,zh、ch、sh 声母字也就记住了。例如,以 a、e、ou、en、eng 为韵母的字里,舌尖前音字很少,舌尖后音字较多。例如,ca 只有拆、擦、嚓、礤、礤五个字,cha 则有叉、查、插、茬等 30 多个字；又如 zen 只有怎、潛两个字,而 zhen 却有真、镇、珍等 30 多个字；又如,sen 只有一个汉字"森",而 shen 却有身、神、审、甚等 30 多个字。这样记忆可以起到事半功倍的效果。

 技能训练...

1）zh—z

主宰 zhǔzǎi　　　　　正在 zhèngzài　　　　　著作 zhùzuò

帐子 zhàngzi　　　　　沼泽 zhǎozé　　　　　　渣滓 zhāzǐ

制造 zhìzào　　　　　职责 zhízé　　　　　　种族 zhǒngzú

2）z—zh

总之 zǒngzhī　　　　　作者 zuòzhě　　　　　座钟 zuòzhōng

组织 zǔzhī 　　　　阻止 zǔzhǐ 　　　　诅咒 zǔzhòu
载重 zàizhòng 　　赞助 zànzhù 　　　杂志 zázhì

3) ch—c

差错 chācuò 　　　车次 chēcì 　　　　尺寸 chǐcùn
揣测 chuǎicè 　　　船舱 chuáncāng 　春蚕 chūncán
纯粹 chúncuì 　　　楚辞 chǔcí 　　　　陈醋 chéncù

4) c—ch

残春 cánchūn 　　　仓储 cāngchǔ 　　操持 cāochí
草创 cǎochuàng 　　磁场 cíchǎng 　　　辞呈 cíchéng
粗茶 cūchá 　　　　促成 cùchéng 　　　错处 cuòchu

5) sh—s

生丝 shēngsī 　　　胜诉 shèngsù 　　　绳索 shéngsuǒ
神色 shénsè 　　　深思 shēnsī 　　　　伸缩 shēnsuō
失散 shīsàn 　　　时速 shísù 　　　　输送 shūsòng

6) s—sh

松鼠 sōngshǔ 　　　算术 suànshù 　　　私塾 sīshú
岁数 suìshu 　　　损伤 sǔnshāng 　　　唆使 suōshǐ
宿舍 sùshè 　　　　素食 sùshí 　　　　死水 sǐshuǐ

二、分辨鼻音 n 和边音 l

普通话里鼻音 n 和边音 l 分得很清楚。但是西南地区、福建、湖南和江淮一带便不能分辨这两个音。这些方言中,有的全读成 n,有的全读成 l,有的 n、l 随便读,也有的只在一定的韵母的前面才能区分(例如在 i、ü 面前),情况比较复杂。比较下列各对词语:

水牛 shuǐniú 　　　　　　　水流 shuǐliú
浓重 nóngzhòng 　　　　　隆重 lóngzhòng
脑子 nǎozi 　　　　　　　 老子 lǎozi
鲇鱼 niányú 　　　　　　　鲢鱼 liányú

n、l 相混的地区学习这两个声母主要有两方面的困难:第一,读不准音;第二,分不清字。要读准 n 和 l,关键在于控制软腭的升降。因为 n 和 l 都是舌尖抵住上齿龈发的音,不同主要在于有无鼻音,是从鼻腔出气,还是从舌头两边出气,所以练习发音时,必须着重练习控制软腭的升降和舌头的收窄放宽。至于要分清哪些字的声母是 n,哪些字的声母是 l,那就得下工夫去记。

下面介绍一些方法帮助辨别记忆。

(1) 利用形声字偏旁类推(见类推表)。

(2) 记少不记多。在汉字中,n声母字比l声母字少得多。有的韵母,如 un,n 声母字一个也没有;有的韵母,如 ü、ei、u、ou、uan、ang、iang、in 等,n声母字也很少,而相应的l声母字却比较多。因此,只要记住 n 声母的字,l声母的字也就记住了。

 技能训练...

1. 读准下列词语

1) n—l

奶酪 nǎilào	耐劳 nàiláo	能量 néngliàng
年龄 niánlíng	鸟类 niǎolèi	尼龙 nílóng
暖流 nuǎnliú	奴隶 núlì	努力 nǔlì

2) l—n

烂泥 lànní	老年 lǎonián	辽宁 liáoníng
羚牛 língniú	凌虐 língnüè	历年 lìnián
林农 línnóng	留难 liúnàn	龙脑 lóngnǎo

2. 对比辨音

留念 liúniàn	留恋 liúliàn
年年 niánnián	连年 liánnián
蓝天 lántiān	南天 nántiān
隆重 lóngzhòng	浓重 nóngzhòng

三、分辨唇齿音 f 和舌根音 h

普通话里唇齿音 f 和舌根音 h 分得很清楚,而有些方言却有相混的情况。例如,闽方言多数把 f 读成 b、p 或 h,湘方言有些地区把 f 读成 hu-。粤方言则是读 f 的字较多,有一些普通话读 h 的字(大都是和 u 结合的字,如"虎 hǔ"、"花 huā")粤方言都读成 f 了。比较下列各对词语:

公费 gōngfèi	工会 gōnghuì
仿佛 fǎngfú	恍惚 huǎnghū
废话 fèihuà	会话 huìhuà

f 和 h 都是清擦音,区别只在阻碍气流的部位上。f 是上齿和下唇的阻碍,h 是舌根和软腭的阻碍(参看声母发音图)。

f、h 不分的地区必然弄不清哪些字的声母是 f，哪些字的声母是 h，还要花些气力去记住。可以运用前面介绍过的一些方法帮助辨别记忆。

（1）利用形声字偏旁类推。

（2）利用普通话声韵的配合规律辨别记忆。例如：

f 不跟 ai 相拼，方言中念 fai 的，普通话中都念 huai，如怀、坏等字；

f 与 o 相拼组成音节，只有相应的"佛"字，因此，方言中念 fo 的，普通话都念 huo，如活、火、货等字。

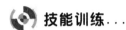 技能训练...

1. 读准下列词语

1）f—h

防护 fánghù	返航 fǎnháng	防洪 fánghóng
繁华 fánhuá	绯红 fēihóng	风寒 fēnghán
丰厚 fēnghòu	凤凰 fènghuáng	烽火 fēnghuǒ

2）h—f

合法 héfǎ	何妨 héfáng	横幅 héngfú
后方 hòufāng	化肥 huàféi	焕发 huànfā
划分 huàfēn	恢复 huīfù	伙房 huǒfáng

2. 对比辨音

飞鱼 fēiyú	黑鱼 hēiyú
幅度 fúdù	弧度 húdù
互利 hùlì	富丽 fùlì
工会 gōnghuì	公费 gōngfèi

四、把浊音改为清音

普通话只有 m、n、l、r 四个声母是浊音。有些方言的浊音声母比较多，例如，吴方言和一部分的湘方言，就有一套与清音声母 b、d、g、j、s 等相配的浊音声母。例如，下列各对词语普通话都读成清音：

市场	试场	shìchǎng
输电	书店	shūdiàn
报道	报到	bàodào
兑换	对换	duìhuàn

而一些方言则读成浊音声母。这些方言区的人学习普通话,应当把这些浊音改读成相应的送气清音声母或不送气清音声母。

 技能训练...

1．读准下列词语

1) b、p

被动 bèidòng	刨床 bàochuáng	并重 bìngzhòng
排球 páiqiú	陪伴 péibàn	培植 péizhí
评弹 píngtán	皮蛋 pídàn	疲乏 pífá

2) d、t

导弹 dǎodàn	逮捕 dàibǔ	沉淀 chéndiàn
调停 tiáotíng	投递 tóudì	徒弟 túdì
条件 tiáojiàn	提拔 tíbá	搪瓷 tángcí

3) g、k

| 共同 gòngtóng | 柜台 guìtái | 逛荡 guàngdàng |
| 狂暴 kuángbào | 葵花 kuíhuā | 馈赠 kuìzèng |

4) j、q

尽情 jìnqíng	近代 jìndài	具备 jùbèi
奇特 qítè	棋盘 qípán	渠道 qúdào
前途 qiántú	琴键 qínjiàn	虔诚 qiánchéng

5) zh、ch

郑重 zhèngzhòng	状态 zhuàngtài	兆头 zhàotou
助词 zhùcí	站台 zhàntái	阵地 zhèndì
朝廷 cháotíng	陈旧 chénjiù	纯洁 chúnjié
沉静 chénjìng	长度 chángdù	成群 chéngqún

6) z、c

座谈 zuòtán	自动 zìdòng	字调 zìdiào
财权 cáiquán	嘈杂 cáozá	慈善 císhàn
磁场 cíchǎng	辞别 cíbié	词牌 cípái

2．朗读下列语句和诗歌

(1) 清贫、洁白、朴素的生活,正是我们革命者能够战胜许多困难的地方。

Qīngpín、jiébái、pǔsù de shēnghuó, zhèngshì wǒmen gémìngzhě nénggòu zhànshèng xǔduō kùnnan de dìfang.

(2) 自己活着，就是为了使别人过得更美好。
Zìjǐ huózhe, jiùshì wèile shǐ biérén guò de gèng měihǎo.

(3) 生活之树是常青的。
Shēnghuó zhī shù shì chángqīng de.

(4) 白日依山尽，Bái rì yī shān jìn,
　　黄河入海流。Huáng Hé rù hǎi liú.
　　欲穷千里目，Yù qióng qiān lǐ mù,
　　更上一层楼。Gèng shàng yī céng lóu.

THREE 第三章

韵　母

第一节　韵母的分类与发音

一、韵母的分类

普通话共有 39 个韵母,可以根据韵母的内部结构特点分类,也可以根据韵母开头元音的发音特点分类。

1．根据韵母的结构分类

根据韵母的内部结构特点,可以把韵母分成单韵母、复韵母、鼻韵母三类。

1）单韵母

单韵母是由单元音构成的韵母,也称为单元音韵母。单韵母有 10 个,其中 a、o、e、ê、i、u、ü 等 7 个都是舌面元音韵母,-i(前)、-i(后)是舌尖元音韵母,er 是卷舌元音韵母。7 个舌面元音既可以单独作韵母,也可以与其他的元音构成复韵母;剩余的 3 个韵母不是舌面元音,统称特殊元音韵母。

2）复韵母

复韵母是由两个或三个元音复合而成的韵母,又称为复元音韵母。普通话有 13 个复元音韵母:ai、ei、ao、ou、ia、ie、iao、iou、ua、uo、uai、uei、üe。

3）鼻韵母

鼻韵母是由一个或几个元音带上作韵尾的鼻辅音结合而成的韵母。带前鼻音韵尾 n 的韵母称为前鼻音韵母,带后鼻音韵尾 ng 的韵母称为后鼻音韵母。普通话中有 8 个前鼻音韵母:an、en、in、ün、ian、uan、üan、uen;8 个后鼻音韵母:ang、eng、ing、ong、iong、iang、uang、ueng。

2．根据韵母开头元音的发音特点分类

根据韵母开头元音的发音性质,可以把韵母分成开口呼、齐齿呼、合口呼、撮口呼四类,简称四呼。

（1）开口呼:不是 i、u、ü 或不以 i、u、ü 起头的韵母属于开口呼。

（2）齐齿呼:i 或以 i 起头的韵母属于齐齿呼。

(3) 合口呼：u 或以 u 起头的韵母属于合口呼。

(4) 撮口呼：ü 或以 ü 起头的韵母属于撮口呼。

判定四呼，不能以韵母开头字母的书写形式为依据，而要以韵母的实际发音为依据。例如，韵母分类总表中的 ong 不归入开口呼，而归入了合口呼，是因为它的实际发音是[uŋ]；iong 不归入齐齿呼，而归入了撮口呼，是因为它的实际发音是[yŋ]。再如，两个开口呼韵母舌尖元音-i(前)和-i(后)不能归入齐齿呼，也是以实际发音的口形为依据的。

二、韵母的发音

1．单元音韵母的发音

1) 舌面元音韵母的发音

舌面元音是发音时舌面起主要作用的元音。舌面元音的发音是由三个方面的条件决定的：舌面的前后、舌位的高低(口腔的开合)、圆唇不圆唇。下面对每一个舌面元音的发音进行描述。

a[a]　舌面、央、低、不圆唇元音。发音时，口腔大开，舌位低，双唇呈自然状态展开，声带颤动。如打靶、发达。

o[o]　舌面、后、半高、圆唇元音。发音时，舌位后部隆起，后缩，口半开，舌位半高，嘴唇拢圆，声带颤动。如泼墨、薄膜。

e[ɤ]　舌面、后、半高、不圆唇元音。发音时，舌位前后、高低与 o 基本相同，所不同的是双唇展开。如特色、折射。

ê[ɛ]　舌面、前、半低、不圆唇元音。发音时，舌面前部隆起，舌尖抵住下齿背，口腔半开，舌位半低，唇形不圆，声带颤动。ê 不与声母相拼，只能给"诶"这一个汉字注音；此外，还能进入 üe、ie 这两个复韵母中。

i[i]　舌面、前、高、不圆唇元音。发音时，舌面前部隆起，舌头前伸，抵下齿背，口腔开度很小，嘴唇展开呈扁形，声带颤动。如地皮、稀泥。

u[u]　舌面、后、高、圆唇元音。发音时舌面后部突起，口腔开度很小，两唇收缩呈圆形，声带颤动。如互助、铺路。

ü[y]　舌面、前、高、圆唇元音。发音时，舌位前后、高低与 i 基本相同，所不同的是双唇拢圆。如区域、序曲。

2) 舌尖元音韵母的发音

普通话中有两个舌尖元音。

-i(前)　发音时，舌尖前伸靠近(但不接触)上齿背，口腔开度很小，嘴唇向两边展开，只与 z、c、s 相拼，如自私、刺字。

-i(后)　发音时，舌尖靠近(但不接触)硬腭前部，口腔开度很小，嘴唇向两边展开，声带颤动，只与 zh、ch、sh、r 相拼，如支持、时日。

舌尖前元音-i(前)与舌尖后元音-i(后)分别与舌面元音韵母 i 形成互补关系。因此,《汉语拼音方案》用一个 i 表示三个韵母。

3) 卷舌元音韵母的发音

普通话的卷舌元音韵母 er 是卷舌,舌位不前不后不高不低,舌前、中部上抬,舌尖向后卷、不圆唇元音。er 只能自成音节,给少数几个汉字注音。如儿、而、耳、尔等。

2. 复韵母的发音

复韵母的发音,舌位、唇形都有变化,即由一个元音向另一个元音的发音过渡。在过渡中,舌位、开口度、唇形等是逐渐变化的,同时气流要连贯,发音要形成一个整体。

韵腹是一个韵母的主干。复韵母的发音以韵腹为中心。根据韵腹在韵母中的位置,可以把复韵母分为前响、后响和中响三类。前响和后响都是二合的,中响是三合的。

1) 前响复元音韵母

其发音的共同特点是:开头的元音开口度大,收尾的元音开口度小,舌位由低向高滑动。开头的元音响亮清晰,收尾的元音轻短模糊。例如:

ai	海带	拆台	拍卖	采摘
ei	蓓蕾	配备	肥美	黑煤
ao	操劳	宝刀	骚扰	懊恼
ou	收购	丑陋	抖擞	绸缪

2) 后响复元音韵母

其发音的共同特点是:开头的元音开口度小,收尾的元音开口度大,舌位由高向低滑动。开头的元音音素不太响亮且比较短促,收尾的元音音素响亮清晰,舌位移动的终点是确定的。例如:

ia	假牙	压价	夏家	恰恰
ie	贴切	结业	借鞋	谢谢
ua	挂花	耍滑	娃娃	抓瓜
uo	硕果	阔绰	懦弱	蹉跎
üe	决绝	绝学	雀跃	约略

3) 中响复元音韵母

其发音的共同特点是:舌位从高向低滑动,再由低向高滑动,前后的元音都比较短促模糊,中间的元音响亮清晰。例如:

iao	逍遥	巧妙	调料	缥缈
iou	悠久	优秀	求救	牛油
uai	外快	摔坏	怀揣	乖乖

| uei | 追随 | 摧毁 | 荟萃 | 愧悔 |

3. 鼻韵母的发音

鼻韵母发音时,发音器官由元音的舌位向鼻辅音的舌位逐渐移动,鼻音成分逐渐增加,最后完全变成鼻音。

1) 前鼻音韵母

韵尾 n 与声母 n 发音基本一致,所不同的是,作韵尾时,n 除阻阶段不发音,舌尖(或舌尖的舌面部位)抵住上齿龈后,不是很快离开上齿龈,而让这个动作成为整个韵母发音的收尾动作。例如:

an	展览	谈判	参赞	烂漫
en	根本	沉闷	人参	愤恨
in	信心	辛勤	引进	濒临
ün	均匀	军训	芸芸	醺醺
ian	惦念	简便	先天	前线
uan	贯穿	婉转	专款	软缎
uen	温存	论文	春笋	温顺
üan	全权	源泉	轩辕	圆圈

2) 后鼻音韵母

前鼻音韵尾 n 与后鼻音韵尾 ng 发音的主要差别在于阻碍气流的部位一前一后。前鼻音韵尾 n 是舌尖(或舌面前部)抵住上齿龈,后鼻音韵尾是舌根后缩抵住软腭。如"沾"与"张"的韵尾不同。普通话中辅音 ng 一般不作声母,只作韵尾。例如:

ang	沧桑	帮忙	上访	螳螂
eng	整风	更生	逞能	丰盛
ing	宁静	评定	倾听	经营
ong	冲动	红松	总统	从容
iong	汹涌	穷凶	炯炯	熊熊
iang	想象	粮饷	强将	襄阳
uang	狂妄	状况	双簧	矿床
ueng	翁	嗡	蓊	瓮

第二节 韵母辨正

一、区分单韵母与复韵母

普通话的单韵母与复韵母是各成系统的。一些方言中存在着单韵母与复韵母相互转化的现象。这突出地表现在两个方面：一是复韵母的单元音化倾向，二是单韵母转化为复韵母的现象。

复韵母的单元音化倾向，在吴方言中表现最为突出，在湘方言、闽方言、客家方言和北方方言区的陕西关中地区、山东济南、云南昆明、安徽合肥、江苏扬州、湖北郧县等地方都有不同程度地反映。例如，普通话 ai、ei、ao、ou 等复韵母在上海话中念单元音，"摆"说成[pɑ]，"代"说成[de]，"悲"说成[pe]，"飞"说成[fi]，"包"说成[pɑ]，"谋"说成[mo]。

少数方言有单韵母转化为复韵母的现象，主要是 i、u、y 转化为复韵母。这一现象在粤、闽方言中表现较为明显，北方方言的西南官话中也有一定的体现。如广州话"谜"说成[mei]，"素"说成[sou]，"絮"说成[siu]；常德话、武汉话将"闭"说成[bei]，"杜"说成[dou]，"蓄"说成[xiu]。

二、区分 o、uo、e

这一组韵母，方言区的人学习普通话时应注意辨认。有些方言区 o 和 uo 不分。如桂林话只有韵母 o，没有韵母 uo。常德话虽然分 o 与 uo 两个韵母，但 o 只与声母拼合，uo 只成为零声母音节。如"玻、坡、多、拖、罗、锅"都说成韵母 o。

有些方言区 o 和 e 不分，如山东、四川等地只用 o，不用 e，该用 e 的时候都用了 o；如重庆话将"喝、河、合、禾、鹅"（韵母 e）等说成韵母 o。东北方言中，则大多数该用 o 的却用 e，如哈尔滨、黑河、齐齐哈尔等地将"拨、泼、摸"（韵母 o）说成韵母 e。有些方言 uo 和 e 不分，如武汉话、常德话将"俄、禾"（韵母 e）说成韵母 uo；宜昌话把"可、哥、河、贺"（韵母 e）等说成韵母 uo；鄂东南的阳新等地把"火、果、货"（韵母 uo）说成韵母 e。

分辨 o、e、uo 这组韵母，可以首先分析韵母的发音要领，以便从音色上准确把握它们各自的发音，然后从普通话的拼合规律入手加以区分。

在普通话里，单韵母 o 只跟声母 b、p、m、f 相拼，不跟其他声母相拼；而 uo、e（"什么"的"么[me]"除外）则刚刚相反，不跟 b、p、m、f 拼合，可以和其他声母（除 j、q、x 外）相拼。

在与 g、k、h 相拼时，e 与 uo 容易发生混淆，要仔细分辨。练习下列词语：

鸽子—锅子　　　　隔音—国音　　　　老歌—老郭
客气—阔气　　　　合口—活口　　　　干戈—坩埚
河马—活马　　　　赫然—豁然　　　　骨骼—古国

三、防止丢失韵头

普通话的复韵母和鼻韵母的韵头 i 和 u，在有些方言区中却没有。例如，广州话把"流"说成[lau]，"钻"说成[tsan]；上海话把"队"说成[de]，"吞"说成[teng]。

西南官话和江淮官话也不同程度地存在这样的情况。例如,武汉话把"六"说成[lou],"损"说成[sən];安庆话把"队"说成[tei],"吞"说成[ten]。此外,广西桂林话、柳州话、湖南常德话、湖北宜昌话中,还有"袄"、"咬"同音的现象,这也是一种韵头的丢失。这些方言区的人学习普通话必须注意增加韵头,有时声母、韵母、韵尾也要作相应的改变。练习这类发音,在有辅音声母的音节里,可以运用三拼连读法,先慢后快,使韵头到位。如"岁",方言中容易说成[sei],练读时注意不要忽略了介母的发音,说成[s-u-ei]。练习下列词语:

下降　　阶级　　牙齿　　哑巴　　钻石　　哀悼　　尊严
追寻　　对付　　推论　　寸心　　团体　　盘存　　计算

四、鼻音韵尾的分合、丢失与错位

现代汉语普通话中只有 n、ng 两个韵尾。

1. 韵尾-n 的保存与少量丢失

汉语的绝大部分地区完整地保留了韵尾-n,只有个别地区有丢失韵尾-n 的现象。如有些方言区的韵尾-n 基本上已经丢失,前鼻音韵母都混入了单韵母或复韵母,如单、旦、叹、寒、看、难、览等的韵母说成[ɑ],易将"完"说成"危"的同音,将"川"说成"吹"的同音。另外,少数地方将韵尾-n 混入了韵尾-ng,如上海、福州、潮州、建瓯等地。如宁夏话,将"心"与"星"、"慎"与"盛"都说成后鼻音-ng。

2. 韵尾-ng 的保存、丢失与错位

汉语方言中大都有韵尾-ng,只有部分地区的部分后鼻音韵尾有弱化和错位的现象。如南通、南京等地的前鼻音韵尾和 ɑng、uɑng 的韵尾弱化了,分别说成了元音加鼻化音。还有部分地区将后鼻音韵尾混入了前鼻音韵尾,如湖北荆州的个别地方把"买床"说成"买船"。

在一些方言中,韵尾-ng 出现一种错位:韵尾没变,而主要元音改换了。如北方方言中的西南官话和江淮官话的一些地方,将 eng 说成 ong 或近似于 ong 的音,如朋、蓬、蹦、猛、孟、逢、峰、风、崩、捧、梦、冯、封的韵母,在昆明、成都、武汉、天门、安庆、芜湖等地都说成韵母 ong。普通话中,b、p、m、f 不与 ong 相拼,方言中的这一类音节,都应该读为 eng。练习下列词语:

红心—红星　　信服—幸福　　亲生—轻声　　申明—声明
金鱼—鲸鱼　　小陈—小程　　长针—长征　　吩咐—丰富
陈旧—成就　　弹词—搪瓷　　赞颂—葬送　　轮子—笼子
浑水—洪水　　鲜花—香花　　专车—装车　　勋章—胸章

分辨前鼻音韵尾与后鼻音韵尾,除了要区分-n 与-ng 的发音外,应该记住普通话中哪些字是前鼻音,哪些字是后鼻音。

第一,利用声旁类推。前鼻音韵尾的声旁,如申、艮、今、分、真、林;后鼻音韵尾的声旁,如争、正、令、生。

第二,记声韵调拼合规律。

普通话中,d、t 不与 in 相拼,只与 ing 拼。如丁、顶、定、听、挺、停等常用字都是后鼻音。

n、l 不与 en 相拼(除"嫩"外),只与 eng 拼。如能、愣、冷、楞等常用字都是后鼻音。

bing 没有上声字,秉、丙、炳、柄等常用字都是后鼻音。

ping 没有上声和去声字,品、聘等常用字是前鼻音。

xin 音节只有阴平和去声,没有阳平和上声;xing 音节只有阳平和上声,没有阴平和去声。所以,阴平、去声一定是前鼻音,阳平和上声一定是后鼻音。

第三,记少丢多。

记住了 gen 只有跟、根、亘三个常用字,也就记住了庚、羹、耕、更、耿、梗等后鼻音的常用字。

记住了 hen 只有痕、很、恨、狠四个常用字,也就记住了亨、哼、横、衡、恒等后鼻音的常用字。

记住了 z、c、s 和 en 相拼的只有怎、参、岑、森等字,也就记住了曾、增、层、赠、憎、蹭、僧等后鼻音的常用字。

记住了 nin 只有"您"这一个字,也就记住了宁、拧、柠、咛、泞、狞、凝、佞等后鼻音的常用字。

五、区分撮口呼、合口呼、齐齿呼

1. 区分撮口呼与齐齿呼

普通话的撮口呼、齐齿呼两类韵母,在一些方言中会发生混淆。有些方言,如客家方言、闽南方言、西南官话的部分地区(如云南昆明话、四川西昌话)没有撮口呼韵母,把撮口呼说成齐齿呼,"买鱼"说成"买疑","聚会"说成"计会","拳脚"说成"前脚"。此外,还有的地方在少数字中出现齐齿呼、撮口呼错位,即把应该念齐齿呼的字说成了撮口呼,把应该说成撮口呼的字说成了齐齿呼。如武汉话把"茄子"说成"瘸子","掀起"说成"宣起",而把"下雪"说成"下写","姓薛"说成"姓些"。对于前者,要训练撮口呼的发音,分辨撮口呼和齐齿呼的发音动作;对于后者,则主要是注意纠正那些容易出错的少数字。如下列词语:

i—i	积极	地理	提议	笔记
ü—ü	雨具	语序	区域	女婿
i—ü	体育	鲤鱼	崎岖	急需
ü—i	曲次	玉米	余地	语义

2. 区分撮口呼与合口呼

普通话的撮口呼、合口呼两类韵母,在少数方言区也出现混淆。如湖北武汉话、河南信阳话都把"朱、厨、书"说成[ju]、[qu]、[xu]。湖北(鄂东、黄冈、浠水等)这类现象比较典型。这些由合口呼混入撮口呼的,主要限于普通话中 zh、ch、sh 与合口呼相拼的一部分音节。学习普通话,应将方言中的这些撮口呼改读为合口呼。

FOUR 第四章
普通话音节

音节是听觉上能够感受到的最自然的语音单位。当我们听到"chūntiāndejiǎobùyuèláiyuèjìnle"这样一段声音,很自然地就会把它们划分成十个音段,也就是十个音节,写出来就是十个汉字:春天的脚步越来越近了。可见,音节可以直接凭借听觉来划分,并不需要专门的语音学知识。音节由一个或几个音素按一定规律组合而成。例如,"qiǎn"这个音节就是由 q、i、a、n 这几个音素构成的。

第一节 普通话音节的结构和拼写规则

一、普通话音节的结构

1. 结构成分

汉语传统音韵学把一个音节分成声母、韵母、声调三个部分。声母是音节开头的辅音,音节开头如果没有辅音声母,就称为零声母音节。韵母相对比较复杂,可以先分为韵头(介音)和韵(押韵的韵),韵再分为韵腹和韵尾。韵头和韵腹都必须是元音,韵尾有元音也有鼻辅音。声调附着在整个音节之上,不占音段的位置,因此音节实际上只有四个音段位置。

2. 结构特点

普通话音节的整体特点可归纳为三条,需结合音节内部构造加以理解。

1)结构简明,界限清晰

音节与音节的界限非常易于辨析。

音节内部声母、韵头、韵腹、韵尾的界限也非常清晰。

2)元音居多,响亮悦耳

元音是必有的,而且有复元音。辅音是可有的,没有复辅音。

3)抑扬顿挫、富于变化

汉语是有声调语言。印欧语绝大多数是无声调语言。

3. 结构分析的要点

为了分析时看清音节结构内部的组成部分,要恢复该音节的原始形式,即把已省写或改写的恢复原形。

（1）iu、ui、un 复原为 iou、uei、uen。如酒、鬼、坤。

（2）ü 上两点已省写的撮口呼复原，不要误判为合口呼。如居、学。

（3）e 复原为 ê，这主要指 iê、üê。如月、夜。

（4）y、w 开头的齐齿呼、合口呼、撮口呼零声母复原。如阳、为、远。

（5）z、c、s 和 zh、ch、sh、r 后的韵母 i，写作 -i，为开口呼。如知、资。

4．声母与韵母的配合关系

1）配合简表

普通话声母和韵母的配合主要取决于声母的发音部位和韵母的四呼。一般来说，如果声母的发音部位相同，与之拼合的韵母四呼类别也相同；韵母的四呼类别相同，与它们拼合的声母发音部位也相同。普通话声母与韵母的配合关系可列成简表，如表 4-1 所示。

表 4-1　声、韵母配合简表

声母	四呼	开口呼	齐齿呼	合口呼	撮口呼
双唇	b、p、m	+	+	（u）	/
唇齿	f	+	/	（u）	/
舌尖中	d、t	+	+	+	/
舌尖中零声母	n、l	+	+	+	+
舌根	g、k、h	+	/	+	/
舌尖后	zh、ch、sh、r	+	/	+	/
舌尖前	z、c、s	+	/	+	/
舌面	j、q、x	/	+	/	+

2）配合特点

总结上表可看出普通话声母和韵母的配合规律如下。

（1）组合能力强：n、l 跟所有四呼的韵母都能相拼；零声母音节的四呼也都齐全。

（2）组合能力较强：舌尖中音 d、t 能与开口呼、齐齿呼、合口呼三类韵母拼合，不能与撮口呼韵母拼合。

（3）组合能力居中：双唇音 b、p、m 能与开口呼、齐齿呼两类韵母拼合，拼合口呼时只限于 u 韵母。

（4）组合能力较弱：舌尖前音、舌尖后音和舌根音三组声母都只能与开口呼、合口呼韵母拼合，不能与齐齿呼、撮口呼韵母拼合；舌面音 j、q、x 恰好相反，只能与齐齿呼、撮口呼的韵母拼合，不能与开口呼、合口呼的韵母拼合，从而形成多重互补格局。

(5)组合能力弱:唇齿音 f 只能与开口呼的韵母和合口呼的 u 韵母拼合。

二、音节的拼写规则

用《汉语拼音方案》拼写音节时,有一些规则需要注意。主要是 y、w 的使用,隔音符号的用法,省写,标调法和音节的连写等规则。

1．y、w 的使用

(1)《汉语拼音方案》规定,韵母表中 i 行的韵母,在零声母音节中,要用 y 开头。如果 i 后面还有其他元音,就把 i 改为 y。如果 i 后面没有其他元音,就在 i 前面加 y。这样,i 行的韵母在零声母音节中就分别写成 yi、ya、ye、yao、you、yan、yin、yong、ying、yang。例如:

ia→ya(压)　　　　　ie→ye(夜)　　　　　iao→yao(要)
iou→you(有)　　　　ian→yan(烟)　　　　iang→yang(央)
iong→yong(用)　　　i→yi(衣)　　　　　　in→yin(阴)
ing→ying(英)

(2)《汉语拼音方案》规定,韵母表中 u 行的韵母,在零声母音节中,要用 w 开头。如果 u 后面还有别的元音,就把 u 改成 w。如果 u 后面没有其他元音,就在 u 前面加上 w。这样 u 行的韵母在零声母音节中就分别写成 wu、wa、wo、wai、wei、wan、wen、wang、weng 等。例如:

u→wu(乌)　　　　　ua→wa(蛙)　　　　　uo→wo(窝)
uai→wai(歪)　　　　uei→wei(威)　　　　uan→wan(弯)
uen→wen(温)　　　　uang→wang(汪)　　　ueng→weng(嗡)

(3)《汉语拼音方案》规定,韵母表中 ü 行的韵母,在零声母音节中,一律在前面加 y,原韵母中的 ü 上的两点要省去。这样 ü 行的韵母在零声母音节中就分别写成 yu、yue、yuan、yun,等等。例如:

ü→yu(迂)　　　üe→yue(约)　　　üan→yuan(冤)　　　ün→yun(晕)

y、w 的用法,目的是使按词连写的音节界限分明。如"dai",如果不用 y、w,既可以读作 dài(袋),又可以读作 dà yī(大衣);如果在后一音节的开头加 y,就明确了它表示的是两个音节的词"大衣"了。

2．隔音符号的用法

《汉语拼音方案》规定,a、o、e 开头的音节连接在其他音节后面的时候,如果音节界限发生混淆,可以用隔音符号(')隔开。例如,"西安"写成"xī'ān","方案"写成"fāng'àn","上腭"写成"shàng'è"。隔音符号只有当第二个音节开头的音素是 a、o、e 时才使用。如果第二个音节的开头是辅音则不必使用。例如,"发难(fānàn)"就不必写成"fā'nàn",这是因为汉语里辅音大都出现在音节的开头,因此汉语拼音音节的连读习惯是：音节中的辅音字母靠后不靠前，即一个辅音字母如果前后都有元音字母，这个辅音应当跟后面的元音字母连成音节；只有在辅音字母后面没有元音字母时才跟前面的元音字母连成音节。例如，"谈话"(tánhuà)的第三个字母 n 后面没有元音字母，因此 n 跟前面的元音字母连成音节，而 h 跟后面的 ua 连成音节。

3．省写

为了使拼写简省，《汉语拼音方案》规定了省写的规则。

1）韵母 iou、uei、uen 的省写

《汉语拼音方案》规定，iou、uei、uen 前面加声母的时候，写成 iu、ui、un。例如，niú(牛)、guī(归)、lùn(论)。不跟声母相拼（即自成音节）时就不能省写，仍然用 y、w 开头，写成 yōu(优)、wēi(威)、wēn(温)。

2）ü 上两点的省略

《汉语拼音方案》规定，"ü 行的韵母跟声母 j、q、x 相拼的时候，写成 jū(居)、qū(区)、xū(虚)，ü 上两点可省略；但是跟声母 n、l 相拼的时候，仍然写成 nǚ(女)、lǚ(吕)，两点不可省略。

ü 上两点在声母为 j、q、x 时省略了，并不会与 u 相混。因为 j、q、x 不能跟合口呼韵母相拼，因此像 ju、que、xuan 中的韵母必是撮口呼而不是合口呼。

4．标调法

《汉语拼音方案》规定："声调符号标在音节的主要元音上，即韵腹上。轻声不标调"。例如，妈 mā、麻 má、马 mǎ、骂 mà、吗 ma。还有两种情况要注意。

（1）当音节的韵母为 iu、ui 时，声调符号应标在后面的 u 或 i 上面。例如：

qiū(秋)　　duī(堆)　　jiū(揪)　　kuī(盔)

（2）调号恰巧标在 i 的上面时，i 上的小点要省去。例如：

yī(衣)　　xīng(星)　　duī(堆)

5．音节连写

（1）同一个词的音节要连写，词与词分写，即以词为书写单位。句子或诗行开头字母要大写。例如：

Tuánjié jiù shì lìliàng.

　团结　就　是　力量。

（2）专有名词的第一个字母要大写。专用短语中的每个词开头字母要大写。汉语人名按姓和名分写，姓和名的开头字母大写。

Lǐ Bái　Dǒng Cúnruì　Zhūgě Liàng　Guāngmíng Rìbào

李白　　董存瑞　　诸葛　亮　　光明　　日报

（3）标题可以全部大写，也可以每个词开头的字母大写，有时为了美观，可以省略声调符号。例如：

JIEFANG   SIXIANG   JIANSHE   ZHONGHUA
Jiefang   Sixiang   Jianshe   Zhonghua
 解放   思想   建设   中华

第二节　音节拼读

拼音就是把分析出来的声母、韵母和声调拼合在一起。要使音节拼合得正确，应注意如下问题。

一、念准声母

平常念声母，一般是念它的呼读音。声母的呼读音是在声母的本音后面加上一个元音。拼音时要注意用声母的本音，去掉加进去以便呼读的元音。如果声母念得不准，就拼不出正确的读音。例如，"腻 nì"，拼读时如果不去掉加在 n 后面以便呼读的"e"，就会把上面的音节拼成"内 nèi"。克服的办法是将声母读得轻些、短些，把韵母读得重些、长些，拼合的时候速度快些。

二、念准韵母

念不准韵母，也不能正确拼读出音节。常见的现象是丢失韵头或改变韵头。例如，"锅 guō"在一些方言区拼读为"gō"，"左"读成"zǒ"。有些方言没有撮口呼，往往将撮口呼念错。例如，将"女 nǚ"念成"nǐ"。要注意纠正。

三、念准声调

声调是普通话的必备成分，它附加在声母和韵母的组合结构之上。在念准声母和韵母之后，还要注意读准声调。普通话的声调一平二升三曲四降，差异明显。例如，在一些方言区，阴平读得不够高，或者将各调类的调型读错。这些都是要注意的。

在念准声母、韵母和声调的基础上，就可以进行拼音了。比较好的办法是"前音轻短后音重，两音相连猛一碰"。

 技能训练...

A：a   ai   an   ang   ao
B：ba   bai   ban   bang   bao   bei   ben   beng   bi   bian   biao   bie

bin　bing　bo　bu

C: ca　cai　can　cang　cao　ce　cei　cen　ceng　cha　chai　chan
chang　chao　che　chen　cheng　chi　chong　chou　chu　chua
chuai　chuan　chuang　chui　chun　chuo　ci　cong　cou　cu
cuan　cui　cun　cuo

D: da　dai　dan　dang　dao　de　dei　den　deng　di　dia　dian
diao　die　ding　diu　dong　dou　du　duan　dui　dun　duo

E: e　ei　en　eng　er

F: fa　fan　fang　fei　fen　feng　fo　fou　fu

G: ga　gai　gan　gang　gao　ge　gei　gen　geng　gong　gou　gu
gua　guai　guan　guang　gui　gun　guo

H: ha　hai　han　hang　hao　he　hei　hen　heng　hong　hou　hu
hua　huai　huan　huang　hui　hun　huo

J: ji　jia　jian　jiang　jiao　jie　jin　jing　jiong　jiu　ju　juan
jue　jun

K: ka　kai　kan　kang　kao　ke　ken　keng　kong　kou　ku　kua
kuai　kuan　kuang　kui　kun　kuo

L: la　lai　lan　lang　lao　le　lei　leng　li　lia　lian　liang
liao　lie　lin　ling　liu　long　lou　lu　luan　lüe　lun　luo

M: ma　mai　man　mang　mao　me　mei　men　meng　mi　mian
miao　mie　min　ming　miu　mo　mou　mu

N: na　nai　nan　nang　nao　ne　nei　nen　neng　ni　nia　nian
niang　niao　nie　nin　ning　niu　nong　nou　nu　nuan　nüe
nun　nuo

O: o　ou

P: pa　pai　pan　pang　pao　pei　pen　peng　pi　pian　piao　pie
pin　ping　po　pou　pu

Q: qi　qia　qian　qiang　qiao　qie　qin　qing　qiong　qiu　qu
quan　que　qun

R: ran　rang　rao　re　ren　reng　ri　rong　rou　ru　rua　ruan
rui　run　ruo

S: sa　sai　san　sang　sao　se　sen　seng　sha　shai　shan　shang
shao　she　shei　shen　sheng　shi　shou　shu　shua　shuai
shuan　shuang　shui　shun　shuo　si　song　sou　su　suan　sui
sun　suo

T：ta　tai　tan　tang　tao　te　tei　teng　ti　tian　tiao　tie
　　ting　tong　tou　tu　tuan　tui　tun　tuo
W：wa　wai　wan　wang　wei　wen　weng　wo　wu
X：xi　xia　xian　xiang　xiao　xie　xin　xing　xiong　xiu　xu
　　xuan　xue　xun
Y：ya　yan　yang　yao　ye　yi　yin　ying　yo　yong　you　yu　yuan
　　yue　yun
Z：za　zai　zan　zang　zao　ze　zei　zen　zeng　zha　zhai　zhan
　　zhang　zhao　zhe　zhei　zhen　zheng　zhi　zhong　zhou　zhu　zhua
　　zhuai　zhuan　zhuang　zhui　zhun　zhuo　zi　zong　zou　zu　zui
　　zun　zuo

第三节　普通话的音节变化

人们在进行语言交际时,由于相邻的因素或音节的相互影响,有些音节的声调、韵母等会发生一定的变化,这就是音节的变化,或称"语流音变"。汉语普通话中的音变现象有变调、轻声、儿化、"啊"的变读等。

一、变调

在单念一个个音节的时候,普通话有四种基本声调,即阴平、阳平、上声、去声。一般来讲,汉语一个音节就对应一个汉字,因此声调又称为字调。每个音节、每个字不是一个个孤立的单位,在词语、句子中由于相邻音节的相互影响,有的音节的声调发生变化,这种音变现象称为变调。

普通话的主要变调情况有:上声变调,去声变调,"一"、"不"的变调,叠字形容词的变调。

1. 上声变调

上声在普通话四个声调中音长最长,基本上是个低调,调值为214。上声在阴平、阳平、上声、去声前都会产生变调,只有在单念或处在词语、句子的末尾才有可能读原调。其变调规律如下。

(1) 上声音节在阴平、阳平、去声(非上声音节)前,丢掉后半段上升的尾巴,调值由214变为半上声21。例如:

上声+阴平　　百般 bǎibān　保温 bǎowēn　打通 dǎtōng
　　　　　　　纺织 fǎngzhī　海关 hǎiguān

上声+阳平　　祖国 zǔguó　旅行 lǚxíng　导游 dǎoyóu

		改革 gǎigé		朗读 lǎngdú
上声＋去声		广大 guǎngdà	讨论 tǎolùn	挑战 tiǎozhàn
		土地 tǔdì		感谢 gǎnxiè

注：上声音节在轻声前的变调情况要根据轻声音节的情况而定。

① 当轻声音节由上声字构成时，前面的上声音节的变调有两种情况，一是变读为阳平，调值是35；二是变读为半上，调值是21。例如：

阳平	等等 děngdeng	讲讲 jiǎngjiang	想起 xiǎngqi
半上	嫂子 sǎozi	碾子 niǎnzi	姐姐 jiějie

② 当轻声音节由非上声字构成时，前面的上声音节变读为半上，调值是21。例如：

阴平	打听 dǎting	眼睛 yǎnjing	比方 bǐfang
阳平	本钱 běnqian	老婆 lǎopo	老爷 lǎoye
去声	脑袋 nǎodai	寡妇 guǎfu	本事 běnshi

（2）上声音节在上声音节的前面，即两个上声相连，则前一个上声的调值由214变为35，与普通话阳平的调值相同，而后一个上声保持原来的调值不变。例如：

懒散 lǎnsǎn　　手指 shǒuzhǐ　　母语 mǔyǔ　　鬼脸 guǐliǎn　　海岛 hǎidǎo

可口 kěkǒu　　领导 lǐngdǎo　　野草 yěcǎo　　水果 shuǐguǒ　　理解 lǐjiě

（3）三个上声音节相连，如果后面没有紧跟着其他音节，也不带什么语气，末尾音节一般不变调。开头和当中的上声音节有两种变调情况。

① 当词语的结构是"双单格"时，即2+1结构，开头和当中的上声音节调值变为35，跟阳平的调值一样。例如：

水彩笔 shuǐcǎibǐ　　　　　选举法 xuǎnjǔfǎ

展览馆 zhǎnlǎnguǎn　　　考古所 kǎogǔsuǒ

② 当词语的结构是"单双格"时，即1+2结构，开头音节处在被强调的逻辑重音时，读作"半上"，调值变为21，当中音节则按两上变调规律变为35。例如：

冷处理 lěngchǔlǐ　　　　　小两口 xiǎoliǎngkǒu

好导演 hǎodǎoyǎn　　　　海产品 hǎichǎnpǐn

（4）多个上声音节相连时，要根据其词语组合情况和逻辑重音的不同，做不同的处理。例如：

想买果脯 xiǎng mǎi guǒpú

永远美好 yǒngyuǎn měihǎo

小组长请你往北走 xiǎozǔzhǎng qǐngnǐ wǎng běi zǒu

技能训练...

1. 上声在非上声前

上+阴	北京	火车	普通	广州
上+阳	海防	导游	朗读	免除
上+去	武汉	广大	考试	省力
上+轻	耳朵	尾巴	奶奶	姐姐

2. 两个上声相连

整体 铁塔 感慨 手表 减少 品种 海岛 粉笔 理想 管理

3. 三个上声相连

展览馆 手写体 蒙古语 纸老虎 小拇指 孔乙己

4. 一串上声相连

(1) 你把/美好/理想/给领导/讲讲。

(2) 请你/给我/打点儿/洗脸水。

2. "一"、"不"的变调

"一"、"不"都是古清声母的入声字。普通话"一"的单字调是阴平55调值，"不"的单字调是去声51调值，在单念、表序数或处在词句末尾的时候，不变调。这两个字的变调取决于后一个连读音节的声调。

1)"一"的变调

(1) 在去声音节前调值由55变为35，跟阳平的调值一样。例如：

"一"+去声　一半 yíbàn　一共 yígòng　一向 yíxiàng
　　　　　　一度 yídù　一概 yígài

(2) 在非去声的阴平、阳平、上声前，调值由55变为51，跟去声的调值一样。例如：

"一"+阴平　一般 yìbān　一边 yìbiān　一端 yìduān
　　　　　　一天 yìtiān　一声 yìshēng

"一"+阳平　一连 yìlián　一时 yìshí　一同 yìtóng
　　　　　　一头 yìtóu　一群 yìqún

"一"+上声　一举 yìjǔ　一口 yìkǒu　一起 yìqǐ
　　　　　　一手 yìshǒu　一体 yìtǐ

(3) 夹在词语中间的时候读轻声。例如：

某+"一"+某　学一学 xuéyixué　看一看 kànyikàn　谈一谈 tányitán

2)"不"的变调

(1)"不"在去声音节前调值由51变为35,跟阳平的调值一样。例如:

"不"+去声   不必 búbì   不变 búbiàn   不测 búcè   不错 búcuò   不但 búdàn

(2)夹在词语中间的时候读轻声。例如:

某+"不"+某   买不买 mǎibumǎi   来不来 láibulái   会不会 huìbuhuì

 技能训练...

1．词语分类训练

(1)读原调   统一   第一   偏不   不欢而散
(2)变阳平(在去声前)   一定   一致   不对   不干
(3)读去声(非去声前)   一封   一条   不难   不好
(4)变轻声(词语中间)   读一读   说一说   好不好   去不去

2．语句训练

先标出语句中"一"、"不"的声调(原调或调),然后作先读后说训练。

星期一一大早,我就看了一本书。/你要不来,我也不去。信不信由你。

3．成语训练

一心一意   一丝一毫   不伦不类   不即不离

3．叠字形容词的变调

形容词重叠一般有 AA 式、ABB 式和 AABB 式三种。

1)AA 式的变调

叠字形容词 AA 式第二个音节原字调是阳平、上声、去声,即非阴平时,同时 AA 式后加"儿尾",重叠的第二个音节变成"儿化韵"时,声调可以变为高平调 55 调值,跟阴平的调值一样。例如:

慢慢儿 mànmānr   大大儿 dàdār   快快儿 kuàikuāir   好好儿 hǎohāor

2)ABB 式、AABB 式的变调

当后面两个叠字音节的声调是阳平、上声、去声,即非阴平时,调值变为高平调 55,跟阴平的调值一样,AABB 式中的第二个 A 读轻声。例如:

ABB 式   绿茸茸 lùrōngrōng   绿油油 lùyōuyōu
         红彤彤 hóngtōngtōng   慢腾腾 màntēngtēng

AABB 式   慢慢腾腾 mànmantēngtēng   马马虎虎 mǎmahūhū
          舒舒服服 shūshufūfū

注意:
(1) 上述变调规律仅就 ABB 式和 AABB 式形容词的一般情况而言。
(2) 一部分书面语的叠字形容词不变调。例如,白皑皑、金闪闪、轰轰烈烈、堂堂正正、沸沸扬扬、闪闪烁烁等。

二、轻声

1．轻声的定义

轻声不是第五种声调,而是一种声调的弱化形式。轻声离不开特定的语言环境,只出现于语言组合之中(如词、短语等)。轻声字在词语中读得既短又轻,在物理上表现为音长变短、音强变弱。

轻声有时还引起音色的变化,如"爸爸"的后一个"爸"、"哥哥"的后一个"哥"的声母都有浊化倾向。轻声字的韵母含混,甚至还会脱落。

2．轻声词

(1) 助词"的、地、得、着、了、过"和语气词"吧、嘛、呢、啊"等。
(2) 叠音词和动词重叠式后头的字:娃娃、弟弟、看看、玩玩。
(3) 词的后缀"子、头"和表复数的"们"。区别:桌子—石子,鸡子(鸡)—鸡子(鸡蛋)。
(4) 趋向动词"来、去、起来、下来"等。
(5) 名词、代词后面的方位语素和词。
(6) 量词"个"。
(7) 一些常用的双音节词的第二个音节习惯上读轻声:事情、消息、西瓜、力量、吩咐、关系。

3．轻声的作用

(1) 区别意义:孙子兵法与宝贝孙子、脑袋瓜子和炒瓜子。
(2) 区别词性:大意失荆州与段落大意、十分利害与利害冲突。

 技能训练...

轻声在非上声(阴平、阳平、去声)后,读短促的低降调(调值 31)。如玻璃、头发、豆腐。轻声在上声后,读短促的微升调(调值 34)。如指甲、耳朵、体面。

1．正音训练

用手势辅助法训练,跟读并体会轻声音节的特殊读法。

阴+轻　桌子　趴下　他们　先生　跟头　金的
阳+轻　房子　粮食　云彩　学生　石头　银的

去+轻　凳子　畜生　对呀　豆腐　木头　坏的
上+轻　嗓子　嘴巴　怎么　体面　里头　铁的

2. 有规律的轻声词训练

助词　看着　跑了　好吧　去过　偷偷地

名词、代词的后缀　石头　我们　房子

名词后边的方位词　床上　屋里　底下　里面

动词、形容词后的趋向动词　过来　出去　拿去　好起来

叠音词或词的重叠式　星星　看看

其他　站住　稀里糊涂

3. 必读轻声词训练

胳膊	疙瘩	工夫	功夫	姑娘	故事	官司	规矩	闺女	含糊	核桃
合同	狐狸	葫芦	滑溜	活泼	伙计	机灵	家伙	见识	街坊	结实
戒指	精神	开通	口袋	困难	喇叭	烂糊	老婆	老实	老爷	冷战
篱笆	利害	痢疾	粮食	玻璃	啰嗦	萝卜	骆驼	麻烦	马虎	买卖
玫瑰	棉花	明白	名堂	名字	蘑菇	脑袋	念叨	奴才	暖和	佩服
朋友	琵琶	枇杷	屁股	便宜	葡萄	千斤	亲戚	清楚	情形	人家
认识	软和	丧气	扫帚	商量	少爷	牲口	生意	石榴	实在	使唤
收拾	舒服	算盘	踏实	抬举	太阳	体面	窝囊	稀罕	吓唬	下水
先生	相声	消息	笑话	心思	新鲜	兄弟	休息	秀才	学生	衙门
烟筒	砚台	秧歌	养活	吆喝	钥匙	衣服	衣裳	意思	应酬	冤枉
在乎	丈夫	帐篷	折腾	知识	指甲	嘱咐	主意	状元	巴结	炊帚
聪明	琢磨

4. 对比训练

(1) 轻声对某些词有区别意义或词性的作用。

东西 dōngxi(物件) / 东西 dōngxī(方向)

对头 duìtou(对手、仇敌,名词) / 对头 duìtóu(正确、合适,形容词)

利害 lìhai(剧烈、凶猛,形容词) / 利害 lìhài(利益和损害,名词)

(2) 将具有区别词性或词义作用的必读轻声词,同相应的非轻声词对比练读,然后分别组词成句,进行对话训练。

编辑　他是一名编辑(轻声)。他正在编辑稿件(非轻声)。

人家　人家的闺女有花戴(轻声)。小桥流水人家(非轻声)。

地道　他说山东话很地道(轻声)。这个地道很深(非轻声)。

三、儿化

1. 儿化的定义

儿化是指词的后缀"儿"与其前音节的韵母结合为一体,并使该韵母带上卷舌音色的一种音变现象。在书面语中,这种"儿"通常被省略。

2. 儿化的作用

(1) 区别词义。例如,头—头儿　眼—眼儿。

(2) 区别词性。例如,忙—忙儿　偷—偷儿。

(3) 带有感情色彩。例如,猫儿、老头儿、小淘气儿。

3. 儿化的发音规则

儿化发音的基本规则,取决于韵母的末尾音素是否便于卷舌。

(1) 便于卷舌,指韵母的末尾音素是舌位较低或较后的元音(a、o、e、u)。儿化时原韵母不变,直接卷舌。例如:

小花儿、豆芽儿、酒窝儿、大伙儿、高个儿、打嗝儿、皮球儿、裤兜儿、白兔儿

(2) 不便于卷舌,指韵母的末尾音素是前、高元音(i),或者鼻韵尾(n、ng),末尾音素的舌位与卷舌动作发生冲突。不便于卷舌韵母儿化时发音要领分别如下所述。

① 丢掉韵尾 i、n、ng,主要元音卷舌。后鼻韵母丢掉韵尾 ng 后,主要元音同时鼻化。例如:

ai　小孩儿、鞋带儿、一块儿、盖儿

ei　京味儿、椅子背儿、倍儿(棒)

an　门槛儿、腰板儿、心眼儿、差点儿、好玩儿、人缘儿、线圈儿

en　嗓门儿、大婶儿、一阵儿、没准儿、三轮儿、打盹儿、冰棍儿

ang　帮忙儿、鼻梁儿、好样儿

eng　麻绳儿、板凳儿、门缝儿

② 主要元音是 i、u(in、ing 先去韵尾再加 er)。例如:

i　小鸡儿、眼皮儿、凑趣儿、树枝儿、没事儿、写字儿

u　小曲儿、凑趣儿

in　皮筋儿、脚印儿、今儿

ing　电影儿、打鸣儿、火星儿

③ 舌尖元音 i(前、后)换成 er。例如:

瓜子儿、棋子儿、小字儿、没词儿、有事儿、果汁儿、年三十儿、树枝儿

技能训练

1. 儿化发音基本训练

刀把儿、号码儿、戏法儿、在哪儿、找茬儿、打杂儿、板擦儿、名牌儿

鞋带儿、壶盖儿、小孩儿、加塞儿、快板儿、老伴儿、蒜瓣儿、脸盘儿

脸蛋儿、收摊儿、栅栏儿、包干儿、笔杆儿、门槛儿

刀背儿、摸黑儿、老本儿、花盆儿、嗓门儿、把门儿、哥们儿、纳闷儿、后跟儿

高跟儿鞋、别针儿、一阵儿、走神儿、大婶儿、小人儿书、杏仁儿、刀刃儿

瓜子儿、石子儿、没词儿、挑刺儿、墨汁儿、锯齿儿、记事儿

针鼻儿、垫底儿、肚脐儿、玩意儿、有劲儿、送信儿、脚印儿

毛驴儿、小曲儿、痰盂儿、合群儿

2. 具体语境中儿化训练

①花园儿里种着茶花儿,花盆儿里养着菊花儿,花瓶儿里还插着梅花儿。

②下了班儿,上对门儿小饭馆儿,买一斤锅贴儿,带上点儿爆肚儿、蒜瓣儿,再弄二两白干儿,到你家慢慢儿喝。

3. 绕口令练习

进了门儿,倒杯水儿,喝了两口运运气儿。顺手拿起小唱本儿,唱一曲儿,又一曲儿,练完了嗓子我练嘴皮儿。

绕口令儿,练字音儿,还有单弦儿牌子曲儿。小快板儿,大鼓词儿,又说又唱我真带劲儿!

四、语气词"啊"的音变

"啊"作语气助词时,用在句尾。由于受前一音节末尾音素的影响,常常会发生音变现象。

(1)前面音节末尾音素是 a、o(ao、iao 除外)、e、ê、i、ü 时,读作 ya,汉语可写作"呀"。

快去找他呀!(tā ya)　　　人真多呀!(duō ya)

大家喝呀!(hē ya)　　　要注意节约呀!(yuē ya)

哪来的好东西呀!(xī ya)　　这片草可真绿呀!(lǜ ya)

(2)前面音节末尾音素是 u(包括 ao、iao)时,读作 wa,汉字可写作"哇"。

您也来买书哇?(shū wa)　　唱得真好哇!(hǎo wa)

大家都来跳哇!(tiào wa)　　一起走哇!(zǒu wa)

(3) 前面音节末尾是 n 时，读作 na，汉字可写作"哪"。

一定要注意看哪！（kàn na）

这样做太愚蠢哪！（chǔn na）

过马路要小心哪！（xīn na）

(4) 前面音节末尾音素是 ng 时，读作 nga，汉字仍写作"啊"。

放声唱啊！（chàng nga）

天可真冷啊！（lěng nga）

去了也没用啊！（yòng nga）

(5) 前面音节末尾音素是舌尖前元音-i 时，读[z]a（[z]是国际音标的浊音），汉字仍写作"啊"。

这是什么字啊？（zì [z]a）

你会背这首宋词啊！（cí [z]a）

他才十四啊！（sì [z]a）

(6) 前面音节末尾音素是舌尖后元音-i 或卷舌元音 er 时，读 ra，汉字仍写作"啊"。

他竟然会偷钱去吃啊（chī ra），玩儿啊（wánr ra），真是可耻啊（chǐ ra）。

语气词"啊"的音变规律如表 4-2 所示。

表 4-2　"啊"的音变规律

前字韵腹或韵尾+a	"啊"的音变	规范写法	举　　例
a、o（ao、iao 除外）、e、ê、i、ü+a	ya	呀（啊）	鸡呀、鱼呀、磨呀、鹅呀、写呀、他呀
u（含 ao、iao）+a	wa	哇（啊）	苦哇、好哇、有哇
n+a	na	哪（啊）	难哪、新哪、弯哪
ng+a	nga	啊	娘啊、香啊、红啊
-i（后）、er+a	ra	啊	是啊、店小二啊
-i（前）+a	[z]a	啊	次啊、死啊、写字啊

技能训练...

(1) 回家啊（ya）　　快划啊（ya）　　上坡啊（ya）　　菠萝啊（ya）
　　唱歌啊（ya）　　祝贺啊（ya）　　快写啊（ya）　　警惕啊（ya）
　　不去啊（ya）　　下雨啊（ya）

(2) 别哭啊（wa）　　大路啊（wa）　　巧手啊（wa）　　吃饱啊（wa）

(3) 冷饮啊(na)　　大干啊(na)　　没门啊(na)　　真准啊(na)

(4) 真脏啊(nga)　　真痒啊(nga)　　小熊啊(nga)　　救命啊(nga)

(5) 老师啊(ra)　　女儿啊(ra)　　白纸啊(ra)　　好吃啊(ra)

(6) 有刺啊([z]a)　　公司啊([z]a)　　写字啊([z]a)　　老四啊([z]a)

(7) 漓江的水真静啊(nga),漓江的水真清啊(nga),漓江的水真绿啊(ya)。桂林的山真奇啊(ya),桂林的山真秀啊(wa),桂林的山真险啊(na)。

(8) 天连水啊(ya),水连天,水天一色啊(ya)望无边。蓝蓝的天啊(na)似绿水,绿绿的水啊(ya)如蓝天。到底是天连水啊(ya)还是水连天。

(9) 乡愁四韵

　　　　[台]余光中

给我一瓢长江水啊(ya)长江水

酒一样的长江水

醉酒的滋味

是乡愁的滋味

给我一瓢长江水啊(ya)长江水

给我一张海棠红啊(nga)海棠红

血一样的海棠红

沸血的烧痛

是乡愁的烧痛

给我一张海棠红啊(nga)海棠红

给我一片雪花白啊(ya)雪花白

信一样的雪花白

家信的等待

是乡愁的等待

给我一片雪花白啊(ya)雪花白

给我一朵腊梅香啊(nga)腊梅香

母亲一样的腊梅香

母亲的芬芳

是乡土的芬芳

给我一朵腊梅香啊(nga)腊梅香

FIVE 第五章
普通话朗读

朗读,是把文字作品转化为有声语言的创作活动,也就是朗读者在理解作品的基础上用自己的语音塑造形象、反映生活、说明道理,再现作者思想感情的再创造过程。在"普通话水平测试"中,朗读是对应试者普通话运用能力的一种综合检测形式。日常朗读活动中,决定朗读者朗读水平高低、朗读效果优劣的因素是多方面的。本章就普通话水平测试中影响应试者成绩的几个主要因素,谈谈朗读的基本要求和技巧,目的是帮助应试人把握难点,在测试中减少失误,更好地发挥水平。

第一节 朗读的基本要求与技巧

一、朗读的基本要求

普通话测试中作品朗读的语言既不同于生活口语,也明显区别于朗读、演讲、播音、讲故事的语言(在表达上,朗读没有艺术性的夸张和态势语的语用;声音的处理上,不必绘声绘色、角色化等)。作品朗读要求用朴实的语言,恰如其分地表现作品的内容。普通话水品测试的作品朗读,基本特征为朴实、规范、情感适度、语速适中、流畅自然。具体要求是"规范、准确、自然"。

1. 规范

朗读作品要求应试者除了忠于作品原貌,不添字、漏字、改字、回读外,还要求朗读时在声母、韵母、声调、轻声、儿化、音变,以及语句的表达方式等方面都符合普通话语音的规范。

(1) 注意普通话和方言在语音上的差异。普通话和方言在语音上的差异,大多数的情况是有规律的。这需要平时多查字典和词典,要加强记忆,反复练习。在练习中,不仅要注意声韵调方面的差异,还要注意轻声词和儿化韵的学习。

(2) 注意多音字的读音。一字多音是容易产生误读的重要原因之一,我们必须十分注意。多音字可以从两个方面去注意学习。第一类是意义不同的多音字,要着重弄清它的各个不同的意义,从各个不同的意义去记住它的不同的读音。第二类是意义相同的多音字,要着重弄清它的不同的使用场合。这类多音字大多数情况是,一个音使用场合"宽",一个音使用场合"窄",只要记住"窄"的就行。

(3)注意由字形相近或由偏旁类推引起的误读。由于字形相近,由甲字张冠李戴地读成乙字,这种误读十分常见。由偏旁本身的读音去类推一个生字的读音而引起的误读,也很常见。所谓"秀才认字读半边",闹出笑话,就是指的这种误读。

(4)注意异读词的读音。普通话词汇中,有一部分词(或词中的语素),音义相同或基本相同,但在习惯上有两个或几个不同的读法,这些被称为"异读词"。这就要求参照《异读词审音表》加以训练。

2. 准确

准确是指在朗读时,要能充分领会文章的内容,理顺文章的整体布局,弄清文章的体裁和表达方式,恰到好处地运用各种朗读技巧,表意准确。特别是在朗读技巧上要做到停连,重音的位置准确、恰当,语流、轻音娴熟自然,语速、节奏变化及语调的选择要准确,不出现歧义及忽快忽慢的现象。

3. 自然

自然是指作品朗读过程中,情感得体,语句连贯、流畅、自然、不夸张,不出现一字一蹦、一词一蹦的现象,也不出现回读现象等。朗读要做到自然、流畅须处理好几个关系:一是朗读与朗诵的关系,朗诵是舞台表演,可用态势语言来强调表达效果;二是朗读与生活语言的关系,朗读不能任意拿腔作调;三是朗读与日常说话的关系,朗读不能随心所欲,脱离文章。

二、朗读技巧

朗读技巧是在朗读活动中所运用的一切表达方法,是实现朗读目的的必要手段,是朗读时为了使声音清晰洪亮、为了增强语音的感染力,更恰当地传情达意而使用的一些技巧和方法。朗读技巧主要包括两部分:一是内部技巧;二是外部技巧。

1. 朗读的内部技巧

朗读的内部技巧是指对作品的正确理解和感受。具体包括以下四个部分。

1)形象感受的运用

朗读者要学会在作品形象性词语的刺激下,感触到客观世界的种种事物及事物的发展、运动状态,使情、景、物、人、事、理的文字符号在内心跳动起来。朗读者的形象感受,来源于作品中的词语概念对朗读者内心刺激而产生的对客观事物的感知、体会、思考,"感之于外,受之于心"。朗读者要善于抓住那些表达事物形象的词语,透过文字,"目击其物",好像"看到、听到、嗅到、尝到、伸手即可得到"一样,使形象在内心"活"起来,形成"内心视像"。朗读者自身的经历、经验和知识积蓄是形成"内心视像"的重要条件。朗读者要善于发挥记忆联想和再造想象的能力,以增强有声语言的强烈感染力。

2）逻辑感受的运用

朗读者要学会将作品中的主次、并列、转折、递进、对比、总括等"文路",在逻辑感受过程中转化为自己的思路,进而形成内心的"语流",以增强有声语言的征服力。朗读时,作品中的概念、判断、推理、论证,以及全篇的思想发展脉络、层次、语句之间的内在联系,在朗读者头脑中形成的感受,就是逻辑感受。逻辑感受主要体现在两个方面:语言目的要明确,不能似是而非;语言脉络要清晰,不能模棱两可。语言目的必须抓住语句、篇章的真正含义,挖掘实质。语言脉络指的是上下衔接、前后呼应、贯通文气、连接层次语句,文中起着"鹊桥"作用的虚词是获得逻辑感受的重要途径。

3）内在语的运用

所谓内在语,俗称"潜台词",是朗读作品的文字后面更深一层的意思,也是文字作品所不便表露、不能表露或没有完全表露出来的语句关系或语句本质。没有内在语,有声语言就会失去光彩和生命。朗读者要学会在朗读中运用内在语的力量赋予语言一定的思想、态度和感情色彩。朗读时,内在语要像一股巨大的潜流,在朗读者的有声语言底下不断涌动着,赋予有声语言以生命力。内在语的潜流越厚,朗读也就越有深度。

4）语气的运用

声音受气息支配,气息则由感情决定,而感情的引发又受文章内容和语境的制约。学会将情、气、声三者融为一体,并能运用自如,才能增强有声语言的表现力。所谓语气,从字面上理解,"语"是通过声音表现出来的"话语","气"是支撑声音表现出来的话语的"气息状态"。朗读时,朗读者的感情、气息、声音状态,同表达有着极为密切的关系。有什么样的感情,就产生什么样的气息,有什么样的气息,就有什么样的声音状态。

语气运用的一般规律是:喜则气满声高,悲则气沉声缓,爱则气缓声柔,憎则气足声硬,急则气短声促,冷则气少声淡,惧则气提声抖,怒则气粗声重,疑则气细声黏,静则气舒声平。感情上有千变万化,才会有气息上的千差万别和声音上的千姿百态。

2. 朗读的外部技巧

朗读者要重视内部心理状态的支配作用,还要发挥外部表达技巧的作用。脱离了内部思想感情的运动状态,技巧就难以具有强大的生命力;如果没有最完善的声音形式,内部心理状态也无从表达。在普通话测试中,由于外部技巧的运用会直接影响应试者的成绩,因而应试者要重点把握外部表达技巧的运用。

朗读的外部技巧主要包括呼吸、发音、吐字、停连、重音、语速、语调等方面。

1）呼吸

学会自如地控制自己的呼吸非常重要,因为这样发出来的音坚实有力,音质优美,而且传送得较远。有的人在朗读时呼吸显得急促,甚至上气不接下气,这是因为他使用的是胸式呼吸,不能自如地控制自己的呼吸。若想在朗读时有较充足的气流,需要采用胸腹式呼吸法。它的特点是胸腔、腹腔都配合着呼吸进行收缩或扩张,尤其要注意横膈膜的运动。我们可以进行缓慢而均匀的呼吸训练,从中体会用腹肌控制呼吸的方法。

2)发音

发音的关键是嗓子的运用。朗读者的嗓音应该是柔和、动听和富于表现力的。为此,要注意提高自己对嗓音的控制和调节能力。声音的高低是由声带的松紧决定的,音量的大小则由发音时振动用力的大小来决定,朗读时不要自始至终高声大叫。除此之外,还要注意调节共鸣,这是使音色柔和、响亮、动听的重要技巧。人们发声的时候,气流通过声门,振动声带发出音波,经过口腔或鼻腔的共鸣,形成不同的音色。改变口腔或鼻腔的条件,音色就会大不相同。例如,舌位靠前,共鸣腔浅,可使声音清脆;舌位靠后,共鸣腔深,可使声音洪亮刚强。

3)吐字

吐字的技巧不仅关系到音节的清晰度,而且关系到声音的圆润、饱满。要吐字清楚,首先要熟练地掌握常用词语的标准音。朗读时,要熟悉每个音节的声母、韵母、声调,按照它们的标准音来发音。其次,要力求克服发音含糊、吐词不清的毛病,一是在声母的成阻阶段比较马虎,不大注意发音器官的准确部位,二是在韵母阶段不大注意口形和舌位,三是发音吐字速度太快,没有足够的时值。朗读跟平时说话不同,要使每个音节都让听众或考官听清楚,发音就要有一定力度和时值,每个音素都要到位。平时多练习绕口令就是为了练好吐字的基本功。

4)停连

停连是有声语言表达中最重要的表达技巧之一,是指朗读语流中声音的停顿和延续。那些为表情达意所需要的声音的中断和停歇,就是停顿(用"/"的多少表示停顿时间的长短);那些声音(尤其是气息)不中断、不停歇的地方就是连接(用"⌒"表示)。停连是为了清晰地显示语句的脉络,以准确、生动地表达语言内容,同时也有强调、加重情感、增强语势、突出重点等作用。这里重点介绍一下停顿。

朗读时,有些句子较短,按书面标点停顿就可以。有些句子较长,结构比较复杂,句中虽没有标点符号,但为了表达清楚意思,中途也可以作些短暂的停顿。通过停顿还可以控制语速,调整语句的节奏。正确的停顿有以下几种类型。

(1)标点符号停顿。

标点符号是书面语言的停顿符号,也是朗读作品时语言停顿的重要依据。标点符号的停顿规律一般是:句号、问号、感叹号、省略号停顿略长于分号、破折号、连接号;分号、破折号、连接号的停顿时间又长于逗号、冒号。因此,标点符号停顿分为两种情况,一是句子内部的停顿,大致是根据不同标点符号的应停时间长短进行停顿。例如：

一切都像刚睡醒的样子，/欣欣然，/张开了眼。//山朗润起来了，/水涨起来了，/太阳的脸红起来了。

另一种情况是从整个篇章考虑，文章的标题、作者的姓名后，应有明显的停顿。而一般句子后的句号（或问号），停顿时间要短于自然段后的停顿时间，自然段的停顿时间又短于"层次"或"段落"的停顿时间等。例如，贾平凹的《丑石》，标题"丑石"之后，有明显的停顿"//"，作者姓名之后也有停顿"///"。

以上的停顿，也不是绝对的。有时为表达感情的需要，在没有标点的地方也可以停顿，在有标点的地方也可以不停顿。

(2) 语法停顿。

语法停顿是句子中间的自然停顿。它往往是为了强调、突出句子中主语、谓语、宾语、定语、状语或补语而做的短暂停顿。学习语法有助于我们在朗读中正确地停顿断句，不读破句，正确地表达作品的思想内容。语法停顿主要有以下几种情形。

① 主语或谓语较长，主语和谓语之间或主语和谓语内部可使用语法停顿。例如：

我们那条胡同的/左邻右舍的/孩子们的风筝/几乎都是叔叔编扎的。

英国女王伊丽莎白二世/专程前往悉尼。

这棵榕树/好像在把它的全部生命力展示给我们看。

② 动词谓语与结构关系比较复杂的宾语之间，可使用语法停顿。例如：

至今谁也不知道/为什么这里的海水/会没完没了地"漏"下去……

我明白了/她称自己为素食者的真正原因。

③ 结构关系复杂的定语、状语、补语内部，或者与中心语之间，也常使用语法停顿。例如：

它毫不悭吝地/把自己的艺术青春奉献给了哺育它的人。

森林维护地球生态环境的/这种"能吞能吐"的特殊功能/是任何其他物体都不能取代的。

(3) 强调停顿。

为了强调某一事物，突出某个语意或某种感情，而在书面上没有标点、在生理上也可不作停顿的地方作了停顿，或者在书面上有标点的地方作了较大的停顿，这样的停顿我们称为强调停顿。强调停顿主要是靠仔细揣摩作品，深刻体会其内在含义来安排的。例如：

我与父亲不相见已二年余了，我最不能忘记的是他的/背影。

盼望着，盼望着，东风来了，春天的脚步/近了。

让暴风雨来得/更猛烈些吧！

我懂了,您让我明白了/一分钟的时间/可以做许多事情,……

沉默呵,沉默呵!不在沉默中/爆发,就在沉默中/灭亡。

有的人活着/他已经死了;/有的人死了/他还活着。

连接也是有声语言准确表意的需要。停顿和连接是相辅相成的,确定停连的位置,必须要能正确地分析语句的结构,准确把握语句要表达的意思。一般说来,当语句的前后两个部分是属于并列关系,它们做同一个句子成分时,可以把前后两个部分连接起来。例如:

在那里,你可以从众生相所包含的酸甜苦辣、百味人生中寻找你自己。

填埋废弃塑料袋、塑料餐盒的土地,不能生长庄稼和树木,造成土地板结……

海洋中含有许多生命所必需的无机盐,如氯化钠、氯化钾、碳酸盐、磷酸盐,还有溶解氧……

5) 重音

重音是指那些在表情达意上起重要作用、在朗读时要加以特别强调的字、词或短语。重音是通过声音的强调来突出意义的,它能给色彩鲜明、形象生动的词增加分量。普通话的重音有词重音和句重音两种。

(1) 词重音。

词重音即词的轻重格式中重读的音节。普通话双音节词语占普通话词语总数的绝对优势,其轻重音格式的基本形式中占绝大多数的是"中+重"格式,即后一个音节重读(如钢笔、红旗)。其他还有两种:"重+轻"格式(如窗户)和"重+次轻"格式(如参与)。三音节词语大多数为"中+次轻+重"格式(如火车站)。四音节词语大多数为"中+次轻+中+重"格式(如焕然一新)。

普通话测试中,在认读词语时,掌握词的轻重格式非常重要,但是在朗读作品时,则以语句的重音为主,因为词语的轻重音格式在语流中有时会有变化,如果完全按照词语的轻重音格式来读作品,语感上就会显得很不自然,甚至感到生硬。因此,朗读过程中要根据语流音变的情况正确处理好词重音。

(2) 句重音。

普通话的句重音是指为了准确地表达语意和思想感情,有时强调那些起重要作用的词或短语,被强调的这个词或短语通常称为重音或重读。在由词和短语组成的句子中,组成句子的词和短语,在表达基本语意和思想感情的时候,不是平列地处在同一个地位上。有的词、短语在表达语意和思想感情上显得十分重要,而与之相比较,另外一些词和短语就处于一个较为次要的地位上,所以有必要采用重音。同样一句话,如果把不同的词或短语确定为重音,由于重音不同,整个句子的意思也就发生了很大的变化。例如:

我知道你懂电脑。(别人不知道你懂电脑)

我知道你懂电脑。(你不要瞒着我了)

我知道你懂电脑。(别人懂不懂我不清楚)
我知道你懂电脑。(你怎么说不会呢)
我知道你懂电脑。(别的懂不懂我不清楚)
句重音主要有语法重音和逻辑重音等形式。

① 语法重音。语法重音是按语言习惯自然重读的音节。这些重读的音节大都是按照平时的语言规律确定的。一般来说,语法重音不带特别强调的色彩。语法重音的主要规律如下。

一是主要的谓语动词。例如：
山朗润起来了,水涨起来了……
中国人民从此站起来了。
我们应战胜一切困难。
二是动宾结构的宾语成分。例如：
我愿给您的圣诞树挖一个树坑。
三是中心语前表示性状的定语成分。例如：
这可真是一种潇洒的人生态度……
四是表示形状、程度的状语。例如：
就是这篇作文,深深地打动了他的老师。
太阳慢慢地升起来了。
五是表示结果或程度的补语。例如：
他的普通话说得很流利。
教室打扫得很干净。
树叶却绿得发亮,小草也青得逼你的眼。
六是表示疑问和指示的代词。例如：
这种事是谁干的?
这像什么话?

② 逻辑重音。逻辑重音比语法重音要强烈一些,强调重音不受语法制约,它是根据语句所要表达的重点决定的,它受应试者的意愿制约,在句子中的位置是不固定的。强调重音的作用在于揭示语言的内在含义。由于表达目的的不同,强调重音就会落在不同的词语上,所揭示的含义也就不相同,表达的效果也就不一样。

逻辑重音有多种类型,常见的有强调性重音、并列性重音、对比性重音、递进性重音、转折性重音、肯定性重音、排比性重音、拟声性重音等。例如：

"他们一定会买些花装扮他们华丽的客厅,如果真是这样的话,那么我们一定会赚许多钱,有朝一日我也会成为富人……"(肯定性重音)

人们从《论语》中学得智慧的思考,……从《正气歌》中学得人格的刚烈。(并列性重音)

阳光虽然为生命所必需,但是阳光中的紫外线却也有扼杀原始生命的危险。(转折性重音)

一年之计在于春,刚起头儿,有的是功夫,有的是希望。(强调性重音)

"所以,废话多不多,并不看它是文言文还是白话文,只要注意选用字词,白话文是可以比文言文更省字的。"(对比性重音)

更为重要的是,读书加惠于人们的不仅是知识的增广,而且还在于精神的感化与陶冶。(递进性重音)

井冈山的翠竹啊!去吧,去吧,快快地去吧!多少工地,多少工厂矿山,多少高楼大厦,多少城市和农村,都殷切地等待着你们!(排比性重音)

"想着想着,我不由得背靠着一棵树,伤心地呜呜大哭起来……"(拟声性重音)

重音的运用要建立在对作品有较深理解的基础之上。朗读作品时,究竟采用何种方式来强调重音而又能恰到好处,应视作品的具体内容和语句而定。

6) 语速

语速是指朗读、说话的速度。语速可以影响文章节奏的变化和情感表达的效果,因而在朗读、演讲和语言交际中有重要的作用。

语速的快慢须与文章的情境相适应,根据文章的思想内容、故事情节、人物个性、环境背景、感情语气、语言特色来处理。除此之外,文章体裁不同,语速也会有变化。语速大体可以分作慢速、快速、中速三种情况。

(1) 慢速 慢速往往用于讲述比较严肃、庄重的事情,多用来表示悲痛、伤感、哀悼的感情。例如:

读小学的时候,我的外祖母过世了。……我无法排除自己的忧伤,每天在学校的操场上一圈儿又一圈儿地跑着……

小孩儿默默地回到自己的房间关上了门。

灵车队,万众心相随。哭别总理心欲碎,八亿神州泪纷飞。红旗低垂,新华门前洒满泪。日理万机的总理啊,您今晚几时回?

(2) 快速 快速常用于叙述或描写紧张、急迫的情形或场面,表达紧急、气愤、激动的情绪或表现热烈、豪放、激昂、雄浑的气势。因此,语速应适当放快些。例如:

……像只无头的苍蝇,我到处乱钻,衣裤上挂满了芒刺。

"不,不行!"女护士高声抗议,"我记得清清楚楚,手术中我们用了十二块纱布。"

暴风雨!暴风雨就要来啦!这是勇敢的海燕,在怒吼的大海上,在闪电中间,高傲地飞翔;这是胜利的预言家在叫喊:让暴风雨来得更猛烈些吧!

今天,这里有没有特务?你站出来!是好汉的站出来!你出来讲!凭什么要杀死李先生?杀死了人,又不敢承认,还要污蔑人,说什么"桃色事件",说什么共产党杀共产党,无耻啊!无耻啊!

(3)中速　语句的内容和情感没有什么明显的起伏变化,或是讲述、说明事实,或是描写"不大动情感"的事物,语速应平缓。例如:

大海上一片静寂。在我们的脚下,波浪轻轻吻着岩石,像朦朦胧胧欲睡似的。在平静的深黯的海面上,月光劈开了一款狭长的明亮的云汀,闪闪地颤动着,银鳞一般。

江南的山水是令人难忘的,缭绕于江南山水间的丝竹之音也是令人难忘的:在那烟雨滚滚的小巷深处,在那杨柳依依的春江渡口,在那黄叶萧萧的乡村野店,在那白雪飘飘的茶馆酒楼……谁知道,那每一根颤动的丝弦上,曾经留下多少生离死别的故事。

对于一个在北平住惯的人,像我,冬天要是不刮风,便觉得是奇迹;济南的冬天是没有风声的……

作品朗读中,语速的选择是必不可少的。一般而言,议论文、说明文语速稍慢些,而散文、诗歌语速稍快些。但即便是同一篇文章,由于语句内容的不同或有情感的变化,语速也应当做些调整,根据文章内容,适当地进行变化。朗读时语速死板单一,一统到底是不可取的。

7)语调

语调是指句子里声音高低升降、快慢的变化。语调和语句的句调、停顿、高低、轻重、快慢等都有关,也就是说,语调是语音的韵律特征在话语中的集中体现。普通话测试作品朗读中出现的"语调偏误",就涉及上述的几个方面的问题,如字词的轻、重音失当,或者不自然,且有系统性表现;音长不规范;节奏有忽快忽慢现象;语气词带有明显的方言痕迹。但是语调中最重要的是句调,句调是整个句子声音高低升降的变化。句调的作用一般可以归纳为两个方面。

一是要准确表达句子的语意,就要采取相应的句调形式。例如:"这件事是他干的?"表示疑问,而"这件事是他干的。"则表示肯定的语气,因此句调形式会不相同。

二是为了增强语言的表达效果,需要对语句的语调做一定的调整。例如:"它只是树林中的一个小小的长方形土丘,上面开满鲜花——没有十字架,没有墓碑,没有墓志铭,连托尔斯泰这个名字也没有。"这样的叙述性的语言,如果不做一些句调上的变化处理,就会显得很枯燥,乏味。调整后则会有升降起伏,因而也就增强了语句的表达效果。

句调的变化中以结尾的升降变化最为重要,一般是和句子的语气紧密结合的。在朗读时,如能注意语调的升降变化,语音就有了动听的腔调,听起来便具有音乐美,也就能够更细致地表达不同的思想感情。语调变化多端,主要有以下几种。

(1)平直调　平直调一般多用在叙述、说明或表示严肃、平淡、迟疑、思索、冷淡、追忆、悼念等句子里。朗读时始终平直舒缓,没有显著的高低变化。例如:

在繁华的巴黎大街的路旁,站着一个衣衫褴褛、头发斑白、双目失明的老人。

在一个晴朗的下午,总部和党校的同志刚做完宿营准备工作,朱总司令来到了。

那年我六岁。离我家仅一箭之遥的小山坡旁,有一个早已被废弃的采石场,双亲从来不准我去那儿,其实那儿风景十分迷人。

（2）高升调　高升调多在疑问句、反诘句、短促的命令句子里使用,或者是在表示愤怒、紧张、警告、号召的句子里使用。朗读时,注意前低后高、语气上扬。例如:

啊!小桥呢?↗它躲起来了?↗

当你在积雪初融的高原上走过,看见平坦的大地上傲然挺立这么一株或一排白杨树,难道你就只觉得它只是树?↗

如今建国伊始,百废待举,不正是齐先生实现多年梦想,大有作为之时吗?↗

共产主义是不可战胜的。↗

（3）降抑调　降抑调一般用在感叹句、祈使句或表示坚决、自信、赞扬、祝愿等的句子里。表达沉痛、悲愤的感情,一般也用这种语调。朗读时,注意调子逐渐由高降低,末字低而短。

但我的白话文电报却只用了五个字:"干不了,谢谢!"↘

为什么我的眼里常含泪水,因为我对这土地爱得深沉。↘

他从破衣袋里摸出四文大钱,放在我手里,见他满手是泥,原来他便用这手走来的。↘

然后他呆在那儿,头靠着墙壁,话也不说,只向我们做了一个手势:"散学了,你们走吧。"↘

（4）曲折调　曲折调用于表示特殊的感情,如讽刺、讥笑、夸张、强调、双关、特别惊异等句子里。朗读时先升后降,或先降后升,把句子中某些特殊的音节特别加重加高或拖长,形成一种升降曲折的变化。例如:

"——这些海鸭呀,享受不了战斗生活的欢乐,轰隆隆的雷声↗就把它们吓坏了。"↘

……会不会是他已经表达了↘而我却不能察觉?↗

"为什么你已经有了钱↘还要?↗"父亲不解地问。

关于语调还有几点是需要注意的。

一是朗读中的语调是个涉及面很广的较为复杂的问题,上面分的这几种基本类型,只是一个大体分类,或者说是对语调的基本情况的一个大体描述,只是一个框框,给语调分类也绝不是硬要把丰富多彩的语调变化强行纳入一些简单的公式。

二是不要把这里说的语调类型与书面语中的陈述句、祈使句、疑问句、感叹句等句子类型完全等同起来。书面语中的句子的语气类型远不能概括口语中千变万化的语调。

三是朗读中的语调在其表现中,始终是同断和连、快和慢、轻和重等联系在一起的。

四是朗读是一种艺术。这种艺术性主要是通过语调加以体现的。朗读语言同生活语言的主要不同之处就在于语调。生活语言当然也有语调,但那种语调一般是没有多少变化的,显得自然、从容。而朗读语言的语调则有明显的起伏变化,它能使语意表达得更加顺畅、明晰、突出。朗读中一旦失去这种富于变化的较为明显的语调,它就无异于一般的生活语言了,实际上,朗读也就不存在了。

五是朗读中的语调的表现又不同于艺术表演(如朗诵、话剧表演)中的语调的表现。表演语言的语调带有明显的夸张性、表演性。如果把这种夸张性和表演性搬到朗读中来,使朗读时的语调奔突跳跃,大起大伏,这就会使朗读显得既不自然,也不真实。朗读中的语调介于生活语言和表演语言之间,没有语调的起伏变化固然不行,起伏变化过大同样也会失去朗读的特点。

第二节　不同文体的朗读

在朗读作品时,除了掌握基本的朗读技巧外,还要能根据不同类型文体的特点,准确地表达作品内容。一般来说,诗歌、散文等抒情性比较强的作品,应着重掌握并表现其感情脉络和抒情线索;童话、寓言等作品,叙事性较强,应着重把握并表现作品的情节和人物性格;说明文等平实性的作品应着重把握对事物性质、功用的介绍,对事理关系的阐述,要求读得准确、清楚、平实。

把握各类文体朗读处理的共性,有助于我们从整体上把握作品,取得事半功倍的效果。每一个作品又都有其鲜明的个性,我们最终要根据具体文体的个性,灵活自如地运用表达技巧表现作品的内容和感情。

一、诗歌的朗读

1. 诗歌的特点

(1) 想象丰富,感情强烈充沛。诗歌是人的思想感情的最自然、最真实的流露,它是通过形象的语言、优美的意境来表现主题的,能够使人获得感情上的熏陶,精神上的滋养及美的享受。如唐朝诗人李白写的《望庐山瀑布》:日照香炉生紫烟,遥看瀑布挂前川。飞流直下三千尺,疑是银河落九天。

(2) 节奏鲜明,韵律和谐。诗歌的语言随着诗人感情的起伏、波动而呈现有节律的变化。一般来说,表现轻松喜悦的情感,诗歌的节奏就明快;表现昂扬激越的情感,诗歌节奏就急促有力;表现悲哀伤感,诗歌的节奏就缓慢低沉……鲜明的节奏和韵律,使诗歌朗朗上口,悦耳动听,极富音乐美。

(3)语言精练。诗歌意象在语言呈现方式上有显著的特征。正如马雅可夫斯基所说:"诗歌中的每一个字比作是从千百吨的矿石中挑选出来的。"诗歌语言在物化意象时特别讲究精练的内蕴,它通过大力度的炼字、炼句,以较小的篇幅来完美地容纳高度概括的内容。这也是诗歌与小说、散文的不同之处。

2. 诗歌的朗读技巧

(1)要充分表现诗歌充沛的感情。朗读者是诗人和听众之间的桥梁。朗读者要在理解、感受诗歌所表达的深厚情感的基础上,融入自己对作品的理解,并准确地将诗歌所要表达的感情和自己的感受传递给听众,努力引起听众情感的共鸣。作为诗人的代言人,朗读者要将诗歌中炽热的情感转化为能打动听众心弦的有声语言去感染听众。

(2)要全面展现诗歌的意境之美。意境是指诗歌运用各种手段创造出来的情景交融、神形兼备的艺术境界,是诗人强烈的思想感情和生动形象的客观事物的契合。意境是诗歌的灵魂,诗歌的意境蕴含着诗人深刻的思想、丰富的情感和鲜明生动的意象。朗读诗歌首先要求我们感受意境,通过思索、想象、回味、憧憬,紧紧抓住诗作具体而微妙的构思与变化。同时,在此基础上,引发浓烈的感情,并做到"因境抒情"。我们要把这一切通过有声语言表达出来,使听者因此领悟诗歌的意境,掌握诗歌的内涵。

(3)要重视表现诗歌的音韵之美。音韵美是诗歌区别于其他文学体裁的重要特征。要体现诗歌的音韵美需要做到两个方面。首先是念好韵脚,也就是把诗歌中押韵的部分读好。其次是分好音步。一般来说,格律诗的音步比较整齐,一句诗中各诗行的音步基本相同,五言诗以"二、三"格、七言诗以"二、二、三"格较为普遍。自由诗,在字数、句数、音步、对偶、平仄、押韵等方面比较自由,可以说,自由诗并不具有诗的形式。自由诗的音步不一定整齐,长句子一般分为三、四个音步,短的句子则只有一个音步。确定音步要根据诗歌的内容和情感的表达需要出发,音步的多少不能形成一个固定的格式。

 技能训练...

题西林壁

〔宋〕苏轼

横看成岭侧成峰,远近高低各不同。

不识庐山真面目,只缘身在此山中。

二、散文的朗读

1. 散文的特点

散文是指篇幅短小、题材多样、形式自由、文情并茂且富有意境的文章体裁。它通过叙述、描写、抒情、议论等各种表现手法,创造出一种自由灵活、形散神凝、生动感人的艺术境界。散文一般分为三种类型:记叙性散文、抒情性散文和议论性散文。散文的主要特点如下。

(1)形散而神不散。"形散"主要是说散文取材十分广泛自由,不受时间和空间的限制;表现手法不拘一格:可以叙述事件的发展,可以描写人物形象,可以托物抒情,可以发表议论,而且作者可以根据内容需要自由调整、随意变化。"神不散"主要是从散文的立意方面说的,即散文所要表达的主题必须明确而集中,无论散文的内容多么广泛,表现手法多么灵活,无不为更好地表达主题服务。

(2)意境深邃,注重表现作者的生活感受,抒情性强,情感真挚。作者借助想象与联想,由此及彼,由浅入深,由实而虚地依次写来,可以融情于景、寄情于事、寓情于物、托物言志,表达作者的真情实感,实现物我的统一,展现出更深远的思想,使读者领会更深的道理。

(3)语言优美凝练,富于文采。所谓优美,就是指散文的语言清新明丽,生动活泼,富于音乐感,行文如涓涓流水,叮咚有声,如娓娓而谈,情真意切。所谓凝练,是说散文的语言简洁质朴,自然流畅,寥寥数语就可以描绘出生动的形象,勾勒出动人的场景,显示出深远的意境。散文力求写景如在眼前,写情沁人心脾。

2. 散文的朗读技巧

(1)确定文意,调动情感。朗诵散文应力求展示作者倾注在作品中的情感,充分表现作品中的人格意象。散文是心灵的体现,是真情流露。朗诵时要充分把握不同的主题、结构和风格。散文朗诵的基调是平缓的,没有太大的起伏,朗诵时要用中等的速度,柔和的音色,一般用拉长而不用加重的方法来处理强调重音。

(2)把握文章的节奏,表达要有变化。散文语言自由、舒展,表达细腻生动,抒情、叙述、描写、议论相辅相成,显得生动、明快,对不同语体风格要区别处理。叙述性语言的朗诵要语气舒展,声音明朗轻柔,娓娓动听;描写性语言要生动,形象,自然,贴切;抒情性语言要自然亲切,由衷而发;议论性语言要深沉含蓄,力透纸背。朗诵者应把握文章的语言特点,恰如其分地处理好语气的高低、强弱,节奏的快慢、急缓,力求真切地把作者的"情"抒发出来,把握"形散神聚"的特点。

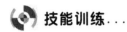技能训练...

匆　匆

朱自清

　　燕子去了，有再来的时候；杨柳枯了，有再青的时候；桃花谢了，有再开的时候。但是，聪明的，你告诉我，我们的日子为什么一去不复返呢？——是有人偷了他们罢：那是谁？又藏在何处呢？是他们自己逃走了罢：现在又到了哪里呢？

　　我不知道他们给了我多少日子；但我的手确乎是渐渐空虚了。在默默里算着，八千多日子已经从我手中溜去；像针尖上一滴水滴在大海里，我的日子滴在时间的流里，没有声音，也没有影子。我不禁头涔涔而泪潸潸了。

　　去的尽管去了，来的尽管来着；去来的中间，又怎样地匆匆呢？早上我起来的时候，小屋里射进两三方斜斜的太阳。太阳他有脚啊，轻轻悄悄地挪移了；我也茫茫然跟着旋转。于是——洗手的时候，日子从水盆里过去；吃饭的时候，日子从饭碗里过去；默默时，便从凝然的双眼前过去。我觉察他去的匆匆了，伸出手遮挽时，他又从遮挽着的手边过去，天黑时，我躺在床上，他便伶伶俐俐地从我身上跨过，从我脚边飞去了。等我睁开眼和太阳再见，这算又溜走了一日。我掩着面叹息。但是新来的日子的影儿又开始在叹息里闪过了。

　　在逃去如飞的日子里，在千门万户的世界里的我能做些什么呢？只有徘徊罢了，只有匆匆罢了；在八千多日的匆匆里，除徘徊外，又剩些什么呢？过去的日子如轻烟，被微风吹散了，如薄雾，被初阳蒸融了；我留着些什么痕迹呢？我何曾留着像游丝样的痕迹呢？我赤裸裸来到这世界，转眼间也将赤裸裸的回去罢？但不能平的，为什么偏要白白走这一遭啊？

　　聪明的，你告诉我，我们的日子为什么一去不复返呢？

三、记叙文的朗读

1. 记叙文的特点

　　记叙文是以叙述、描写为主要表达方式，以记人、叙事、写景、状物为主要内容的一种文体。它的主要特点是通过生动的形象、具体的事件来反映生活，表达作者的思想感情。记叙文通过对人、事、景、物的生动描写来表现中心，思想蕴含在具体材料之中。它不是对客观事物的抽象概括，而是作具体、形象的刻画，给人以如见其人、如临其境、如观其景、如察其物的真切感受。

2. 写人记事类记叙文的朗读技巧

写人记事类记叙文,写人和记事是紧密地结合在一起的。以刻画人物为中心的写人的记叙文要通过典型事件的记叙和描写来表现人物。以叙述事件发生、发展的过程来反映生活、表达作者思想感情的记叙文,记叙事情时要交代清楚时间、地点、人物和事件,把写人和记事水乳交融般结合在一起。在朗读的时候,必须准确把握事件和人物之间的关系,并把这种关系揭示出来,只有这样,人物的性格才会栩栩如生,事件过程的记述才会血肉丰满。

(1)清楚呈现事件的来龙去脉,脉络分明。写人记事的文章,要交代清楚时间、地点、人物和事件四个要素,也要交代清楚事情的来龙去脉。朗读时,我们要对这些要素和叙事的脉络层次作清楚的交代。朗读宜用中等语速,语调平缓。

记叙文一般采用顺叙的写法,但是,在顺叙中也往往夹有其他叙述方式,如倒叙、插叙、补叙等,朗读时要处理好这些内容与前后内容的衔接。以插叙为例,朗读时,我们在插叙与上文之间要有意识地作一个停顿,插叙部分的语气语调要与上文区别开,以提醒听者注意。

(2)抓住描写,塑造和烘托人物形象。作者在塑造人物形象时,总是对人物的外貌、语言、心理、动作、细节等方面进行刻画,有时还会穿插作者的议论和抒情。朗读时,我们要抓住这些描写,对其外貌举止、心理活动、谈吐对话等加以生动而又恰当的表现,对其对话进行声音造型,以塑造人物形象。

3. 状物写景类记叙文的朗读技巧

(1)突出特征,细致刻画。状物写景类记叙文描绘的是物体和景物的具体特征,朗读时,我们要把握住特征,加以鲜明、生动、细腻传神地刻画。一般来说,状物可以采用重音、停连等表达技巧,把有关词语、句子加以强调、突出,把描绘的对象表现得鲜明而深刻。而写景类文章,所写之景往往表现其优美迷人或壮观奇丽的特点,朗读时,一般节奏舒缓,语调流畅。

(2)抒发情感,贴切到位。状物类记叙文是通过托物言志,寄托情怀,深化文章主题。写景类记叙文是通过写景表达不同的感情。"一切景语皆情语",情因景生,景随情变。两类文体都体现一个"情"字,因此朗读时,要准确、贴切地抒发作者的情感,就需要把握作品的感情基调,抓住重点词语,控制好语速和语调。

 技能训练...

❖◆❖

卖火柴的小男孩

[英]迪安·斯坦雷

故事发生在爱丁堡。有一天,天气很冷,我和一位同事站在旅馆门前谈话。这时走过来一个小男孩,身上只穿一件又薄又破的单衣,瘦瘦的小脸冻得发青,一双赤脚冻得通红。他对我们说:"先生,请买盒火柴吧!"

"不,我们不需要。"我的同事说。

"买一盒火柴只要一个便士啊!"可怜的孩子请求着。

"可是,我们并不需要火柴。"我对他说。

小男孩想了一会儿,说:"我可以一便士卖给你们两盒。"

为了使他不再纠缠,我打算买一盒。可是当我掏钱的时候,发现没有零钱,于是我对他说:"明天再买吧。"

"请您现在就买吧,先生,我饿极了!"男孩乞求道,"我可以去给您换零钱。"

我给了他一先令,他转身就跑了。等了很久也不见他回来,我猜想,可能上当了。但是当我想到那孩子的面孔,想到他流露出的那种使人信任的神情,我断定他不是那种人。

晚上,旅馆的人说,有一个小孩要见我。当小孩被带进来的时候,我发现他不是那个卖火柴的小男孩,但可以看出是他的弟弟。这个男孩在破衣服里找了一会儿,然后才问:"先生,您是买珊迪火柴的那位先生吗?"

"是的。"

"这是您那个先令找回来的四便士。"小男孩说,"珊迪受伤了,不能来了。一辆马车把他撞倒了,从他身上压了过去。他的帽子找不到了,火柴也丢了。还有七个便士也不知道哪去了。说不定他会死的。"我让这孩子吃了些东西,然后和他一块儿去看珊迪。这时我才知道,他俩是孤儿,父母早死了。可怜的珊迪躺在一张破床上,一看见我,就难过地对我说:"我换好零钱往回跑的时候,被马车撞倒了。我的两条腿都断了,就要死的。可怜的小利比,我的好弟弟!我死了你怎么办呢?谁来照顾你呢?"

我握住珊迪的手,对他说:"我会永远照顾小利比的。"

珊迪听了,目不转睛地看着我,像是表示感激。突然他眼睛里的光消失了。他死了。

直到今天,谁读了这个故事也不能不深受感动。饱受饥寒的小珊迪那美好的品质,将永远打动着人们的心。

四、说明文的朗读

1. 说明文的特点

说明文是以说明为主要表达方式来解说事物、阐明事理而给人以知识的,它通过对实体事物的解说或对抽象道理的阐释,使人们对事物的形态、构造、性质、种类、成因、功能、关系,或者对事理的概念、特点、来源、演变、异同等有所认识,从而获得有关的知识。说明文可分为三类:阐释性说明文、述说性说明文、文艺性说明文。

以说明为主要的表达方式是说明文区别于其他文体的标志,它主要有三个方面的特点。

第一,内容上的科学性。说明文的内容必须真实准确,以确凿的材料为依据,如实反映客观事物的特征、本质及规律,具有严密的科学性。第二,结构上的条理性。事物和事理有时往往是比较复杂的,为了给读者以明确的认识,说明其特征时必须有一定的条理和顺序。常见的说明顺序有时间顺序、空间顺序和逻辑顺序。第三,语言的准确性。说明文的实用性很强,语言表达"失之毫厘",其结果就会"谬以千里",所以说明文语言要求准确无误,给读者以科学的认识。

2. 说明文的朗读技巧

(1) 客观呈现被说明的事物。朗读者作为作者的代言人,朗读时也必须持严谨客观的态度,避免带有浓郁、强烈的感情色彩,表达应朴实自然,不夸张、不渲染。运用声区自如,声音状态稳定,不大起大落。情绪平静,节奏舒缓从容,语速较慢,停顿恰当。语调平实,较少起伏变化。

(2) 理清文章的条理和层次。朗读者在朗读时首先要弄清楚文章的脉络和层次,注意各个部分之间的过渡和照应。只有对文章的条理和层次了然于心,朗读时才能条理分明,重点突出,使听者对说明的对象有鲜明而深刻的印象。

(3) 运用技巧突出事物的特点。说明的科学、严谨不仅仅表现在条理清晰上,还表现在用词的准确上。说明要求把被说明的事物和事理如实地介绍给听者,朗读必须准确无误地把被说明事物的特点加以最明白的表现。我们在朗读时要运用重音、停连、快慢等表达技巧,将最能把说明对象的特征表现出来的词语加以突出。

 技能训练...

苏州园林

叶圣陶

苏州园林据说有一百多处,我到过的不过十多处。其他地方的园林我也到过一些。倘若要我说说总的印象,我觉得苏州园林是我国各地园林的标本,各地园林或多或少都受到苏州园林的影响。因此,谁如果要鉴赏我国的园林,苏州园林就不该错过。

设计者和匠师们因地制宜,自出心裁,修建成功的园林当然各各不同。可是苏州各个园林在不同之中有个共同点,似乎设计者和匠师们一致追求的是:务必使游览者无论站在哪个点上,眼前总是一幅完美的图画。为了达到这个目的,他们讲究亭台轩榭的布局,讲究假山池沼的配合,讲究花草树木的映衬,讲究近景远景的层次。总之,一切都要为构成完美的图画而存在,决不容许有欠美伤美的败笔。他们惟愿游览者得到"如在画图中"的美感,而他们的成绩实现了他们的愿望,游览者来到园里,没有一个不心里想着口头说着"如在画图中"的。

我国的建筑,从古代的宫殿到近代的一般住房,绝大部分是对称的,左边怎么样,右边也怎么样。苏州园林可绝不讲究对称,好像故意避免似的。东边有了一个亭子或者一道回廊,西边决不会来一个同样的亭子或者一道同样的回廊。这是为什么?我想,用图画来比方,对称的建筑是图案画,不是美术画,而园林是美术画,美术画要求自然之趣,是不讲究对称的。

苏州园林里都有假山和池沼。假山的堆叠,可以说是一项艺术而不仅是技术。或者是重峦叠嶂,或者是几座小山配合着竹子花木,全在乎设计者和匠师们生平多阅历,胸中有邱壑,才能使游览者攀登的时候忘却苏州城市,只觉得身在山间。至于池沼,大多引用活水。有些园林池沼宽敞,就把池沼作为全园的中心,其他景物配合着布置。水面假如成河道模样,往往安排桥梁。假如安排两座以上的桥梁,那就一座一个样,决不雷同。池沼或河道的边沿很少砌齐整的石岸,总是高低屈曲任其自然。还在那儿布置几块玲珑的石头,或者种些花草:这也是为了取得从各个角度看都成一幅画的效果。池沼里养着金鱼或各色鲤鱼,夏秋季节荷花或睡莲开放,游览者看"鱼戏莲叶间",又是入画的一景。

苏州园林栽种和修剪树木也着眼在画意。高树与低树俯仰生姿。落叶树与常绿树相间,花时不同的多种花树相间,这就一年四季不感到寂寞。没有修剪得像宝塔那样的松柏,没有阅兵式似的道旁树:因为依据中国画的审美观点看,这是不足取的。有几个园里有古老的藤萝,盘曲嶙峋的枝干就是一幅好画。开花的时候满眼的珠光宝气,使游览者感到无限的繁华和欢悦,可是没法说出来。

游览苏州园林必然会注意到花墙和廊子。有墙壁隔着,有廊子界着,层次多了,景致就见得深了。可是墙壁上有砖砌的各式镂空图案,廊子大多是两边无所依傍的,实际是隔而不隔,界而未界,因而更增加了景致的深度。有几个园林还在适当的位置装上一面大镜子,层次就更多了,几乎可以说把整个园林翻了一番。

游览者必然也不会忽略另外一点,就是苏州园林在每一个角落都注意图画美。阶砌旁边栽几丛书带草。墙上蔓延着爬山虎或者蔷薇木香。如果开窗正对着白色墙壁,太单调了,给补上几竿竹子或几棵芭蕉。诸如此类,无非要游览者即使就极小范围的局部看,也能得到美的享受。

苏州园林里的门和窗,图案设计和雕镂琢磨功夫都是工艺美术的上品。大致说来,那些门和窗尽量工细而决不庸俗,即使简朴而别具匠心。四扇,八扇,十二扇,综合起来看,谁都要赞叹这是高度的图案美。摄影家挺喜欢这些门和窗,他们斟酌着光和影,摄成称心满意的照片。

苏州园林与北京的园林不同,极少使用彩绘。梁和柱子以及门窗栏杆大多漆广漆,那是不刺眼的颜色。墙壁白色。有些室内墙壁下半截铺水磨方砖,淡灰色和白色对衬。屋瓦和檐漏一律淡灰色。这些颜色与草木的绿色配合,引起人们安静闲适的感觉。花开时节,更显得各种花明艳照眼。

可以说的当然不止以上这些,这里不再多写了。

五、寓言的朗读

1. 寓言的特点

寓言是一种带有劝喻和讽刺意味的故事体文学样式,"寓"是"寄托"的意思,"寓言"是"寄托之言"。寓言大多篇幅短小,故事简单,往往带有比喻性或讽刺性,主人公可以是人,但更多的是人格化的动物、植物或自然界的其他东西和现象,采用借古寓今、借此喻彼、借小喻大等手法,在简单明白的故事中体现出一些深刻的道理,使人受到教育,得到启发。寓言最突出的特点就是以简短的故事寄托鲜明的哲理。世界上最早的寓言集是《伊索寓言》,我国也有许多著名的寓言故事,如《自相矛盾》、《掩耳盗铃》、《拔苗助长》、《亡羊补牢》、《守株待兔》、《刻舟求剑》、《画蛇添足》等。

2. 寓言的朗读技巧

(1)明确揭示寓意。寓意是指隐含在故事里的意思、观点和道理。寓言的特点之一是借事喻理,每一篇寓言的寓意都是不同的。有的反映人们对生活的看法,有的对某种社会现象加以批评,有的对某一阶层或某一类人物有所讽刺,或提供某种生活的教训,或进行某种劝诫。总之应弄清寓言的寓意是什么,然后抓住关键所在,用最适当的语气语调来表现。

(2)生动刻画形象。寓言的形象一般不是人,是人格化的形象,代表着现实中不同性格、不同思想的人,而且寄寓了作者强烈而鲜明的情感色彩。一般来说,寓言中人物的个性心理通过故事中人物的言行表现出来,寓言的哲理则通过故事中角色的愚行窘态表现出来。朗读时我们要在研究作品的基础上,深刻理解作者刻画形象的意图,体会形象的个性特点及形象所具有的代表性,在把握寓意和情感色彩的前提下,来处理语气和语调。

(3)准确把握节奏。寓言假托一个故事来说明道理,它由故事和寓意两部分构成。一些寓言的寓意由作者在作品的开头或结尾处插入议论直接阐明或帮助点明寓意。这类寓言在朗读时要注意全文节奏的处理,故事叙述和描写部分可以处理得生动活泼一些;议论部分节奏沉稳,速度适中,含而不露,引而不发;语调平而不板,从容有力,给人留下哲理思考的空间。

也有一些把寓意隐含在字里行间的寓言,这类寓言和前面那类寓言的故事部分的节奏处理方法大致相同。这些故事有生动的情节,朗读时要把情节的发展变化、经过、结果交代清楚。朗读者要根据作品的内容进行节奏的处理,通过轻重缓急、高低停连的节奏变化来表现情节的张弛,从而使故事引人入胜。

(4)适度运用夸张。寓言经常采用夸张的手法达到讽刺批评的目的,寓言的主人公是粗线条的、写意式的,甚至是漫画式的虚构的人物形象,情节的设置也是虚构的。因此,我们在朗读时,可以在人物动作、语言、心理刻画时采用夸张的手法进行表现,可以在技巧的运用中表现得稍稍"过火"一些,使人物性格中的可笑愚蠢之处得到渲染,让听众在哑然失笑中捕捉到深刻的寓意。

 技能训练...

鹅

鹅对满院儿的家禽说:"从今后,咱们要互相学习,特别是我,有啥缺点大家尽管提,不要客气。"

"请你闲着没事儿别大喊大叫,吵得大家伙儿不得休息。""唔,我生来就是大嗓门儿,大家捂着耳朵也能解决问题。""我也来提醒你一声,吃起东西来可不能只顾自己。""哎,胃口大不能算缺点,何况大家没养成礼让的风气。""还有你的飞翔术并不高明,可总吹嘘天鹅要来请教你。""提意见也得有个分寸,不要纠缠那些鸡毛蒜皮。""有一回,你拉着小鸡的耳朵,说再提意见就把它拖下水。""我不过跟它开了个玩笑,这算什么批评,简直是打击!"

有些人拿着批评的武器,只是为了装饰自己,千万不要碰到它的痛处,轻轻地搔痒倒还可以。

六、童话的朗读

1. 童话的特点

童话是儿童文学体裁中的一种具有浓厚幻想色彩的虚构故事作品,通过丰富的想象、幻想、夸张、象征的手段来塑造形象,反映生活,对儿童进行思想教育。其语言通俗生动,故事情节往往离奇曲折,引人入胜。从表现方法来看,童话大致分为超人体童话、拟人体童话和常人体童话三种。从表现题材上看,童话又分为科学童话和文学童话两类。平时所说的童话是指文学童话。童话的根本特点包括三个方面:第一是幻想性,这是童话的根本特征;第二是从内容到形式都极度夸张;第三是采用拟人化的象征手法。

2. 童话朗读的技巧

(1)充满童心童趣。朗读时,我们要从少年儿童的接受和理解心理出发,用少年儿童的眼光来看待童话中发生的一切,相信童话中发生的一切都是真实可信的。要与童话中的"人物"同欢乐、共患难。

（2）夸张形象个性。童话作品赞颂真、善、美,鞭挞假、丑、恶,它的情感倾向比较鲜明,而且表达也比较直露,因此,在朗读时,我们要表达鲜明的爱憎感情,并适度地把这种情感进行夸张,以刻画人物形象,表现故事情节。

（3）灵活处理反复。反复是童话中常用的表现手法。在童话中,完全相同或基本相同的语句往往在童话的一定位置反复多次出现,成为结构童话的线索,刻画人物的性格,推动故事情节循环往复地向前发展。我们要注意,故事中反复的语句是出现在不同的语境中的,同样一句话,朗读时应区别它们不同的语气和语调,而不能简单地重复。

 技能训练...

猴吃西瓜

猴儿王找到个大西瓜。可是怎么吃呢？这个猴儿王啊是从来也没吃过西瓜。忽然他想出一条妙计,于是就把所有的猴儿都召集来了,对大家说:"今天我找到一个大西瓜,这个西瓜的吃法嘛,我是全知道的,不过我要考验一下你们的智慧,看你们谁能说出西瓜的吃法。要是说对了,我可以多赏他一份儿；要是说错了,我可要惩罚他！"小毛猴一听,搔了搔腮说:"我知道,吃西瓜是吃瓤儿！"猴王刚想同意,"不对,我不同意小毛猴的意见！"一个短尾巴猴儿说,"我清清楚楚地记得,我和我爸爸到我姑妈家去的时候,吃过甜瓜,吃甜瓜是吃皮,我想西瓜是瓜,甜瓜也是瓜,当然该吃皮啦！"大家一听,有道理,可到底谁对呢？于是都不由把眼光集中到一只老猴身上。老猴一看,觉得出头露面的机会来了,就打扫一下嗓子说道:"吃西瓜嘛,当然……是吃皮啦,我从小就吃西瓜,而且一直是吃皮,我想我之所以老而不死,也正是由于吃了西瓜皮的缘故！"

有些猴儿早等急了,一听老猴儿也这么说,就跟着嚷起来:"对,吃西瓜吃皮！""吃西瓜吃皮！"猴儿王一看,认为已经找到了正确的答案,就向前跨了一步,开言道:"对！大家说的都对,吃西瓜是吃皮！哼,就小毛猴崽子说吃西瓜是吃瓤儿,那就叫他一个人吃,咱们大家都吃西瓜皮！"于是西瓜一刀两断,小毛猴吃瓤儿,大家伙儿是共分西瓜皮。

有个猴儿吃了两口,就捅了捅旁边的说:"哎,我说这可不是滋味啊！"

"咳——老弟,我常吃西瓜,西瓜嘛,就这味……"

SIX 第六章
普通话水平测试——命题说话

命题说话是普通话水平测试大纲（以下简称"测试大纲"）中规定的测试项,旨在测查应试者自然状态下普通话口语水平的重要测试项目。它没有文字凭借,是一个由思维（内部语言）转化为有声语言（外部语言）的过程。既要考虑普通话的标准规范,又要组织好语言,表达好内容,考察应试人对普通话的综合运用能力、语言习惯和文化底蕴。它以单向说话为主,必要时辅以主试人和应试人的双向说话。

命题说话是普通话水平测试中最重要,同时也是最难的环节。它所占分值最高（40 分）,对应试人测试得分及等级判定影响很大。由于完全没有文字凭借,应试者不能照着预先准备好的文字稿件来读或背,所以相对而言该测项也是最难的一项。正因如此,命题说话也最能较为真实地反映出应试人的普通话水平。

第一节　命题说话的要求与准备

一、命题说话的要求

命题说话的测试方式是,在试卷规定的两个话题中由应试人任选一题,根据话题要求现场准备约 10 分钟,然后进行不少于 3 分钟的单向说话。

1. 命题说话的特点

1) "半开放"式主题表达

普通话水平测试主要是考查应试人在说话过程中表现出来的普通话语音面貌,以及语句流畅、语脉清晰,以及词汇、语法规范的程度。测试大纲规定了 30 个说话题目范围,应试人可以在测试前根据话题题目做好充分准备,测试时根据抽选话题进行说话。

2) 语言规范,内容基本合题

命题说话要求语言规范,内容基本合题。口语表达力求做到自然、规范,避免方言的习惯语和方音流露出来。主题内容要避免出现三种情况。一是散漫无力。不分主次,把一件件小事泛泛而谈。二是无话可说。思路狭窄,内容空洞,使人乏味、厌烦。三是话不对题。拿与题目毫不相干的故事、传说去生拉硬拽地拼凑。

3）单向表达方式为主

测试大纲规定：测试中的说话，以单向说话为主，必要时辅以主试人和应试人的双向对话。"单向说话"是要求应试人在不少于3分钟的单位时间里说的话达到一定的量，以便主试人在这个统一的前提下，测出应试人语音、词汇、语法失误量的多少，打出定性和定量相结合的各档成绩。

2. 命题说话的等级划分要求

1）语音标准程度

一档：语音标准，或极少有失误。

二档：语音错误在10次以下，有方音但不明显。

三档：语音错误在10次以下，但方音比较明显；或语音错误在10~15次之间，有方音但不明显。

四档：语音错误在10~15次之间，方音比较明显。

五档：语音错误超过15次，方音明显。

六档：语音错误多，方音重。

2）词汇、语法规范程度

一档：词汇、语法规范。

二档：词汇、语法偶有不规范的情况。

三档：词汇、语法屡有不规范的情况。

3）自然流畅程度

一档：语言自然流畅。

二档：语言基本流畅，口语化较差，有类似背稿子的表现。

三档：语言不连贯，语调生硬。

二、命题说话的准备

命题说话从语气口吻上讲，应当是一种较为自然的、日常化的"说话"。背诵式的口吻就不是"说话"，而是"读话"、"背话"。命题说话要尽可能口语化、生活化，自如，自然。"说话"是最能体现出一个人普通话的本色的，丝毫无法包装。

1. 心理准备

命题说话中应试人常出现状态不佳、紧张过度的情况。紧张主要是几个方面的原因所致：对说话测项缺乏应有的了解，考前准备不充分，注意的稳定性差，心理准备不到位，测试信心不足。一般说来，应试人可以从以下几方面的训练、培养来克服和缓解这一心理不适。

1）养成用普通话进行思维和表达的习惯

语言是思维的外壳，是思维的外在表现形式。不同方言区的人由于长期以来受语言环境的影响，可能习惯了使用方言来思维，也就习惯了用方言来表达，一旦要进入另外一个习惯系统,难免会出现不适应的情况,所以,我们的"说话"在进入普通话领域时,常常出现结结巴巴、语无伦次,甚至说不下去的现象。但是,习惯是可以改变的,只要我们方法得当并持之以恒,就一定能够养成用普通话进行思维和表达的习惯。

2)运用调控方法,克服紧张情绪

自我激励法,对自身所做的准备充满信心,相信自己能够顺利通过。心情紧张的状态下,可以通过放松身体舒缓或减轻紧张情绪。测前稳定自己的情绪,等稍事平静后再准备试题。

3)临场考试准备技巧

说话项的半开放特征要求应试人考前必须进行认真准备,既不允许出现"背诵",也不允许出现"朗读",考前充分掌握"说话"技巧,测试时才能心中有数,临考才能正常发挥。

2. 说话技巧

1)语音自然

自然指的是能按照日常口语的语音、语调来说话,语音、语调、语气、语态等方面保持自然、流畅的日常说话状态。说话就是口语表达,但口语表达并不等于口语本身。我们口头说话,要使用语言材料,说话的效果并不是这些语言材料的总和。口头说的话应该是十分生动的,它与说话的环境、说话人的感情、说话的目的和动机都有很大的关系。既不允许拿着稿子读,也不能出现类似背稿现象,也不必进行艺术加工,注意流畅,干净利落,没有重复和多余信息。

其实,仔细考究起来,说话是一种交际手段。人与人交往时贵在真诚,人们希望听到的是亲切、自然、朴实无华的语音。朗诵是一种艺术表演。由于表演的特殊环境(如场子大、观众多、表演者与听众距离远等),它需要进行艺术加工,也允许美化、夸张。这两种语音在发声、共鸣,甚至吐字、节奏等方面都是各有特点的。它们各有各的用途,不能相互代替。命题说话主要考查应试人一般说话状态下语音的标准程度,说话时语音的平和、自然是练习时需要注意的关键。

语速适当,也是话语自然的重要表现。正常语速大约每分钟240个音节。如果根据内容、情景、语气的要求偶尔10来个音节稍快、稍慢也视为正常。语速和语言流畅程度是成正比的,一般说来,语速越快,语言越流畅。但语速过快就容易导致鼻音时口腔打不开、复元音的韵母动程不够和归音不准。语速过慢,容易导致语流凝滞,话语不够连贯。有人为了不在声、韵、调上出错,说话的时候一个字、一个字地往外挤,听起来非常生硬。因而,过快和过慢的语速都应该努力避免。

2)用词恰当

用词恰当首先是要用词规范,不用方言词语。必须克服方言的影响,摈弃方言词汇,说话中特别要注意克服方言语气。但由于普通话词汇标准是开放的,它不断地从方言中吸收富有表现力的词汇来丰富、完善自己的词汇系统,普通话水平测试允许应试人使用较为常用的新词语和方言词语。除此而外,还有三点是应该注意的。

（1）多用口语词,少用书面语。口语词和书面语词的界限不易分清。一般说来,口语词指日常说话用得多的词,书面语词指书面上用得多的词。口语词和书面语词相比,有其独自的特点。在说话时,应该尽可能多用口语词,少用"之乎者也"之类的古语词或"基本上"、"一般说来"之类的书面语、公文用语。汉语书面语中保留了许多古汉语中的词语。这些词语很文雅,很精练,使用这些古语词可以使语言有庄重的色彩,但同时也就会使语言减少了几分生动和亲切,因此不适合在说话时使用。例如,"诸如"常用在公文里,口头上说,不妨改为"比方说……"更好。"无须乎"也不如"不必"来得生动自然。"午后二时许"就是"下午两点多钟"的意思,但用在小型联欢会上,就不如"下午两点多钟"更为活泼。运用口语词可以使话语显得生动。例如:

所以回到家里呢,我妈看见挺心疼的。但是我说我一定要学会。现在呢,将就着学会了。就是不会转弯,转弯就要摔跟斗。

这段话里全是大白话:"我妈"、"心疼"、"将就着"、"摔跟斗"。这些词如果改成书面语,那效果就不一样。例如:

所以回到家里,母亲很舍不得。但是我下定了决心要学会。现在已基本上学会了。就是不会转弯,转弯就要跌倒。

（2）不用时髦语。社会上常常流行一种"时髦语"。北方流传过来"没治了"、"震了"、"盖了帽儿了"、"毙了"（都是"好极了"的时髦说法）。从港台传来"做秀"（表演）、"挂咪"（告别舞台）、"发烧友"（歌迷）。上海地区又土生土长了"不要太"（等同于"太"）、"捣糨糊"（胡搞、乱来、开玩笑等含义）等时髦说法。这些时髦语虽然风靡一时,但它们是不规范的,因而也是没有生命力的。满口时髦语不单会削弱语言的表现力,而且会暴露出说话人文化素质水平低。

（3）避免同音词。在口语中没有文字材料做依托,如果遇到同音现象,就容易造成误解。"向前看"容易被误听为"向钱看","期中"也容易被误听为"期终"。因此人们在说话时,应尽可能避免使用有同音词的语词。比如,安徽方言词"面皮",而这个词正好与上海话中表示脸面的"面皮"相同。语言使用中"不要宽面皮"就被误解为"不要脸",容易因为方言词语加上同音现象造成误会。由此可见,在口语中避免使用同音词也是非常重要的。

3）语句流畅

在口语表达中,语句流畅与否,对表达效果的好坏影响很大。语句流畅的,好像行云流水,听起来非常容易理解,而且很有吸引力,也不易疲劳。语句不流畅的,听上去断断续续,不但不容易领会,而且容易疲劳或烦躁。要使语句流畅,应该注意以下几点。

（1）多用短句，多用单句。在口语中，人们接收信息不像看书，可以一目十行，句子长一点也可以一眼扫到。听话时语音信号是按线性次序一个挨一个鱼贯入耳的。如果句子长了，或者结构复杂了，那么当句子末尾进入脑海中时，句子的开头或许已经印象不深了。在听话人的脑子中，句子便不完整。所以，口语中的句子千万不要太长。在作文时，教师往往教导学生要惜墨如金，能够用一句话说清楚的，千万不要讲两句；而在讨论口头表达效果时，正好要颠倒过来：凡能够讲两句的，千万不要合并为一句！同样，能够分拆为单句的，千万不要合成复句，任何英语式的句法在普通话口语表达中都是不受欢迎的。就连长修饰语也要尽可能地避免。

（2）冗余适当，避免口头禅。口语表达时，有时为了强调某个意思，加深听众的印象，可以采用有目的地重复这种方法。

有些人在说话时会出现机械地无意义重复的现象。例如有的人老是重复一句话的末尾几个音节，甚至不管这几个音节是否为同一个词。重复次数多了就会令人生厌，再加上"嗯"、"啊"就成了官腔。特别是夹在句子中间的"这个"、"的话"、"就是说"等口头语，更是一种毫无积极作用的冗余成分，会使语句断断续续，使听众感到语句很不流畅。听这种讲话不但得不到美的享受，而且有一种受折磨的感觉。因此，这种口头语是讲话时应该避免的。但是，我们并不是反对在口语表达中加进一些冗余成分。冗余成分在口语中适当地穿插可以使句子语气舒缓，还可以有助于听众理解。以下的几种冗余成分是有积极作用的。

① 停顿性质的冗余。在语句的主语谓语之间，或者在话题说出之后加一个语气词"呢"（当然不能重读），可以起到提顿作用，使句中多一个停顿，使语气变得舒缓和亲切。例如：

这个时候呢活动筋骨也是必要的，所以我就喜欢打乒乓球。

不去呢有点抱歉，去呢实在没有兴趣。

这两句话中的"呢"都起了提顿的作用，并且也使语句变得舒缓亲切了。

② 强调性的冗余。这种冗余部分是为了强调句中某一个词。多半用重复的方法来加强信息。例如：

何况我们都是同龄人，我们同龄人相处应该是非常融洽的。

这句话中后半句重复了"同龄人"，这是为了强调。

③ 解释性的冗余。这种冗余是为了使听众更加清楚明白。例如：

近日的上海街头出现了无人售报摊，无人售报摊就是没有人卖报纸的，是靠每一个读者自觉地把钱投进箱子里然后拿一份报纸。

这段话里"无人售报摊"如果写在书面上，应该说很容易理解，但在口头一晃而过时，就难免抓不住要领，特别这是一个新出现的、不熟悉的事物，所以，说话的人先重复了这个词，再加上一段说明，这是为了解释的需要。

有时候,在脱口而出之后,觉得话说得不够清楚,也可以用原来的语词加上修饰语再重复的方法来为自己的话作某些注解,这也是一种解释性的冗余。例如:

就在那天我花了半天的时间制作了,亲手制作了一张卡片。

这句话中后半句"亲手制作"就是说话人为了进一步说明不是一般制作而临时加上去的。口语与书面语相比,最大的优越性就是可以边说边修正。这种修正部分常常是通过冗余部分来完成的。

(3)层次清晰,条理分明。说话语句的流畅程度取决于思路清晰与否。说不清楚常常是因为想不清楚。当人们从思维(也有人称为"内部语言")转换为语句(也有人称为"外部语言")时,正确的程序应该是:

①确定说话的中心;②确定最关键的词语;③选定句式;④选定第一句所使用的词语。

当然,②与③有时次序会互换。但根据心理学家的研究,确定中心和层次肯定在选定第一句所使用的词语之前。也就是说,人们在开口说第一句话之前,心中应该有一个讲话大纲。因此,第一句话,第一个词就有了依据,以后的词和句也有了基调。这时,说话的人便可以"胸有成竹"、"出口成章"了。如果说话的人没有按照这个程序行事而是边想边说,并且没有一个确定的中心,"脚踩西瓜皮,滑到哪里是哪里",就会出现各种各样的思维障碍。这些障碍如不能排除,就会造成说话的中断。即使最后能够排除,也会严重地影响听感,造成语句不流畅的感觉。这是我们应该尽量避免的。思维障碍也有不同的类型。

第一类,选词困难造成的障碍。

他最反对老师的那种——嗯——老师用很多作业——用很多作业来——影响同学的学——影响同学的业余生活。

这里出现的重复和延长显然是因为说话的人没有选出适当的后续词语而形成的思维障碍。

选词障碍有时表现为几次换用,例如:

在这个问题上我们要——呃——就是说我们一定——呃——应该要注意自己——呃——要讲究自己语言的美——语言美就表现出——呃——表现在用词上。

这段话中几次停顿障碍都和选词有关。这位说话者显然有边想边说的习惯。往往在脱口而出之后又感到不合适,再进行修改,这就造成了语言上的不流畅。

第二类,由于句法结构的混乱造成的障碍。

第三类,由于突然变换说话内容而形成的障碍。

4)谋篇得法

口头表达的效果,除了语音自然、用词恰当、语句流畅之外,谋篇得法亦是重要的一点。因为既然是表达,就必然有审题、选材、结构方面的问题。审题不当、跑题偏题、无的放矢是不可能说好话的。剪裁不当,当详不详就会表达不清,当简不简又会显得啰嗦。结构不完整不行，结构混乱也不符合要求。在谋篇方面，需注意以下三点。

（1）审清题旨。审清题旨，确定中心是准备命题说话的第一步。对30个说话题，可以根据题意来确定语体。大体上可以分出两类：记叙类和议论类。审清了题旨，分清了语体类别，就要考虑构思框架、选择典型材料。只有想得清，才能说得清，才能达到语调自然流畅的效果。我们可以根据上述对30个说话题目的语体分类，用框架法来安排结构，列出提纲。

① 记叙类。

记人物：父母、好友、师长、家庭、集体、我和体育、喜欢的明星或其他知名人士。

记事件：成长之路、难忘的旅行、童年记忆、愿望、假日生活。

记生活：业余生活、童年、喜爱的职业、学习生活、喜欢的季节或天气、我的家乡或熟悉的地方、知道的风俗、喜欢的节日、向往的地方。

记所爱：艺术形式、动物植物、体育运动、书刊。

② 议论类。

论人：谈个人修养、谈社会公德。

论事：谈卫生与健康、谈科技发展与社会生活、学普通话的体验。

论物：谈美食、购物消费的感受、环境保护、谈服饰。

无论哪一类话题，首先，得做到有话可说。做到有话说的唯一途径就是事例，没有事例没有细节就可能无话可说。说人的话题得有具体事例说明所述人物兴趣爱好、性格特征等；说事的话题本身就是说事，更应该有具体的事例；说生活的话题也要有具体事例形象地描写生活的某个侧面；说所爱的话题，有些本身就有事例，只需回顾一下，有些则需要准备一些事例。论人论事论物都需要具体的事例来说明观点。当然，说话可以顺叙，可以倒叙，还可以插叙，应灵活运用，不应拘于一格。这里就说话顺序做简要的步骤提示。

③ 说人的话题。

要做到以下几点。第一，运用恰当的语气表现出对被介绍人的感情。第二，详细了解被介绍人的情况，这样才能筛选出最感人的事情。第三，介绍的情况要真实、准确，这样才能使人信服。不要随意夸张、渲染，更不可随意胡编乱造。第四，要抓住人物在外貌、语言、动作、性格等各方面的特征，绘声绘色地讲述，给人一种如见其人的感觉。可参考下列步骤：

明确所说对象（已明确对象的直接进入下一项）；

介绍所说对象的职业、年龄、外貌特征等；

点明要说的某个方面，如：家庭的和睦、爸爸的严厉、妈妈的疼爱、好友的境遇、师长的可敬、集体的温暖等；

用具体事例(事件的时间、地点、缘由、经过、结果)来说明所说对象的某个特征(一例不够,再说一例也无妨);

总体概括所说对象,抒发情感。

④ 说事的话题。

此类话题可以是生活、学习、工作情况的介绍。可参考下列步骤:

点明要说的事件是什么;

具体记叙事件发生的时间、地点、所涉及的人物、缘由、经过、结果等,越具体越好;

抒发感受,阐释话题。

⑤ 说生活的话题。

此类话题的特点是带有自己对生活的体验和对介绍对象的评价性质。表面上看是介绍某一事物的,实际上介绍的中心是人,因此选材时,化抽象为具体,概述总体情况,将其与具体的事件联系起来,选择一两件自己体验深刻的事,说起来就能生动具体,给人印象深刻。可参考下列步骤:

概述话题所要求的基本情况或基本状态,如童年如何、学习生活是怎样一种状态、职业或专业是什么、家乡话是什么话等;

具体记叙话题要求的内容;

总括感受或认识,表明态度。

⑥ 说所爱的话题。

介绍具体事物,要以说明为主要表达方式,对事物的形状、构造、性质、用途加以诠释或说明,给听者留下鲜明、深刻的印象。介绍具体事物要有合理的顺序,使人感到条理清楚。介绍的语言要简洁明了、通俗易懂。可参考下列步骤:

点明所爱为何,如:哪篇小说、哪部电影、哪个故事、哪句格言、哪种花卉、什么小动物等;

记叙所爱对象的基本情况,如小说、电影、故事的基本情节,格言的寓意,花卉、小动物的外部特征、生活习性等;

叙述我与所说对象的关系(最好有具体事例),说明所爱的原因。

⑦ 议论类话题。

议论类的说话,一般是说明自己的主张、观点并取得听者的认同。这类说话内容的开头,一般是提出论点,主要有直入法和引出法两种。直入法即单刀直入,开门见山地亮出自己的观点、主张。引出法则委婉一些,用设问,叙述事例,引用领袖、伟人的话或典故传说来引出论点,只要在叙述典型事例之后把自己想要表达的几层意思有条有理地说明白说清楚即可。可参考下列步骤:

解题,表明自己的观点;

举出一两个具体事例来证明自己的观点;

结论。

（2）选材合理。说话时，应该选取适量的材料，所选的材料应该紧扣中心。既要避免拉拉杂杂，离题万里，也要防止无话可说。我们常常听到有的人说话善于组织材料，从容不迫，有条不紊，但也有的人不善于选取材料，说起话来不得要领。例如，有的学生讲自己最尊敬的老师，结果把这位老师的优点、缺点一股脑儿全讲了。讲到最后这位同学自己也犯糊涂了，说："这位老师的许多看法我也不同意……"听她讲话的同学也糊涂了，不知道她是尊敬这位老师，还是反对这位老师。这就是选材芜杂造成的后果。

（3）结构完整。无论是记叙还是议论，讲话都有个结构问题。一篇结构完整的讲话，能给人留下深刻的印象；否则，就会让人感到残缺不全，影响效果。结构与话题有关，不同的话题有不同的结构。大体说来，议论性的讲话多少有点像即席演讲。它可以有一个小小的开场白，讲清自己所讲的话题。主体部分应该摆出自己的观点。结论部分应该用简洁的语言总结，并把自己的观点强调一下，以使听者留下深刻的印象。

记叙性的讲话也要解题，自然地引入了主体后，要详细地交代人物、事件的来龙去脉。信息要丰富，条理要清楚，结语部分可以用总结方式，也可用感情交流的方法。

第二节 命题说话提纲分析

一、命题说话提纲分析

考前练习可以列出命题说话稿的提纲（切不可将短文写出并加以背诵）。下面举例说明。

1.《我的愿望（或理想）》

（1）我的愿望是考取研究生（获得二级甲等以上较好成绩、拥有自己的实业公司）……"它"为什么是我的愿望？

（2）因为我有这样一些经历（讲述一段难忘的经历、故事）。

（3）所以说，"我的愿望"是……

2.《我的学习生活》

（1）我的学习生活内容丰富，形式多样。

（2）读小学的时候，有哪些学习内容。记忆深刻的有哪些？

（3）读初中的时候，有哪些学习内容。记忆深刻的有哪些？

（4）读高中的时候，有哪些学习内容。记忆深刻的有哪些？

(5) 现在,我在某大学读什么专业,有哪些主干课程,老师怎样,同学如何?

3.《我尊敬的人》
(1) 我尊敬的人是我的某老师(爸爸、妈妈……)。
(2) 我尊敬他(她),因为他(她)品德高尚、学识渊博……(应试人讲故事)
(3) 我尊敬他(她),还因为他(她)特别关心我……(应试人讲故事)
(4) 所以,某老师(爸爸、妈妈……)是我所尊敬的人。

4.《我喜爱的动物(或植物)》
(1) 我喜爱什么动物(或植物)?
(2) 它具有什么样的生理特性(强调惹人喜爱的方面)?
(3) 我喜爱某种动物(或植物),还因为我曾经与它结下了一段不解之缘……(讲述故事)

5.《童年的记忆》(与《难忘的旅行》相似)
讲故事。故事里要有爸爸、妈妈、老师、同学……与《难忘的旅行》一齐准备,则强调这次旅行在童年就可以了。

6.《我喜爱的职业》
(1) 我喜爱的职业是教师(或编辑、警察……)。
(2) 我为什么喜爱这个职业?
(3) 这个职业有哪些吸引人的地方?
(4) 一段经历(讲故事)。

7.《难忘的旅行》
(1) 何时在何地的一次旅行。
(2) 有哪些景点让人难忘?
(3) 有哪些美食让人难忘?
(4) 有哪些经历(旅行过程中与他人的交往)(讲故事)?

8.《我的朋友》
(1) "我的朋友"是谁?肖像、性格、为人怎样?
(2) "我的朋友"在学习上帮助我:有一次……
(3) "我的朋友"在精神上安慰我:有一次……
(4) 我也经常帮助"我的朋友":有一次……

9.《我喜爱的文学(或其他)艺术形式》
(1) 我喜爱的文学(或其他)艺术形式是……
(2) 有什么样的特性让我喜爱?
(3) 我怎样喜爱它?(讲故事)什么时候开始喜爱它的?小学时怎么做的?中学时怎么做的?现在在大学里,又做了些什么

10.《谈谈卫生与健康》

(1) 关系:讲卫生才能健康,不讲卫生则易生病。

(2) 个人不讲卫生的情形:① 贫穷,"讲究"不了;② 懒惰,"不干不净,吃了没病";③ "吝啬",老年人过于节约,舍不得倒掉变质的剩饭菜……

(3) 人类:环保与健康。

11.《我的业余生活》

(1) 学习。

(2) 游乐:旅游、下棋……

(3) 串门,走亲戚……

12.《我喜欢的季节(或天气)》

(1) 我喜欢的季节(或天气)是什么?

(2) 它有怎样的特性(让你喜欢)?

(3) 在这样的季节(或天气),曾经发生了一件令我(终生)难忘的事情(讲故事)。

13.《学习普通话的体会》

(1) 重要性。

(2) 人际交往:如与不同方言区的老师、同学相处;旅游到外地……

(3) 学习生活:课堂学习、课后交流……

14.《谈谈服饰》

(1) 恰到好处的服饰可以使人精神面貌焕然一新,让别人看起来舒服。

(2) 服饰是否恰当,与经济实力没有必然联系。不穿名牌也能吸引别人的眼球。例如,我的一位同学……

(3) 服饰恰当与否的关键在于搭配。例如……

15.《我的假日生活》

可以考虑与《我的业余生活》整合。

16.《我的成长之路》

我今年××岁了。××年来,我从一个不懂事的娃娃成长为一名大学生,其间,我走过了一段不寻常的成长之路。我的老师、父母、同学都曾给我很大的关心和帮助……

讲故事:小学的时候;初中的时候;高中的时候;如今……

17.《谈谈科技发展与社会生活》

(1) 科技发展使社会生活发生很大变化。

(2) 穿:面料更多样化……

(3) 吃:保鲜技术的发展,使我们能吃到很多以前极不容易吃到的食物,尤其是新鲜水果,如荔枝、鲜桂圆……

(4) 住：楼层更高也更安全。

(5) 交通：更方便。火车大提速……

(6) 通信：更快捷。手机的普及，功能多样化……

18.《我知道的风俗》

(1) 我知道的风俗很多：情人节送花、端午节吃粽子、中秋节赏月，或者是结婚、生小孩的风俗……

(2) 我对××节（或具体事情）的风俗更加熟悉：介绍这个风俗的一些内容。

(3) 记得有一年的××节（某一次什么场合），我见到这样一些令人难忘的情景……

19.《我和体育》

(1) 我从小就喜爱体育运动，例如……

(2) 我特别喜爱××体育运动项目。

(3) 小学的时候……中学的时候……现在……（讲故事）

(4) 体育运动给了我强健的体魄，我喜爱体育运动。

20.《我的家乡(或熟悉的地方)》

(1) 我的家乡（或熟悉的地方）是哪里？

(2) 那里的人勤劳、善良、好客……有一次……（讲故事）

(3) 那里有哪些名胜古迹？（穿插一些神话、传说、先烈事迹等）

(4) 那里有哪些美食？名称、特色……（有一次，我和朋友们吃……）

21.《谈谈美食》

(1) "美食"有狭义和广义之分，广义的美食包括一切好吃的、让人喜爱吃的食物。

(2) 狭义的美食有很多，我吃过的小吃（南京夫子庙的……苏州观前街的……）

(3) 中国的美食已经形成了文化，有根据地域不同形成的八大菜系，有根据文艺作品的描述而形成的专门菜谱，例如《红楼梦》促成了"红楼菜谱"……

22.《我喜欢的节日》

(1) 我喜欢什么样的节日？

(2) 这个节日的设定有很多优点：① 意义重大；② 时间长，可以旅游或休息……

(3) 在某年的这个节日，有一件事情使我难以忘怀……

(4) 节日资料："五一"劳动节、端午节、中秋节、国庆节、元旦。

23.《我所在的集体》(学校、机关、公司等)

(1) 我所在的集体（学校、机关、公司）是什么？

(2) 这是一个很好的集体：有严明的纪律、像家庭一样温馨……

（3）集体中的领导：有一次……
（4）集体中的同事（同学）：有一次……

24.《谈谈社会公德（或职业道德）》
（1）社会良好秩序的形成需要社会成员有良好的社会公德（对于从事某项职业的人而言，需要有良好的职业道德）。
（2）社会公德的内容很丰富。我着重讲讲有关诚信的问题。讲诚信的重要性：社会经济生活可以良好发展、人与人之间的信任度提高等；不讲诚信的害处：经济生活受影响、人和人之间缺乏必要的相互信任……
（3）我的一次遭遇……

25.《谈谈个人修养》
当今社会，强调得多的是弘扬个性，但也别忽略了个人修养。个人修养的内容主要有：
（1）内省："严于律己，宽以待人"……
（2）谦让："退一步，海阔天空"……
（3）加强个人修养有利于人际关系的良好发展。有一次……（讲故事）

26.《我喜欢的明星（或其他知名人士）》
（1）我喜欢的明星（或其他知名人士）是谁？
（2）他有哪些高尚品德和精湛技艺让我喜欢？
（3）有一次……（讲故事）

27.《我喜爱的书刊》
（1）我喜爱的书刊是什么？
（2）这些书刊为什么让我喜爱（哪些优点）？
（3）特别是其中的……（讲述情节等）

28.《谈谈对环境保护的认识》
（1）重要性：大到人类的生死存亡，小到个人的身体健康。例如……
（2）当前环境保护中存在哪些问题？有一次，我看到……
（3）环境保护要讲究科学性，不能先污染后治理。

29.《我向往的地方》
可以和《我的家乡（或熟悉的地方）》整合起来准备。
（1）我向往的地方是哪里？（我在外地读书或工作，现在最向往的地方就是我的家乡）
（2）那里的人勤劳、善良、好客……有一次……（讲故事）
（3）那里有哪些名胜古迹（穿插一些神话、传说、先烈事迹等）？
（4）那里有哪些美食（名称、特色……）（有一次，我和朋友们吃……）

30.《购物(消费)的感受》
(1) 感受是什么?(高兴、累……)
(2) 为什么会有这样的感受?
① 生活水平提高,消费品品种繁多,琳琅满目,拿不定主意。
② 科技含量高,很难短时间内完全弄明白。
③ "诚信"缺失现象,使消费者在商品质量和价格的把握上大费周折……
(3) 有一次,我到……买……

二、命题说话单项训练

1. 思维拓展性训练

1) 联想性思维训练

要求将所指对象互不相关的词语在一定时间内组成一段有意义的话。

例如,月亮、水稻、桌子、树木、狗、冰箱。

2) 发散性思维训练

指定事物或话题展开辐射式想象。

例如,体育运动:体育赛事——体育明星——体育爱好——运动与健康。

2. 话题提纲拟定训练

按说话测项指定话题,思考话题展开的框架(从多方面叙述、描述或论述)。

例如,我喜爱的明星(或其他知名人士)。

(1) 明星的名字,明星的特点、爱好、经历。

(2) 喜欢明星的原因、与明星相关的故事、明星吸引人的独特之处。

3. 语音训练

普通话测试的重要目的是测出考生一般状态下说话的语音水平,而命题说话时依然不能在发音标准上松懈。在进行命题说话训练时,按照话题的基本框架和表达顺序,注意重点语句,吐字清晰、连贯,保持说话的话语基调,容易混淆的发音仍然是说话时需要特别注意的地方。

SEVEN 第七章
普通话水平测试

第一节 普通话水平测试的性质与等级标准

一、普通话水平测试的性质

普通话水平测试是在国家语言文字工作部门的领导下,根据统一的标准和要求,在全国范围内开展的一项测试工作。是我国为加快共同语普及进程、提高全社会普通话水平而设置的一种语言口语测试,全部测试内容均以口头方式进行。普通话水平测试不是口才的评定,而是对应试人掌握和运用普通话所达到的规范程度的测查和评定,是应试人的汉语标准语测试。应试人在运用普通话口语进行表达过程中所表现的语音、词汇、语法规范程度,是评定其所达到的水平等级的重要依据。

普通话水平测试是我国现阶段普及普通话工作的一项重大举措。在一定范围内对某些岗位的人员进行普通话水平测试,并逐步实行普通话等级证书上岗制度,标志着我国普及普通话工作走上了制度化、规范化、科学化的新阶段。开展普通话水平测试工作,将大大加强推广普通话工作的力度,加快速度,使"大力推行、积极普及、逐步提高"的方针落到实处,极大地提高全社会的普通话水平和汉语规范化水平。

二、普通话水平测试等级标准

国家语委关于颁布《普通话水平测试等级标准(试行)》的通知

各省、自治区、直辖市及新疆生产建设兵团语委(语文工作机构):为适应新时期推广普通话工作的需要,1986年全国语言文字工作会议提出制定"普通话水平测试等级标准"的设想。根据会议精神,国家语委于1988年成立由国家社会科学基金会资助的"普通话水平测试等级标准"课题组,该课题组历时三年深入调查研究,广泛征求意见,并在若干省市对学校师生和"窗口"行业职工进行试测,在此基础上拟订了《普通话水平测试等级标准》,于1991年通过专家论证。1992年由国家语委原普通话推广司印发给各省、自治区、直辖市试行(国语普[1992]4号文件)。

该《标准》把普通话水平划为三个级别(一级可称为标准的普通话,二级可称为比较标准的普通话,三级可称为一般水平的普通话),每个级别内划分甲、乙两个等次。1994年,国家语委普通话水平测试课题组对该《标准》做了文字修订。国家语委、国家教委、广播电影电视部联合发出的《关于开展普通话水平测试工作的决定》(国语[1994]43号)将修订后的《标准》作为附件印发给各省市继续试行。试行六年来,该《标准》已为广大群众所熟悉,各地测试实施机构也积累了一定经验。实践证明,该《标准》具有科学性和可行性。为使该《标准》在推广普通话工作中发挥更大的作用,该《标准》经我委再次审订,作为部级标准予以正式颁布,请遵照执行。

附件:《普通话水平测试等级标准(试行)》

国家语言文字工作委员会
1997年12月5日

三、湖北省普通话水平测试内容和评分细则

1. 普通话水平测试的内容

(1)读单音节字词(100个音节),共10分。目的是考查应试人普通话声母、韵母和声调发音的标准程度。

(2)读多音节词语(100个音节),共20分。目的是除考查应试人声母、韵母和声调的发音外,考查上声变调、儿化韵和轻声的读音标准程度。

(3)朗读短文(400个音节),30分。目的是考查应试人用普通话朗读书面材料的水平,重点考查语音、连续音变、(上声、"一"、"不")语调、语气及停顿连接等项目。

(4)说话,共40分。目的是考查应试人在没有文字凭借的情况下,说普通话的标准程度、词汇和语法的规范程度和能达到的自然流畅程度等。

2. 湖北省普通话水平测试评分细则

湖北省普通话水平测试评分细则

根据教育部、国家语言文字工作委员会颁布的《普通话水平测试大纲》(教语用[2003]2号文件),结合湖北方言特点,制定本细则。

湖北省普通话水平测试包括4个部分,满分为100分。

一、读单音节字词(100个音节,不含轻声、儿化音节),限时3.5分钟,共10分

该题测查应试人掌握声母、韵母、声调读音的标准程度。

(一)评分

1. 语音错误(含漏读),每个音节扣0.1分;

2. 语音缺陷,每个音节扣 0.05 分;

3. 超时 1 分钟以内,扣 0.5 分;超时 1 分钟以上(含 1 分钟),扣 1 分;

4. 每个音节允许应试人改读一次,并以第二次读音作为评分依据,隔音节改读无效。多音字,只需准确读出一个正确的读音,如果有词语语境的要求,必须按要求读出。

(二)有关概念的解释

1. 语音错误

将普通话语音系统中的一个音位发为另一个音位就是语音错误。

2. 语音缺陷

未将普通话语音系统中的一个音位发为另一个音位,但尚未达到标准音位就是语音缺陷。

二、读多音节词语(100 个音节),限时 2.5 分钟,共 20 分

该题测查应试人掌握声母、韵母、声调和变调、轻声、儿化读音的标准程度。

(一)评分

1. 语音错误(含漏读),每个音节扣 0.2 分;

2. 语音缺陷,每个音节扣 0.1 分;

3. 超时 1 分钟内,扣 0.5 分;超时 1 分钟以上(含 1 分钟),扣 1 分;

4. 一个词语允许应试人改读一次,并以第二次读音作为评分依据,隔词语改读无效。

(二)有关概念的解释

1. 多音节词语的语音错误

(1) 声、韵、调语音错误的确定,参照"读单音节字词"部分;

(2) 必读轻声词没有读作轻声,或不该读轻声的读作轻声;

(3) 该读儿化而没有读作儿化,或把儿化韵母读成两个音节;没有儿化的音节,读作儿化,且儿化不合适;

(4) "一"、"不"或该读变调的上声字没有变调,或变调错误。

2. 多音节词语的语音缺陷

(1) 声、韵、调语音缺陷的确定,参照"读单音节字词"部分;

(2) 该读轻声的字,轻度不够,不该读轻声字的有轻化倾向;

(3) 儿化韵母发音不够准确自然;

(4) "一"、"不"及"上声"变调不完全到位或不够自然;

(5) 多音节词语连读时发音不完全到位或发音不自然等。

三、朗读短文(1 篇,400 个音节),限时 4 分钟,共 30 分

该题测查应试人使用普通话朗读书面作品的水平。在测查声母、韵母、声调读音标准程度的同时,重点测查连读音变、停连、语调,以及流畅程度。

(一)评分

1. 每错读、漏读、增读1个音节,扣0.1分;

2. 声母或韵母的系统性语音缺陷,视程度扣0.5分(1—2类)、1分(3类以上);

3. 语调偏误,视程度扣0.5分、1分、1.5分、2分。主要依据概念解释中对"语调偏误"描述的5类问题判定,出现1类扣0.5分、2—3类扣1分、4类以上视程度扣1.5分或2分;

4. 停连不当,视程度扣0.5分(1次)、1分(2—3次)、2分(4次以上);

5. 朗读不流畅,视程度扣0.5分、1分、2分。如果只出现回读情况,1句扣0.5分、2—3句扣1分、4句以上扣2分,或3个词语以内扣0.5分、4—6个词语扣1分、7个词语以上扣2分,扣回读分则不扣增读分。朗读中如果还同时出现概念解释中对"朗读不流畅"描述的另两种情况,酌情加重扣分。

6. 超时扣1分。

(二)有关概念的解释

1. 朗读中的语音错误

(1) 应读轻声的单音节助词、语气词等未读轻声;

(2) 语气词"啊"未按音变规律读;

(3) 叠字形容词中AA式带上"-儿"尾读儿化韵时,第二个音节没有变调;

(4) 除以上情形外,其他语音错误参照"读多音节词语"部分。

2. 声母或韵母的系统性语音缺陷

指朗读过程中,某类声母或韵母至少出现5次以上语音缺陷。

3. 语调偏误

(1) 语流中声调有系统性缺陷;

(2) 语句音高的高低升降曲折等变化失当;

(3) 词语的轻重音格式及句重音失当;

(4) 语速过快、过慢或忽快忽慢;音长的变化不规范;

(5) 语气词带有明显的方言痕迹。

4. 停连不当

(1) 停顿造成对一个双音节或多音节词语的肢解;

(2) 停顿造成对一句话、一段话的误解,形成歧义。

5. 朗读不流畅

(1) 在语句中出现一字一迸,或一词一迸现象,不连贯;

(2) 语速过慢,或较长时间停顿;

(3) 朗读中出现回读情况。

四、命题说话,限时3分钟,共40分

该题测查应试人在无文字凭借的情况下说普通话的水平,重点测查语音标准程度、词汇语法规范程度和自然流畅程度。

(一)评分

1. 语音标准程度,共25分,分六档。

一档:语音标准,或极少有失误。扣0分、0.5分、1分、1.5分、2分。

二档:语音错误在10次以下,有方音但不明显(声、韵、调偶有错误但不成系统;语调偏误方面只单纯出现少数轻重音格式把握失当)。扣3分、4分。

三档:语音错误在10次以下,但方音比较明显(声、韵、调出现1—2类系统性错误;有三类以内系统性缺陷;有语调偏误);或语音错误在10—15次之间,有方音但不明显。扣5分、6分。

四档:语音错误在10—15次之间,方音比较明显。扣7分、8分。

五档:语音错误超过15次,方音明显(声、韵、调出现3—4类系统性错误;有三类以上系统性缺陷;有明显的语调偏误)。扣9分、10分、11分。

六档:语音错误多,方音重(声、韵、调出现4类以上系统性错误,缺陷多,有浓郁的典型地方特点发音,但尚能听出是普通话)。扣12分、13分、14分。

2. 词汇语法规范程度,共10分。分三档。

一档:词汇、语法规范。扣0分。

二档:词汇、语法偶有不规范的(典型的方言词汇或方言语法)情况。视程度扣1分、2分。

三档:词汇、语法屡有不规范的(典型的方言词汇或方言语法)情况。视程度扣3分、4分。

3. 自然流畅程度,共5分。分三档。

一档:语言自然流畅。扣0分。

二档:语言基本流畅,口语化较差,有背稿子的表现。视程度扣0.5分、1分。

三档:语言不连贯(长时间停顿或多次重复),语调生硬。视程度扣2分、3分。

4. 说话不足3分钟,酌情扣分。

如果应试人说话停滞,经提示仍不能说满3分钟时,缺时1分钟以内(含1分钟),扣1分、2分、3分;缺时1分钟以上,扣4分、5分、6分;说话不满30秒(含30秒),本测试项计为0分。

5. 此题由应试人单向说话。如发现应试人有明显背稿、离题、说话难以继续等表现时,主试人应及时提示或引导。

(二)有关概念的解释

1. 语音标准

指应试人在说话时,声母、韵母、声调,以及轻声、儿化、"一"、"不"、"啊"和"上声"的变读等符合普通话规范,轻重音格式把握恰当,无方音出现。

2. 方音

指应试人在说话时存在方言语音现象。

具体表现为:①语调偏误;②声、韵、调出现系统性错误与缺陷;③语流音变失当;④典型的地方特点的发音。

3. 词汇语法规范

指应试人在说话时,遣词造句符合普通话规范;不出现典型方言性质的词汇、语法现象。

4. 自然流畅

指应试人在说话时,语言表达符合口语习惯;语速恰当,没有长时间的停顿或多次重复,语调自然。

五、级别与总分比照

1. 一级甲等:97 以上。　　　　2. 一级乙等:92 分～96.99 分。
3. 二级甲等:87 分～91.99 分。　4. 二级乙等:80 分～86.99 分。
5. 三级甲等:70 分～79.99 分。　6. 三级乙等:60 分～69.99 分。
7. 60 分以下不入级别。

湖北省普通话培训测试中心
二〇〇九年二月

第二节　普通话水平测试应试技巧

普通话水平测试从四个方面入手,即声、韵、调(声母、韵母、调值)、语流音变(轻声、儿化、变调、词的轻重格式)。声母一共有 22 个,掌握 22 个声母的发音部位为关键,声母是字音清晰准确的基础;韵母是字音响亮、圆润的基础,韵母一共 39 个;调值是字音抑扬、纯正的基础,共 4 类;语流音变是语言自如、流畅的基础。

一、单音节字词应试技巧

读单音节字词是普通话水平测试中的基础项目。读单音节字词,就是检测应试人 3 500 个常用字词的正确读音,考查应试人普通话声母、韵母和声调的发音水平。一个音节的声母、韵母、声调是一个完整的统一体,任何一项错了,这个音节就错了;如果读得不到位、不完整,就是缺陷或欠缺,错误扣 0.1 分,缺陷扣 0.05 分。此项成绩占总分的 10%,即 10 分。

1. 样题

1) 读单音节字词 100 个

碑 涌 破 谋 尝 增 张 槛 枕 涛 吼 高 旺 怎 纫 逮 扇 雁
邹 潮 黑 盖 发 克 拆 撒 施 日 委 腮 舍 擦 惹 俗 讲 乳
恋 偏 音 俏 牛 妙 叠 瞟 铁 聊 掐 丢 笔 家 烟 妾 腻 冈
帆 习 爷 体 盼 冰 退 不 宁 夸 揣 润 锁 御 困 女 农 论
您 端 菌 穷 选 快 化 匀 愿 缺 举 雪 摔 脑 庄 从 光 红
童 孙 窜 谁 飞 最 星 良 施 争

2) 读单音节字词 100 个

午 错 光 庙 女 文 闩 砣 卷 钉 沈 顿 盒 吃 古 暂 笙 润
重 绷 荀 内 锌 紫 低 贼 鸥 荫 脏 否 疮 靠 镁 月 擦 毁
浊 虐 扁 淋 翁 害 司 口 粪 燃 枕 秦 刺 揣 灭 垮 诈 军
涌 掐 痣 鳃 俩 石 偏 舜 秧 饿 史 撒 襄 票 别 褪 姜 宋
抓 留 框 泼 让 梯 绿 凹 习 二 瓶 丢 窜 拨 凝 涩 磨 披
旧 官 巧 入 耕 法 坏 苔 券 番

2. 测试注意项

1) 声韵调要标准

（1）在 100 个音节里，每个声母出现一般不少于 3 次，方言里缺少的或易混淆的声母酌量增加 1～2 次。声母要发准，是指发音要找准部位，方法正确。一是不能把普通话里的某一类声母的发音读成另一类声母，例如，zh、ch、sh 与 z、c、s，f 与 h，n 与 l 不分。不要把普通话里的某一类声母的正确发音部位用较接近的部位代替，造成读音缺陷。

（2）单音节字词里，每个韵母的出现一般不少于 2 次，方言里缺少的或易混淆的韵母酌量增加 1～2 次。韵母有单韵母、复韵母和鼻韵母。单韵母要单纯，发出来的音一个就是一个，不拖泥带水。复韵母和鼻韵母都要有动程，要有变化；变化要自然，归音要到位，发出来的音要圆润。韵母的读音缺陷多表现为合口呼、撮口呼的韵母圆唇度明显不够，语感差；或者开口呼的韵母开口度明显不够，或者复韵母舌位动程明显不够等。

（3）声调要发全。声调方面，调型、调值正确，尤其是上声字的发音，上声是降升调，先降后升，调值是 214，如果发音时只降不升，调型就成降调了，调值成了 21 度。读单音节字词的声韵调要标准，不能把声韵调割裂开来。

2) 注意形近字误读

汉字的形体很多是相近或相似的，单独认读，不注意很容易读错。形近字误读有两种情况，一是朗读过快，把很简单的字也读错了，如把"太"读作"大"。二是有些日常生活中不多用的字，或在词语中能念准，而单字一下子难以念准，极易念错。

比如"赅"、"骇"在书面上有"言简意赅"、"惊涛骇浪",如单独出现,一下子难以把握,可能读错。

3) 多音字可选读一音

单音节字词这一项中有多音字,朗读时念任何一个音都是对的。例如,"处",念 chǔ 或 chù 都算对。但是后面有括号用词限定读音,就要按照括号中词的读音来读。例如,处(处分),就应读为 chǔ。

4) 速度要快慢适中

读 100 个音节,限时 3 分钟。超时 1 分钟以内,扣 0.5 分;超时 1 分钟以上(含 1 分钟),扣 1 分。读单音节字词,只要每个音节读完整,一个接一个地往下读,就不会超时。有的人担心时间不够,快速抢读,降低了准确率,因此切忌抢读。朗读也不能太慢,每一个字都考虑或试读,速度太慢就会超时。而超时是要依照时间扣分的。

5) 及时纠正

应试人发觉第一次读音有口误时可以改读,按最后的读音来评判。

二、多音节字词应试技巧

读多音节词语的测试主要是在读单音节字词的基础上考察轻声、儿化、变调等语音情况,应试者要读出音变。应试者如有声、韵、调等错误,每个音节扣 0.2 分,缺陷扣 0.1 分。应试者如有口误,可以重读一次,测试员按后一次的发音评判。此题应注意末尾是上声的音节声调要读完全,不能读成半上。例如,"调整",应试人往往把后一音节的声调读成半上(调值 21)。另外要注意不要把儿化词的"儿"单独念成一个音节。

1. 样题

1) 读多音节词语

抓紧　率领　荒唐　宣传　贵宾　凯歌　内幕　沙漠　灭亡
草地　名家　漂亮　庄严　脆弱　帮助　画画儿　宗教　穷苦
快乐　歉疚　文雅　掠取　决心　迅速　迥然　时候　下海
女性　烦闷　打盹儿　蛙泳　摄影　恩典　锻炼　只有　跑车
恳请　棍子　暖和　一会儿　飞翔　发送　碰杯　闰年　全体
别扭　存在　铁窗　搜查　老伴儿

2) 读多音节词语

印刷　病房　症状　蜗牛　抄写　爱护　爆肚儿　寻求　脖子　撒开
压迫　聘用　群众　位置　战略　榫头　舒坦　下课　伺候　概括
鼻梁儿　商场　酝酿　加热　有门儿　凶猛　拐弯　特权　总得　蛐蛐儿
据说　草拟　丰富　尺寸　算式　电话　捐赠　查处　快乐　天井

穷人　瑞雪　遵命　打扰　条件　撒气　恩怨　进而　往还　消费

2. 多音节词语测试注意项

朗读多音节词语,实际上也是100个音节,声母、韵母的出现次数大体与单音节字词相同。此外,上声和上声相连的词语不少于2次,上声和其他声调相连不少于4次;轻声不少于3次;儿化不少于3次。

读多音节词语,轻声词要准确判断,多音节词语中不少于3个轻声词,这些轻声词分散排列在中间,因此要准确判断哪些词是轻声词,并正确朗读。要防止受前面非轻声词的影响,把已经准确判断出来的轻声词读重了,也要避免把轻声读得让人听不见,即所谓"吃"字。

儿化词有明显的标志,在第二个音节的末尾写有"儿",儿化词要把卷舌的色彩"儿化"在第二个音节上,不要把"儿"当作第三个音节。

读双音字词语要读好中重音格式。双音节词语除轻声词之外,一般都是"中重"格式,即第二个音节读得重一些。

三、短文朗读

该题测查应试人使用普通话朗读书面作品的水平。在测查声母、韵母、声调读音标准程度的同时,重点测查连读变调、停连、语调,以及流畅程度。短文朗读要注意准确熟练。因为按规定,停顿、断句、语速不当均被扣分,而不熟练造成的漏字、添字、回读同样被扣分,每漏一字或添一字都相当于读错一个字,这些失误对成绩的影响很大。此题占分比重较大,扣分点也较多,况且它毕竟是有文字凭借的作品,应作重点练习。而且朗读水平提高了,同样可以促进口语水平的提高。

1. 样题

作品26号:永远的记忆

小学的时候,有一次我们去海边远足,妈妈没有做便饭,给了我十块钱买午餐。好像走了很久、很久,终于到海边了,大家坐下来便吃饭,荒凉的海边没有商店,我一个人跑到防风林外面去,级任老师要大家把吃剩的饭菜分给我一点儿。有两三个男生留下一点儿给我,还有一个女生,她的米饭拌了酱油,很香。我吃完的时候,她笑眯眯地看着我,短头发,脸圆圆的。

她的名字叫翁香玉。每天放学的时候,她走的是经过我们家的一条小路,带着一位比她小的男孩儿,可能是弟弟。小路边是一条清澈见底的小溪,两旁竹阴覆盖,我总是远远地跟在她后面,夏日的午后特别炎热,走到半路她会停下来,拿手帕在溪水里浸湿,为小男孩儿擦脸。我也在后面停下来,把肮脏的手帕湿了擦脸,再一路远远跟着她回家。

后来我们家搬到镇上去了,过几年我也上了中学。有一天放学回家,在火车上,看见斜对面一位短头发、圆圆脸的女孩儿,一身素净的白衣黑裙。我想她一定不认识我了。火车很快到站了,我随着人群挤向门口,她也走近了,叫我的名字。这是她第一次和我说话。她笑眯眯的,和我一起走过月台。以后就没有再见过她了。

这篇文章收在我出版的《少年心事》这本书里。书出版后半年,有一天我忽然收到出版社转来的一封信,信封上是陌生的字迹,但清楚地写着我的本名。信里面说她看到了这篇文章心里非常激动,没想到在离开家乡,漂泊异地这么久之后,会看见自己仍然在一个人的记忆里,她自己也深深记得这其中的每一幕,只是没想到越过遥远的时空,竟然另一个人也深深记得。

节选自苦伶《永远的记忆》

2. 朗读的基本要求

1) 用普通话语音朗读

普通话朗读是一门学问。它除了要求应试者忠于作品原貌,不添字、漏字、改字外,还要求朗读时在声母、韵母、声调、轻声、儿化、音变以及语句的表达方式等方面都符合普通话语音的规范。

(1) 注意普通话和自己方言在语音上的差异。普通话和方言在语音上的差异,大多数的情况是有规律的。这种规律又有大的规律和小的规律,规律之中往往又包含一些例外,这些都要靠自己去总结。单是总结还不够,要多查字典和词典,要加强记忆,反复练习。在练习中,不仅要注意声韵调方面的差异,还要注意轻声词和儿化韵的学习。

(2) 注意多音字的读音。一字多音是容易产生误读的重要原因之一,我们必须十分注意。多音字可以从两个方面去注意学习。第一类是意义不相同的多音字,要着重弄清它的各个不同的意义,从各个不同的意义去记住它的不同的读音。第二类是意义相同的多音字,要着重弄清它的不同的使用场合。字形相近或由偏旁类推引起的误读应该注意。由于字形相近而将甲字张冠李戴地读成乙字,这种误读十分常见。

(3) 注意异读词的读音。普通话词汇中,有一部分词(或词中的语素),意义相同或基本相同,但在习惯上有两个或几个不同的读法,这些被称为"异读词"。为了使这些读音规范,国家于 20 世纪 50 年代就组织了"普通话审音委员会"对普通话异读词的读音进行了审定。1985 年,国家公布的《普通话异读词审音表》,可以作为我们说普通话的标准。

2) 把握作品的基调

基调是指作品的基本情调,即作品的总的态度感情、总的色彩和分量。任何一篇作品,都会有一个统一完整的基调。朗读作品必须把握住作品的基调,因为作品的基调是一个整体概念,是层次、段落、语句中具体思想感情的综合表露。要把握好基调,必须深入分析、理解作品的思想内容,力求从作品的体裁、作品的主题、作品的结构、作品的语言,以及综合各种要素而形成的风格等方面入手,进行认真、充分和有效的解析,在此基础上,朗读者才能产生出真实的感情、鲜明的态度,产生出内在的、急于要表达的律动。只有经历这样一个复杂的过程,作品的思想才能成为朗读者的思想,作品的感情才能成为朗读者的感情,作品的语言表达才能成为朗读者要说的话。

3)掌握朗读的基本技巧

朗读短文应该掌握一些朗读的基本技巧,如:停顿、重音、语速、语调等。

四、说话的基本要求和技巧

说话的基本要求和技巧参见本书第六章。

下篇

EIGHT 第八章

交　　谈

　　交谈是日常生活中人们使用最为广泛、最基本的一种交流方式。交谈是由两个或两个以上的人以口头语言为工具,以对话为具体形式,面对面(或通过声讯、视频等手段)进行思想感情和信息交流,以达到相互了解的一种语言表达活动。

　　在社会生活中,交谈不仅仅局限于人与人之间的感情交流,而且许多工作和职业都要通过谈话进行。例如:商务领域洽谈生意,接待顾客;工厂企业签订产销合同,商讨生产方案;医生寻病诊断,交流会诊;教师讲课释疑,家访谈心;记者调查采访;等等。这些都是在交谈中进行的。

　　可见,交谈是生活中不可缺少的交流方式。广泛的交谈可以沟通信息、获取知识,可以加深感情、增进友谊,可以消除误会、加深了解,还可以成功地进行业务洽谈、创造效益,也可以明辨是非、伸张正义。因此,理解交谈的特点,运用多种交谈形式,掌握一些交谈的原则和技巧,恰当运用交谈这门语言艺术,可以帮助我们更高效地生活和工作。

第一节　交谈的特征和形式

　　交谈活动以对话为基本的交流形式,其构成要素包括发话者(主体)、受话者(客体)和对话内容三方面。在交谈中,对话的主体和客体是互换的,即语言表述的行为呈双向性或多向性(二人以上交谈时),交谈的内容也是会发生变化的,因而交谈具有相互性和灵活性。交谈也可以在没有事先安排的情境下进行,因而具有即兴性。交谈可以是随意的聊天,可以是带有目的性的谈心,也可以是劝解、说服等形式。

一、交谈的特征

　　交谈作为人们日常生活中最为广泛的一种交流方式,有着其自身固有的许多特征。

1. 相互性

　　交谈的过程,实质上是交际双方相互的信息发出与反馈的过程,即双向发出,双向互馈,信息共享,达到交流目的。交谈的双方自始至终,既是说者,又是听者。换句话说,交谈者是说者与听者的统一体。正如美国语言心理学家多罗西·萨尔诺夫所说:"交流是双行道。"他还说:"没有回应的谈话是无效的谈话,说话艺术最重要的应用,就是与人交谈。"交谈的参与者都积极进行信息的发出与反馈,两人的思绪保持畅通,并且指向同一方向;否则,一方得不到信息,或做不出反馈,交谈即无法顺利进行,就会发生梗阻现象。一方哪怕短时间的只听不讲,或者只讲不听,也不利于交谈的维持。

2. 即兴性

交谈通常是面对面进行的,它没有事先的约定和计划,带有一定的即兴性,其主题是在交谈过程中逐步形成并明朗起来的。即兴性的说话思考时间短,出语时间快,所以要求交谈者必须听辨认真、反应敏捷;否则交谈易受阻不畅,影响交谈效果。

3. 灵活性

交谈是一种比较随便、轻松、任意的语言交际方式,在大多数情况下是自然而然地自由发挥,没有明确的中心(有时有主题)。但由于受时间、地点和对象的变化,交谈过程中交谈者会不得不改变话题和说话方式,以免造成误会和不必要的损失。这里就不难看出一个特点,交谈具有灵活性。要使交谈气氛融洽,顺利愉快,就应根据对方的心理特征、语言习惯、文化水平、脾气秉性等予以对待,无须执著于某一件事,不要做无原则的争论。如果是带着任务的交谈(如劝导),也应在朝着话题而谈的前提下,恰当寻找有共同兴趣的其他话题。

【案例】

有一位技术员在新婚之夜,仍然久坐看书,妻子希望能同他交谈,享受洞房花烛夜的欢乐。妻子不满地说道:"但愿我也能变成一本书。"技术员疑惑不解地问道:"为什么?"妻子答道:"那样你就会整日整夜地把我捧在手上了。"看到妻子满脸怨气,技术员打趣地说道:"那可不行,我每看完一本书就要换新的。"妻子一听急了:"那我就变成你书桌上的大词典!"说完,她自己也不禁"扑哧"一声笑了起来。

很明显,这是一次随便的交谈,又像一次"遭遇战"。起初不满,带有怨气,由于双方都注意随机应变(妻子希望自己从变成书谈起,丈夫就书表达终身不变之意),结果,皆大欢喜。有趣的交谈,加深了夫妻的恩爱之情。

二、交谈的形式

根据意图、目的的不同,交谈的形式多种多样。下面介绍聊天、谈心和劝解三种形式。

1. 聊天

聊天即俗话说的"闲聊"、"侃大山"。意图是有的,为了消磨时间,为了增添乐趣,为了得到新的信息,为了满足"发表欲"的愿望,等等。但往往并非事先就有明确的意图。话题是随意的,并且不时转换;人数可多可少,随增随减;内容海阔天空,无所不谈;气氛和谐轻松,说者任意说,听者随便听。如茶余饭后人们的闲聊,大学生就寝前的"侃大山"等都是聊天的形式。

2. 谈心

在日常生活中,或为了增进了解,或为了消除误会与分歧,或为了作思想疏导工作,往往采用谈心的方式。美国总统林肯说:"无论人们怎么仇视我,只要他们肯给我一个略说几句的机会,我便可以把他说服。"可见谈心的作用之大。谈心时要平等相待,无论是上级对下级,还是家长对孩子,老师对学生,既然是谈心,就要彼此有诚意,地位高的一方要放下架子,使对方不感到有压力和拘束。

谈心要做好准备。谈心与聊天不同,它往往是相约进行的,所以要有所准备,尤其要了解对方的想法和心态,要找到打开心扉的钥匙。

谈心还要随便一些。可以从闲聊开始,说话中可以谈与主题关系不大的话,可以开点玩笑和讲些幽默有趣的事。总之,要消除紧张感,不宜"直奔主题"。

谈心更要讲究方式。或诱导式,或启发式,或直白式,或迂回式,或接迎式,等等。谈心还要注意一些禁忌:不要谈人家的"封闭区",不要采用教训式的口吻,不要自己一说到底。有的人和别人谈心只顾自己说,别人没有开口的机会,这就失去了思想与感情的交流,也就失去了谈心的意义。

3. 劝解

劝解也是常用的交谈方式之一。有效地进行劝解,能排除对方的顾虑和忧愁,能减轻对方的烦恼与不快,能解开对方心灵上的疙瘩,能使对方认识提高,精神振作。劝解的功能是开导,劝诫,疏通,安慰,指明,点醒。劝解要有针对性,把话说到事情的点子上,说到对方的心坎上。既要循循善诱,又要听对方的陈述,要帮助对方进行正反分析,既要以理服人,又要以情感人,该委婉的需要委婉,该直说的得直说,该剖析的应剖析,该指明的就指明。劝解还要设身处地地替对方着想,要让对方明白利害关系,有时还可以以退为进,就坡下驴。

【案例】

美国乒乓球队1970年来中国访问,受到了类似外交特使的待遇,周恩来总理非常关心他们,问道:"你们住得怎么样?习惯中国菜的口味么?还有没有什么要求?"大学二年级学生科恩长发披肩,不打领结,欠欠身子,大声说:"总理先生,我想知道您对美国嬉皮士的看法。"领队斯廷霍文焦急地打手势,不准科恩提问,但是,仍然阻止不住他。周总理客气地微笑着打量了科恩一下,看了看他那蓬松飘垂的长发,说:"看样子,你也是个嬉皮士啰。"接着把目光转向大家:"世界的青年们对现状不满,正在寻求真理。在思想发生变化的过程中,在这种变化成型以前,会出现各种各样的事物。这些变化也会以不同的形式表现出来。这是允许的。我们年轻的时候,也曾经为寻求真理尝试过各种各样的途径。"周总理又将目光转向科恩:"要是经过自己做了以后,发现这样做不正确,那就应该改变。你说是吗?"

科恩耸耸肩,友好而诚恳地笑着点了一下头。周总理略微停顿,又补充了一句:"这是我的意见。只是一个建议而已。"周总理的这番话,在第二天,几乎被所有的世界大报与通讯社报道。当年4月16日,科恩的母亲从美国加州威斯沃德托人转经香港,将一束深红色的玫瑰花送给周恩来总理,感谢周总理对她的儿子讲了一番语重心长的话。

很显然,这是一次事先没有预见的交谈。但从周总理的应变能力和交谈技巧中,可以看出他高超的外交艺术和高明的智慧。看来交谈艺术水平的高低,直接影响着交际目的的实现。

第二节 交谈的基本原则

在日常生活中,语言交际是必不可少的一部分。语言交际过程,实际上就是人们的心理活动过程。说和写,听和看,既是语言沟通情境的行为,又是人们相互间心理活动的反映。因此,说话者为了达到一定的交流目的,必须要遵循相关的交际原则。善于交谈的人总能把别人的注意力吸引到自己的身上,让听者围绕自己的思路转。谈感情时能动之以情,讲道理时能晓之以理,说者侃侃而谈、娓娓动听,听者津津有味、百听不厌。而不善于交谈的人讲话不但不流畅,而且每每会因为用词不当有意或无意地伤害到他人,使人没有交谈下去的欲望。因此,一些有关语言交际的原则就显得十分必要了。

一、合作原则

在语言交际活动中,必须以合作的态度作为交际的前提,这种合作主要体现在以下几个方面。

第一,信息传达的准确性。无论是信息发出者还是信息接受者,都必须准确清晰地发出或接收信息,使交际活动能基本围绕主题或中心进行。

第二,信息传达的真实性。不要说自己认为是不真实的话,不要说缺乏足够证据的话,就像毛泽东主席所说:"没有调查就没有发言权。"否则,就容易造成传言,并且,还可能会在某些情况下误导别人,从而造成不必要的伤害或利益损失。如果没有真实性作保障,交际活动就失去了意义。

第三,信息传达的相关性。在信息交流中,传达信息者和接受信息者都是彼此合作的。它要求说话者不说与话题无关的内容,不做跳跃式的谈话,对一个话题进行交流,语言从始至终都围绕着同一个话题,即要注意说话的贴切性。

且看下面的交谈：

A：你们国庆节都去哪里玩了？

B：我待在家里，帮家里人做家务。

C：我去了北京旅游，和家人一起坐飞机去的，国庆节那天早上就出发了，下午到了，第二天登上了长城、游览了故宫……

作为A的提问，B的回答是适量的，C的回答就超出了对方所要了解的信息。假如A是在赶时间，或者其他紧急情况下，又不好推掉与C的谈话，那么C的话就显得多了。所以从这个角度来看，交谈应注意内容的相关性和信息量的多少。

二、礼貌原则

礼貌原则又称为礼貌准则，是英国剑桥大学人类学家布朗和莱文森在1978年发表的《语言应用的普遍现象——礼貌》一文中首次提出的。英国当代著名语言学家利奇在英国当代语言学研究的基础上，将语言交际的礼貌准则归纳成如下几点：一是得体准则，尽量少让别人吃亏，尽量多使别人得益；二是慷慨准则，尽量少使自己得益，尽量多让自己吃亏；三是赞扬准则，尽量少贬损别人，尽量多赞扬别人；四是谦逊准则，尽量少赞誉自己，尽量多贬损自己；五是一致准则，尽量减少双方的分歧，尽量增加双方的一致；六是同情准则，尽量减少双方的反感，尽量增加双方的一致。总之，礼貌准则所表达的内容，是根据常人的自尊心理，在语言交际中让对方感受到礼遇和尊重，在满足受话者心理需要的同时，交际得以成功。

人无礼则不立，事无礼则不成，国无礼则不宁。——《礼记》

第一个"礼"即指交往过程中所需遵守的礼节规范，可见礼貌在待人处世中的重要性。

请看下面一则对话：

某招待所服务员小刘，冲着302房间喊："302房间的，快下来买饭票。"旅客王某听后很不高兴："你叫谁买饭票？""就是叫的你。刚才不是你来问我吗？""我没有姓名？""这么多人我怎么记得？""登记的时候你不是问过我吗？你的登记簿上不是写着吗？""这人真事多！"

作为服务员不记住又不查看旅客的姓名，直呼"某房间的"，还"你"来"你"去，是非常缺乏礼貌和修养的，服务态度也很差。这虽然只是个别现象，但也很值得注意。简单两句话说完的事，费了那么多口舌，还把对方惹了一肚子气，问题就在于服务员不懂得交谈的礼貌。

三、平等原则

"你以为我贫穷、相貌平平就没有感情吗？我向你发誓，如果上帝赋予我财富和美貌，我会让你无法离开我，就像我现在无法离开你一样，虽然上帝没有这么做，

可我们精神上依然是平等的。"——《简爱》

从这段话可以看出,我们每个人都追求平等,渴望着平等地被别人对待,特别是在交际过程中,不能对上级说话是一种语气,对下级说话又是另一种语气,在所有人面前,都应该表现出不卑不亢、谦逊礼貌的态度,这样才会使听话者不对说话者产生厌恶之感。假如说话者自己觉得高人一等,把听话者视为比自己差的人,而谈话仅是为了表现自己的口才学识或其他某一个特质,那么这个谈话就变得毫无意义了,就变为个人演说了。从这个方面来看,我们在交谈时必须互相尊重。如果不尊重对方,谈话效果就不好,要么出现不友好的表情,让你难堪;要么当场反目,提出尖锐的批评;要么干脆不理不睬走开了事。

四、诚实原则

请看下面这段话:

"你能在所有的时候欺骗一些人,也能在一些时候欺骗所有的人,但是不能在所有的时候欺骗所有的人。"——林肯

可见,一个总统都以真诚作为为人处世的准则,何况我们的日常交际呢?即使未能达到心与心的交流,但至少不能说谎话。要求对事物或现象的描述要尽可能符合过去或现在所发生的事实,不得无中生有、夸大其词、文过饰非、隐瞒真相。总之,要求实事求是,不弄虚作假。和身边的人相处,如果总是欺骗对方,经常敷衍了事,这会在别人心目中留下十分不好的印象,以致别人不想再与说话者打交道。如果遇到那些虚情假意、曲意逢迎的人也令人特别反感,觉得对方好恶心,也无进一步深交的念头了,从中也可窥探到对方的空虚与交际范围的窄小了。

五、幽默原则

生活中幽默是一个人很好的个人特质。金正昆教授由于幽默而能说遍大江南北,林语堂先生由于幽默而引领文学风骚,周恩来总理由于幽默而在外交场合如鱼得水。幽默在交际中扮演着很重要的角色。幽默的话语在交际中可以增添情趣和化解矛盾,平时可以用来活跃气氛,打破沉闷局面。同时,在交际中,批评、指责、劝诫或拒绝交际对象的时候,幽默可以照顾到对方的面子,不会伤害感情,也不会激化矛盾。

【案例】

美国小说家马克·吐温的机智幽默享有盛名。有一次,他到某地旅店去投宿。人家早告诉他此地蚊子特别厉害。他在服务台登记房间时,一只蚊子正好飞来。马克·吐温对服务员说:"早听说贵地蚊子十分聪明,果如其然,它竟会预先来看好我的房间号码,以便夜晚光临,饱餐一顿。"服务员听了不禁大笑。

结果这一夜马克·吐温睡得很好,因为服务员也记住了房间号码,认真地做好

了一切该做的事。马克·吐温的风趣言谈,既使对方感到愉快,又使自己达到了目的。如果马克·吐温告诉服务员,要怎样怎样赶尽蚊子,就不容易产生同样的效果。

由此,幽默的作用可见一斑。但是幽默要把握好度,恰到好处才能解决问题,超过一定的度往往会适得其反、火上添油,并且在一些严肃、庄重或者悲痛的交际气氛中,是不可以使用幽默话语的。

六、其他细节

另外,交谈时除了上面一些基本原则要遵守外,还应注意以下的一些其他的细节。

1. 经常微笑

微笑是一种无声的语言,它能显示出一个人的魅力和涵养。凡是经常面带微笑的人,往往能将别人吸引住,使人感到愉快。人的行为比言语更能切实地表露一个人的真心,微笑这种行为,胜过任何雄辩的言语。当你微笑时,你似乎在说:"我很喜欢你,请不要拘束,有什么就说什么。"微笑不要成本,却能收获无限的价值。

2. 言语真诚

其实言语得体也是出于真诚,话说得恰到好处,不含虚假成分,能说不真吗?然而真诚还有另外一面,那就是避免过于客套、过分地粉饰雕琢,就失去了心理的纯真自然。绕弯过多,礼仪过分,反而给人见外的感觉,显得不够坦诚。

与人交际,谦逊礼让是完全必要的,然而不分对象、不分场合,一味地"请"、"对不起",未免有虚伪的嫌疑。比如说故人相聚,还过分客套,搞得别人难为情,这就很难说是真诚,反而让人感觉缺少直率和坦诚。许多情况下,我们需要直抒胸臆的言语艺术,是怎么样,就怎么说,还事情以真面目。直言不讳,是待人接物很重要的语言技巧。

3. 不要以自我为中心

交谈本来就是双方自觉自愿、平等交流的活动,所以任何一方都不要采取封闭式(只有自己说的,没有别人说的,要听话人围着自己转),不要以自我为中心,而应采取开放式的、随和的态度。有一些过于固执、自我意识很强的人,交谈起来,只有他说的,没有别人说的,明明对方说得对,他也要找点茬,以便显示自己的"高明";明明可以跟着对方话题谈的,偏要拉回到自己的思维轨道上来;明明可以倾听对方的陈述,偏偏要急急忙忙打断人家的话。这样的交谈,十次有九次要失败,以后就没有人愿意和他交谈了。

总之,说话是一门博大精深的艺术,从说话可以看出一个人的思想、智慧、品质、学识、思维、心理和情感等各方面。说话时需要我们去揣摩对方的心理活动,从反馈回来的信息调节自己说话的方式与内容,要能够机智应变,灵活运用各种技巧和原则。当然,丰富的知识和丰富的经验是交际的基础,好的口才不仅仅体现在嘴上,还要有丰厚的知识作为支撑,以文才助口才,这就需要平时大量的阅读了。掌握一定的交际原则,在交际过程中多加注意,保持敏锐的观察和良好的心理,理清思路,迅速决断,这样必能在人际关系上更进一层。

第三节　交谈的技巧

说话本是一种简单的技能,但是要想把话说好、说得出色,就必须学会一些技巧。掌握一些交谈技巧,如礼仪、声音、语言、话题、倾听等技巧,在人际交往中,就能建立起良好的人脉;在商业洽谈中,就能赢得商机;在职场上,就能得到领导的欣赏,同事的支持。你的生活和工作就会轻松愉快,如鱼得水。

一、礼仪技巧

人们在交流过程中,传递信息有两种形式:一是有声语言;二是态势语言。有声语言是以声音作为载体传递信息,态势语言是以面部表情、姿态动作、空间距离等作为载体传递信息。在交流中,有声语言固然重要,无声的体态动作、举止行为也是必不可少的,有时可以达到"此时无声胜有声"的效果。

1. 举止文明

(1)交谈时表情要自然,语言要和气亲切,表达得体。说话时可适当做些手势,但动作不要过大,更不要手舞足蹈。谈话时切忌唾沫四溅。参加别人谈话要先打招呼,别人在个别谈话,不要凑前旁听。若有事须与某人说话,应待别人说完。第三者参与谈话,应以握手、点头或微笑表示欢迎。谈话中遇有急事需要处理或离开,应向谈话对方打招呼,表示歉意。

(2)姿势是内心状态的外部表现,完全依你自己的情绪、感觉与兴趣而定,一个从内心所发出来的姿态,不知要比一千条规则所指示的好多少倍。姿势可以根据你的欲望加以改变,而且得由你的内心感觉,才可以表现出来。因为姿势是内心的表现,所以你如果要训练成为一种模型,那不但单调,而且是可笑的举动。有些人在说话越高越响的时候,常把两手高举着。有时因心情快乐,便把两手在空中挥动;有时因心情悲苦,忍不住握着拳头,紧紧地攥在自己的胸前;而当愤怒的时候,更不免举拳猛击,这些动作和表现姿态,都是以自然和灵活为要素。真情愈流露,动作和姿态也愈显得自然。

2. 用语礼貌

礼貌用语能体现一个人积极、热情的交际态度和良好的个人修养,使人与人之间的交流有一个良好的开端。特别是两人初次接触,使用礼貌用语更为重要,文明得体的语言能给对方留下良好的第一印象,也能使交谈愉快成功地进行下去。

如见面时要寒暄问候。熟人之间要用"您好"、"早上好"等,初次见面打招呼常用"您好!认识你很荣幸"、"初次见面,请多关照"、"久仰您的大名"等。告别时,要用"再见"、"明天见"、"改日见"等。同时,在交谈时要尽量使用高雅文明、恰当得体、符合双方身份地位的语言。

此外,要用文明语言,绝对不能出现以下一些有失身份的语言。

粗话:口中吐出"老头儿"、"小妞"等称呼,是很失身份的。

脏话:讲起话来骂骂咧咧,是极度不文明的表现。

黑话:一说话就显得匪气十足,容易让人产生反感、厌恶情绪。

荤话:不分场合地把绯闻、色情、"荤段子"挂在口边,会使你显得趣味低级。

怪话:说话怪声怪气、黑白颠倒,让人难生好感。

气话:说话时意气用事、发牢骚或指桑骂槐,很容易伤害人、得罪人。

【案例】

一顾客走进理发店,看见椅子都坐满了,刚一皱眉,过来一位理发师:"您好!请坐下稍等片刻,这儿有画报,很快就给您理。"几句话一说,如同一阵轻柔的风吹过顾客心头,使原本打算离去的顾客拿起画报边看边等。

理发师礼貌的语言和周到的服务留住了这位本来有些犹豫的顾客。

二、声音技巧

声音在社交交谈中也是表现个人魅力的重要元素,在很多西方领导人训练课程中,声音的培训也是其中一项内容。在与人交谈时,深厚、宽音域的声音能够让人觉得舒服,尖利或者刺耳的声音会让人难以忍受。因此,应注意以下一些技巧。

1. 语调错落有致

语调是指语音的高低升降。交谈时保持抑扬顿挫的音调,让人觉得自己对正在交谈的话题很有兴趣,同时错落有致的语调,能更细致地表达不同的语气和思想感情,便于听众更好地理解谈话的内容。不能用平淡、乏味的声音来交谈,这会让人有昏昏欲睡的感觉。

2. 声调轻重适度

口语交际中经常运用轻音和重音。轻音有突出关系亲密、气氛和谐的作用,重音有突出语言意义和感情倾向的作用。轻音、重音的运用能充分显示语意的主次层次,体现语句所要表达的意义。轻重音要在准确把握说话内容的基础上确定,轻音过多,显得平淡,重音过多,无法突出语意和感情。同时,过于尖锐的声调会让人觉得难以忍受,所以应避免将讲话的力气都集中在嗓子眼;而过于低沉的声调让人听起来很累;也不要有气无力地说话。

3．音量大小适中

太大的音量容易成为交谈中气势逼人的角色，也容易让人反感；音量太小会使你显得不够权威，容易被人忽视。

4．语速快慢得当

说话时，要根据内容、情感的变化来确定语速的快慢，该快的时候快，该慢的时候慢，掌握好语言的节奏。在叙述一件事情、描写一处景物或表达平稳、失望、悲哀情绪时，语速宜慢；在表达紧张、热烈、欢快、兴奋、慌乱、愤怒情绪时，语速宜快。当然，快和慢是指相对的，过快或过慢都不合适。讲话过快会让人听不清楚，过慢则会让人失去耐心。最好在讲话的过程中留一些停顿，以便让人有一个反应的过程。

5．节奏停顿恰当

在交谈中，表达者不能一口气连续不断地说下去，必须要有相应的停顿。停顿，不仅是表达者换气的需要，同时也是体现语言节奏和意义的需要。停顿的位置不同，语意有很大的差别。恰当的停顿，能够把说话内容表达得更加清楚完整，把思想感情表达得更为突出。

口语交流过程中的停顿分为生理停顿、逻辑停顿和内容停顿。

（1）生理停顿。生理停顿是句中调节气息的停顿。遇到长句子时，不可能一口气说完，应在句中作恰当的停顿。例如："现在大学生就业很难，一名大学生好不容易才找到一份在北京科瑞尔斯公司下属分公司当业务员的工作。"为了调节气息，应做如下停顿处理："现在大学生就业很难，一名大学生/好不容易才找到一份/在北京科瑞尔斯公司下属分公司/当业务员的工作。"

（2）逻辑停顿。逻辑停顿是为了突出或者强调某一特殊的意思而作的停顿。例如："我希望/每个人都能像松树一样/具有坚强的意志和崇高的品质。"为了突出"希望"和"像松树一样"，在这两处进行停顿处理。

（3）内容停顿。内容停顿是表述内容之间的停顿。在交谈中，一个话题结束另一个话题开始，话题之间要有较大的停顿。

【案例】

一人去朋友家做客。一天，外面下起了小雨。客人看出主人这几天对自己不那么热情了，于是在纸上写了一句话："下雨天，留客天，留我不留？"放在桌子上就出去了，客人想征求一下主人的意见。主人本来就想客人快点离开，看到纸条，于是改动了一下标点，"下雨天留客，天留我不留"。客人看到后，马上知趣地走了。

这个例子说明停顿的位置不同，语意就有很大的不同。

三、语言技巧

常言道："好言一句三冬暖，恶语半句六月寒。"交谈是一门口头语言艺术，正确、规范的语言表达，可以增强表情达意的效果，促进人们更好地交流。下面谈谈在交谈过程中运用语言的一些技巧。

（1）发音准确。在交谈中要求发音标准，吐字清晰，语气得当，声音洪亮，悦耳动听。读错音、念错字、口齿不清、含含糊糊都让人听起来费劲，而且有失自己的身份。

（2）口气谦和。在交谈中，说话的口气一定要做到亲切谦和，平等待人，切忌随便教训、指责别人。

（3）内容简明。在交谈时，应言简意赅，要点明确，少讲、最好不讲废话。啰啰唆唆、废话连篇，谁听都会头疼。

（4）少用方言。在公共场合交谈时，应用标准的普通话，不能用方言、土话，这也是尊重对方的表现。

（5）慎用外语。在一般交谈中，应讲中文，讲普通话。无外宾在场，最好慎用外语，否则会有卖弄之嫌。

【案例】

一位中年人进城办事，需要住旅馆。他问路人："同志，雷管有没有？"路人一听，十分惊讶，厉声问道："雷管是国家禁止私人买卖的爆炸品，你要它干什么？"经过再三解释，方知是中年人发音不准，将"旅馆"说成了"雷管"。

发音不标准或使用方言，会使交谈双方理解有误，给交谈带来障碍。

【案例】

钱某上班后跟好友席某说："昨天我和妻子吵了一架，她不讲理，真叫我受不了。"席某一听，就大肆训开了："你平时就很拗，有理没理都要争个没完。我不知道你们为了什么具体的事，但我想像你这样的人回家不跟妻子吵才怪呢。谁是你妻子也受不了这一套。唉，我是一片好意，你还是改改吧。"钱某听完这番话，白了他一眼，拂袖而去。

由于席某的这番"好意"是火上加油，而且还以教训者自居，致使交谈失败。

四、话题技巧

话题是交谈的中心，是联系交谈活动的纽带。在社交场合中，交谈往往是围绕某个话题展开的。善于选择话题，是开展口语交流的前提，选择双方关心的、感兴趣的、愉悦的话题，交谈才能顺利进行下去。

1．适合的交谈话题

（1）既定的主题，即双方先约定的主题。

（2）高雅的主题，比如文学、艺术、历史、哲学等。这一主题的前提是忌讳不懂装懂，贻笑大方。

（3）轻松的主题，比如文艺演出、旅游观光、风土人情、流行时尚等。

（4）擅长的主题，比如与律师交谈的时候，可以谈谈法律方面的话题；与文艺工作者交谈的时候,可以谈谈文学创作等。

(5) 大众化的主题,比如天气、交通、物价、饮食、健康等是每个人都关心的话题,选择这样的话题进行交谈最稳妥,而且人人都有话可说。

(6) 以近期发生的重大事件为话题,选择最近国内国际发生的重大事件作为谈话的主题也可以使谈话进行下去。

另外,交谈时,根据当时场景随机应变,就地取材,也可以挖掘出合适的话题。如交谈地点的场景、对方的服饰、屋内的摆设等都可成为交谈的话题。

【案例】

小李去朋友家,朋友的父亲热情地留他吃晚饭。吃饭的时候,小李和朋友的父亲大谈钓鱼的话题,整个晚餐的气氛十分融洽。

后来朋友问小李,你怎么知道我爸爸喜欢钓鱼?小李说:"我看见你们家有好几杆钓鱼竿,我猜你爸爸肯定很喜欢钓鱼。"

小李留心身边的环境和摆设,灵活选择了一个合适的话题,迎合主人的口味,因而获得了一次愉快的交谈。

2. 不适合的交谈话题

在交谈中,有一些不适合谈论的话题。比如:不能打探讨论对方的隐私,包括收入状况、年龄、婚姻、健康、经历等;不能嘲笑其他人的丑事;不能谈论朋友的身体特征;禁止在社交场合讲黄色故事;不要在别人不幸的时候讨论自己的好运气;不利于宗教、民族团结的话题更是应该回避;不传播小道新闻或不好的消息,比如车祸、灾难、犯罪等;不能非议国家和政府;不能涉及国家和行业秘密;不能在背后议论领导、同事、同行的坏话;不能谈论格调不高的话题。

五、顺序技巧

人们的交谈是按照一定的顺序进行的,不是想说什么就说什么,想什么时候说就什么时候说。交谈时谈者和听者双方互相配合才能使谈话顺利进行下去。假设有 A、B、C 三个人在一起谈话,理想的交谈顺序如下。

(1) A 先开始讲话,他选择一个题目,围绕着它讲几句话。

(2) A 通过某些方法使 B 继续谈下去。

(3) B 接过话茬,顺着 A 选的题目讲几句话。

(4) B 选择 C 作为下一个谈话者。

(5) C 接过 B 的话茬,顺着话题讲几句话。

(6) C 选择 A 作为下一个谈话者。

(7) 这个过程一直进行下去直到大家感到有关这个题目已无话可说,或者时间用完了。在这个过程中每个人都有大致相等的机会和时间来谈话,并且当一个人讲话时其他人只能听。

(8)最后一个人总结 A 选择的话题,这时候表明该话题已经结束,可以引出另一个话题。

正是靠着这种说者和听者互换位置的规则,交谈才能够平稳地进行下去。这种规则好像交通规则一样,即便没有警察指挥,大家也都会遵守着红灯停绿灯行的规则,否则便会造成交通堵塞。交谈的规则虽然没有交通规则那样明显,但也需遵守。依据这些规则,参加谈话的人才能根据自己的需要决定加入交谈或者回避交谈。如果你想加入谈话,你必须等待说话的人讲完以后停顿时才接过话茬。如果在这中间打断别人,就会被认为不礼貌。而如果你想把话题交给下一个人,就要出现停顿,暗示你已经讲完。

有两种不好的习惯需要加以改正:一种是边想边说,在句子中间出现了不应有的停顿,使听话的人无法判断你是否已讲完;另一种是不停地讲,不出现任何停顿,这时人们便不得不打断你的话。把话题交给别人可以采用各种手段,除了上面提到的停顿以外,还包括提出一个问题,指定某人发表意见。

表明谈话结束的重要线索是目光接触,如果谈话者在停顿时和你目光接触,那就表明他选择了你作为下一个谈话者。在你准备把发言权交给别人时也可采用同样的方法。因此,如果不想加入谈话,就不要与正在谈话的人目光接触。另外一种情况是谈话者出现了停顿,但并没有选定下一个谈话者,这时候可以自己选择接着话茬。在这种情况下可能出现竞争,即两个以上的人同时讲话,按照上面提到的规则应有人放弃自己的权利,只留下一个人讲话。

因此,交谈时应注意,讲出的话转瞬即逝,不可能像听磁带一样倒放。交谈的双方互相影响,说出的话不完全是事先想好了的,需要根据前面的人讲的话修订自己说什么,他的话又影响到后面要说的话。因此,认真仔细地听别人讲话就显得十分重要。只有听懂了别人的话才可能有效地做出反应。只有集中注意力听,才能准确地判断对方是否谈完,才能及时地接过话茬,而不是冒昧地打断别人,或者该自己发言却没有反应。

下面所举的是一些不好的听话习惯,应加以改正。
(1)一边听一边想或演习该自己讲话时怎么说。
(2)一边听一边想谈话者多么糟糕,换一个人(或者自己)来谈就会好得多。
(3)一边听一边想一些无关的琐事。
(4)为了一有停顿就抢过话头,拼命注意谈话者说的每一个词。
(5)拼命写下谈话者所说的每一句话。

六、倾听技巧

著名作家余光中说:"善言,能赢得听众;善听,才会赢得朋友。"心理研究显示:人们喜欢善听者甚于善说者。在交谈中,倾听与表达同样重要。做一个好的倾听者,才能有效地与人沟通。

实际上,人们都非常喜欢发表自己的意见。所以,如果你愿意给对方一个机会,让对方尽情地说出自己想说的话,对方会立即觉得你和蔼可亲、值得信赖。许多人不能给人留下良好的印象,不是因为他们表达得不够,而是由于倾听的障碍。

倾听的主要方式有:眼睛要注视对方(鼻尖或额头,不要一直盯住对方的眼睛,那样会使人不舒服);从态度上显示出很感兴趣,不时地点头表示赞成对方;身体前倾;为了表示确实在听而不时发问,如"后来呢";不中途打断别人的讲话;不随便改变对方的话题;准确理解对方表达的意思,这是倾听的主要目的。为准确理解对方表达的意思,须做到以下几点。① 听清全部的信息,不要听到一半就心不在焉,更不要匆匆忙忙下结论。② 注意整理出一些关键点和细节,并时时加以回顾。③ 听出对方的感情色彩。要注意听取讲话的内容、听取语调和重音、注意语速的变化,三者结合才能完整地领会谈话者的意思。④ 注意谈话者的一些潜台词。⑤ 克服习惯性思维。人们常常习惯性地用潜在的假设对听到的话进行评价,倾听要取得突破性的效果,必须要打破这些习惯性思维的束缚。

七、表述方式的技巧

在与人交谈时,如果遇到不方便直接表达的话语,可以采取一些委婉的方式来表达,掌握这样的技巧会显得更加礼貌,而且能达到意想不到的效果。

(1) 旁敲侧击。不直接切入主题,而是通过"提醒"语言让对方"主动"提出或说出自己想要的。

(2) 比喻暗示。通过形象的比喻让对方展开合理准确的联想,从而领会你所要传达的意图。

(3) 间接提示。通过密切相关的联系,间接地表达信息。

(4) 先肯定,再否定。有分歧的时候,不要断然否定对方的全部观点,而是要先肯定对方观点的合理部分,然后再引出更合理的观点。

(5) 多用设问句,不用祈使句。祈使句让人感觉到是在发布命令,而设问句让人感觉是在商量问题,所以后者更容易让人接受。

(6) 留有余地。交谈时不要把问题绝对化,语言偏激化,而使自己失去回旋、挽回的余地,即任何时候说话都要留有余地。

【案例】

销售部的小郭近来工作业绩不理想,常常迟到、请假,销售部的肖经理找小郭谈话:"小郭,最近工作感到怎么样?"小郭避开经理的眼睛,低下头说:"还可以。""真的吗?"肖经理继续问:"怎么近来总迟到?上个月的销售额也完成得不好啊。"小郭看了一眼经理:"哎,我这个月努力吧。""有没有什么问题?"肖经理想知道究竟。"没什么……"小郭欲言又止。肖经理鼓励道:"有什么困难就讲出来,千万别放在心里面。"小郭看了一眼经理,又说了起来。"上个月……"小郭谈了十几分钟,肖经理认真地听了小郭的实际情况,并向他提了一些有效的建议。

多听对方的意见有助于发现对方不愿意表露的,或者没有意识到的关键问题。从中发现对方的出发点和弱点,找出关键点,这样就为你说服对方提供了契机。

八、交谈的雷区

恰当运用交谈的各种技巧有助于我们成功交谈,同时,为了使交谈达到更好的效果,还应该回避一些交谈雷区。

细节一:不要一个人长篇大论。交谈讲究的是双向沟通,因此要多给对方发言的机会,不要自顾自一人侃侃而谈,而不给他人开口的机会。

细节二:不要冷场。不论交谈的主题与自己是否有关、自己是否有兴趣,都应热情投入,积极合作。万一交谈中出现冷场,应设法打破僵局。常用的解决方法是转移旧话题,引出新话题。

细节三:不要插嘴。他人讲话时,不要插嘴打断。即使要发表个人意见或进行补充,也要等对方把话讲完,或征得对方同意后再说。对陌生人的谈话是绝对不允许打断或插话的。

细节四:不要抬杠。交谈中,与人争辩、固执己见、强词夺理的行为是不足取的。自以为是、无理辩三分、得理不让人的做法,有悖交谈的主旨。

细节五:不要否定。交谈应当求大同,存小异。如果对方的谈话没有违反伦理道德、侮辱国格人格等原则问题,就没有必要当面加以否定。

细节六:把握交谈时间。一次良好的交谈应该注意见好就收,适可而止。普通场合的谈话,最好在30分钟以内结束,最长不能超过1小时。交谈中每人的每次发言,在3~5分钟为宜。

细节七:避免低声耳语。如果多人交谈时,你只对其中一人窃窃私语,会给其他人造成你正在评论他们的印象,这种时候低声耳语会让其他人觉得你排斥了他们。

细节八:不要用手指点别人,需要指出其他人的时候,应该把手指全部伸开,掌心朝上,用手掌指出那个人。

细节九:不要过分谦虚。受到表扬的时候,可以把自己快乐的心情直接告诉对方,比只是谦虚效果好多了,这时候,空气中都会充满了幸福的感觉。

细节十:不要挑剔别人的毛病。大家在一起的时候,如果总是挑剔别人的毛病,被你挑毛病的人就会心情很差,应该从积极的角度思考,正确理解对方的想法和心情。

第四节 电话交谈

现代社会是讲究"快节奏、高效率"的时代。电话是目前主要的通信工具之一,它具有传递迅速、使用方便、失真度小、效率高等优点,因此,现在许多事情的处理是用电话完成的。但是,如果对于电话的使用缺乏基本常识与素养,不懂接电话、打电话的礼仪和技巧,就不能通过电话高效率地处理事务,就不能依赖电话通信达成愉快的洽谈。因此,电话交谈也是一门艺术,下面我们来谈谈电话交谈的一些礼仪和技巧。

一、拨打电话

1. 选择合适的时间

(1) 不要在他人的休息时间内打电话,每天上午 7 点之前、晚上 10 点之后、午休和用餐时间都不宜打电话。

(2) 如果是境外电话,打电话前要弄清地区时差以及各国工作时间的差异,不要在休息日打电话谈生意,以免影响他人休息。即使客户已将家中的电话号码告诉你,也尽量不要往家中打电话。

(3) 如果是公事,就尽量打公务电话,不要占用他人的私人时间,尤其是节假日时间。

(4) 非公务电话应避免在对方的通话高峰和业务繁忙的时间段内拨打。

2. 说好起始语

打电话时,需要先说"你好",且声音要清晰、明快。商务电话只有在确认信号好坏的情况下,才能开口喊"喂",其他场合,均为禁例。

3. 做好打电话前的准备

(1) 心理准备。在你拨打每一次电话之前,应有这样一种认识,即你所拨打的这次电话很可能就是你这一生的转折点,或者是你的现状的转折点。有了这种想法之后你才可能认真对待所拨打的每一次电话。

(2) 内容准备。在拨打电话之前,要先把你所要表达的内容准备好,最好是先列出几条在你手边的纸张上,以免对方接电话后,由于紧张或是兴奋而忘了自己的讲话内容。另外,与电话另一端的对方沟通时,要表达的每一句话该如何说,都应该有所准备,必要的话,提前演练一遍。

4. 要长话短说

这里,要特别强调"3 分钟原则"。所谓"3 分钟原则",是指打电话时,拨打者应自觉地、有意识地将每次通话时间控制在 3 分钟内,尽量不要超过这个限定。对通话时间的基本要求是:以短为佳,宁短勿长,烦琐的、不是十分重要、紧急的事务一般不宜通话时间过长。

5. 规范内容

(1) 应做好充分准备。通话之前,最好把对方的姓名、电话号码、通话要点等内容列出一张清单。这样可以避免在谈话时出现缺少条理、现说现想的问题。

(2) 内容简明扼要。电话接通后,除了首先问候对方外,别忘记自报单位、职务和姓名。请人转接电话,要向对方致谢。电话中讲话一定要务实,最忌讳吞吞吐吐、含糊不清。寒暄后,就应直奔主题。

(3) 适可而止。要说的话已说完,就应果断终止通话,不要话已讲完,仍然反复铺陈、絮叨。那样的话,会让对方觉得你做事拖拉,缺少素养。

6. 注意举止

打电话时,不要把话筒夹在脖子上,也不要趴着、仰着、坐在桌角上,更不要把双腿高架在桌子上;不要以笔代手去拨号;话筒与嘴的距离保持在3厘米左右,嘴不要贴在话筒上;挂电话时应轻放话筒,不要用力一摔,否则很可能会引起对方不快;不要骂骂咧咧,更不要采用粗暴的举动拿电话撒气。

7. 礼貌挂电话

商务电话中,原则上应该由打来电话的一方先挂断电话。放下话筒时,务必注意轻放。

挂断电话的方法不可轻视。将话筒胡乱抛下,这是对接听电话一方的极大不敬。电话被挂断之前,对方一直都把听筒贴在耳朵上听着,"喀哒"一声巨响,会使对方心情不悦。

【案例】销售员章红电话约谈李经理。

销售员:您好,请问李经理在吗?

李经理:您好,我就是。请问您有什么事?

销售员:李经理,您好!我是××公司的销售代表章红。相信您一定听说过我们公司生产及销售的××牌电脑。

李经理:哦,我知道。

销售员:我听说贵公司最近要更新一部分电脑,我可以在星期三上午10点拜访您,和您就这个问题面谈下一吗?

李经理:嗯……你先把你们产品的介绍资料和报价寄过来,我们研究一下,再与你联络吧!

销售员:好的,我可以先了解一下贵公司对电脑设备的需求情况吗?

……

销售员:好的,我马上将笔记本电脑的资料快递给您,今天下午就会送到。希望能有机会拜访您,并当面介绍一下。您看我们暂定在星期三上午10点好吗?资料到了以后我再与您电话确认一下见面时间。

李经理:看过资料以后再说吧!

销售员:好吧,谢谢您,李经理。希望我们能够在星期三上午10点见面。再见!

李经理:再见!

销售员(轻声挂上电话)

注意案例中拨打电话的基本常识和电话约谈的相关礼仪与技巧。

二、接听电话

1. 礼貌耐心

接听电话最重要的是注意三点:一是要及时接听,铃响不要超过三声;二是要有礼貌,要自报家门,并向对方问候;三是要有耐心,对打错电话者不要训斥。

此外,接听电话时还有以下一些方面的礼仪需要注意。

(1)第二声铃响接电话。电话铃声响起后,应尽快接听。但也不要铃声才响过一次,就拿起听筒,这样会令对方觉得很突然,而且容易掉线,一般应在第二声铃响之后立即接听。电话铃声响过许久之后才接电话,要在通话之初向对方表示歉意。

(2)礼貌接听和挂断电话。在礼貌问候对方之后,应主动报出公司或部门名称及自己的姓名,切忌拿起电话劈头就问:"喂,找谁?"同样,来电话的人需要留话也应以简洁的语言清晰地报出姓名、单位、回电号码和留言。结束电话交谈时,通常由打电话的一方提出,然后彼此礼貌地道别。无论什么原因电话中断,主动打电话的一方应负责重拨。如果接到电话时你正在处理其他事,需要对方稍等片刻,一般来说,这"片刻"不得超过30秒。超过30秒,会让打来电话的人觉得时间过得很慢,容易引起对方的不快。

2. 注意语调

用清晰而愉快的语调接电话,能显示出说话人的职业风度和可亲的性格。虽然对方无法看到你的面容,但你的喜悦或烦躁仍会通过语调流露出来。打电话时语调应平稳柔和,这时如能面带微笑地与对方交谈,可使你的声音听起来更为友好热情。千万不要边打电话边嚼口香糖或吃东西。

从自己这方来说,都希望对方声音清晰、吐字清楚、速度适中。但有时却没有注意到自己讲话的声音非常小,有的发音还不太清楚。如果是电话的原因,应及时换个电话,以免总是听不清楚,而引起对方不满。

3. 分清主次

接听电话时不要与其他人交谈,也不能边听电话边看文件、电视,甚至是吃东西。

在会晤重要客人或举行会议期间有人打来电话,可向其说明原因,表示歉意,并承诺稍后联系。

接听电话时,千万不要不理睬另一个打进来的电话。可向正在通话的一方说明原因,要其稍候片刻,然后立即去接另一个电话。待接通之后,先请对方稍候,或过一会儿再打进来,随后再继续刚才正在接听的电话。

另外,电话中要讲的事需从结论说起,将要点简洁无误地告诉对方,说话逻辑要清楚。遇有数字或专用词汇,应重复述说,避免出差错。

4. 及时回复电话留言

在商业领域中,为了不丧失每一次商务机会,有的公司甚至作出对电话留言须在一小时之内答复的规定。一般应在 24 小时之内对电话留言给予答复,如果回电话时恰遇对方不在,也要留言,表明你已经回过电话了。如果自己确实无法亲自回电,应托付他人代办。

5. 恰当地使用电话

在美国,你可以通过电话向一个素不相识的人推销商品,而在欧洲、拉丁美洲和亚洲国家,电话促销或在电话中长时间地谈生意会让人难以接受。其实,发展良好商务关系的最佳途径是与客户面对面地商谈,而电话主要用来安排会见。当然,一旦双方见过面,再用电话往来就方便多了。

6. 代接电话要细心

在工作场合接听来电时,有时会遇到这样的情况:需要接听电话的人不在,自己成为代接者。代接、代转电话时,要注意以礼相待、尊重隐私、传达及时等问题。

代接电话时,首先要告诉打来电话的人,他要找的人不在,然后才可以问他系何人,所为何事,这个顺序不能颠倒。

代接电话应做到以下几点。

(1) 以礼相待。接电话时,不要因为对方所找的人不是自己就显得不耐烦,以"他人不在"来打发对方。即使被找的人真的不在,也应友好地答复:"对不起,他不在,有什么需要我转达的吗?"

(2) 尊重隐私。代接电话时,不要询问对方与所找之人之间的关系。如果对方要找的人离自己较远,不要大声召唤。别人通话时,不要旁听,不要插嘴。当对方希望转达某事给某人时,千万不要把此事随意扩散。

(3) 记录准确。对方要找的人不在时,应向其说明,询问对方是否需要代为转达。如对方有此请求时,应照办。对方要求转达的具体内容,最好认真做好笔录。对方讲完后,应重复验证一遍,以免误事。记录的电话内容包括通话者单位、姓名、通话时间、通话要点、是否要求回电话及回电话的时间,等等。

(4) 及时传达。代接电话时,先要弄清楚对方是谁,要找谁。如果对方不愿讲第一个问题,不必勉强。对方要找的人不在,可据实相告,然后再询问对方"有什么事情"。注意,这二者的先后次序不能颠倒。答应对方代为传话,就要尽快落实,不要把自己代人转达的内容,托他人转告。

7．正确转接电话

接到转给别人的电话,一定要按下保留键后再转过去。因为即使用手捂紧话筒,自己这边的讲话声音也会传出去,对方有可能听到。即使接电话的人近在咫尺,也要习惯性地先按下保留键,然后再将电话转移给他。

【案例】接电话(A是公司秘书)

A:"您好,这里是××公司,我是×××,请问,您有什么需要帮忙的吗?"

B:"请问你们的销售主管王先生在吗?"

A:"对不起,他现在不在,请问怎么称呼您?"

B:"我姓陈,我是他的一个客户,有一件事要咨询他,他什么时候回来?"

A:"对不起,他可能在短时间内回不来,如果方便,您可以留下电话和想要办理事务的简要内容,以便他回来及时回电给您。"

B:"好的,我的电话是××××××,我要咨询他新产品的购买问题。"

A:"方便留下您的全名吗?"

B:"我的全名是陈××。"

A:"您好,陈××女士,您的电话是××××××,您想咨询他新产品购买的问题,有什么遗漏吗?"

B:"就这些,没有了。"

A:"好的,我一定及时将您的电话转给王主管,谢谢您的来电。再见。"

B:"再见。"

A(听到对方挂断电话,再挂断电话)

注意案例中接听电话的基本常识和代接电话的礼仪与方式。

三、手机使用技巧

1．使用手机时的礼仪

1）别把手机当饰物

携带移动通信工具,应将其放在适当的位置,总的原则是既要方便使用,又要合乎礼仪。

手机放置的常规位置:可以放在随身携带的公文包内;可以放在上衣口袋内,尤其是上衣内袋中,但注意不要影响衣服的整体外观;不要在不使用时将其握在手里,或是将其挂在上衣口袋外面。

暂放位置。有时不方便把手机放在上述的常规位置时,可以稍作变通。① 在参加会议时,可将手机暂交给秘书或会务人员代管。② 与人坐在一起交谈时,可将手机放在手边、身旁、背后等不起眼的地方。

2）公共场合怎样用手机

在公共场合使用手机时,注意不要给他人带来"听觉污染"。

（1）不要在公共场合,尤其是楼梯、电梯、路口、人行道等人来人往处旁若无人地大声通话。

（2）在开会、会见等聚会场合,不能当众使用手机,以免给别人留下用心不专、不懂礼貌的坏印象。

（3）在要求"保持安静"的公共场所,如音乐厅、美术馆、影剧院等处参观展览或观看演出时,应关闭手机,或将手机设置为静音状态。

2．使用手机的安全问题

使用手机时,会产生电磁波,在某些地方必须牢记安全准则。开车时,不要使用手机通话或查看信息;不要在加油站、面粉厂、油库等处使用手机,避免手机所发出的电磁波引起火灾、爆炸;不要在病房内使用手机,以免手机信号干扰医疗仪器的正常运行,或者影响病人休息;不要在飞机飞行期间使用手机,以免给航班带来危险;最好不要在手机中谈论商业秘密或国家安全事项等机密事件,因为手机容易出现信息外漏,产生不良后果。

 思考与练习...

（1）情景演练:"让我们谈谈"。

情景:2人一组,时间为2～3分钟,交谈内容不限;点评语言表现;继续交谈,但不能用肢体语言。

实训目标:考核与训练交谈的文字语言、声音语言、肢体语言的有效组合运用。

实训步骤:交谈2～3分钟→停下,每组学员分别说明有哪些肢体语言表现→继续交谈2～3分钟,不得有肢体语言。

问题:

① 有没有意识到自己的肢体动作?

② 有没有令对方不快或心烦意乱?

③ 被迫不得用肢体语言交谈时有什么感觉?与先前一样沟通有效吗?

（2）情景演练:电话交谈。

情景:中午12点快要到了,原住405房间的客人还没有下楼退房。此时预定来入住405房间的新客人已到。在总台,你怎么和405客房的客人电话交谈?

实训目标:考核与训练反应能力与服务意识,电话中的内容组织与声音语言运用。

实训步骤:打电话给405客房→有效表达→点评。

(3) 阅读材料,回答问题。

"小姐！你过来！你过来！"一位顾客高声喊,指着面前的杯子,满脸不高兴地说,"看看！你们的牛奶是不是坏了,把我一杯红茶都糟蹋了！"

"真对不起！"服务员小姐陪着不是,"我立刻给您换一杯。"一杯红茶很快又送来了,同时还有新鲜的柠檬和牛奶。小姐轻声说:"我能否建议您,如果放柠檬就不要加牛奶,因为有时候柠檬会造成牛奶结块。"那位顾客的脸一下子红了,匆匆喝完茶便离开了。

有人笑问服务员小姐:"明明是他不懂,你为什么不直接说他呢?他那么粗鲁地叫你,你为什么不还以颜色?"

服务员小姐说:"正因为他粗鲁,所以要用婉转的方式对待;正因为道理一说就明白,所以用不着大声。"

问题:

① 服务员小姐在交谈过程中运用了什么技巧得以解除尴尬局面？请对她的语言艺术进行评价。

② 本案例对你有何启示？

(4) 班上有位学生最近一段时间整天沉迷于网络游戏,以致成绩下降。如果你是班主任,应采取何种方式与他交谈？

(5) 你所在的公司要召开一次大型会议,你负责与某会议中心联系会务安排事宜。请为安排此次会议设计一段电话交谈情景。

NINE 第九章
介绍与解说

第一节 介 绍

介绍是社交活动中人们相互认识、建立联系的必要手段。掌握必要的介绍用语,往往能使社交活动一开始就出现一种礼貌、和谐的气氛。介绍分自我介绍和居间介绍。

一、自我介绍的内容和语言技巧

自我介绍,是介绍主体以自己为被介绍对象。介绍基本内容包括:姓名、籍贯、工作、职务、工作单位或地址、文化程度、主要经历、特长或兴趣。自我介绍就是一种自我推销,它是一把能否打开社交之门的钥匙。

自我介绍可分为社交性自我介绍和应聘性自我介绍。

1. 社交性自我介绍语言技巧

(1) 介绍要充满自信,从容大方。自信,对自己的能力、特长要敢于肯定,不要回避。清晰明确地说出自己的姓名、职务及相关情况。语气神态要不卑不亢,眼睛直视对方,可用眼神、表情等体态语言表示自己对对方的热情、友善。不管对方是谁,即使是下级或晚辈,也不能在他们面前摆出一副盛气凌人、不可一世的神态,也不能因为对方是上级或长辈而自卑、羞怯。介绍时含糊不清、闪烁其词是自信心不充分的表现。不能过分贬低自己,过分的谦虚很可能会给人造成不良印象。只有相信自己,才能做好自我介绍。初次作自我介绍的人都会有一种畏惧心理,只有用信心武装自己,才能成功地做好自我介绍。

(2) 介绍要真诚,要正确认识自己。自识,有自知之明。自我介绍不仅是对自己基本情况的客观陈述,也是一种自我评价。在肯定自己长处的同时,客观剖析自己的短处,勇于袒露自己,才能令对方信服,产生信任感和敬佩感。

(3) 介绍要掌握分寸。自谦,评价自我要留有余地。自我介绍不仅是对自己的基本情况的客观陈述,也包括自我评价。在作自我评价时,不要轻易用"很""最""极"等极端的字眼,以免给人留下"狂"的感觉,令人产生不信任和不愉快感。当然也不必刻意贬低自己,学会适度把握自谦。

(4)介绍要繁简得当。自我介绍一般包括姓名、籍贯、职务、工作单位、地址、文化程度、主要经历、特长爱好等,但并非所有场合介绍内容都完全相同。要根据不同场合、不同目的,突出介绍的重点。一般会务性发言的自我介绍要简明扼要,交友等场合应详尽一些。不管是详细还是简洁,介绍的信息是有助于别人了解你,有助于谈话的进行,有助于交际目标的实现。

(5)介绍要幽默生动。语言生动、幽默风趣能给听众留下更加深刻的印象,还能缩短彼此间的心理距离。当然幽默风趣应该是信手拈来,而不是刻意地生拼硬凑。这就要求介绍者本身有一定的文化功底,储存一些幽默信息,形成豁达开朗的性格。

【案例】

哑剧表演艺术家王景愚曾经这样介绍自己:"我就是王景愚,就是表演《吃鸡》的那个王景愚。人说我是多愁善感的喜剧家,实在不敢当,只不过是个'走火入魔'的哑剧迷罢了。你看我这40多公斤的瘦小身躯,却经常负荷着太多的忧虑和烦恼,而这些忧虑和烦恼又多是自找的;我不善于向我敬爱的人表达敬和爱,却善于向憎恶的人表达憎与恶,然而,胆子并不大。我虽很执拗,却又常常否定自己。否定自己既痛苦又快乐,我就生活在痛苦和欢乐交织的网里,总也冲不出去。在事业上人说我是敢于拼搏的强者,而在复杂的人际关系面前,我又是一个心无灵犀、半点不通的弱者,因此,在生活中,我是交替扮演强者和弱者的角色。"

2. 应聘性自我介绍

应聘时语言的基本要求是:声音清楚,表意准确,通俗易懂,条理性强。应聘面试是应聘者展示自己的良机,除了达到一定的语言要求,更要掌握自我介绍技巧,对于求职成功大有帮助。

1)恰如其分地介绍自己

主考官一般会提出相关问题,以便全面了解应聘者的工作经历、经验、特长、成绩及优缺点和表达能力、自我评价能力、认识问题和分析问题的能力。因此,恰如其分地介绍自己,必须掌握一些技巧。

(1)针对性介绍。求职自我介绍不同于社交自我介绍,应围绕主考官的提问有针对性地介绍自己,应紧紧围绕求职岗位对人才的条件要求和招聘单位的用人标准来介绍自己。不同职位对求职者的素质要求侧重点不同,应针对这些不同要求作有针对性的重点介绍。如应聘营销工作,则要介绍自身吃苦耐劳的精神和公关能力。

(2)客观性介绍,艺术化处理优缺点。应聘人作自我介绍时,不能无中生有编造事实,更不能信口开河,对自身的优缺点的评价要客观。自我介绍时,不能用极端的语言来评价自己的优点或是缺点,否则会给人一种浮夸的印象。

2）生动巧妙地推销自己

一般来说,面试之前,招聘方已从求职材料中了解到你的有关情况。应聘中,要主动展示求职材料中无法体现的信息,比如朝气蓬勃的精神面貌、意气风发的进取精神等;只用简单的语言,就能恰到好处地将自己呈现在考官面前。因此在应聘中学会巧妙推销自己,成功就在眼前。

应聘中不能过分谦虚,否则会给人一种缺乏自信、软弱的印象。要推销自己,还可以通过应聘中的态势语言来展示自己的良好品德与修养。只有在应聘中树立自信、自立、自谦的形象,才会赢得用人单位的好感。

3）摆脱困境的语言技巧

应聘面试中,应聘者难免碰上一些棘手问题。陷入交谈困境,应聘者应主动思考怎样走出困境。主要技巧有以下几种。

（1）对面试中的小失误不必惴惴不安。在面试中,准备再充分,也难免会出现小失误。此时就需要冷静沉稳,切莫陷入心慌意乱的局面。否则,会影响到正常水平的发挥。

（2）坦诚相待,切忌掩饰。面试中既要承认自己的缺点,又要巧妙地化缺点为优点。如主考官常常会问:"能谈谈你失败的经历吗?"对于类似问题,切忌回答说没有,因为没有缺点和没有失败的人是不存在的。

（3）学会应对尖锐问题。对于尖锐刁钻的问题,要思考问题提出的用意,然后巧妙含蓄地回答。如考官发问:"你是怎样看待你以前工作的单位?"对于这类问题不要急于回答,在弄清对方提问的意图之后,再作巧妙回答。

4）掌握回答问题的常规技巧

应聘是一门艺术,只有巧妙应答,应聘者才能出奇制胜。巧妙应答时必须掌握一些常规技巧。

（1）具体实例法。应聘者在展示自我形象时,不要单一运用乏味的概括叙述,要恰当运用生动、形象的具体实例来展示自己的素质、技能、特长等,使自己特点突出,给考官留下深刻印象。

（2）适度激将法。应聘者在面试时与主考官是智慧与实力的较量,适度运用激将法,会助自己一臂之力。当然,运用此法一定要适度,语言要委婉,才能收到好效果。

（3）扬长避短,虚实并用。在面试中,如果考官的提问有意揭短,应聘者在此类问题上应善于扬长避短,勇于承认自己的不足,同时善于巧妙解释,化短为长。回答提问还要做到虚实结合,以客观事实为基础,适当作一些艺术化处理。

（4）随机应变,适当补充。在面试中,应聘者还要根据交谈内容,敏感捕捉有利信息,一时难以领会,可以适当补充问题要点,化不利为有利。

二、居间介绍的内容和技巧

居间介绍,是介绍者站在第三者的立场,使被介绍双方相互认识并建立关系的一种交际活动。在居间介绍中,介绍者既要事先了解双方是否有结识的愿望,又要兼顾自己同双方关系的发展。

居间介绍按内容可分为社交居间介绍和商业居间介绍。

1. 社交居间介绍

1) 介绍礼仪

交际礼仪中的介绍顺序是:

① 先把男子介绍给女子;

② 先把职位低的人介绍给职位高的人;

③ 先把未婚者介绍给已婚者;

④ 先把年轻人介绍给长者。

在社交介绍中,除了名望地位高的男士以外,总是先介绍女士。

集体介绍时,特别是在正式宴会上,如果你是主人,可以按照宾客座位顺序进行介绍,也可以从贵宾开始。

对家庭成员的介绍,注意不要称自己的妻子为"夫人"或称自己的丈夫为"先生",应直截了当地说:"这是我的妻子"或"这是我的丈夫"。介绍家庭其他亲属时,应说清楚其和自己的关系。

2) 介绍技巧

(1) 征询引见,得体有礼。即采用询问句,征得同意后再引见,既显示了对双方的尊重,也易于被双方接受。介绍中,要选择双方都感兴趣的内容进行介绍,才能引起双方的注意,从而促成双方的结识。

(2) 直接陈述,简洁明了。介绍他人时语言应简洁明快,用三言两语勾画出被介绍人的轮廓。如:"这位是我的朋友老李,他是搞电视剧的,导演,人称李导。"

2. 商业居间介绍

1) 企业介绍

企业间的竞争是产品质量的竞争,是服务与技术的竞争,更是企业形象的竞争。重视树立企业形象,是每个企业在市场竞争中立于不败之地的根本法宝。塑造企业形象的手段很多,其中最重要的一种是企业介绍。企业介绍技巧应注意以下几个方面。

(1) 介绍要审时度势,抓住介绍的恰当时机。企业介绍如同企业形象广告一样,必须抓住恰当的时机,才能取得最佳效果。

【案例】

天津市蓟县八仙山国家森林生态自然保护区即将开业。天津市旅游局十分关注这件天津旅游界的大事,不但邀请领导和媒体,还委托当时天津市旅行社中最具实力的天津金牛旅行社负责组织游客参加八仙山的开业典礼。虽然其他一些旅行社也得到了通知,却没有做出任何市场反应。天津市黄土地旅行社虽然没有接到通知,但该社王祖淦先生发现这是一次机会。于是,他一面密切关注着有关八仙山开业的一切信息,一面紧锣密鼓又不动声色地策划此次活动。典礼当天,他组织了二十七辆大型旅游巴士组成的车队,一千三百多名游客参加开幕典礼。一时间,几乎所有参加活动的新闻媒体、报纸杂志等都争相报道天津市黄土地旅行社,通过对旅行社短短几分钟的介绍,打造出黄土地旅行社在天津市旅游市场中的实力形象,让同行认可、让社会认知,实现一举多得!

(2) 介绍要实事求是,用事实说话。介绍企业切忌高谈阔论,介绍时要全面详细地搜集有关企业资料,并自行筛选,确定介绍内容。介绍时不要空洞无物,也不要做太深奥的阐述。要根据不同的介绍目的,针对不同的介绍对象,确定恰当的介绍内容。

企业介绍基本内容包括:
① 企业的名称、地址、性质、历史沿革等;
② 企业的资产、规模;
③ 企业的主要产品或服务范围;
④ 企业的服务网络或服务质量;
⑤ 企业文化和企业宣传;
⑥ 企业定位、经营理念等。

(3) 介绍要条理清楚,重点突出。企业介绍主要是用来宣传企业、树立企业形象的,因此介绍时,必须条理清楚,重点突出,忌平铺直叙。如要宣传企业文化,则在介绍时侧重企业精神、企业价值观、企业对公众的态度、企业对生活的态度等。如要扩大销售,占有更多市场,则介绍时侧重产品的质量、功能、包装和服务网络等。

(4) 介绍要生动新颖,独具特色。企业介绍要有一定感染力,才能给人留下深刻印象。在企业介绍时就要有创新,有生动的语言。企业介绍的最终目的是要树立良好的企业形象,因此,介绍时只有新颖、与众不同,才能在层出不穷的企业介绍中凸显出来,为人们所注意、理解和认可。

2) 产品介绍

产品介绍是将人们不太熟悉的产品,用通俗准确的语言将产品信息传递给人们,让人们了解产品的性能、特点、用途等,从而起到推销产品的作用。介绍产品时,须注意以下几个方面。

(1) 实事求是,客观介绍。产品介绍是为了向公众传递产品的相关信息,帮助人们了解产品的性能、结构、作用等,从而达到推销产品的最终目的。因此,介绍时必须实事求是,做真实客观的介绍。厂家或商家的推销员或讲解员在介绍产品时,不能单纯追求短期的物质利益而夸大其词,不真实、欺骗性的介绍会影响厂商的长期利益和社会效益。

(2) 条理清楚,有所侧重。产品介绍的内容是多方面的,介绍时应根据不同的介绍目标,不同的介绍对象,各有侧重,同时还应注意条理清楚,让人一目了然。产品介绍的基本内容如下:

① 产品的性能规格或用途特点;
② 产品各部分的名称;
③ 产品使用方法或注意事项;
④ 产品的保养和维修要则;
⑤ 产品的原料选用和开发设计;
⑥ 产品的质量、造型等特色;
⑦ 产品的售后服务。

(3) 突出产品特色,强调主要信息。介绍产品前介绍者必须认真研究产品的相关信息及同类产品的有关情况,介绍时突出"人无我有"的特色,强调主要信息,以达到吸引消费者的目的。

(4) 介绍语言要准确生动,通俗易懂。产品介绍是用来传递商品信息的一种手段,它不仅要使人易懂、乐于接受,而且要达到宣传产品形象和企业形象的目的。因此,介绍产品时要用准确的语言,真实客观地介绍产品,用生动形象的语言来描绘产品形象,激发公众情趣,加深公众印象。面对文化层次迥异,兴趣爱好千差万别的接受对象时,特别要注意语言的通俗形象,切忌用深奥复杂的原理来介绍产品。

第二节 解 说

解说是说明事物、解释事理的一种口语表达方式。生活中如产品介绍、影视推荐、宣传广告、导游解说、赛事评论等都属于解说。在教学中,教师的例题讲解、实验分析、问答分析解释等也离不开解说。在书面语中,各种各样的说明文运用也需要解说技能。

一、解说的基本要求

解说的实用性主要体现在它的知识性、通俗性与生动性。要使解说内容被人们接受,发挥积极作用,解说中要达到如下基本要求:① 运用规范口语,通俗易懂;② 语言简明扼要;③ 具有表现力;④ 内容表述严谨,重点突出;⑤ 态势语言恰当、得体。

二、解说的类别

从不同角度,解说可分成不同类别。从形式上分,有简约性和细致性等类别;从功能上分,可以分为阐明性和纲目性类别;从用语特点方面分,则可以分出平实性、形象性和谐趣性等类别。

三、解说的形式和技巧

1. 简约性解说

用简洁、概括的话语说明道理。

例如:什么是偏见?偏见是偏向一方的见解。

2. 阐明性解说

将事物或事理讲明白。这种解说可以运用举例、比较、分析、分解等方法,从而更清楚地阐述事物。例如:

对虾的名字是怎么来的呢?是不是因为它们一雄一雌常常成对地相伴而得名呢?不是的。它们之所以被称为对虾,是因为它形体较大,过去在市场上常以一对的单位来计算它的售价;渔民统计他们的劳动成果时,习惯上也是按"对"计数。

这种阐述,讲明对虾名字的由来,使人一目了然。举例时力求真实、典型,对所举的例子,只宜概述,不宜详细分析。

3. 纲目性解说

提纲挈领地分点说明事物或事理的方法。它与简约性解说属于同一种类型。说明时可采用划分或举例的方法。其要领是,在深刻理解说明对象后,对信息做筛选过滤,分解为几个方面,每个方面用一两句话去说。这种解说因舍弃了枝叶,信息浓缩,可以收到以少胜多的效果。

【案例】

在游泳训练时应该注意的问题

游泳不仅是一项十分有益的体育运动,也是我军的军训课目之一。和其他训练一样,游泳训练必须严格遵守指挥员(带班员)在组织游泳时所规定的纪律,平时禁止个人游泳(包括在江河、湖泊、池塘里洗澡)。除遵守上述规定的纪律外,参加游泳训练还应注意做到如下几点。

(1) 训练开始前,要按教员规定的动作要领进行岸上练习,掌握一般水性知识。

(2) 要在指定的水域进行规定内容的训练,不得擅自到规定以外的水域进行其他内容的训练。

(3) 空腹游泳,容易引起头晕,甚至昏厥;饭后立即下水游泳,会影响胃的正常消化。因此,最好把游泳训练安排在饭后休息一小时左右才开始。

(4)当水温在17℃以下时,不宜搞游泳训练;在大风或暴雨情况下,最好暂停训练。

(5)有发烧、感冒和其他不宜进行游泳训练的疾病,应按级报告,不可勉强参加训练。

举例时要注意,以分析、比较、综合为前提的,可以全部列举,也可以摘要列举,列举之后,只作简单解释即可。

4. 平实性解说

说话朴实,极少修饰,直截了当地讲解事物或事理的说明。

【案例】

握手也有学问。比如初次相识或对长辈,除了握手,还将身子欠一欠,就是有礼貌、有涵养的表示。性别相同,通常是年纪轻的先伸出手;性别不同,要由女方先伸出手才能握手。女方不伸出手,你可以欠欠身表示礼貌。握手的紧松和时间的长短要视亲疏而定。冬天,应该摘下右手的手套握手,如果来不及脱,对方就同你握了手,应该说一句表示歉意的话。但女人同男人握手,就不一定非脱手套不可了。

5. 形象性解说

运用生动形象的语言,对人或物的特征进行描述,使解说更加具体、生动。如某位教师的上课讲授语:

地球内部的构造很像鸡蛋,它是由三部分组成的:表面是地壳,相当于鸡蛋壳;中间是地幔,相当于鸡蛋清;最里面是地核,相当于鸡蛋黄。

这种打比方的说明,形象生动,便于学生深刻理解地球的内部构造。

【案例】

纪录片《江南》的解说词(片断)

苏州的丁香巷,是一条典型的苏州小巷,她西起平江路,东止仓街,北面是中张家巷,南面是大柳枝巷。

诗人是在怎样的一个雨天,徜徉在这一条旧巷子的青石板路上的呢?有人为此专门做了考证。其实这样的情调、这样的意境、这样的故事和这样美丽的诗句,只能就是诞生在苏州,苏州的小巷。

那是细雨迷蒙里悠长又寂寥的小巷,或是"小楼昨夜听春雨,深巷明朝卖杏花"的小巷,她使思绪从纷繁琐碎的世事纠缠里一下子宕开很远,随意、自适、恬然、怡然。于是一种亲切的美丽如水涌来,一颗苦于俗务的心便荡漾其中。

"烟水吴都郭,阊门驾碧流。绿杨深浅巷,青翰往来舟。朱户千门室,丹楹百处楼。"

那一种超凡而不脱俗的雅致,和深藏不露的丰富,仿佛是深入骨髓的宁静。少了一些浮躁之气,多了几缕清幽之气。这清幽之气正是来自清幽静谧的苏州小巷,来自音韵铮铮的青石板,来自高高的烽火墙,来自简洁质朴的石库门,来自"庭院深深深几许"。这冉冉氤氲在苏州小巷里的清幽之气,是从许多宋版线装书中飘逸而出的,是从许多明清青花瓷器里盘旋而至的,是在那伴着昆曲票友们咿咿呀呀拍曲的笛音里回环往复的,是在那穷极楼阁廊台之变化的苏州园林里修炼而成的。

这段文字使用了比喻、拟人、引用等修辞手法,使苏州小巷得到了形象具体的呈现。形象性解说注入了解说者的感情色彩,具有较强的感染力。

6. 谐趣性解说

用诙谐、生动的语言进行解说。这种解说有时点染成趣,有时妙语迭出,对人具有吸引力。例如:

绰号——一个人真实的写照。

买饭——锅碗瓢盆交响曲。

《我的眼里只有你》——又是一个高度近视。

这是诙谐、讽刺的曲解。又如"60分万岁"者的含蓄批评,表述也比较独特。

60分——一个比59分高一大截,和61分不相上下,意义远远大于99分的数。

还有一些解说借用了隐喻、别解、偷换概念等方法,其中不乏创新意识和独到见解。

寝室——栽培"演说家"的摇篮。(隐喻)

《听说爱会更精彩》——道听途说的经不起准确考证。(别解)

仓促——笨拙者的敏捷。(偷换概念)

圆规——转来转去还是回到起点。(联想法)

眼镜——心灵窗口上的玻璃。(比喻释词法)

"圆规"的解释,别具匠心,由"圆规"的圆形轨迹出发,联想到人生的奋斗起点和终点,这类联想充满了智慧和思想,用语活泼。

解说中的谐趣只是一种手段,是为了借助这种幽默、风趣的语言把事物说得更清楚,而不是为了谐趣而谐趣,所以谐趣性解说要浓淡相宜,不可过分强调谐趣。

 思考与练习...

1. 如果被邀请参加一次联谊活动,并表演节目,你将如何介绍自己?

2. 结合本单元关于介绍的基础知识,在课前向同学作3分钟的自我介绍。介绍时先结合现实拟定不同要求(如在学校竞选干部,或在社会中应聘职位),然后重点突出地介绍自己。

3．请以你所熟悉的某样产品为介绍对象，做产品介绍。

4．请以你所在的单位（班级、学校或企业、公司）为介绍对象，作 3～5 分钟的介绍。

5．为班级自编自演的节目进行即兴解说。

（1）要求：

① 立意：介绍作品深刻的主题思想，表达自己对作品主题的赞赏与评价。

② 选材：节目要自编或改编课文，对节目内容加以分析提炼，找出须介绍的重要环节。

③ 方式：用评的方式（画龙点睛）解说，注意首尾呼应。

④ 语言：语言要热情生动，富有感染力，并根据剧情需要烘托和渲染气氛。

（2）参考题目：

① 卑贱者最聪明 ——自编话剧《皇帝的新衣》解说词

② 心灵的欢呼 ——自编舞蹈《春之歌》解说词

③ 桂花简介 ——桂花花展的解说词

第十章 主持与致辞

随着社会经济的发展和文明素质的提高，人与人之间的社会交往活动越来越频繁，规模越来越大，而且也越来越追求高品位、高层次，因此需要主持与致辞的场合就越来越多。在这些场合中如果能够做到精神饱满，举止得体，谈吐自如，恰到好处地运用语言表达自己的意愿，不仅可以渲染气氛，而且可以增强社会交往能力，提升自己在公众眼里的形象。因此，提高口语表达能力，学习一些主持与致辞的常识是非常必要的。

第一节 主 持

一、主持的类型

根据主持的内容、职责、要求的不同，主持可以分成不同类型的主持。

1. 根据主持的内容分类

根据主持的内容，主持可以分为社会活动主持、文化活动主持、广播电视主持。

社会活动主持，如主持会议、演讲、辩论、评比、面试等；文化活动主持，如主持文艺演出、舞会、联欢会、婚宴等；广播电视主持，如主持各种综合性、专题性、专业性的有声板块节目。

2. 根据主持人在活动中担负的职责分类

根据主持人在活动中担负的职责，主持可以分为报幕式主持和角色式主持。

报幕式主持，如主持报告会，主持的职责是把会议事项和报告人等介绍给与会者，宣布会议的开始与结束，其作用虽然贯穿始终，但是只是在起始和终了这两个时候出现。角色式主持担负着活动的角色，在活动的开始、中间、结尾都有戏，并且其戏不能从整个活动中剥离抽出。而在一些广播节目中主持节目，主持者即演员，整个过程中只有主持者的声音，这样的主持则属于特殊的角色式主持。

3. 根据主持的口语表达方式分类

根据主持的口语表达方式，主持可以分为报道性主持、议论性主持和夹叙夹议性主持。

例如,主持大型会议,多用报道性主持,一般只介绍发言人的姓名和发言题目等简单情况。主持演讲和竞赛,多用议论性主持,主持者总要评议一下,说说自己的现场感受。主持文艺活动,多用夹叙夹议性主持,边叙边议,叙中有议,议中有叙。

4. 根据主持人的人数分类

根据主持人的人数,主持可以分为一人主持、双人主持和多人主持。

政治性活动、短小的活动、严肃的场合,多用一人主持。一般的文化活动,多用双人主持。双人主持时,一般是一男一女,男女声交叉,富有变化,具有艺术气氛。大型文艺晚会、大型联欢会等,多用多人主持,这样会使晚会气势宏大,热烈欢快。

事实上,很多主持,是我们生活中所常见的,距离我们不是很远。我们只要对自己的说话能力加以训练,再学习一些与之相关的主持知识,便可以轻轻松松去主持。

二、主持人的素质与能力

优秀的主持人是推进活动进程、掌控全局、协调各方的重要人物。主持人素质的高低很大程度上决定着所主持活动的优劣成败。因此说,一个优秀的主持人应该是个通才,必须具备相当的素质和能力。

1. 良好的心理素质

一个人平时的口才再好,如果没有健康的心理素质,一到台前就张口结舌、语无伦次,即使水平再高,也发挥不出来。所以有无良好的心理素质直接关系到主持质量的好坏。良好的心理素质并不是与生俱来的,而是一个人性格、知识水平、经验的综合体现,是可以通过培养和锻炼获得的。这就要求我们平时要有意识地对自己进行一些心理素质的训练,比如找机会当众发言、阐明自己的观点、不断增强自信等。另外,上台主持之前应该尽可能做好准备,包括心理准备和文案准备,并反复演练,这些都有助于临场作战。

2. 较高的文化修养

主持人在语义传递上要简练、准确、完整、流畅,同时还要有亲和力和感染力。除此之外,主持人还应当具有宽广的知识面。知识储备得越丰富,主持过程中就越能得心应手。因此,平时既要广泛阅读,又要善于留心周围发生的事情,以备需要时随时调用。

3. 较强的应变能力

主持活动,从某种意义上来说,是对主持人应变能力的一种考验。无论准备工作做得如何充分,突如其来的意外和变化总是会给主持人出难题,这时只能见机行事,随机应变。

4. 良好的组织协调能力

主持人担负着掌控整个现场过程和活动进度的艰巨任务,必须具备良好的组织协调能力。主持人的组织协调,要立足于活动的最高点,主动把握活动的总脉搏,尽量把自己的所思所感渗透到活动中,不断丰富活动的内涵,渲染现场的氛围。

三、主持的语言艺术

无论多么优秀的主持人,其品德修养、理论修养、文化修养、生活阅历、思维方式、心理素质等,都要通过口头表达体现出来。主持艺术,归根结底是一门口头语言艺术。

1. 亲切自然的口语

主持人的语言,应当是规范的大众化口语,它可以汲取书面语的精粹,并将其融于口语之中,亲切、自然、朗朗上口。

2. 坦率真诚情感化

很多场合,主持人都不可避免地要以"情"为先导,与受众进行面对面的,真诚、直接、平等的心灵沟通与交流。坦率而和善、真诚而质朴的情感化语言是缩短与受众之间心理距离的最佳途径。

3. 简洁准确的表达

主持人应该以最经济的语言表达最丰富的意思,说话力求简洁和精练,只有这样,才能体现主持的效率。同时,要用恰当得体的语言形式正确地传达活动内容,这是主持人与现场观众交流的最起码要求。

4. 鲜明、个性化的主持

色彩鲜明的语气、语调,个性化的表达方式,再加上强烈的节奏感,可以充分调动出现场气氛,同时也能在观众脑海里留下深刻的印象。

5. 适度的幽默

幽默是思想、才学和灵感的结晶,一般在非正式的主持活动中用得比较多。幽默的语言,可以有效地融洽气氛,使活动达到轻松有趣、感悟哲理的效果。

四、主持的技巧

1. 成功的开场白

开场精彩,制造场景效应,烘托气氛,引人入胜,从而保证活动的顺利开场。开场白的技巧很多,常见的有以下一些方面:开门见山,直接入题,简明扼要地把活动内容的主旨讲清楚;情景交融,使全场人的注意力集中起来,形成一种和谐的氛围;语言要富于启发性,诱导性,引导全场人尽快进入角色,进入境界。

【案例】

某次篝火晚会,主持人一上场便说:"踏遍青山人未老,风景这边独好!朋友们,今晚繁星满天,篝火通红。这画一般的景色,激起我们诗一般的情怀……"

这段开场白情景交融,美妙有趣,一下子把观众带进了诗情画意的情境里。

【案例】

"大家早,百忙之中要大家来开会,感到非常抱歉。为抓紧时间我们闲话少说,现在开始开会……"

这里,"大家早,百忙之中要大家来开会,感到非常抱歉"就是寒暄语,一般用于小型会议。这类开场白简短而富有感情,表明主持人非常理解大家,很快便拉近双方的情感距离,调动起双方合作的愿望。良好的开端是成功的一半。当然,寒暄语不宜过多,过多会使参加会议的人无所适从,兴味索然。寒暄几句后就应该尽快进入正题。

2. 灵活推进,前后衔接,融为一体

主持人既是整场活动的有机组成部分,又是演说者(或表演者)与受众之间的桥梁。因此要特别设计好各项内容之间的连接语,使之自然流畅,接续无痕,使整场活动浑然一体。

【案例】

某学校文艺会演主持词(节选)

甲:尊敬的各位领导,各位老师。

乙:亲爱的各位来宾,同学们。

合:大家晚上好!

甲:第五届校园文化艺术节颁奖暨2011年庆元旦文艺晚会现在开始。

乙:新年的钟声即将敲响,时光的车轮又留下了一道深深的印痕。伴随着冬日里温暖的阳光,2011年新年的倩影仿佛就在不远处翩然而来。

甲:就在这一刻,我们已经感受到了春的气息,感受到了春的暖意。

乙:今天,是喜悦让我们相聚在一起。

甲:今天,是共同的梦想让我们会聚到了这里。

乙:今天,是我们共同走过一年的终点。

甲:今天,是我们畅想新的一年的起点。

乙:当我们满怀喜悦地告别2010年,我们收获最多的是"成长",是"快乐"。

甲:勤学习、练本领是我们的追求。

乙:精技能、展风采是我们的目标。

甲:过去的一年,同学们知识更加丰富,技术更加熟练,涌现了一批学习标兵和技术能手。

乙:有请技能操作之星×××上台领奖。

甲:有请高级技校×××上台领奖。

……

甲:今晚星光灿烂!

乙:今晚我们激情澎湃!

甲：本届艺术节即将落下帷幕，它将成为我校历史的一页。然而，许多精彩的片断犹然历历在目；许多动人的歌乐依旧余音绕梁。

乙：艺术节的时间虽然短暂，但艺术的空间却是无限的。

合：告别今天，我们将站在新的起点上。让我们将参加艺术节的热情转化为学习的动力，用知识开启理想之门，用才干塑造艺术人生。

首先，开场以报幕的形式自然导入，介绍了晚会的目的、内容。其次，在节目的串联中，把演出者与观众紧密联系在一起，以一种谈话的语气实现了节目间的过渡。最后，本次晚会的主持词微妙地把主办方、演出者、观众结合在一起，句句中听，还时不时地插入抒情，紧扣观众心扉，从而台上台下形成了良好的互动。

3. 幽默、灵活、机智的临场应变

主持一场活动，有时可能会遇上意想不到的事，最容易乱场，这时候就要看主持人的应变能力了。能否运用高超的语言艺术灵活处理问题，控制整个现场的局面，能反映出一个主持人综合素养的高低。而主持人要获得这种机智口语的能力，就跟主持人平时的知识积累、文化修养和语言材料的储备有密切的关系。

在主持中，主持人常用的一些调整和变通的方法如下。

（1）打圆场：这一般在座谈讨论会上用得多，当与会者之间彼此意见相左，甚至唇枪舌剑发生争吵的时候，主持人就要出来打圆场。

（2）破僵局：这是主持人常常碰到的难题，需要主持人随机应变，及时把僵局打破。

（3）摆脱难堪：主持人在主持节目的过程中，难免会碰到难堪尴尬的场面。对此，主持人要冷静应对，巧解窘境。

【案例】

某高校团委组织举办一次演讲会，会议主持人正在说：

"我今天很高兴，我看到大家也都很高兴，我们都在笑。……我们就先请某专业的××同学来分析一下我们的笑容吧。他演讲的题目是'含笑的时代'。"

可就在此时，会场的灯全灭了，线路出了故障。"哄"的一声，在场的同学都大笑了起来。过了一会儿，线路仍未修好，只好改迁会场。到了新会场，会议主持人该如何重新开头呢？他看了一下会场，听众仍然很多，于是灵机一动，说道：

"现在，我仍然很高兴！"

"哄"的一声又是大笑，整个会场的气氛一下活跃起来了。主持人要的就是这个效果，于是他接着说：

"好事多磨，在经过一场意外事故后，还有这么多热情的听众，我怎能不高兴！我首先代表今天参加演讲的各位同学向大家表示衷心的感谢！"

"哗"——大家都高兴地鼓起掌来。然后，他照计划讲下去，演讲会取得了极大的成功。

这位主持人处变不惊,语言幽默,前后衔接自然,虽然改迁了会场,却用恰当的语言控制了会场的气氛,使演讲会得以顺利进行,有着较好的临场应变能力。

4. 要巧于结尾,留下余韵

俗话说:"编筐织篓,最难收口。"主持活动的结尾是要讲究技巧的,精彩的结束语应该点明活动的意义和成效,使每一个人都受到启发和教育,让人有回味的余地。结尾没有固定的形式,不同的活动有不同的结尾方式,大致来说,主要有总结式、号召式、赞扬式、祝贺式、抒情式等不同形式。

【案例】

会议主持结尾:"今天的会就开到这儿,希望会上的决定能变为会后的行动。但愿下一次在这里开的是一个庆功会!"

辩论主持结尾:"我一开始就说了,几位论辩能手,一定会让大家一饱耳福。事实证明他们真是名不虚传,让我们为他们的精彩的辩论鼓掌!"

文艺晚会主持结尾:"朋友们,教师是伟大而崇高的。他们是蜡烛,燃烧自己照亮别人;他们是小草,默默生存点缀人生。在晚会就要结束的时候,让我们深情地对他们道一声'辛苦了,人类灵魂的工程师'。"

以上几段主持词的结尾,用词精练,语言生动,亲切动人,令人回味无穷。

第二节 致 辞

一、致辞的类型

根据致辞的场合、内容的不同,可以将致辞大体上划分为祝贺致辞、迎送致辞、感谢致辞三类。同时根据致辞者的身份有别,我们可以将每种类型中的主人致辞称为主辞,宾客致辞称为宾辞。

1. 祝贺致辞

在各种庆典、寿辰、节日上,对人或事表达良好的祝愿或庆祝的讲话就是祝贺致辞。常见的祝贺致辞主要有以下几种。

(1) 一般性祝词:主要用于会议开幕、工程开工等。内容是评价意义,希望顺利、成功。语言要求热情有力,简洁明快。

(2) 纪念性祝词:主要是祝贺或怀念某个有纪念意义的日子。回忆过去,立足现在,展望未来。

(3) 常性祝词:包括祝酒词、新婚贺词等,主要特点是场面热闹、随意,表达时注意言辞美,格调清新高雅,传达美好的祝愿和真挚的情感。

(4) 授奖辞:主要是讲明得奖的原因、事迹,表示钦佩、祝贺和祝愿。

【案例】

1946年12月1日是朱德同志60寿辰。党中央在延安为朱总司令隆重祝寿,以鼓励全党全国人民的斗志,周恩来同志为朱德60大寿祝词。

亲爱的总司令朱德同志:

你的六十大寿,是全党的喜事,是中国人民的光荣!

我能回到延安亲自向你祝寿,使我万分高兴。我愿代表那反动统治区千千万万见不到你的同志、朋友和人民向你祝寿,这对我更是无上荣幸。

亲爱的总司令,你几十年的奋斗,已使举世公认你是中华民族的救星,劳动群众的先驱,人民军队的创造者和领导者。

亲爱的总司令,你为党为人民真是忠贞不贰,你在革命过程中,经历了艰难曲折,千辛万苦,但你永远高举着革命火炬,照耀着光明的前途,使千千万万的人民,能够跟随着你充满信心向前迈进!

在我们相识的二十五年当中,你是那样平易近人,但又永远坚定不移,这正是你的伟大!对人民你是那样亲切关怀,对敌人你又是那样憎恶仇恨,这更是你的伟大!

全党中你首先和毛泽东同志合作,创造了中国人民的军队,建立了人民革命的根据地,为中国革命写下了新的纪录。在毛泽东的旗帜下,你不愧是他的亲密战友,你称得起人民领袖之一!

亲爱的总司令,你的革命历史,已成为二十世纪中国革命的里程碑。辛亥革命、云南起义、北伐战争、南昌起义、土地革命、抗日战争、生产运动,一直到现在的自卫战争,你是无役不与。你现在六十岁了,仍然这样健壮,相信你会领导中国人民达到民族解放的最后胜利,亲眼看到独裁者的失败,反动力量的灭亡!

你的强壮身体,你的快乐精神,象征着中国人民的必然兴旺。

人民祝你长寿!

全党祝你健康!

这是一篇内容充实、情真意切的祝贺词,周恩来同志用真挚、亲切和极富感染性、鼓舞性的语言,高度评价了朱德的伟大功绩,衷心表达了美好的祝愿,令人感到温馨、甜蜜、激动。

【案例】

下面是一段婚礼祝词。

主持人:他们这一对,一个在海南,一个在河南,可算是"南南合作"。各位来宾都知道,国际上有一个"南南合作",那是世界经济发展的共同体。而他俩"南南合作",可称为爱情发展的融合体。他俩南南相望,南南相吸,南南相追,现在他们正式"南南合作",结成秦晋之好。

2. 迎送致辞

宾客莅临和离去,学生入校和毕业,单位增添新成员和某人因工作需要调离,照例要集会,举行欢迎和送别仪式。迎送致辞包括欢迎词和欢送词。无论是欢迎词还是送别词均应热情、诚挚,以互相勉励为主。

通常情况下,欢迎词的顺序是,先是主辞,首先主人对宾客的到来表示热烈欢迎;然后讲明来宾来访的意义,或述说主客双方的关系,或主客双方合作的成果等;最后,再次表示欢迎,或表示祝愿和希望。之后是宾辞,客人对主辞的欢迎表示衷心的感谢,并表明对双方所关注的问题所持的立场与态度等。

欢送词一般要充分肯定被欢迎者的优点和成绩,表达对其依依不舍的心情等。欢送致辞的顺序也是先致主辞,再致宾辞。

【案例】

在欢迎技校毕业生来厂工作大会上致辞

同志们、伙伴们:

热烈欢迎你们,化工厂未来的新主人!

大家都知道,这里是亚洲、是中国生产褐煤蜡的第一流厂家,这里需要的是第一流的人才。今天,你们跨进了这个大门,将要以这个厂为家,与这个厂的人为伴,以这个厂的事业为己任……这是你们的光荣,更是我们的荣幸!

这里暂时可能满足不了你们所需要的一切,但是用不了多久,你们就会觉得这个厂可亲,这里的人可爱,这种事业高尚……因为这是祖国第一家从开采了几个世纪的煤炭中,提炼出化工原料,从而把科学的幻想变为现实。这个现实的实现,是从只有十几个技术人员的试验室发展壮大起来的……这怎能不叫那些满怀爱国热情、满怀雄心壮志、满怀知识智慧、充满青春活力的热血青年为之而奋斗呢!

来吧,我们欢迎你们!海阔凭鱼跃,天高任鸟飞。只要你热爱自己的事业,只要你具有真才实学,又有宏伟的抱负,这里就是你大显身手,施展才华,成长腾飞的理想天地!

这是一篇欢迎词,语言亲切,感情真挚,言简意赅,言词中表现出企业家的风度。

3. 感谢致辞

对别人的欢迎、关怀、送别等表示感谢就是感谢致辞。感谢致辞的顺序,一般是先讲明致辞的缘由和基础;再全面表达友好的致谢,选取最有说明性、说服力、充分表达情感的具体细节,进行有感受、有分析、有认识的表述;最后再次表达真诚的谢意。

【案例】

女士们、先生们:

我荣幸地代表来自世界各地21个不同国家的科学家,在这里答谢刘市长刚才热情洋溢的欢迎词。

我感到特别荣幸的是我能代表所有参加此次国际会议的全体外宾讲话,因为这是我们第一次有幸在中国参加这一学术会议。

我感谢大会组织委员会对我们的邀请，感谢他们为这次会议的准备工作所付出的辛勤劳动和心血。我们刚到武汉不久，但大会的计划组织工作已给我们留下了深刻的印象。我们同时也感谢中国主人对我们的深情厚谊。

科学是不分国界的，科学使我们走到一起。我希望今后几天的接触交流将使我们大家感到满意。看到这样盛大的国际聚会，我感到愉快，我向参加今天会议的所有人员表示祝贺。我相信他们的研究工作达到了本领域的高水平。

对受到刘市长的热情接待，对武汉市政府及人民的友好情谊，对大会组委会的邀请和周密安排表示衷心的感谢。因为他们为了我们在这里过得愉快和留下深刻的印象已经做了并且还在做大量的工作。

谢谢！

本文是外宾在一次国际会议上的答谢词。答谢词写得比较活泼。写了四层意思，首先说明致词人的身份和缘由，介绍代表范围和答谢内容，特别说明是"第一次有幸在中国参加"学术会议，言词恳切，富于感染力。其次对大会表示感谢，表述对受到邀请、大会所做的准备及深情厚谊的谢意。然后表达期望，希望会议取得成果。最后再次对主办城市表示感谢。

二、致辞的结构

作为口语表达方式的致辞从结构上可以分为开头、主体、结尾三部分。

1. 开头要有称呼

致辞的开头主要是对参加仪式的人表示招呼、问候与敬意。为了表示尊敬，可以在姓名的前面加上头衔或亲切的词语，如"尊敬的"、"敬爱的"、"亲爱的"。称谓对方的姓名要用全称，不能用简称、代称，更不能用小名和绰号。

2. 主体要有内容

致辞作为一项活动仪式的一个重要组成部分，对于申明活动主旨、提出活动要求、表明主宾态度等往往有义不容辞的责任。因此，致辞的主体要有针对性的内容，要说明为什么而致辞，以表达自己的态度、心情等。还要根据不同的致辞对象，说出不同的人和事的意义、影响等。

【案例】

走过了夏天，迎来了秋天。在这金风送爽的季节，我们盼望，就像花蕾盼望绽放，就像孩子盼望过年，终于盼来了教师节。在这个让人仰慕的日子里，请允许我向全体老师表达我心中最最热诚的问候和祝愿——问候一声：辛勤培育我的老师们，你们辛苦了！祝愿一声：无悔奉献人生的老师们，你们节日好！

——《老师们，节日好》

3. 结尾要有祝愿

致辞往往重在祝贺、勉励,能起到烘托气氛、鼓舞人心、增进友谊的作用,而致辞的结尾更应该是这一旋律的高潮。因此,致辞的结尾一定要饱含激情地提出祝愿、希望。

【案例】

下面是某市教育系统教职工田径运动会开幕式致词的结尾。

本次运动会,以"健身、团结、参与"为宗旨,这是一次积极开展全民健身活动的运动会,也是一次发扬团结精神、检验我市教育系统精神面貌的体育盛会。希望广大教师以振奋的精神和昂扬的斗志,赛出新成绩,赛出新风格,赛出新面貌。最后,预祝大会圆满成功!

三、致辞的训练要领

(1) 致辞要针对特定的场景。致辞要考虑到特定的环境、特定的对象、特定的目的,恰到好处地表达自己的意愿。

(2) 致辞要感情真挚,以情动人。致辞要达到抒发感情、增进友谊的目的,必须态度诚恳、感情真挚。讲话者必须情动于衷,形之于声,充分表达自己的美好祝愿或深切之情,真情实感溢于言表,才能打动听众。

(3) 致辞语言要亲切,尽量口语化。致辞要制造随意、自认、亲切的现场气氛,通俗易懂地传达意愿。

(4) 致辞要短小精悍,突出重点。致辞可以事前做些准备,但大多数是针对现场实际有感而发,讲完即止,内容切忌重复啰嗦、东拉西扯。应尽可能地将可有可无的文字、句、段删掉,努力做到文约旨丰,言简意赅。

【案例】

在某县庆祝老人节大会上的祝词。

在跨世纪的历史进程中,你们老骥伏枥,志在千里,余热生辉,壮心不已。县城的建设有你们的足迹,企业的复活有你们的卓识。你们的行动给人以力量,你们的精神给人以鼓舞,你们理当受到全县人民的爱戴与尊重!

【案例2】

李雪健"金鸡"奖答谢词。

苦和累都让一个大好人焦裕禄受了,名和利都让一个傻小子李雪健得了。

(5) 致辞要文雅、别致、新颖。致辞可以借题发挥,由此及彼产生联想,给人留下想象、回味的余地;但要紧扣中心,恰到好处,点到为止。

(6) 致辞要注重礼节。在喜庆场合发表致辞,要格外注意礼节。一般须站立发言,称呼要恰当。尽量不要看稿子,双目根据讲话将换内容时而注目于祝贺对象,时而含笑扫视其他听众。还可以用鼓掌、致敬等行为动作加强同听众心灵的沟通,以增强表达效果。

 思考与练习...

1. 学校要举行一场"青春之歌——弘扬五四精神"的文艺晚会。设想你是这台晚会的主持人,请结合本次晚会的主题,作一番激情洋溢的开场白。

2. 学校即将举办一次主题为"我的梦想"的演讲比赛,请以主持人的身份,为这次活动写一份主持词。

3. 设想你是英语六级考试的主考官,要主持召开监考人员会议。先请你拟一份向大家说明此次监考的意义、要求及有关注意事项的主持词。

4. 在本学期内,全班每名同学轮流学做讨论主持人,讨论话题自己选定,然后设计讨论提纲,组织全班讨论,期末评选"十佳主持人"。(话题,如:人不见得每天都要写文章,却每天都要说话;可为什么说话问题总不能像写作问题那样被人重视呢?)

5. 新年到了,班级举办新年联欢会,你将如何致辞?请以小组为单位设计出最好的新年致辞。看看哪组同学的新年致辞最精彩,最有新意。

6. 班里刚刚来了一名从"5.12"汶川地震灾区转来的新同学,请你代表全班同学在班上致欢迎词。

7. 你们班在全校歌咏比赛中获得了第一名,你作为一名普通学生在班会上高兴地讲一段话。

8. 请借下列节日向你心中要祝贺的人表达你的心愿:母亲节、教师节、重阳节、中秋节。

9. 请根据提供的不同年龄做生日祝福:二十岁上下,三十岁上下,四十岁上下,五十岁上下,六十岁上下,七十岁上下。

10. 下文是一篇某高校毕业典礼致辞,致辞不但表达了祝贺之情,而且提出殷切希望,给毕业生以勉励,饱含深情。请你阅读这篇致辞,感受致辞中所洋溢的真挚情感,并以此共勉。

在大学毕业典礼上的致辞

同学们:

你们好!

我首先祝贺你们学业有成,光荣毕业!借此机会,我讲两句话与同学们互勉。

第一句话是,"海阔凭鱼跃,天高任鸟飞"。我们正处在建设中国特色社会主义的伟大时代,又逢世纪之交,千禧之年,可以说千载难逢的历史机遇摆在每一个人的面前。建设中国特色的社会主义经济、政治、文化为每一位中华儿女、每一位有志青年施展才华提供了广阔的舞台。科学技术迅猛发展,知识经济扑面而来的全新时代给每一个年轻学子、每一个知识青年大显身手提供了广阔的天地。比尔·盖茨认为,未来的社会将大量出现知识型工人。我们要说,未来社会的英雄应当是知识英雄。这是一个知识就是力量,知识就是财富的时代。置身这样一个时代,面临千载难逢的历史机遇,只要有真才实学,不管是身处天涯海角,不管是从事何种职业,都能够在自己的工作岗位上成长成才,都能够在建设祖国的伟大实践中实现自己的人生理想,是金子总是要闪光的。机遇对于每一个人都是均等的,能不能抓住机遇,关键看有没有真才实学。在荣获今年"五四"奖章的十六位杰出青年代表身上,我们可以得到很多人生启示。比如,当代青年的榜样秦文贵,大学毕业自愿到艰苦的环境中去工作,经过艰苦创业,用自己的真才实学报效祖国,作出了突出贡献。同时,自己也获得了崇高的荣誉。他的精神可以概括为:期待降低一点,赢得一个目标;根基扎深一点,赢得一片天地;享受推迟一点,赢得一份事业。再比如,联想集团高级副总裁杨元庆,才三十岁出头,就和一批刚毕业的大学生一起扛起了振兴中国民族工业的大旗,敢与世界超级大企业竞争,在短短的几年时间内,使联想品牌走向了全国,走向了亚洲,为国家作出了巨大贡献。还有,我国农业产业化、现代化的历程也为广大青年学生提供了广阔的舞台。关键是看有知识的青年是否善于创新,是否敢于创业。

第二句话是,"志当存高远,有志者事竟成"。毛泽东同志讲过,人总是要有一点精神的。人得有志向,得有理想,只有这样,才能航海行身有指针,才不会在人生的征途中迷失方向。我们讲志向远大,就是要把自己的理想与实现祖国的繁荣富强紧密地联系在一起。这样的志向,一定要立得像山一样坚固。现在,我国发展处于关键时期,改革处于攻坚阶段,现代化建设正在顺利推进。但同时,我们的改革与发展也面临着很多困难,国际形势也使我们面临着很大的压力,我们每个同学都必须有强烈的责任感,立志为实现中华民族的伟大复兴而努力奋斗。对当代大学生,包括我们在座的各位来讲,落到每一个人身上的责任都是实实在在的。怎样使我们国家尽快富强起来,怎样迅速缩短我国与发达国家在经济、科技以及军事方面的差距,需要我们每一个人为之深思和奋斗。前两年在文艺界有一种说法,听起来似乎很时髦,叫做逃避崇高,我实在不敢苟同。我们的青年一代为什么综合素质高,为什么前途远大?我认为很重要的一条,就是中国青年始终是积极向上的,是朝气蓬勃的,是有理想、有追求的。一个民族,尤其是一个民族的青年如果没有远大的志向,而醉心于"躲进小楼成一统",不关心国家兴衰,不关心民族命运,不关心社会发展,那么这个民族还有什么前途呢?中华民族的仁人志士在上个世纪之初就提出要使中国成为青春之中国、少年之中国,就是为了使我们的国家充满生机和活力,傲然屹立于世界民族之林。所以我们每个青年、每个学生都要树立远大的志向,共同肩负起振兴中华的历史责任。当然这个远大的志向不是像某些人讲的那样,立志当大官,而是要立志做大事,对人民、对国家有所贡献。我们讲要立志做大事,同时更要与脚踏实地的作风结合起来,才不会好高骛远,眼高手低。这些年来,有很多杰出青年奋发图强,勇于创新,站立在时代的浪尖上。

分别在即,我送给大家三句赠言。

第一句是"学习以恒"。当今社会是个必须不断学习、必须终生学习的社会。同学们大学毕业,只是意味着在校园学习过程的完成,而终生学习,不断地用人类社会的一切优秀文明成果充实自己,才是持久的学习,唯有如此,才能生存,才能发展,才能不断有所作为。

第二句是"做事以敬"。对待每一项工作都要一丝不苟,绝不可以以事小而不屑为之。任何事情只要用心去做,总会有所收获,而往往是在小事之中蕴含着朴实而深刻的道理。我们要以高度负责的态度来做好每一件事情,要善于在小事之中体悟大道理。

第三句是"待人以诚"。大家彼此以诚相待,才能够共同营造一个健康融洽的氛围,才能够有效地发挥每一个人的作用,也才能够成就更大的事业。这是不断加强个人修养的一个重要方面。做人如此,做事、做官同样如此。

今天毕业典礼后,同学们就要分布在祖国的天南地北。我们衷心地期待学院的每一位毕业生在各自的工作岗位上不断地传来佳音。希望大家永远珍藏在母校期间的这段难忘岁月,永远不要忘记老师对你们的殷切期望。母校将永远祝福你们,永远惦记着你们,母校将始终为你们而骄傲!

ELEVEN 第十一章
求职应聘

随着社会发展对人才要求的越来越高,越来越多的部门和单位在招聘与选拔人才时,不限于看个人简历、档案、鉴定书等书面材料,还要经历面试、交谈和答辩,目的是进一步了解应聘者的能力、素质、气度等。要想在激烈的求职应聘竞争中,充分展示自己的才华与特长,成功地实现求职应聘,了解和学习有关求职应聘的基本知识和技能就显得尤为重要。

第一节 应聘交谈的原则

应聘过程中,应聘交谈是事关成败、具有重要意义的一环。一方面,招聘方通过与应聘者面对面地交谈、观察,了解应聘者的素质特征、能力状况及求职动机等;另一方面,应聘者在与招聘方的出色交谈中,可以弥补先前笔试或是其他条件如学历、专业上的一些不足。在应聘的几个环节中,交谈也是难度最大的,尤其是对于那些初次应聘的应届毕业生来说,因为缺乏经验,应聘交谈常常成为一道难过的坎儿,有很多毕业生顺利通过了简历关、笔试关,最后却在应聘面试交谈中失败了。因此,了解应聘交谈的基本原则是非常有必要的。

一、冷静思考

一般来说,在应聘交谈过程中在招聘者提出问题以后,应聘者应稍作思考,不必急于回答。即便是所提问题与自己事前准备的题目有相似性,也不要立即答题,否则招聘者可能会感觉你不是用脑在答题,而是在背事先准备好的答案。如果是以前完全没有接触过的题目,则更要冷静思考。磨刀不误砍柴工,匆忙答题可能会文不对题、东拉西扯或是没有条理性、眉毛胡子一把抓。经过思考,理清思路后抓住要点、层次分明地答题,会给招聘者留下较好的印象。

在交谈中,招聘者的提问有时看似"不怀好意",而实则是一种战术。通过故意提出不礼貌或令人难堪的问题,其意在于"重创"应聘者,考察应聘者的适应性、应变性和承受力。若应聘者不能冷静对待,而是反应过度,甚至反唇相讥、恶语相对,那就大错特错了。

【案例】

王某去应聘某国家机关,刚开始由于王某准备得比较充分,答题很顺利,招聘官也都面露赞许之色。但正当王某在暗自庆幸准备离开时,招聘官突然表情严肃地问道:"我们还要问你一个问题,这次不少人在面试前有去找考官,听说你也去了,请解释一下。"王某一听题就气愤得不行,暗想面试之前的确想走后门,但苦无机会,现在居然诬陷到我头上来了。于是她不顾一切地喊起来了:"不可能!我对天发誓绝对没有找过!"结果几个考官都抬头诧异地看着她。她这才意识到自己失态了,应聘结果当然是被淘汰了。而小李则不同,他到一家公司应聘,在顺利回答了一系列问题后,最后面对招聘官突然说公司不需要学中文的时,也感到对方是在成心耍他,气得差点没晕过去。但他很快冷静下来,一想觉得这可能是个"圈套"。于是微笑着说:"虽然我无缘成为贵公司的一员,但我仍然十分感谢您给了我这次宝贵的面试机会。如果可以的话,请您指出我的不足之处,以便我以后加以改正。"他的回答使招聘官紧绷的脸上绽出了笑容。

二、实事求是

在回答招聘者提问时,要从本人的实际情况出发,不夸大,不缩小,正确对待和处理招聘官的提问。知之为知之,不知为不知。一个人的知识面总是有限的,也经常面临着选择。在交谈中遇到自己不知、不懂、不会或难以抉择的问题时,回避闪烁、默不作声、牵强附会、不懂装懂的做法均不足取,诚恳坦率地承认自己的不足或处境,有时反倒可能会赢得招聘者的信任和好感。

【案例】

小马是一所重点大学英语专业的毕业生,她的优秀素质使她在应聘一家国际跨国公司时几轮严格考核都顺利通过,列入备选之列。当她去一所重点中学应聘时,学校领导对她也很赏识,同意与她签约。此时她面临着两难选择:如果与中学签约,一旦那家公司同意接收她,她就面临与中学毁约,如果不与中学签约,一旦那家公司不接收她,又可能失去去重点中学的机会。考虑再三,她还是向中学领导坦言了自己的想法和处境,希望学校能宽限一段签约时间。中学领导听了,对她的坦诚态度给予了肯定,认为为人师表诚实守信是必需的美德,并答应她的要求,一旦那家跨国公司的选拔没通过,中学欢迎她加盟。

但实事求是也要讲究技巧,不可过于说大实话,也切不可谈得过多、过高。过犹不及,说过了头也会招致应聘的失败。

【案例】

赵同学一心想进入国际性的咨询公司,遭到拒绝后,将目标锁定于国际会计师事务所。最后,安永给了她面试邀请。原本此机会已是弥足珍贵,然而应聘交谈中,当招聘方问到她还投递了那些单位时,赵同学将她投递过的单位如数家珍般一股脑儿兜出,并表现了极强的兴趣。但她就是没有表现出对安永的兴趣。结果安永将她拒之门外。相反张同学在面试毕马威时,一心向招聘方强调她特别想进入该公司。然而在解释原因时,她指出毕马威的良好背景有利于她以后再次跳槽。最后,毕马威也没有给她这个可以再次跳槽的机会。

以上两位同学的大实话就是讲得过多,令招聘方寒心,一拒了之。因此应聘者在将自己真实的情况展现在招聘官面前时,也应以自己的风采赢得用人单位的认同。如果王同学在真实说出自己还投了哪些单位后,不是谈自己对那些单位的兴趣,而是表明在这些选择之间她对安永情有独钟,并且能够用足够的理由说服对方认为她说的话是真实的,那么王同学今天很可能已经是安永的一员了。张同学如果在面试时能保持清醒,可能不会说出跳槽之类的话,面试的效果应该会更好些。因为兴趣和热爱是最好的老师,也是最好的自荐函。在应聘交谈中,表现出对所聘职业的热爱和兴趣会感染招聘官,会让他做出有利于你的选择。

三、针对性准备

应聘者在应聘交谈前,一方面要从知识结构、能力结构、个性心理特征、职业适应性和职业价值观等几个不同角度进行自我判断,发现自己的优势和不足、兴趣与潜能、职业适应性等关系重大的个人特征;另一方面对用人单位的性质、地址、业务范围、经营业绩、发展前景,对应聘岗位、职务及所需的专业知识和技能等要有一个比较全面的了解,这样知己知彼、有针对性的准备,在回答问题时既能够证明自己具有适应于该职位的特性,也能显示出对应聘单位的诚意,获得招聘方的好感。

【案例】

李同学应聘中信集团总部时,招聘方问他对中信了解多少,他想了半分钟然后说道:"我接到应聘通知时还没来得及查看中信的资料,所以不太了解。"结果招聘方对他说:"我们招人自然希望他能了解中信,你还是回去再多了解了解吧。"

对此,一位企业资深人力资源主管的话道出了原因:"面试时,我们都会问求职者对我们公司了解多少,如果他能很详细地回答出我们公司的历史、现状、主要产品,我们会高兴,会认为他很重视我们公司,对我们公司也有信心。"

"凡事预则立,不预则废。"应聘交谈前有针对性地做好充分的准备,这是所有在激烈的择业竞争中应聘成功者共同的体验。

【案例】

北京大学一位成功就职于一家投资银行的毕业生,应聘面试之前先把那家公司三年的财务报表拷了下来,进行了认真的分析,然后又搜集了许多与之相关的信息,理出了几个与公司相关又体现专业能力的问题,结果面试的时候都派上了用场,受到面试官的欣赏。另一位毕业生在应聘罗兰贝格国际咨询公司之前,先到网上搜集了许多咨询业和罗兰贝格的材料,装订成册,面试之前把那80多页的材料从头到尾通读了三遍,对所要应聘的公司和职位做到心中有数,结果应聘也一举成功。

四、举止得体

举止得体是人际交往的一条基本原则,在应聘交谈中对应聘者尤其重要。有的应聘者自恃学历高或者工作能力强,在应聘交谈中不注意基本的交际礼仪,把招聘方不放在眼里,引起招聘方的反感;而有的应聘者则抱着被选择的心态,对招聘方过分尊重,交谈时正襟危坐,态度过分拘谨,讲话也显得不够流畅,以恭维附和言语为主,就像小学生一样——腰背挺直、表情严肃、态度认真,从不插话,让招聘方感觉这是一个没有主见和自信的人。其实,应聘交谈是一种平等的双向交流活动,应聘者在求职,招聘方在求才。平等交谈,应聘者最终得到的才会是适合自己的比较满意的工作,招聘方得到的也会是单位发展需要的最佳人选。

【案例】

应届毕业生小荣在班里的学习成绩一般,但开拓能力很强,人也很机灵,面临择业,小荣既兴奋又紧张。通过参加一系列招聘活动,最后他选择应聘一家有知名度的广告公司。小荣一进公司大门,由前台小姐引领,只见他晃晃悠悠走进办公室,见到办公桌前坐着的两位考官直看自己,忙点头说了声"你好"。不等回话,小荣一屁股就坐在了椅子上,两腿叉开,胳膊肘支在了办公桌上,等着主考官的问话。两位考官开始问问题,小荣略显紧张地回答着,两只脚在办公桌下不由自主地抖动。也许是为了平和自己紧张的情绪,小荣不断地变换着坐姿,一会儿跷起二郎腿,一会儿又踮起脚尖,两条腿还不时地晃动着。面试只进行了5分钟就结束了,小荣站起身来,斜着身子问何时能得到答复,考官只说了一句:"回家等着吧!"小荣高兴地走了,可招聘官还在嘟囔:"我们要的是员工,不是浪子。"

小孔是前来应聘的50多人中唯一的胜利者。那天,由于应聘者众多,大家都在楼道中等候面试,他不像其他人那样使劲往里挤询问何时面试,而是耐心地排队等候。面试室是一个双扇门的房间,在等待过程中,只听得应聘者进进出出的开门声不断。轮到小孔进去面试,他站起身,轻轻地推开面试室的门,进门后又轻轻地关上,摘下帽子坐在了应聘者的座位上,考官看着他衣着整洁,发型有个性,甚至连指甲也洗得干干净净……必要的开场白之后,便敏捷地开始回答招聘官的问话。临走的时候,他发现地上有一张被其他人踩脏了的纸,于是捡了起来,看了看没有内容,便将它带出面试室,放到了门外的垃圾箱内。正是小孔得体的举止使他获得一个理想的职位。

第二节　应聘提问及答复

一、应聘提问技巧

在应聘交谈中，并不是提问的主动权全在招聘方。据前程无忧论坛（bbs.51job.com）最近的一项在线调查显示：超过97％的招聘官会在招聘交谈的最后时刻抛出一个看似漫不经心的问题："你还有什么问题要问我们的吗？"给应聘者充分的提问空间。应聘者面对这个问题，万不可掉以轻心。但怎样才能问出有价值的问题，为交谈赢得成功的几率呢？精明的应聘者的做法是：不仅通过提问来获得明显的信息，而且还通过有针对性的提问来挖掘新的信息。

1．可供参考的提问问题

（1）贵公司对这项职务的期望目标是什么？有没有什么部分是我可以努力的地方？

（2）贵公司是否有正式或非正式培训？

（3）贵公司的升迁渠道如何？

（4）贵公司在海内外都设有分公司，将来是否有外派、轮调的机会？

（5）在项目的执行分工上，是否有资深的人员能够带领新进者，并让新进者有发挥的机会？

（6）贵公司强调的团队合作中，其他的成员素质和特点如何？

（7）贵公司是否鼓励在职进修？对于在职进修的补助办法如何？

（8）能否为我介绍一下工作环境，或者是否有机会能参观一下贵公司？

（9）目前我们已经讨论我的资格和职位，您觉得我胜任这个职位有问题么？

（10）我简历中哪一部分看起来最薄弱？您能和我说说么？

（11）公司最看重什么？您认为我的工作该如何进一步推动这种价值观？

（12）您如何看我？我最大的优点和缺点是什么？

（13）我很喜欢这个职位。我知道您的支持是我得到这份工作的关键。我能够得到您的支持么？

（14）您认为应聘这个职位最大的挑战是什么？

（15）您认为应聘这个职位应有什么素质？

至于薪水待遇、年假天数、年终奖金、福利措施等问题，有些招聘官在交谈时会直接向求职者提出。如果对方没有提及，应聘者自己提出也常常没有太多的实际意义，除非你有对方不得不录取你的条件。总之，应聘者的提问概括起来通常是从两个方面考虑：一方面是从关注招聘单位的发展出发，把自己关心的一些敏感问题穿插在其中,这样既展现了自己的应变能力,又能从对方的介绍中找到一些不便单独提出的问题的答案;另一方面是从关注自己在单位的发展出发,有意识地把自己的发展理想和企业的发展联系起来,并对企业给予自己实现这种理想的可能性表示关心。从这两方面出发考虑提出的问题,招聘方基于单位自身的发展一般都乐于给予比较充分的回答,这样无疑会给应聘交流增加成功的概率。

应聘者在提问前,一定要好好想想将要问的问题是否有现实意义,尤其是不要提一些低级的、幼稚的甚至糟糕的问题。比如:单位里是否24小时供应热水?办公室内是否有卫生间?单位平常是否组织大家旅游?员工被解雇之前会有几次警告?等等。这些很可能使原本很好的交谈砸了锅。

2. 提问时要避免失误

(1)高估自己。提问时要谋其位在其职,不要站在超过所求职位的基础上提问。比如应聘普通部门经理秘书的职位时,不以总经理秘书,乃至董事会秘书的身份发问。否则招聘方会感觉你不够安分,过于张扬,没有自知之明。

(2)端着碗里看着锅里。刚毕业或尚未毕业的大学生在寻找工作时容易犯类似的失误。他们在应聘面试这个岗位时,又觉得另外有几个岗位说不定自己也能去尝试一下。于是内心默默地给自己留了几条后路。比如应聘广告文案策划职位,在最后提问时提出还想尝试做网页设计工作等。虽说求职要做好多手准备,但当具体到某一场应聘时还是要认真专一地对待。左顾右盼会使招聘方认为你应聘目标不定,没有诚意。

(3)"没问题"。交谈最后,招聘方多以一种看似自然而又礼貌的口气向应聘者提问:"今天的面试就到这里了,不知您还有没有其他问题要问?"每当此时,一些应聘者总会条件反射般地回答:"没问题。"其实,这种回答是应聘者没有理解招聘官提问意图的表现。招聘官设计这个提问环节的意图或者是为了了解应聘者对自身和企业发展的理解和要求,或者是想了解应聘者的个性和创新能力。因此在回答此类问题时,应聘者表现得太过于随便或过分热切和迫切都不可取,最好是应随机应变、审时度势、适当提问、理智回答,通过发问巧妙地从招聘单位进一步获取自己所关心的信息。

二、应聘回答技巧

在应聘交谈的过程中,招聘方通过不断地提问来了解应聘者的知识、能力、工作经验及其他素质特征,应聘者要能在有针对性的回答中充分展示自己的才华与特长,让招聘官了解你、评估你、相信你是最理想的人选,掌握必要的回答技巧是十分重要的。

1. 口语表达技巧

语言是一个人的思想品德、文化素养、心理素质的综合反映。古语云"与君一席话,胜读十年书",从一个侧面反映了语言在现实生活中的重要作用。作为一个求职者,在应聘交谈过程中语言表达的好坏,通常会成为是否被录用的关键。那么,交谈中怎样恰当地运用口语呢?

(1) 口齿清晰,语速适中,用语文明。回答问题时最好说普通话,做到吐字清晰、语速适中、用语文明,避免含糊不清,少用语气词,忌用口头禅、不文明的语言和华丽、奇特的辞藻。语速不宜过快或过慢:过快会让人听不清楚在说什么,也容易给人不自信、不稳重的错觉;过慢又会让人失去耐心。一般情况下语速掌握在每分钟120个字左右为宜,但适中的语速并不是从头到尾一成不变的速度和节奏,而是根据回答内容的重要性、难易度的高低以及对方注意力的情况适时调节。

(2) 语气平和,语调恰当,音量适中。不同的语气、语调、音量所表达的是不同的意思和情感,回答问题时要注意正确运用。比如,自我介绍、陈述意见时多用平缓的陈述语气,不宜使用感叹语气或祈使语气。上扬语调容易提起听者的注意,降调能表现说话人的果敢决断,平淡、乏味的语调会让听者有昏昏欲睡的感觉,但总的说来,富于感情变化的抑扬顿挫比生冷平板的语调感人,得体的语调应该是有起伏而不夸张,自然而不做作。音量以保持听者能听清为宜,太低显得没有自信,容易让人忽略;太高有咄咄逼人之势,让人反感。

(3) 声音自然,语言准确,停顿得当。用真嗓门说话,使人听起来真切自然。恐慌或紧张的颤抖和不自在的声音,会或多或少地影响应聘的结果。说话时,如果词不达意、前言不搭后语,很容易被人误解,达不到交谈的目的。因此在表达思想感情时,说出的语句应符合规范,语言要准确,避免使用似是而非的语言;注意语句停顿的准确,滔滔不绝会让人应接不暇;适时准确的停顿有利于理清思路,思考答案,保持最佳状态;要避免不恰当的停顿割断语意。

(4) 语言要机智、幽默、风趣。机智能抛开或消除障碍;幽默风趣可以化解尴尬局面或增强语言的感染力。但机智、幽默、风趣不是要小聪明或"卖嘴皮子",而是语言表达既诙谐,又合情合理,是应聘者优越气质和从容风度的表现。

【案例】

一位学法律专业的同学去应聘一家公司的法律顾问,女招聘官问他的最后一个问题是:"请问假如我们在前三个月每月给你两百元你会干吗?"问题很棘手,这位同学不明白考官葫芦里到底装的什么药,而且每月仅两百元钱,伙食费都不够,谁愿意干呢?但稍微思考了一下,他笑着说:"主考官不但人长得漂亮,开玩笑也漂亮,这不是叫我为难吗?根据国家劳动保障法有关规定,工资不能低于社会最低的贫困保障线,两百元是否有点不妥?就算我愿意,法律也不愿意。如果公司是为了考验我的诚意,我愿意免费为贵公司服务一个月,也不能让你们一不小心违法啊!"

这位同学机智、幽默、风趣的妙答,赢得了女士考官漂亮的微笑,也让他赢得了心仪的工作。

2．体态语运用技巧

体态语虽然是一种无声语言,但它同有声语言一样也具有明确的含义和表达功能,有时连有声语言也达不到其效果,这就是所谓的"此时无声胜有声"。据专家研究,在人际交往中,有65%的信息是通过体态语交流的。不少单位在应聘交谈过程中,不仅要看应聘者的言谈表达,而且还很注重其举止仪态。应聘者在交谈过程中若能正确运用体态语,有利于展示自身的涵养,并有助于交谈的顺利进行。因此,应聘者也应该掌握交谈中体态语的运用技巧。

1）手势语

手势语是指通过手的动作表现出来的一种体态语,是典型的动作语。在多数情况下,手势语作为一种伴随语言,伴随有声语言而出现,使有声语言行为化,或重点强调,或辅助口头表达。在交谈中手势语使用频率很高,应聘者要明确各种手势语的含义,如双手相绞,显得人精神十分紧张;十指交叉、叠放在一起,常给人一种漫不经心的感觉;若叠放的位置很高,则表示一种对抗的情绪;再有如摇手表示反对,用食指指着别人表示质问,双手插在衣兜里、两拇指暴露在外表示狂傲自大,捂嘴和摸鼻子表示不信任和猜疑等。使用手势语时要适量、得体、简练,不能喧宾夺主,代替有声语言,使用的频率、摆动的幅度以及手指的姿态等应和谐地配合有声语言传递信息。过多、过杂而不注意姿势的手势动作,会给人以张牙舞爪和缺乏修养之感。要克服不良的习惯性动作,如在倾听对方谈话时用食指杵到面颊上,说话时抚手背,用手指敲桌子、掏鼻孔、挠耳朵、用手支撑头部,经常摸嘴,整饰头发等,尽管这些不雅观又失礼的表现你是无意的,但对方却不能不在意,以为你是有意的,以致造成误解,有碍交流,并对你产生不良的印象。

2）体姿语

体姿语是指通过身体的姿势、动作来表达情感、传递信息的体态语,主要包括坐姿、站姿和行姿三种。应聘作为一种庄重的社交活动,对体姿语应有严格的规范。就应聘交谈活动而言,坐姿更普遍、更重要。应聘者要了解各种坐姿语表达的特定含义。如果应聘者的座位已指定,应聘者的具体坐法一般是双脚并齐,挺胸立腰略收腹,手放在膝上或椅子扶手上,掌心向下,双膝并拢或微微分开,双腿正放或视情况向一侧倾斜;如果招聘方没有明确应聘者的座位,而是由自己选择或搬椅就座时,应聘者应显得谦恭一些,选择在对方的下座,或者比对方座位低一些的距离120~360 cm之间的位置处。应注意以下禁忌:一是落座后,两腿不要分得太开,尤其是女性;二是当两腿交叠而坐时,悬空的脚尖切忌向上并上下抖动;三是落座后不要左右晃动,扭来扭去;四是如果座位是椅子时,不可前俯后仰,更不能把腿架在椅子或沙发扶手上、茶几上;五是入座要轻柔和缓,不可猛起猛坐,弄得坐椅乱响,造成紧张气氛。

3）微笑语

俗话说："面带三分笑，礼数已先到。"微笑是一种无言的答语，是礼貌之花，是友谊之桥，是自我推荐的润滑剂。面对陌生的招聘官，微笑可以缩短双方距离，创造良好的面谈气氛。因此，应聘者在应聘交谈中要善于微笑。微笑时必须真诚、自然，使对方感到友善、亲切和融洽。要适度、得体，不当笑时则不笑，当笑时则笑得含而不露。避免笑容僵硬、哈哈大笑和捧腹大笑。否则，会适得其反，给对方留下不好的印象。

4）目光语

目光语又称为眼语，是最富于感染力的表情语言之一。眼睛凝视时间的长短、眼睑睁开的大小、瞳孔放大的程度，以及眼睛的其他一些变化，都能传递最微妙的信息。在应聘交谈中，它与有声语言相协调，可以表达万千变化的思想感情。如视线向下，则表示害羞、胆怯、伤感或悔恨；视线向上，是沉思、高傲的反映；目光自下而上注视对方，一般有询问的意味，表示"我愿意听你讲下一句"；目光自上而下注视对方，一般表示"我在注意听你讲话"；头部微微倾斜，目光注视对方，一般表示"哦，原来是这样"；眼睛光彩熠熠，一般表示充满兴趣；视线频频乱转，给人的印象是心不在焉或心虚；每隔几秒偷看一下手表，表示催促、不耐烦的意思，是希望对方结束谈话的暗示。当应聘者交谈面对的只有一位招聘官时，注视对方，目光要自然、柔和、亲切、真诚，不要死盯对方眼睛令其不自在；注意眨眼次数一般情况下为每分钟6~8次为正常，次数过多表示在怀疑对方所说内容的真实性，眨眼时间超过一秒钟，表示厌恶或不感兴趣；若交谈过程中双方目光相遇，不应慌忙移开，应当顺其自然地对视1~3秒钟，然后才缓缓移开，这样显得心地坦荡，容易取得对方的信任，相反躲闪则容易引起对方的猜疑或被认为是胆怯的表现。当应聘者交谈面对的是多位招聘官时，应聘者目光要注意使用环视法，即不能只注视其中某一位招聘官，而要兼顾到在座的所有招聘官，让每个人都感到你在注视他。具体方法是，以正视招聘官为主，并适时地把视线从左至右，又从右至左（甚至从前至后，又从后至前）地移动，达到与所有招聘官同时交流的效果，避免冷落某一位招聘官，这样就能获得他们的一致好感。应聘者若能懂得目光语的含义并灵活运用，那么在交流过程中就能巧妙地利用目光语辅助言谈。

美国心理学家保罗·埃克曼指出："我们用声带交谈，但我们是用面部表情、声调乃至整个身体去表示和传递感情的。"得体的举止在面试中确实能收到极其微妙的效果。

【案例】

某家跨国公司要招聘一名新职员，应聘人员踊跃。为数不少的人在面试后，都未被录用，而田文先生没有说一句话，主考的人事部经理就决定录用他了。旁人颇感蹊跷，经理解释道："田文的举止体态已经交了一份最好的答卷。他进门后沉着地向大家举手打招呼,说明他有很好的修养;选择了最前排的中间座位就座,表明他希望别人注意自己,善于自我推销,充满自信,有较强的优越感;并且他就座的地方人最多,说明他与人合群,善于交际;就座后,他的坐姿极佳,很坦然地坐在椅子上,臀部占据了椅子大部分,并且上身挺直,两手自然地放在膝盖上,不左顾右盼,双眼一直注视着我们,表明他稳重、沉着、冷静、大度,办事专心认真,对人尊重。田文先生是一名难得的人才,非常适合我们所要他做的工作。"

3．应对回答问题技巧

在应聘交谈中,谈话内容主要是围绕着招聘官提出的一系列问题展开,应聘者正确应付和回答这些问题,应主要把握以下几个方面。

(1)耐心聆听。成功的交谈有一半要靠聆听。聆听不仅仅是用耳朵,还包括所有的感官;不仅仅要用头脑,还得用心灵。聆听时如果目光迟滞、垂头丧气、冷漠、烦闷、心不在焉,不仅会漏听关键的内容,还会摧毁招聘官对你的热忱和信心。

【案例】

有位大学毕业生到一家编辑部去应聘,主编同他谈话,开始一切都很顺利。由于对他第一印象很好,主编后来就拉家常式地谈起了自己在假期的一些经历,大学生走了神,没有认真去听。临走时,主编问他有何感想,他回答说:"您的假期过得太好了,真有意思。"主编盯了他好一会儿,最后冷冷地说:"太好了?我摔断了腿,整个假期都躺在医院里。"其应聘结果我们可想而知。

聆听常与说话同等重要。聆听时,首先,要耐心,对对方提起的任何话题,都应耐心聆听。当招聘官发表个人意见时要跟上他的思路,适时用微笑、点头或简要话语表明自己的看法和态度。即使招聘官对你的回答有批评,也要认真听取,并敢于对自己的想法负责。不要轻易打断对方或插话,哪怕对方讲的时间较长、话语难以接受。但如果对招聘官提出的问题一时摸不着边际,以致不知从何答起或难于理解时,可以及时有礼貌地插话提问,如可以说:"对不起,刚才您说的话我听得不太明白,能不能请您再说一次或解释一下?"多听一遍问题确认提问意图,比不懂装懂回答时离题万里要好得多,也为思考问题并组织答案赢得了时间;或者自己将问题复述一遍,并先谈自己对这一问题的理解,然后请教对方确认内容。对不太明确的问题,一定要搞清楚,这样在回答时才不致南辕北辙、答非所问。其次,要细心,要留心对方说话的内容、声调、神态,判断对方的心态,领会对方的暗示及弦外之音。再次,要专心,抓住对方谈话的要点和实质。只有注意聆听,才有可能准确把握对方的提问内容,在回答时做到有的放矢。

(2)随机应答。交谈中,招聘官会用各种方式来考察应聘者的真才实学及遇到难题时的随机应变能力,对此应聘者唯有审时度势,随机应变,当场把自己的各种聪明才智充分发挥出来。

【案例】

如果你应聘计算机操作员职位,招聘官问你在校时喜欢哪几门功课,如果你的线性代数、高等数学、C语言程序设计等几门课的成绩都是优秀的话,你可以回答说:"对这三门课我都喜欢,尤其是C语言程序设计。因为计算机是把数学的思维方式运用到程序设计中去,比简单地应用数学公式更能发挥我的聪明才智。"又比如应聘速录员职位,招聘官如果问:"你注意到没有,首长接见外宾时,除了有录音外还有速录员在旁边速记。你认为,有了录音机,速记还有必要吗?"你随机简要回答:"我认为是必要的,因为录音与速记可以功能互补。录音机只能解决声音的记录,需要书面材料时,就要靠速记了。当需要经过特定整理的信息时,采用录音机,就只能是事后整理,而速记可现场加工整理。"

相信这样的回答会赢得招聘官的满意。

(3) 简洁明了。一般情况下回答问题要结论在先,阐述在后,先将中心意思表达清楚,然后再作叙述或议论。这样中心突出,有理有据,条理清晰,便于对方把握。要避免长篇大论,让人不得要领或冲淡主题。但简洁不等于抽象,招聘官提问总是想了解应聘者的一些具体情况,切不可简单地仅以"是"或"不是"作答,而要针对所提问题的不同,或解释其原因,或说明其程度,让招聘官了解你及你与单位要求之间的联系。如果招聘官问:"你是不是毕业于名牌院校?"那么你不能仅仅回答是或不是,可以进一步这样补充说明:"是否毕业于名牌院校并不十分重要,重要的是能胜任所应聘的工作岗位。我接受过此类职业培训,掌握的知识和技能并不比名牌院校的毕业生差,甚至还要强。我想我更适合贵公司这个职位。"

(4) 特色鲜明。招聘官在招聘时一次要接待应聘者若干名,相同或相似的问题要问若干遍,如果听到的也是若干遍类似的回答,难免会有乏味、枯燥之感。只有特色鲜明的回答,才会引起招聘官的兴趣和注意,使应聘者脱颖而出。

【案例】

一位北大的女研究生去一家国际知名的大公司应聘,面试时足足等了5个小时,当招聘官最后一个把她叫进去,问她对公司的印象时,她没有像其他应聘者投其所好,而是不无尖刻地实话实说:"贵公司好像有丰富的沙漠生活经验,我想这样的大公司肯定是将心比心的,在我等候面试的5个小时里,没有人告诉我休息,也没有人给我一杯水,除了骆驼没人会认为这样的待遇是合情合理的。"当她不抱任何希望回到学校时,却最终收到了被这家公司录用的通知。

(5) 扬长避短。每个人都有自己的特长和不足,无论是在性格上还是在专业上都是这样。因此在面试时一定要注意扬我所长,避我所短。必要时可以婉转地说明自己的长处和不足,对不足已用其他方法加以弥补。

【案例】

当招聘官问:"你曾经犯过什么错误吗?"这时候应聘者就可以选择这样回答:

"以前我一直有一个粗心的毛病,有一次实习的时候,由于我的粗心把公司的一份材料弄丢了,害得老总狠狠地把我批评了一顿。后来我经常和公司里一个非常细心的女孩子合作,也从她那里学来了很多处理事情的好办法,一直到现在,我都没有因为粗心再犯什么错。"

这样的回答,既可以说明你曾经犯过这样的错误,回答了招聘官提出的问题,也表明了那样的错误只是以前出现,现在已经改正了。

当招聘官问:"你不觉得自己做这份工作太年轻、太没有经验了吗?"你可以这样回答:"虽然我只有22岁,没有相关的工作经历,但我每年寒暑假都出去勤工俭学,并担任过两年学生会主席,管理、组织1 000多名学生进行活动,表现出较强的个人素质和能力,完全能够胜任你们的工作。况且,我年纪轻,精力充沛,接受新事物快,环境适应能力强,工作中的开拓性更强。"

这样,尽量宣扬个人长处,把它同应聘的工作有机地结合起来,同时,化短处为长处,变不利为有利,使招聘官心悦诚服。

(6)显示潜能。面试的时间通常很短,求职者不可能把自己的全部才华都展示出来,因此要抓住一切时机,巧妙地显示潜能。例如,应聘会计职位时可以将正在参加计算机专业的业余学习情况漫不经心地讲出来,可使对方认为你不仅能熟练地掌握会计业务,而且具有发展会计业务的潜力;应聘秘书工作时可以借主考官的提问,把自己的名字、地址、电话等简单资料写在准备好的纸上,顺手递上去,以显示自己写一手漂亮字体的能力等。显示潜能时要实事求是、简短、自然、巧妙,否则也会弄巧成拙。

三、常见的招聘提问与回答提示

俗话说有备无患。下面是收集整理的招聘交谈招聘方常提的23个问题及有关解析,以供应聘者应聘时回答参考。

问题1:请简要进行自我介绍。

回答提示:控制好时间,针对所聘职位要求,重点突出、简要介绍自己,并做到与应聘简历大体相一致。既不过于炫耀自己的学历、能力或业绩,也不过分谦虚,甚至自我贬低。

问题2:你为何应聘我单位?

回答提示:该题考察应聘动机,从该职位的社会功能、自己的专业特长,特别是对该项工作的兴趣和热情等方面回答。其他或收入高、或工作稳定、或离家近、或专业对口等,理由不够充分,难以得到招聘官的认同。

问题3:你对我单位有何了解?

回答提示:该题考察求职诚意,较详细地介绍应聘单位的历史、规模、发展战略、奋斗目标、工作成就及工作作风等,容易引起招聘官的关注和好感,认为应聘者对所聘职位有诚意与渴求。仅谈工作条件或福利好等,容易给人"单向索取"的不良印象。

问题4:你有何优点和特长吗?

回答提示:结合所聘工作,谈性格上的优点和技能上的特长。如应聘会计工作,好静、稳重、办事认真是优点,擅长计算机操作是会计工作的潜在实力;热情开朗、心直口快的性格与会计工作的内在要求相违背,会引起招聘官的疑虑和担心,擅长英语口语与会计工作关系不大。

问题5:你有何缺点和不足?

回答提示:"金无足赤,人无完人",应聘者应正确认识自己的不足,有改进的愿望和行动,还要了解招聘单位的用人要求。如缺乏实践经验,而且在知识结构上还需要进一步充实完善,比较符合这一要求。而性格外向,办事急于求成,有时忽略细节,或者性格内向,办事过于求稳,有时效率不高。这样回答比较客观地分析了自己:前者坦陈自己有时脾气急躁,但隐含热情高、办事效率高的优点;后者则含办事认真、一丝不苟的工作作风。如果回答对自己要求不太严格、纪律性较差、适应性较差、不善于处理人际关系等,虽然直率坦诚,但招聘官是绝对不会录用对开展工作有这些致命的不足的应聘者。招聘官通常喜欢求职者从自己的优点说起,中间加一些小缺点的聪明回答。

问题6:如果我们录用你,你有何要求?

回答提示:求职择业是一种双向选择的过程,应当满足双方的客观需要。如果希望解决住处、有较好的工作条件以便发挥自己的专业特长等,则无可厚非;希望给予更多的任务,在工作中不断提高自己的实际能力,则更容易得到用人单位的认同;希望解决婚后住房问题,则可能强人所难。

问题7:你希望月薪多少?

回答提示:薪金待遇是择业中考虑的重要问题之一,要求过低显然贬低自己的能力,显得没有自信;要求过高显得你分量过重,公司受用不起;希望公司按国家有关规定或公司的惯例发工资,比较理智;希望能按工作成绩或工作效率合理发放工资,具有挑战性,既表现了干好这一工作的自信心,也表现出维护自身权益的意识。

问题8:如果你的工作出现失误,给公司造成经济损失,你认为该怎么办?

回答提示:这是一个具有挑战性的问题,考察的是如何面对失误。直接回答甘愿受罚或表示无能力负责希望公司帮助解决,都是缺乏周全考虑的,因为如果损失重大,是你想承担也无法承担、想逃避也逃避不了的。分清责任,各负其责是比较理智的。先想方设法去弥补或挽回经济损失,后分清并承担责任、总结教训,这是比较可取的办法。

问题9:谈谈你的家庭情况。

回答提示:此题目的是了解家庭背景对求职者的塑造和影响,不宜简单地罗列家庭人口情况,宜强调温馨和睦的家庭氛围、父母对自己言传身教的重视、自己对家庭的热爱及责任感、家庭成员对自己学习及工作的支持等,因为和睦的家庭关系对一个人的成长有潜移默化的影响。

问题10:你有什么业余爱好?

回答提示:业余爱好能在一定程度上反映应聘者的性格、观念、心态,说自己没有业余爱好,不现实;庸俗、低级的爱好,令人感觉不好;爱好读书、听音乐、上网,可能令招聘人怀疑性格孤僻。最好能有一些户外的或集体的业余爱好,如攀岩爱好说明你有挑战精神,篮球、足球爱好说明你有一定的团队协作精神等,这些都是招聘单位所看好的。

问题11:你对加班有何看法?

回答提示:实际上好多招聘官问这个问题,并不说明所聘岗位一定要加班,只是想测试你是否愿意为公司奉献。如果回答无所谓,可能有些委屈自己;说不同意又唯恐影响应聘。比较可取的回答是:如果是工作需要我会义不容辞加班,但同时我也会提高工作效率,减少不必要的加班。

问题12:在五年的时间内,你有怎样的职业规划?

回答提示:凡事预则立,不预则废。招聘官总是喜欢有明确奋斗目标有进取心的应聘者。比如说应聘其基础职位通过五年努力就可能达到的职位——产品销售部经理、生产部经理、参议技师或软件工程师等。如果说"不知道",或许就会使你丧失一个好机会。最普通的回答:"我准备在技术领域有所作为"、"我希望能按照公司的管理思路发展"或"成为管理者",但显得抽象。

问题13:你朋友对你的评价怎样?

回答提示:该题想从侧面了解一下应聘者的性格及与人相处的情况。如果回答"我的朋友都说我是一个可以信赖的人。因为,我一旦答应别人的事情,就一定会做到。如果我做不到,我就不会轻易许诺",会得到招聘官的首肯,因为公司单位都提倡诚信。回答"我的朋友都说我是一个比较随和的人,因为我在与人相处时,总是能站在别人的角度考虑问题",也比较可取。

问题14:如果通过这次面试我们单位录用了你,但工作一段时间却发现你根本不适合这个职位,你怎么办?

回答提示:一段时间发现工作不适合我,有两种情况:一是如果自己确实热爱这个职业,那就要不断学习,虚心向领导和同事学习业务知识和处事经验,了解这个职业的精神内涵和职业要求,力争减少差距;二是如果自己觉得这个职业可有可无,那就趁早换个职业,去发现适合自己的、自己热爱的职业,那样对单位和个人都有好处。

问题15:在完成某项工作时,你认为领导要求的方式不是最好的,自己还有更好的方法,你应该怎么做?

回答提示:原则上尊重和服从领导的安排,同时私底下找机会以请教的口吻,婉转地表达自己的想法,看看领导是否能改变想法。如果领导没有采纳自己的建议,自己也同样会按领导的要求认真地去完成这项工作。但假如领导要求的方式违背原则,自己会坚决提出反对意见,如果领导仍固执己见,自己会毫不犹豫地再向上级领导反映。

问题16:如果你做的一项工作受到上级领导的表扬,但你的主管领导却说是他做的,你该怎样?

回答提示:首先自己不会找那位上级领导说明这件事,而是主动找主管领导来沟通,因为沟通是解决问题的最好办法。如果通过沟通,主管领导认识到自己的错误,自己会视具体情况决定是否原谅他;他若变本加厉地来威胁,自己会毫不犹豫地找上级领导反映此事,因为他这样做会造成负面影响,对今后的工作不利。

问题17:谈谈你对跳槽的看法?

回答提示:正常的跳槽能促进人才合理流动,应该支持;但频繁地跳槽对单位和个人双方都不利,应该反对。

问题18:假设你在单位工作,成绩比较突出,得到领导的肯定。但同时你发现同事们越来越孤立你,你怎么看这个问题?你准备怎么办?

回答提示:成绩比较突出,得到领导的肯定是件好事情,但与同事间的关系融洽也十分重要。要反省自己是否伤害同事的自尊心、是否在领导面前拨弄是非,有则改之,无则加勉。注意今后在努力工作的同时,要加强与同事间的交往及发展共同的兴趣爱好。

问题19:你能为我们公司带来什么呢?

回答提示:企业很想知道未来的员工能为企业做什么,假如你可以的话,试着告诉他们你可以减低他们的费用;或者再次重复自己的优势,然后说:"就我的能力,我可以做一个优秀的员工在组织中发挥能力,给组织带来高效率和更多的收益。"如果是申请营销之类的职位,可以说:"我沟通能力强,人际关系较广,可以开发大量的新客户,同时对老客户做更全面周到的服务,开发老客户的新需求和消费。"

问题20:新到一个部门,一天一个客户来找你解决问题,你努力想让他满意,可是始终达不到客户的要求,他投诉你们部门工作效率低,你这个时候怎么做?

回答提示:先保持冷静;然后反思客户不满意的原因,根据原因采取相应的对策,并把整个事情的处理情况向领导作出说明,希望得到领导的理解和支持。自己不会因为被客户投诉而丧失工作热情和积极性,而会一如既往地牢记为客户服务的宗旨,争取早日做一名领导信任、公司放心、客户满意的职员。

问题21:如果我们录用你,你将怎样开展工作?

回答提示:这个问题的主要目的也是了解应聘者的工作能力和计划性、条理性，比较一般的回答是："首先听取领导的指示和要求，然后就有关情况进行了解和熟悉，接下来制定一份近期的工作计划并报领导批准，最后根据计划开展工作。"

问题22：如果你这次应聘没有被录用，你怎么办？

回答提示：有竞争就必然有成败，往往成功的背后有许多的困难和挫折。要吃一堑，长一智。再努力准备去迎接新的应聘。

问题23：怎样看待学历和能力？

回答提示：学历只表明所受的教育程度，是否具备了基本的学习的能力，并不能用来判断一个人工作能力的高低。如果贵公司招聘把学历卡在硕士或博士上，我就无法进入贵公司，当然这不一定只是我个人的损失，因为如果一个专科生、本科生都能完成的工作，您又何必非要招聘一位硕士生或博士生呢？

第三节　面试的基本形式

面试是用人单位招聘时对应聘者最重要的一种考核方式，它以交谈和观察为主要手段以了解应聘者的素质及相关信息。按照不同的角度，面试大致可以分为以下几种基本形式。

一、个人面试与集体面试

个人面试又称单独面试，指招聘官与应聘者单独面谈。这是最普遍、最基本，也是最常见的一种面试方式。个人面试的优点是能提供一个面对面的机会，让面试双方较深入地交流。个人面试又有两种类型：一是只有一个招聘官负责整个面试过程，这种面试大多在较小规模的单位录用较低职位人员时采用；二是由多位招聘官参加整个面试过程，但每次均只与一位应聘者交谈。公务员选拔面试大多属于第二种形式。

集体面试又称小组面试，指多位应试者同时面对面试考官的情况。在集体面试中，通常要求应试者作小组讨论，相互协作解决某一问题，或者让应试者轮流担任领导主持会议、发表演说等。这种面试方法主要用于考察应试者的人际沟通能力、洞察与把握环境的能力、组织领导能力等。

无领导小组讨论是最常见的一种集体面试法。在不指定召集人、主考官也不直接参与的情况下，应试者自由讨论主考官给定的讨论题目，这一题目一般取自招聘工作岗位的专业需要，或是现实生活中的热点问题，具有很强的岗位特殊性、情景逼真性和典型性。讨论中，众考官坐于离应试者一定距离的地方，不参加提问或讨论，通过观察、倾听为应试者进行评分。

二、一次性面试与分阶段面试

所谓一次性面试,即指用人单位对应试者的面试集中于一次进行。在一次性面试中,面试考官的阵容一般比较庞大,通常由用人单位人事部门负责人、业务部门负责人及人事测评专家组成。在一次性面试情况下,应试者是否能面试过关,甚至是否被最终录用,就取决于这一次面试表现。面对这类面试,应试者必须集中所长,认真准备,全力以赴。

分阶段面试又可分为两种类型:一种称为依序面试;另一种称为逐步面试。

依序面试一般分为初试、复试与综合评定三步。初试的目的在于从众多应聘者中筛选出较好的人选。初试一般由用人单位的人事部门主持,主要考察应聘者的仪表风度、工作态度、上进心、进取精神等,将明显不合格者予以淘汰。初试合格者进入复试。复试一般由用人部门主管主持,以考察应聘者的专业知识和业务技能为主,衡量应试者对拟任工作岗位是否合适。复试结束后即再由人事部门会同用人部门综合评定每位应聘者的成绩,确定最终合格人选。

逐步面试一般是由用人单位的主管领导、处(科)长及一般工作人员组成面试小组,按照小组成员的层次,由低到高的顺序,依次对应试者进行面试。面试的内容依层次各有侧重,低层一般以考察专业及业务知识为主,中层以考察能力为主,高层则实施全面考察与最终把关。实行逐层淘汰筛选,越来越严。应试者要对各层面试的要求做到心中有数,力争每个层次均留下好印象。在低层次面试时,不可轻视大意,不可骄傲马虎,在面对高层次面试时,也不必胆怯拘谨。

三、非结构化面试与结构化面试

在非结构化的面试条件下,面试的组织非常随意。关于面试过程的把握、面试中要提出的问题、面试的评分角度与面试结果的处理办法等,主考官事前都没有精心准备与系统设计。非结构化面试颇类似于人们日常非正式的交谈。在轻松活跃、无拘无束的气氛中,招聘官与应聘者海阔天空、漫无边际地进行交谈,自由发表言论。此方式的目的是在闲聊中观察应试者的谈吐、举止、知识、能力、气质和风度,对其做全方位的综合素质考察。但除非面试招聘官的个人素质极高,否则很难保证非结构化面试的效果。目前,真正非结构化的面试愈来愈少。

正规的面试一般都为结构化面试。所谓结构化,包括以下三个方面的含义。一是面试过程把握(面试程序)的结构化。在面试的起始阶段、核心阶段、收尾阶段,招聘官要做些什么、注意些什么、要达到什么目的,事前都会相应策划。二是面试试题的结构化。在面试过程中,招聘官要考察应聘者哪方面的素质,围绕这些考察角度主要提哪些问题,在什么时候提出,怎样提,在面试前都会做出准备。三是面试结果评判的结构化。从哪些角度来评判应聘者的面试表现,等级如何区分,其至如何打分等,在面试前都会有相应规定,并在众考官间统一尺度。如德国西门子公司有一个全球性的人力资源题库,一个多小时的面试,前5分钟测什么,后10分钟测什么,非常严格,并且最后都有结论。

四、常规面试与情景面试

所谓常规面试,就是我们日常见到的、招聘官和应聘者面对面以问答形式为主的面试。在这种面试条件下,招聘官处于积极主动的位置,应聘者一般是被动应答的姿态。招聘官按照事先拟订的提纲对应聘者进行发问,应聘者根据招聘官的提问做出有针对性的回答。招聘官根据应聘者对问题的回答以及应聘者的仪表仪态、身体语言、在面试过程中的情绪反应等对应聘者的综合素质状况做出评价。

在情景面试中,突破了常规面试主考官和应试者一问一答的模式,引入了无领导小组讨论、公文处理、角色扮演、演讲、答辩、案例分析等人员甄选中的情景模拟方法。由招聘者事先设定一个情景,提出一个问题或一项计划,要求职者进入角色模拟完成,其目的在于考核其在特殊情况中分析问题、解决问题的能力。情景面试是面试形式发展的新趋势。在这种面试形式下,面试的具体方法灵活多样,面试的模拟性、逼真性强,应试者的才华能得到更充分、更全面的展现,主考官对应试者的素质也能做出更全面、更深入、更准确的评价。

以上几种基本面试形式在实际面试过程中,招聘者可能采取一种或同时采取几种,也可能就某一方面的问题对求职者进行更广泛更深刻(即深层次)的考察,其目的在于能够选拔出优秀的应聘者。

 思考与练习...

1. 一次某公司招聘文秘人员,由于待遇优厚,应聘者很多。中文系毕业的小张同学前往面试,她的背景材料可能是最棒的:大学四年,在各类刊物上发表了3万字的作品,内容有小说、诗歌、散文、评论、政论等,还为六家公司策划过周年庆典,一口英语表达也极为流利,书法也堪称佳作。小张五官端正,身材高挑、匀称。面试时,招聘者拿着她的材料等她进来。小张穿着迷你裙,露出藕段似的大腿,上身是露脐装,涂着鲜红的唇膏,轻盈地走到一位考官面前,不请自坐,随后跷起了二郎腿,笑眯眯地等着问话,谁料到,三位招聘者互相交换了一下眼色,主考官说:"张小姐,请回去等通知吧。"她喜形于色:"好!"挎起小包飞跑出门。

问题:(1)小张能等到录用通知吗?为什么?

(2)假如你是小张你打算怎样准备这次面试?

2. 北方工大专科毕业生胥某在应聘北京物美商城有限公司之前,先特意到物美设在学校附近的超市进行了一番考察,对物美的经营理念、市场定位、目前规模和发展目标有了相当的了解,从公司的宣传栏里了解到了比较详细的背景资料。接着,又上网查阅了许多关于物美的,以及其他国内外连锁经营的管理知识。在此基础上,他还认真总结整理出一份《管中窥豹,我对物美的几点建议》。面试由物美人力资源部的张总主持,第一个问题便是:你对物美有多少了解?考场内鸦雀无声,而胥某却暗自庆幸"头筹非我莫属",果不其然,当他对物美的一番陈述并递上"九点建议"的时候,张总连连对他点头,最终他从20多个竞聘者中脱颖而出。

问题:胥某的成功应聘对即将应聘者有什么启发?

3. 小A到东莞一家公司参加面试,招聘者客气地为他泡了杯茶,说"我们开始吧",然后从嘴里吐出一大串叽里呱啦的日语。小A一下子就蒙了,傻乎乎地半天说不出话来。那位招聘者看他一脸迷惘的样子,就改用中文说:"你能用日语自我介绍一下吗?"小A只好老实地承认自己的日语并不好。可招聘者却指着他的简历说:"你不是说自己精通日语吗?"小A回答说:"我没有要故意欺骗你们,我确实学过两个月的日语,但是还没有熟练到能用日语对话的地步。"招聘者的脸色一下子由晴转多云。

问题:小A被录用的几率大吗?为什么?

TWELVE 第十二章
推销与谈判

在经济活动中,推销和谈判是经常会遇到的,它们是拓展市场、实现利润的主要手段。口才是推销与谈判中不可缺少的要素,是人类从竞争走向合作的桥梁。拥有口才,不怕市场拓展不开。优秀的推销员就是顶级的魔术师,他能用绝妙的语言技巧将顾客吸引住,用精彩的示范表演赢得顾客的信任,用热情的态度去打动顾客。而在谈判中,口才甚至可以说是取得成功的最重要因素。

第一节 推销口才

营销工作,是主要靠语言表达来促成交易的商务活动。所以,口才艺术是现代营销中最常用、最基础的技能之一。缺乏这一基本功的营销者,几乎无法在市场上立足。若想成为市场营销中的佼佼者,掌握良好的口才艺术必不可少。

营销口才,是与顾客进行情感沟通的语言技巧,是赢得顾客、扩大市场的成功法宝。妙用好口才,就可以使营销化难为易,化繁为简,就可以让顾客变疑为信,变拒为纳。

一、推销口才的特点

推销是运用自己的口头语言,通过向客户介绍产品的特点、质量、服务等,使其购买该产品的活动。在推销活动中,主要依靠的就是推销员的口才。推销口才具有如下特点。

1. 针对性

施展商务口才有一个直接目的——推销产品,推销者的谈话成功与否,其口才水平的高低,都要以产品能否推销出去作为检验标准。此外,推销主体的谈话对象较为单一,即面对顾客或客户,他全部工作就是围绕如何激起顾客或客户对产品的兴趣,激起其购买欲望而展开的。推销口才必须建立在这一宗旨之上。所谓"货卖一张嘴",并不意味着有一张不着边际、夸夸其谈的嘴就可以解决问题,而是对说话有着特定的要求,要求推销语言周密的计划性和明确的针对性。

2. 主动性

热情应是营销人员起码的素质,因此营销人员施展推销口才时应带有主动性。随着经济的发展,我国的市场已由过去的卖方市场逐渐变为买方市场,销售对象再不是被动地接受产品了。要把产品销出去,营销人员应主动出击,寻找潜在顾客,主动上门推销产品。即使是坐店经商,也不能对顾客不闻不问,而应在顾客犹豫不决之际,抓住有利时机,强化顾客的购买欲望,说服顾客购买产品,从而有效地实现销售。

3. 服务性

推销人员也是服务人员,推销语言也即是服务语言。本着对顾客负责的目的,推销语言不仅要文雅、礼貌,而且要直接为消费者服务,如向顾客介绍商品知识,教会他们使用方法和修理技术,消除他们的陌生感,诱导其好奇心,激发顾客的购买欲望等,以此创造更多的销售机会。

4. 随机性

推销人员不仅要做到热情主动,而且如前所述要了解不同顾客的购买心理和欲望,这样才能具有针对性,随机应变,灵活运用口头交际艺术,巧妙地说服顾客。对于顾客在推销过程中提出来的异议,还应该当场予以说明,化解顾客心中的疑虑,及时达成交易。

二、推销口才应注意的原则

西方企业家非常重视推销的作用,他们说:"没有推销,就没有企业。"由此可见推销对企业的重要性。口才在推销中的应用,有几个基本原则。

1. 以顾客为中心

在推销过程中,要安排好介绍产品的顺序,不要将自己准备好的话一股脑说下去,而要随时注意顾客的表情,灵活调整。推销者不是设法把东西"卖"给顾客,而是协助顾客"买"到他所需要的东西。

2. "三分说,七分听"

这是人际交谈的倾听原理在推销语言中的具体体现。在推销商品时,除了仔细观察对方,看对方的表情和对商品的态度,看对方言谈中的各种表现外,还必须虚心听取对方意见,了解对方的真正意图和内心的打算。

3. 通俗易懂,不犯禁忌

避免使用导致商谈失败的话语。保持商量的口吻,避免用命令或乞求语气。

4. "低、褒、感、微"原则

这四个字的具体含义如下。"低",就是态度低,要始终做到谦逊平易,心里应时常想着"顾客是真正的上帝","客户是我工资的来源",一举一动,对客户都要十分尊重,手要放端正,站立时放在体侧,坐着时放在腿上。头不能高仰着,应稍低垂,微收下颌。"褒"是指褒扬赞美。赞美的话谁都爱听,所以推销商品时不要忘记赞美对方,如赞美顾客的眼光和欣赏水平等。"感"是对对方的感谢之意和感谢之词,应该由衷地感谢客户的订购,感谢客户的照顾。"微",就是微笑,意思是说作为推销员应该经常面带笑容,使顾客感到心情愉快。

5. 推销的语言还必须客观、真实

以事实为依据,客观、公正地运用语言进行沟通,表情达意,是推销员所要遵循的一条基本原则,购销双方以诚相待会使整个推销过程极为融洽、和谐。

三、推销的口才技巧

推销的过程,实际上是推销人员运用各种推销技巧,说服顾客购买其商品或劳务的过程。俗话说,"十分生意七分谈",谈生意主要是一个"谈"字,"谈"就是口才交际过程。下面就介绍几种推销的口才技巧。

1. 直言

直言是推销者真诚的表现,也是和对方关系密切的标志。

【案例】

小王是一名服装导购员,一次一位体态肥胖的中年妇女要买一件上衣,她看中一件非常瘦小的红色上衣,征询小王的意见。小王在认真考虑之后直言不讳地说:"这件衣服并不适合您,因为您体态偏胖,如果您买一件休闲款的黑色上衣,相信效果一定会很好。"这位妇女听了小王的意见后,非但没有生气,还对小王的服务赞不绝口,买了一件黑色上衣。

2. "诱"的技巧

一般说来,推销员推销商品,是在短时间内完成的。在短短几分钟里,你的话能吸引住顾客并打动他的心,生意就成交了;吸引不住,一笔买卖就吹了。此外,在市场竞争中,如何能突出自己,把顾客吸引到自己身边,也需要与众不同的鲜明语言。这都要求推销人员的话具有强烈的诱惑性和渲染色彩。比如推销食品的推销员为引起人们的食欲,他们往往用悠扬婉转的声调,把买主的全部感官调动起来,甚至让人馋涎欲滴。

推销中采取"诱"的技巧方式很多,最基本的有层层诱导和定向诱导两种。

层层诱导是指根据顾客的购买心理,层层诱入消费导向的一种推销艺术。人们逛商店、看商品,有时往往是情绪的驱使,而并非一定有什么购买目的。对这类潜在的消费者,就应送上这样的话:"看看吧,不买不要紧。""试一试吧,不行我再帮你换。"推销员可边说边拿出商品给对方,激发消费者的购买欲望和兴趣。当顾客试看、试穿或试用的时候,再说几句得体的夸奖语:"您看这颜色多高雅,你穿着显得气度不凡!""这衣服太合您的身材了,穿着年轻多了!"从心理学角度看,人都喜欢受到他人的尊重与赞扬,推销过程中,适时的赞美,会使顾客感到一种满足。这时,伺机告知价格,激起顾客的购买欲望,就有可能达成交易。

层层诱导的发话艺术,是在不让对方感受压力的原则上,慢慢地一层一层地推动对方,把对方诱入消费的导向,促使其完成购买行动。

定向诱导,是指推销员有目的地诱导顾客作定向回答的发话和引申。定向诱导目的明确,但切忌过于急功近利。

3."激"的技巧

当用户产生购买商品的欲望,但又犹豫不决的时候,可适当使用"激"的技巧,激发对方的好胜心理,促使其迅速作出判断。当然,在使用激将法的时候,一定要把握火候,不然会适得其反。

4."比"的技巧

俗话说:"不怕不识货,就怕货比货。"在推销的时候,以合适的同类产品(或假冒伪劣产品)进行对比,让客户在对比中产生差别感,这样就会增加说服力。但在比的过程中,要以事实为依据,不能言过其实。

5."问"的技巧

在推销的过程中,我们经常发现有顾客会不假思索地拒绝推销,因此推销是从拒绝开始的,这话一点不假。

遇到这种情况,推销员不应退避三舍,而应知难而上,这时巧妙设问是关键,提问可以消除双方的紧迫感,缓和商谈气氛,摸清对方的底牌,可以确定推销过程进行的程度,还可以了解顾客购买的障碍所在,寻找应对措施,这时也可以留有情面地反驳不同意见。提问是推销应对口才有力的手段,一定要熟练掌握运用。

6."演"的技巧

有的问题如果仅凭三寸之舌还难以让顾客明白,那就要采用实物、图片、模型等来加以说明和演示。小的商品可以随身携带,在顾客面前充分展示,而大的商品,如电器、汽车、机床等,或抽象的商品,如证券、劳务服务等,因无法随身携带,需要将其好处具体化、形象化,必要时请顾客亲临现场,将商品的功能、特点、使用方法逐一演示,充分展现商品的魅力。例如,一位推销员走进客户的办公室,向主人打招呼以后,指着一块沾满油渍的玻璃,有礼貌地说:"请允许我用带来的清洁器擦一下。"结果由于不用水就毫不费力地把玻璃擦得干干净净,从而引起了顾客的兴趣,于是生意很快做成了。

7."贴"的技巧

有人说:"一句贴心话,招来万户客。"在推销商品中,一句贴心话就会使顾客忘记你是推销员,而把你当成他的知心朋友。一句贴心话可以缩小你与顾客之间的距离,取得顾客对你的信任,这样,既为产品打开了销路,又交了朋友。

【案例】

一位抱着娃娃的小媳妇来到全国劳模吴某的柜台前买金钱酥,小媳妇气嘟嘟的,像是刚刚和谁吵过架。吴某见此情形格外小心接待,她麻利地称好包好后递过去,谁知小孩一把抢过纸包,金钱酥撒在柜台上,吴某折回身去拿纸,小媳妇以为她不管了,大嚷起来:"我咋拿?"

一听这话,吴某没有发火,而是默默重新包好,亲切叮嘱了孩子一句:"乖孩子,莫碰了,碰掉妈妈不好拿。"

正在气头上的小媳妇一愣,接着眼睛红了:"谢谢大姐。"

小媳妇本来是带着情绪购买东西,若吴某反唇相讥,结果可想而知。吴某没有这样做,改用爱抚的口吻对孩子说话,入情入理。这样既平息了一场舌战,又表现了吴某的亲和力和语言控制能力。

第二节 谈 判 口 才

谈判是指有关组织、机构和个人对涉及自身利益的有待解决的重大问题进行会谈,寻求解决问题的途径和达成协议的过程。谈判是社会生活中不可缺少的一种交往协调方式,不管你喜欢不喜欢、愿意不愿意,你都可能在不知不觉中成为一个谈判者,参与这样或那样的谈判。

在谈判中,双方的接触、沟通与合作都是通过语言表达来实现的。说话的方式不同,对方接受的信息、做出的反应也都不同。这就是说,虽然人人都会说话,但说话的效果却取决于表达的方式。

一、谈判中语言表达的作用

1. 准确无误地陈述谈判者的意图,表达双方各自的目的与要求

谈判双方代表聚在一起,讨论某项交易内容,首先要介绍各自的观点、要求。能否运用语言把它明确、清晰、简要地表达出来,这就要看谈判者的说话艺术了。正因如此,谈判人员都非常重视谈判伊始的开场白。一般来讲,在阐述问题时,要论点突出,论据充分,逻辑层次清楚,简明扼要,切忌啰嗦、烦琐、层次不清。在解释问题时,尽可能详细、具体一些,避免使用一些鲜为人知的行话、术语,尽量通俗易懂,深入浅出。

2. 说服对方

在谈判中,谈判者常常为各自的利益争执不下。这样,谁能说服对方接受自己的观点,谁就获得了成功。反之,不能说服,就不能克服谈判中的障碍,也就不能取得谈判的胜利。

当提出一个论点要对方理解和接受时,首先必须清楚地说明它的作用,特别是对对方的好处。许多实际经验表明,强调双方处境的相同、愿望的一致,要比强调

双方的差异、分歧更能使人理解和接受。当你认为某一问题十分重要,必须要取得对方的谅解与合作时,可以试着从多角度去阐述,正面不行就侧面进攻,直接不行就迂回进攻,使对方在不知不觉中接受了你的观点。

需要指出的是,谈判时应尽量避免用辩解的口气说话。如果这样做,就会显得比对方矮一截而失去气势。所以,在谈判中保持不卑不亢的态度是十分重要的。当然,要说服对方,必须认真听取对方的要求,进而明确哪些要求可以理解,哪些要求可以接受,哪些要求必须拒绝,寻找机会把正在争论的问题和已经解决的问题联系在一起。这样,既可以使对方认识到不能让争执的问题影响协议的达成,又可以促使对方改变立场,做出妥协。

运用实例或逻辑分析来说服对方也十分有效。善于劝说的人大都清楚人们做事主要受个人的具体经验影响,抽象地讲大道理远不如运用经验和实例更有说服力。

要说服对方,必须要寻找对方能接受的谈话起点,即寻求与对方思想上的共鸣,先表示出自己对对方的理解,然后步步深入,把自己的观点渗透到对方的头脑中。美国的人际关系专家戴尔·卡内基把寻求谈话共同点的方式称作"苏格拉底式"的谈话技巧。其基点是:与人辩论,开始不要讨论分歧的观点,而是着重强调彼此共同的观点,取得完全一致后,再自然地转向自己的主张。这一方法的特点是:提出一系列的问题让对方称"是",同时要避免对方说"不",进而促使对方发生态度转变。

3. 缓和紧张气氛,融洽双方关系

谈判是双方面对面的交锋,其气氛是随双方的交谈而不断变化的。形成一个和谐、融洽的谈判气氛,往往需要双方的艰苦努力,而要破坏它,可能仅仅是一两句话。所以,精明的谈判者,往往在语言表达、措辞上都十分谨慎小心,即使是讨论双方的分歧问题,也决不会轻易发火或指责对方,当然,更不应出现污辱人格、伤害感情的语言。

创造良好的谈判气氛,开头也很重要。一般来讲,不能双方刚一接触,就马上开始谈正题,弄不好会适得其反。在进入正题前,要选择一些其他话题。中性话题是大家公认的较好话题。

中性话题的范围很广,一切和正题不相干的话题都是中性的。这里我们把它归纳为四个方面。① 来访者旅途的经历。如对方乘飞机来,可以问旅途的有关经历、见闻。② 体育新闻或文娱消息,如"您看没看昨天晚上电视转播的球赛?""今天晚上中国京剧团将举行慰问演出,你们是否想看?"③ 个人的爱好,如"您喜不喜欢京剧?""周末常去垂钓吗?"④ 对比较熟悉的谈判人员,还可以谈谈以前合作的经历,打听一下熟悉的人员等。

通过简单的交谈,双方的感情就比较接近了,气氛也融洽了,再谈正题就显得自然、不唐突。但是,中性话题也有积极、消极之分。谈判人员应设法避免令人沮丧的话题,比如"今早乘车来,公路上出现了一起车祸,堵塞了交通,我们真担心会迟到了"。从维持谈判气氛来讲,说话的另一大忌是口吐狂言、滔滔不绝。说话表现出轻狂傲慢,自以为是,瞧不起别人,会引起对方的反感、厌恶,甚至招致对方的攻击。

二、谈判的语言要求

谈判是谈出来的,靠的是语言,所以,谈判的成败在很大程度上取决于谈判中的口语表达技巧。英国哲学家培根有一段关于谈判言论的论述,很全面地说出了谈判口才的言语特征:"与人谋事,则须知其习性,以引导之;明其目的,以劝诱之;谙其弱点,以威吓之;察其优势,以钳制之。"

1. 以礼待人,无懈可击

在谈判过程中,谈判双方是完全平等的,双方应相互尊重,讲究文明礼貌,做到有理有节。

(1) 适可而止。适可而止是一种忍耐,指在说话或做事的过程中到了适当的程度就停止。谈判中,对于谈判者来说,最重要的是要懂得该在什么时候去取得某种利益,又该在什么时候放弃某种利益。

(2) 为对方着想。这是指设身处地地为对方考虑。谈判桌上,双方毫无疑问地都要先考虑自己的利益,都想在利益上占据优势。因此,双方可能争执不下,弄得面红耳赤,可是,事情却并不能因此而得到解决。这时,如果能设身处地地为对方想一下,僵局也许就能有所缓和,谈判因此可能会出现转机。

【案例】

波斯国奴隶主奥默的一个奴隶在服役期间逃跑了,抓回来后,被送到国王面前,要被砍头示众。这个奴隶对国王说:"至高无上的主啊,我是一个无辜的好人。如果您杀死一个无辜的好人,是要遭报应的。如果您让我在去世之前犯一次罪——杀死我的主人奥默,然后您再杀死我,我就是罪有应得,您就不会承担杀害无辜的罪名了。我这样做完全是为您着想啊!"

国王听后大笑,赦免了他。

(3) 平息怒气。谈判中难免会因为一些交易的条件发生争执,有时还会怒不可遏,这时就要保持冷静。即使在对方怒不可遏的情况下,自己也要处变不惊,能够认真地去理解对方的心情。这样的心理沟通,会使谈判的气氛发生微妙的变化,从而使原先的对立变为合作,互不相让变为互相体谅,最终达成双方都能接受的协议。

2. 语言表达灵活巧妙

任何谈判都不可能那么轻松随便,谈者需要运用语言技巧将自己的观点一点一滴地渗透进对方的头脑中去。也就是说,要从不同的角度,运用有说服力的语言,向对方说明自己的观点和意见,阐明双方的利益,使对方明白这些观点和建议对双方都是有益的。

1) 和"言"悦色

在谈判中,要营造融洽的气氛,构筑一种轻松愉快的氛围,建立相互信任的人际关系,就必须注意语言的礼貌温和。

第一,要使用礼貌语言。在谈判中要尽量用礼貌的语言来表达自己的意见,同时语调温和。遣词造句都应符合谈判场合的需要,比如:"我相信,由于您的努力,我们的合作一定会很愉快!"要尽量避免使用一些极端用语,比如:"行不行?不行就拉倒!""你如果不愿意,我们就到此为止。"

第二,含蓄委婉,不加评判。在谈判过程中,即使你的意见是完全正确的,也不要动辄轻易地对对手的行为和动机加以评判,因为如果评判不当,将会造成对立而难以合作。所以,如果有意见分歧,应尽量选择那些婉转、不生硬的话语,剔去话语中可能刺伤对方的部分,表明对对方的尊重,从而使对方易于接受你的观点。比如,发现对方某项统计资料的计算方式不合理时,就不应该说:"你对利率的计算方法全都错了。"而应该说:"我的统计结果和你的有所不同,我是这样计算的……"这样对方就不会产生反感。

第三,改变人称,巧用语气词。这里的诀窍就是将"你"、"我"互换,把评判的口吻变为对方自我感受的口吻,例如:"你看用这种方法是否更好一些?"应避免使用以"我"为中心的提示语,诸如:"我认为……"、"依我看……"、"我的观点是……"、"我早就这么认为……"、"我觉得……"等。

第四,肯定用语。当你不同意对方的观点时,不宜直接使用"不"、"没有"等具有强烈对抗性的字眼,而应多用肯定的句型来表达否定的意思。比如:"我完全理解您的心情。"这样的句子其实是在暗示:我并不赞成你这么做。即使谈判陷入僵局,也应不失风度地说:"在目前情况下,我们最多也只能做到这一步了。"这是在暗示对方:我们不能再作让步了。

第五,否定用语。同样是对一个问题的否定,如果改变否定的用法可使语气委婉。比如将"我认为这种观点不对"改为"我不认为你这种观点完全正确",或"你是否觉得另一种看法更客观呢?"这样,语气缓和了许多,而否定的意思却一点没变。

第六,语气助词。使用"吧"、"吗"、"啊"等语气助词,可以使命令语气变成商量语气。比如:"……就这样"改为"……就这样了吧","这个问题我不谈了"改为"我们不谈这个问题好吗",前者显得生硬,后者显得温和。

第七,推托用语。谈判中难免要表示拒绝,为了不至于因为一个问题的拒绝而影响整个谈判,要讲究拒绝的方式,不妨使用推托性的语言表示拒绝。比如:把"不行"改为"这件事我们目前有困难",或者"对不起,我们帮不了你,我们可以帮你找找其他单位"等。

2）察"言"观色

俗话说：锣鼓听音，说话听声。谈判中也应如此。

悉心聆听对方吐露的每个字，注意他的措辞、选择的表述方式、语气，乃至声调，是发现对方需要的一个重要途径。

任何一种说话，都可能有至少两个方面的意思。乍一看来，某些提法似乎表面上自相矛盾，然而在一定条件下和一定的范围内，才发现它具有深层的含义。

在谈判中，对手常以语言作为伪装，借以表达自己的"真诚"，以混淆视听。谈判者对这种言不由衷的把戏一定要警惕。如常听到对方说"顺便提一下……"说者企图给人一个印象：他要说的事是刚巧想起来的，但是，十有八九这件"顺便"提的事恰恰非常重要，他漫不经心地提出，只是故作姿态而已。

另外，谈判中应根据对方怎么说，而不是说什么，去发现其态度的变化。如气氛融洽时，熟识的对手之间往往是直呼其名，如果突然变为以姓氏或职衔相称，就是气氛趋于紧张的信号，有时，甚至意味着僵局的开始。

三、谈判口才技巧

为了达到谈判成功的目的，谈判者作为谈判的主体，要有广博的知识、丰富的阅历及深厚的专业本领，还要有敏锐的观察力、清晰的判断力、良好的竞争力和勇敢的冒险精神。此外，还要从以下几方面注意掌握适当的技巧。

1. 倾听的技巧

要想在谈判中处于主动，就必须深入了解对方，而了解对方的最好办法就是倾听对方的谈话。在谈判桌上，在对方陈述观点、意见和要求时，己方应采取认真倾听的态度。谈判中发生的争辩、冲突，并不总是因为双方意见不一致，也可能是一方或双方没有仔细听清对方的谈话造成的。所以，在倾听对方谈话时要避免：思想不集中、心不在焉；各取所需，只记得对方的结论而忽视或甩掉了对方的前提；抓住对方说话中的漏洞，展开反击。

1）用心地听

听时要集中精力，全神贯注。谈判者在听的同时还要进行思考："他说这话是什么意思？""他下面还会怎么说呢？""我该怎样回答？"

俗话说："会说的不如会听的。"听话要听音，要善于聆听对方说话的语气、语调、措辞及表达形式，听出对方的弦外之音、言外之意，从而发现对方态度的变化及其背后隐含的真实意图。

2）耐心地听

在对方谈话过程中，应保持足够的耐心，要做到：不要轻易打断对方的话题；无论对方意见听起来多么可笑，都不应流露出轻蔑和心不在焉的表情；多与对方交流眼神;通过一些恰当的提问,表示自己对话题感兴趣;适当地点头或做一些手势动作,表示自己在注意听;如果发现自己还未曾明白对方表达出来的意见,可以适当补问一下,以免发生误会;决不要在未听完对方谈话之前就做解释,或急于表态、下结论。

2. 提问的技巧

谈判过程中,巧妙的提问犹如一颗颗探路的石子,是获得信息的重要工具。为了了解对方的真实想法和企图,老练的谈判者总是密切注意对方的心理变化过程,仔细观察对方的举止、姿势、手势等,十分机警地利用发问来探知对方的需求。成功的发问,体现在以下五个方面。

1) 问什么

由于每次谈判所涉及的内容及所处的角度不同,询问的问题也就应视具体情况而有所变动。在通常情况下,谈判者要问能获取所需信息的问题,以掌握对方的情况;要问能引起对方注意的问题,以形成热烈的气氛;要问能引起对方思考的问题,以引导对方思考的方向;要问能引起对方作出结论的问题,以达到己方的目的;要问自己知道答案的问题,以证明对方的诚实与可信度。

2) 何时问

烹调要看火候,谈判的发问也要看时机,比如:谈判初期可以问一些无关紧要的生活问题以示礼貌;在对方表达不清时提问以澄清疑问;谈判处于低谷时提问以推动谈判的进行;在自己有发言权,又做好了充分的准备时提问以明确自己的观点和看法。恰当的提问,应能使对方顺着自己的思路思考问题,从而把谈判的结果导向有利于己方的一面。

3) 怎样问

谈判中要控制谈判的方向和进程,就必须设法使发问的方法灵活、巧妙,采用对答案具有强烈暗示的引导性发问,达到将对方的思路引向己方的掌握之中的目的。提问有几种方式。

(1) 暗示式发问。发问的内容一定要真实可靠,问题本身已强烈暗示出预期答案,对方的回答一般不会超出发问者所设计的答案范围。例如:"既然大家都是朋友,就应该开诚布公,坦诚相见,是吧?"

(2) 探索式发问。针对对方提出或谈及的问题作引申发问,以引起进一步的探讨。比如:"你不同意我们的报价,有什么根据呢?"

(3) 选择式发问。向对方提出两种或两种以上的选择答案,对方不论选择哪一种答案,都是你能够接受的。例如:"交货地点是北站还是南站?"这种发问可减小对方提出异议的可能性,但要注意运用时应措辞得体,语气温和。

(4) 澄清式发问。针对对方谈话内容,促使其证实或补充的发问。例如:"上述情况没有变化,是不是说你们可以按期履约了?"这种发问可使对方的回答更清晰、具体,而且还有利于发掘更充分的信息。

4) 考虑问话对象的特点

对方坦率耿直,提问就要简洁;对方爱挑剔、喜抬杠,提问就要周密;对方羞涩,提问就要含蓄;对方急躁,提问就要委婉;对方严肃,提问要认真;对方活泼,提问可诙谐。

【案例】

某商场休息室里经营咖啡和牛奶,刚开始服务员总是问顾客:"先生,喝咖啡吗?"或者"先生,喝牛奶吗?"其销售额平平。后来,老板要求服务员换一种问法:"先生,喝咖啡还是牛奶?"结果其销售额大增。原因在于,第一种问法,容易得到否定回答,而后一种是选择式,大多数情况下,顾客会选一种。

3. 回答的技巧

谈判前应做好回答的相关准备,在事先确定好的原则范围内可以明确答复的,应明确答复;含糊不清的问题不能随意答复;对一些不便回答的问题或不值得回答的问题,应该"顾左右而言他"。

该明确回答的问题不能推托,否则显得缺乏诚意,但回答对方的提问,又要给自己留一定的余地,不能因为回答对方的提问而过早地暴露己方的实力。

正像提问是谈判中必需的一样,回答也是谈判中不可缺少的一部分。以下是回答问话的一些技巧。

1) 不要彻底回答

不要彻底回答,就是指答话人将问话的范围缩小,或只回答问题的某一部分。有时对方问话,全部回答不利于我方。例如对方问:"你们对这个方案怎么看,同意吗?"这时,如果马上回答同意,时机尚未成熟,你可以说:"我们正在考虑、推敲……"

2) 不要马上回答

对于一些问话,不一定要马上回答。特别是对一些可能会暴露我方意图、目的的话题更要慎重。例如,对方问"你们准备开价多少?"如果时机还不成熟,就不要马上回答,此时可以找一些借口谈别的,或是闪烁其词,所答非所问,如产品质量、交货期限等。等时机成熟后再摊牌,这样效果会更理想。

3) 不要确切回答

模棱两可、弹性较大的回答有时很有必要。许多谈判专家认为,谈判时针对问题的回答并不一定就是最好的回答。回答问题的要诀在于知道该说什么和不该说什么,而不必考虑所答的是否对题。例如,对方问"你们打算购买多少?"如果你考虑先说出订数不利于讲价,那么就可以说"这要根据情况而定,看你们的优惠条件是什么?"这类回答通常采用比较的语气,如"据我所知……""那要看……而定""至于……就看你怎么看了"等。

4. 说服的技巧

说服技巧是一种复杂的技巧,其复杂体现在如何从多种多样的说服方式中选取一种恰当的方式,说服对方接受你的观点。下面简单介绍几种说服技巧。

(1) 先讨论容易解决的问题。谈判开始时要先讨论容易达成共识的问题,再讨论有争议的问题,如果能把正在争论的问题和已经解决的问题连成一气,就较有希望达成协议。

(2) 强调于对方有利的条件。

(3) 强调双方处境的相同之处。

(4) 如果有两个信息传达给对方,先讲较悦人心意的。

此外还有软硬兼施、旁敲侧击、先下手为强、后发制人、对症下药、随机应变等技巧,这里就不一一介绍了。

5. 拒绝的技巧

谈判中,当你无法接受对方的要求和建议时,如果直截了当地拒绝,就可能立即造成尖锐对立的气氛,对整个谈判造成消极的影响。在对对方说"不"时,必须掌握技巧。常用的拒绝技巧如下。

(1) 使用多余的敬语,使对方在受到尊敬的同时有一种被拒千里之外的感觉,从而知难而退。

(2) 把对方的话题进行分析,然后一句不漏地进行批驳,将"不"蕴含在批驳之中,使对方被拒绝后无话可说。

(3) 为使否定的回答不致带很大的威胁性,努力用肯定的话讲出来。例如:"是呀,但……"或者"我很喜欢你的想法,但是……"即使你实在不得不说"不",又不带任何条件,你可以这么说:"我实在弄不懂为什么你的提议是合理的。"这样说明你不同意也比直接说"不"要委婉,效果要好得多。

第三节 推销与谈判案例分析

现代社会,市场经济高度发达,商品正以其超乎寻常的渗透力触及社会生活的方方面面。对企业来说,推销是企业走向市场最主要的途径,是沟通生产与消费、买方与卖方经济联系的重要环节。被推销的不仅是企业的产品、服务,还有从产品、服务、推销员的言行中显示出来的企业形象。推销工作的好坏,直接关乎企业的生存发展,因此推销员的工作在企业占有十分重要的地位,他们的推销过程也往往产生丰富多彩的故事。

市场经济是竞争的经济,个人和企业、企业与企业,已经密不可分地互相联系在一起。为了共同发展,也为了各自的利益,人们既要竞争,也要合作,这就不可避免地需要沟通、协调、谈判。谈判的目的不一定要战胜对方,而是要达成某种协议,使双方都获得满意的结果。谈判的成功,取决于对谈判对象的了解,对谈判内容的熟悉,还取决于谈判者的智慧、口才,取决于谈判者所代表一方的实力。谈判有时候可能较为轻松,把酒言欢;有时候却是针尖对麦芒,扣人心弦。

下面通过对两个具体案例的分析说明口才在推销与谈判中的重要性。

【案例】

布鲁斯是专门销售上光用油漆的销售人员,他将要和泰尔公司的采购代表霍顿女士会面。在过去,他们公司的有关人员曾经会过面,但是没有达成买卖协议。这次是布鲁斯第一次与霍顿女士见面。在超过预定时间20分钟时,一位秘书将他带进霍顿的办公室。

布鲁斯:你好,霍顿女士。我是葛林油漆公司的布鲁斯,我想和你谈谈我们的产品(霍顿女士并没有理睬布鲁斯的微笑,而只是指着桌子前面的一张椅子)。

霍顿:请坐。我想告诉你我手头现在有两个月的存货。而且,泰尔公司已经同那些供货商打了近三年的交道。

布鲁斯:(坐下)谢谢!你知道,葛林油漆公司是全国最大的油漆公司之一。我们的服务和价格都是无可挑剔的。

霍顿:你为什么觉得你们的服务优于其他公司呢?

布鲁斯:因为我们对全国的每个销售点都保证在24小时内发货,如果我们当地的储备不足,我们会空运供货。我们是业界唯一通过空运的公司。另外,我们的油漆很牢固。你们通常的订货量是多少,霍顿女士?

霍顿:这要看情况而定。

布鲁斯:大多数公司都订一到两个月的货。你们一年之中共用多少油漆?

霍顿:只有看了你们的产品之后,我才想谈订货的问题。

布鲁斯:我明白,我只是想弄清你们的订货量,以便决定对你们的价格折扣。

霍顿:我想,你们的价格和折扣不会比现在的好。我想给你看一份价目单。

布鲁斯:我相信各个厂家之间油漆价格的竞争会很激烈,这是我们最新的价目单,你可以比较。如果把价格与产品质量和服务保证联系起来,你会发现我们的产品很具吸引力。

霍顿:也许吧!

布鲁斯:许多和你们公司类似的公司都不止一家供货单位,这可以保证供货的稳定性,我们愿意成为你们的供货商之一。

霍顿:我只想有一家供货商,这样我可以得到更多的折扣。

布鲁斯:你考虑过两家轮流供货吗?这样你可以获得相同的折扣,并且货源更加充足。

霍顿:让我考虑考虑,把你随身带来的文件留下来我看看吧。

分析：霍顿是一个务实的顾客，真诚、言行一致才可以打动她。布鲁斯公司产品质量、价格及服务明显是跟不上的，这个霍顿已经疑虑多年。布鲁斯应变能力很好，但是在见霍顿时应该清楚，本公司与她已打多次交道，为什么一直不能成交，是我公司的问题还是霍顿公司的问题，这个要搞清楚。布鲁斯没有弄清客户关注的利益点，按照自己的计划、步骤、节奏来介绍，这样只会适得其反，白费口舌。

【案例】

娄维川是山东省掖县土山镇的农民，拟引进一套塑料编织袋生产线，1985年春，娄维川以烟台市塑料编织袋厂厂长的身份与日本某纺织株式会社东吉村先生达成购买生产线的口头协议，4月5日，开始正式谈判。在进行了一周的技术交流后，谈判进入实质阶段。对方主要代表是国际业务部的中国科科长，他起立发言："我们经销的生产线，由日本最守信誉的三家公司生产，具有80年代先进水平，全套设备的总价为240万美元。"科长报完价，漠然一笑，摆出一副毋庸置疑的神气。娄维川听后，微微一笑，他心中有数，以前中国进口的同类设备，贵的不过180万美元，便宜的才40万美元，日方显然是狮子开大口。娄厂长站起来说："据我方掌握的情况，贵社的设备性能与贵国×株式会社提供的产品完全一样，我省×××厂购买的该项设备比贵方开价便宜一半。因此，我们请你重新出示价格。"日方代表听罢，相视而望。首次谈判宣告结束。

日本人连夜把各类设备的价格都开出了详细清单。第二天报出180万美元价格，经过双方激烈讨价还价，总价压到140万美元……后压到130万美元。到此为止，日方表示价格无法再压。随后双方持续9天的谈判，共计谈崩35次，仍未有结果。娄维川考虑到前一段谈判基本上是日方漫天要价，我方就地还价，处于较被动地位；为了改变这种状态，娄厂长开始与另一家西方公司做洽谈联系；这一动作马上被日商发现，总价立即降至120万美元。这个价格可以说相当不错了。但娄维川了解到当时还有好几家厂商同时在青岛竞销自己的编织袋生产线。利用这种有利形势，还可再使日方做出进一步的让价。

谈判桌上，娄厂长又与日方谈了整整一上午，日方代表震怒了："娄先生，我们几次请示厂东，四次压价，从240万美元降到120万美元，比原价已降了50%，可以说做到仁至义尽，而如今你们还不签字，实在太苛刻，太无诚意了！"说罢，他气呼呼地把提包摔在谈判桌上。娄维川站起也愤怒地说："先生，请记住，中国不再是几十年前任人摆布的中国了。你们的价格，还有先生您的态度，我们都是不能接受的！"说完，娄厂长也气呼呼地把提包摔在了谈判桌上，那提包有意没拉上拉链，包里那些西方公司的编织机设备资料和照片撒了满地。日方代表见状大吃一惊，急忙拉住娄厂长满脸赔笑道："娄先生，我的权限只到此为止，请让我请示之后，再商量商量。"娄维川寸步不让："请转告厂东，这样的价格，我们不感兴趣。"说完，抽身就走。

次日,日方毫无动静。有人沉不住气,怕真的谈崩了,而娄维川很坦然:"沉住气,明天下午会有消息的!"果然不出所料,次日清早日方传来信息:"请中方暂不要和其他厂家谈判,厂东正在与其他厂家协商,让几家一齐让价。"下午,日方宴请中方并宣布了第五次让价,娄维川要求再降价5%则可成交。娄维川知道日方处在两头受挤的处境,便主动缓和气氛:"你们是客人,理应由我们宴请,这次宴会费用我们包了。价格问题请贵方再和厂东恳请一下!"日方经过请示,宣布最后开价,再让价3%,为116.4万美元。距离娄维川的要求只差2.4万美元了。娄厂长看到这是对方已经能给出的最后价格了,便慨然与日方代表握手成交。同时,他提出日方来华安装设备,所需费用一概由日方承担,这个提议被日方采纳,谈判终于结束。事后,日方的中国科科长对娄厂长的副手孙世俊说:"你们娄厂长真厉害,我真有点怕和他谈!"

分析:

(1) 这是一场竞争激烈的谈判,面对日方高报价,娄维川厂长胸有成竹,因为他对塑料编织袋生产线的市场行情了如指掌。

(2) 娄厂长先采用步步为营策略,迫使对方数次让价。

(3) 当总价让到130万美元之时,日方坚持不能再让了。娄厂长为改变"日方漫天要价,我方就地还价"的局面,又采用声东击西策略,制造出要与西方公司谈判交易的假象,又一次迫使日方让价至120万美元,并在此基础上乘胜追击,再次砍价,使日方处于被动地位。

(4) 面对日方震怒的表现,娄厂长也还以颜色。运用行为技巧维护了中国人的尊严。

同时以理服人,以礼待人,给日本人留了一点面子,提出宴请费用全包了,促使交易成功。

思考与练习...

1. 分析下列提问的技巧:
(1) "这两种颜色您更喜欢哪一种?"
(2) "请问小朋友喝雪碧还是可乐?"

2. 推销员遇到下列情况,应如何应答?
(1) 顾客:以前我用过你们公司的产品,质量有问题,现在我不想用了。
推销员:
(2) 顾客:对不起,我们与某公司有长期的业务往来关系,一般不与其他公司签订购销合同。

推销员：

(3) 顾客：我们刚刚购进了一批同类产品，暂时不需要了，如果以后有机会我们再合作。

推销员：

(4) 顾客：我们从未用过你们公司的产品，对产品不太了解，以后再谈吧！

推销员：

3. 下列材料中，两个推销员面临同样的情况，采取了两种不同的推销方法，试分析哪种推销方法可能成功？

(1) 推销员小王应约前往一顾客家里推销汽车，小王进门后见客厅里坐着一位老太太和一位小姐，便认定是小姐要买汽车。于是小王没有理会那位老太太，而是向那位小姐介绍汽车的情况。最后小姐答应可以考虑购买小王推销的汽车，只是还要最后请示那位老太太，让她做出最后的决定，因为是老太太要购买汽车赠送给小姐。

(2) 推销员小赵应约上门推销，他善于察言观色，通过观察他发现用车的是小姐，出钱的是老太太。于是小赵同时向老太太和小姐介绍汽车的情况，还不时征求老太太的意见。

4. 词语比较：

(1) 请分辨下面每一组词语中的积极词语和消极词语，并说明为什么？

您——你　投资——费用　没有危险——安全　竞争对手——推销同行　犹豫——考虑　你能够——你必须　协商——谈判　货真价实——便宜或昂贵　我认为——经验证明　明天——马上

(2) 比较以下次序的不同会引起语意的什么变化？

屡战屡败——屡败屡战

朝三暮四——朝四暮三

我很丑，但很温柔——我温柔，但很丑

上课的时候能打瞌睡吗——打瞌睡的时候能上课吗

5. 阅读下面谈判对话，分析双方的语言技巧。

周恩来：毛主席已经看过你们拟定的公报草案，明确表示不同意，这样的方案我们是不能接受的。

美方代表：我们初稿的含义是说，和平是我们双方的目的。

周恩来：和平只有通过斗争才能得到，你们的初稿是伪装观点一致，我们认为公报必须摆明双方根本的分歧。

美方代表：我们拟的公报初稿难道就一无是处？

周恩来：你们也承认中美双方也存在着巨大的分歧。如果我们用外交语言掩盖了分歧，用公报来伪装观点一致，今后怎么解决问题呢？

美方代表：我们起草的公报采用的是国际惯例。

周恩来：我觉得这类公报往往是放空炮。

6. 根据下列主题，分组进行模拟谈判。

主题一：价格。

主题二：质量。

主题三：赔偿。

7. 任选一件商品进行一次模拟推销。

THIRTEEN 第十三章
接待与洽谈

接待与洽谈是人类交际生活中的基本形式,它是人们在长期共同生活和相互交往中逐渐形成的,并且以风俗、习惯和传统等方式固定下来。对一个人来说,接待与洽谈礼仪是一个人的思想道德水平、文化修养、交际能力的外在表现,对一个社会来说,接待与洽谈是一个国家社会文明程度、道德风尚和生活习惯的反映。接待与洽谈的内容涵盖着社会生活的各个方面。从内容上看有仪容、举止、表情、服饰、谈吐、待人接物等;从对象上看有个人的、公共场所的、待客与做客的、餐桌上的、馈赠礼物上的、文明交往上的等。本章就接待和洽谈的基本内容作重点的阐述,使人们在"敬人、自律、适度、真诚"的原则上进行人际交往,告别不文明的言行。

第一节 接 待

一、接待的内容和类型

1. 接待的内容

接待内容如下:

(1) 以相应规格接待国内外来访的宾客;

(2) 安排主宾间的洽谈、签约、工作交流等具体事宜;

(3) 组织来宾的参观、考察、拜访等活动;

(4) 为来宾其他的合理要求提供服务等。

2. 接待的类型

(1) 内宾接待。内宾接待是指接待国内的来访者,包括本系统内外的所有个人或集体来访者。内宾接待工作一般由一般接待人员或专职接待人员负责,如果有重要的来访者,本单位领导应出面接待。

(2) 外宾接待。外宾接待是指接待国外来访者。接待对象可能是政府官员、代表团,也有可能是商人、专家或学者。外宾接待,事先应有计划并报上级主管部门批准。接待工作一般由领导负责,接待人员协助。在接待过程中,接待人员要注意礼仪,生活安排也要顾及外宾的民族或地区的风俗和饮食习惯。

(3) 有约接待。这是指对事先与本单位有约定的来访者的接待。这种接待应该比较正规,在程序上周密布置,在人力、财力、物力上有充分准备,不应该遗忘或出现差错。

(4) 无约接待。这是指对事先与本单位无约定的来访者的接待。在无约接待中,接待人员要随机应变,灵活处理,既不失礼貌风度,又不能让无约来访者耽误领导和自己的正常工作。

二、接待的准备过程

1. 心理准备

(1) "诚恳"的心情。无论来访的客人是预约的还是未预约的,是易于沟通的还是脾气急躁的,都要让对方感到自己是受到欢迎、得到重视的。对客人要有"感谢光临"的心理。当客人很多或难以应对的时候,要暗示自己:"别急,别急,一件一件解决,总能办完。"当客人发火或急躁时,不要受其影响,是你自己的问题就应道歉;是公司的或其他人的问题,作为接待人员,你也应该道歉,因为你被客人看成是公司的代表。

(2) 合作精神。看到同事在招待客人,要有主动协助的精神,不能认为不是自己的客人就不予理睬。

2. 物质准备

物质准备包括环境准备和办公用品准备。

(1) 环境准备。接待环境应该清洁、整洁、明亮、美观,无异味。接待环境包括前台、会客室、办公室、走廊、楼梯等处。前台或会客室摆放花束、绿色植物,表现出"欢迎您"的气氛,会使对方产生好感。办公桌上的文件、文具、电话等物品要各归其位、摆放整齐。不常用的东西和私人用品,应该放到抽屉里固定的地方,以便用时马上就能找到。

(2) 办公用品准备。与接待工作相关的用品如下。

前厅:为客人准备的坐椅。让客人站着等候是不礼貌的。坐椅样式应该线条简洁,色彩和谐。

会客室:桌椅摆放整齐,桌面清洁,没有水渍、污渍。墙上可挂与环境协调的画,也可挂公司领导与国家领导人的合影,或某次成功的大型公关活动的照片,以提高公司的可信度。桌上可放一些介绍公司情况的资料。另外,茶具、茶叶、饮料要准备齐全。一般客人可以用一次性纸杯,重要客人还是用正规茶具为好。会客室应有良好的照明及空调设备,还应有一部电话,复印机、传真机等即使不放在会客室,也不要离得太远。

客人走后,要及时清理会客室,清洗茶具、烟灰缸,换空气,然后关好门。否则,下一批客人会感到不受重视。

三、接待的基本过程

1．见客过程

见到客人的第一时间，应该马上做出如下的动作表情，我们简称为"3S"：stand up（站起来）、see（注视对方）、smile（微笑）。

最初的迎客语言：

"您好，欢迎您！"

"您好，我能为您做些什么？"

"您好，希望我能帮助您。"

对于来访的客人，无论是事先预约的，还是未预约的，都应该亲切欢迎，给客人一个良好的印象。如果客人进门时接待员正在接打电话或正在与其他的客人交谈，也应用眼神、点头、伸手表示请进等身体语言表达你已看到对方，并请对方先就座稍候，而不应不闻不问或面无表情。如果手头正在处理紧急事情，可以先告诉对方"对不起，我手头有紧急事情必须马上处理，请稍候"，以免对方觉得受到冷遇。遇有重要客人来访，需要到单位大门口或车站、机场、码头迎接，且应提前到达。

当客人到来时，应主动迎上前去，有礼貌地询问和确认对方的身份，如："请问先生（小姐），您是从××公司来的吗？"对方认可后，应作自我介绍，如"您好，我叫××"或"您好，我叫××，在××单位工作，请问您怎样称呼"。介绍时，还可以互换名片。如果客人有较重的行李，还要伸手帮助提携。要给客人指明座位，请其落座，迎接以客人落座而告终。

在迎客中应特别注意以下礼节。

（1）握手。按传统习惯，我国在接待来客时的礼节一般是握手。宾主之间，主人有向客人先伸手的义务，主人主动、热情、适时的握手会增加亲切感。不过，握手时还应注意以下几点。

① 通常情况下，应由主人、年长者、身份高者或女士先伸手，而客人、年轻者、身份低者或男士先表示问候，待对方伸出手后，立即回握。如果是一个人需要同许多人握手，那么最有礼貌、符合礼节的顺序是：先女士后男士，先长辈后晚辈，先上级后下级。

② 行握手礼时，距离受礼者约一步，上身略微前倾，伸出右手，拇指张开，其余四指并拢，在与腰际同高的位置，与对方伸过来的手认真一握。礼节性的握手，持续时间以3～5秒钟为宜，礼毕即松开。

③ 握手时，应双眼注视对方，千万不要一边握手一边斜视他处，也不要边握手边拍打对方的肩膀。当来客不止一人时，可一一握手，但不要交叉握手。握手时，

用力要适中,不要握得太用力、太久,那样显得鲁莽冲动或太过热情,也不要握得太无力或太轻,那样显得不够诚恳热情。

④ 握手时,应伸出右手,决不能用左手,也不宜戴手套,如因故来不及脱掉手套,应向对方致歉。

⑤ 握手时,手要干净,不能伸出脏手,使对方难堪。另外,手上有汗的人,在握手前应先将手擦干,否则也会使对方感到很不舒服。

⑥ 如果女士不打算与向问候自己的人握手,可以欠身微笑致意,但不能视而不见或转身就走。无端地拒绝与他人友好而善意的握手不仅是失礼的,而且会被看做是缺乏教养的。

(2) 问候。如果是第一次来访的客人,可以说:"您好!见到您很高兴。请问您有什么事情需要我帮忙吗?"对于曾经来过的客人,相别甚久,见面则说:"您好吗?很久未见了。"客人即将离去时,应主动对客人说:"请对我们的工作提出宝贵的意见。"分别时,则说"再会""不久再见",或说"祝您一路顺风"等。

(3) 称呼。接待客人时的称呼,应视具体环境、场合,并按约定俗成的规矩而定。目前,在国内,政府机关多通称"同志";在企业界和社交场合多称男性为"先生",称女性为"小姐"或"女士";知道其职务时,在一定场合也可称职务,如"×处长""×经理""×厂长"等。用恰如其分的称谓来称呼客人,是接待素养的一种表现,也是与客人交谈的良好开端。

(4) 接递名片。接受名片时,也要注意礼节。客人递过来名片时,接待员应用双手接住。接过名片后,要认真仔细地看一看,并小声重复一遍名片上的名字及职务,以示确认。同时,还要向对方表示感谢。然后,很郑重地把名片放入名片夹内,或放进上衣上部的口袋里。千万不要看也不看即装入口袋,也不要顺手往桌上一扔,更不要往名片上压东西,这样对方会感到受轻视。如果需要交换名片,可以掏出自己的名片与对方交换。递送名片时,一定要用双手的食指和拇指分别夹住名片的左右端递过去,名片中字的正面应朝向对方,便于对方立即阅读。

不要生硬地向客人索要名片,而应以请求的口气说:"假如您方便的话,是否可留下名片,以便今后加强联系。"可以含蓄地向对方询问单位、通讯处、电话号码等,如果对方带有名片,就会较自然地送上。

2. 接待过程

要热情周到地接待来访者。在客人落座后,要负责端茶倒水。在给客人送茶时,不能用没有洗干净的茶具或有缺口的茶杯,这既有损本单位的形象,也显得对来宾不够尊重。

此外,还要注意以下环节中的礼节。

(1) 交谈。人们都以语言进行情感交流和信息交流,所以接待员与来访客人间的语言交流必不可少。接待员在交谈时,必须精神饱满,表情自然大方,语气和蔼亲切。与客人交谈时要保持适当距离,不要用手指指人或拉拉扯扯。要善于聆听来访客人的谈话,目视对方以示专心。谈话中要使用礼貌语言和注意内容,一般不询问女士年龄、婚否;不径直询问对方的个人私生活,以及宗教信仰、政治主张等问题;不宜谈论自己不甚熟悉的话题。

【案例】

某日用品有限公司接待员接到客人后,在从机场返回的路上,他热情地介绍着本地的风土人情和轶闻趣事,也谈到了自己的家庭和个人的经济收入。当他询问对方的家庭情况和个人的经济收入时,客人笑而不答。

(2) 在问清来访者的身份、来意后,需要领导出面会见或其他部门人员出面会见的,要在请示领导并得到领导同意后,为其引见。

在带领来访者时,要配合对方的步幅,在客人左侧前一米处引导。在引路时,上身稍向右转体,左肩稍前,侧身向着来客,保持两三步距离,可边走边向来宾介绍相关情况。转弯或上楼梯时,先要有所动作,让对方明白所往何处。如要乘电梯,则应先告诉客人楼层,然后在电梯侧面按住按钮,请客人先入电梯,进去后再按楼层键;下电梯时也应请客人先行。到达会客室或领导办公室前要指明"这是会客室"或先说声"这里就是……"进门前应先叩门表示礼貌。得到允许后,把门打开,左手扶门,右手示意"请进"。如果门是向外开的,拉开门后,侧身在门旁,用手按住门,让客人先进入;如果门是向内开的,推开门后,自己先进入,按住门后再请客人进入。一般右手开门,再转到左手扶住门,面对客人,请客人进入后再关上门,通常叫做"外开门客先入,内开门己先入"。到会客室或领导办公室后,要引导客人就座。在就座时,要遵守"右为上,左为下"的礼节,用手势示意客人,请客人坐在上座。一般离门较远的座为上座。长沙发和单人沙发中,长沙发为上座。客人落座后,要主动地用消过毒的干净杯子为客人倒好茶水并双手递上,手指不能触及杯口,并应有礼貌地说:"请用茶。"

(3) 介绍引领来访者进入会客室或领导的办公室后,当领导与来访者双方见面时,如果是第一次来访的客人,应简洁地将双方的职务、姓名、来访者的单位和来访的主要目的作一介绍。如果双方已是熟人,多次见面打过交道,则可免去这一过程。要注意介绍时的基本礼节。

① 站立介绍,不要背对任何一位。

② 介绍的先后顺序,总的原则是"四先":先将男士介绍给女士,先将年轻者介绍给年长者,先将地位低者介绍给地位高者,先将客人介绍给主人。如:"王小姐,请允许我介绍一下,这位是××医疗设备有限公司李经理。"然后,面朝李经理说:"李经理,这位是××医药股份有限公司市场部的王小姐。"这里是不同性别的人之间的介绍,男士与女士,先称呼女士,后称呼男士,先介绍男士,后介绍女士。如果把一个人介绍给众人时,首先应该向大家介绍这个人,可以说:"诸位,请允许我把

××电脑电子工程有限公司林先生介绍给大家。"或者说:"我很荣幸地向大家介绍一下,这位是××电脑电子工程有限公司系统部的林经理。"然后再把众人逐个介绍给这个人。当把大家介绍给一个人时,其介绍可以按照座位次序或职位的高低顺序一一介绍。介绍的内容主要是被介绍人所在单位、职务、姓名等,尽量简明,不作渲染。

③ 介绍时,手势动作应文雅、礼貌。手臂向被介绍者微伸,手心向上,四指并拢,拇指张开,切不可伸出一只手指指点点地介绍。

④ 介绍完毕后,可请示领导是否还有吩咐,或为双方送上茶水后即有礼貌地告退。出门时,面向室内轻轻地将门带上。

接待过程中的次序礼仪要求如下。

(1) 就座时,右为上座。即将客人安排在组织领导或其他陪同人员的右侧。

(2) 上楼时,客人走在前,主人走在后;下楼时,主人走在前,客人走在后。

(3) 迎客时,主人走在前;送客时,主人走在后。

(4) 进电梯时,有专人看守电梯的,客人先进,先出;无人看守电梯的,主人先进,后出并按住电钮,以防电梯门夹住客人。

(5) 奉茶、递名片、握手。介绍时,应按职务从高至低进行。

(6) 进门时,如果门是向外开的,把门拉开后,按住门,再请客人进。如果门是向内开的,把门推开后,请客人先进。

3. 待客过程

(1) 在引领客人时,自己要走在客人的左前方,相隔一步到一步半距离为佳,体现以右为尊、为上的原则。

(2) 要告诉客人所去之地,并顺便告知客人洗手间的位置。

(3) 安排好接待时客人的就座位置:

① 主客并排就座时,客人应该坐在主人的右边。

② 主客对面而坐时,客人应该坐在离门远的一边或面对门的一边。

③ 主客对面坐,并且双方与门的距离一样时,以进门面朝桌子时的右手一边为客人,左手一边为主人。

(4) 递送茶饮。

① 客人落座后,接待人员要立即送上茶水或饮料。

② 一般客人可用一次性口杯即可,重要的客人要使用专用的茶具。

③ 递杯子时要以右手为主,左手随上。

④ 递杯子时切记手不能碰到杯口。

4. 礼貌送客

在与来访者交谈完毕或领导与来访客人会见结束,一般都应有礼貌地送别客人。"出迎三步,身送七步"是迎送宾客最基本的礼仪。当客人起身告辞时,应马上站起来相送。一般的客人送到楼梯口或电梯口即可,重要的客人则应送到办公楼外或单位门口。如果以小轿车送客,还要注意乘车的座次。乘小轿车时通常"右为上,左为下;后为上,前为下"。小轿车后座右位为首位,左位次之,中间位再次之,前座右位殿后。上车时,入右座进右门,入左座进左门,不要让客人在车内移动座位。送客时,应先主动把车门打开,请客人上车并坐在后排右侧。不过,如果停车位置不便于客人从右侧上车,也不必再让客人往右边挪过去,这样反而不自然。

送行是决定来访者能否满意离开的最后一个环节。因此,能否将这最后一个环节的工作做好,是能否善始善终地接待好来访者的具体体现。送要有送的语言,要说"再见,欢迎您下次再来""慢走"等礼貌用语;送也要有送的姿态和行为,当客人带有较多或较重的物品,应帮客人代提重物。与客人在门口、电梯口或汽车旁告别时,要与客人握手话别。要以恭敬真诚的态度,笑容可掬地送客,目送客人上车或离开。

5．送客过程

（1）主动帮助宾客确认并拿取所携带的行李物品,并帮助宾客小心提送到车上。

（2）根据客人身份的尊贵程度,将客人送至电梯间、公司大门口或直至将客人送上车。

（3）送客人到电梯时,要为客人按电梯按钮,在电梯门关上前道别。

（4）如果要陪同客人乘坐电梯,通常是客人先进电梯,主人后进;主人先出电梯,客人后出。

（5）和上司一起送客时,要比上司稍后一步。

（6）安放好行李后,向宾客作一下交代。

（7）要施礼感谢光临和致告别语,如"祝您旅途愉快,欢迎下次再来！"、"祝您一路平安,同时希望我们合作愉快！"等。

（8）帮助宾客关车门时,用力要恰到好处,不能太重,也不能太轻。

（9）车门关好后,不能马上转身就走,而应等宾客的车辆启动时,面带微笑,挥手告别,目送车子离开后才能离开。

第二节　洽　　谈

一、洽谈的基本内涵

洽谈是存在着某种关系的有关各方,为了保持接触、建立联系、进行合作、达成交易、拟定协议、签署合同、要求索赔,或是为了处理争端、消除分歧,而坐在一起进行面对面的接洽与协商,以求达成某种程度上的妥协。

二、洽谈的基本原则和形式

1．基本原则

（1）客观原则。准备洽谈时,所占有的资料要客观,决策的态度也要客观。

（2）预审原则。预先反复审核,精益求精,对提出的内容,预先报请上级主管部门或是主管人士审查批准。

（3）自主原则。在准备及洽谈进行中,发挥主观能动性,在合乎规范与例行的前提下,力争"以我为中心",争取对自己有利的地位。

（4）兼顾原则。在不损害自身根本利益的前提下,尽可能地替洽谈对手着想,为对手留下余地,主动为对方保留一定的利益,不"赶尽杀绝"。

2．形式

洽谈有行政型会议、业务型会议、群体型会议、社交型会议等形式。

三、洽谈的心态和控制技巧

1．洽谈心态

（1）保持良好的心态。

（2）具有冒险的精神。

（3）先交朋友,后做生意。

（4）保持自信。

（5）有百折不挠的精神。

2．现场控制技巧

（1）注重仪表。

（2）注意营造一个和谐的气氛,对方都能心情愉快地洽谈。

（3）增加对方的信任感。交谈时显出心中有数,特别是合同的主要内容,如付款方式、价格的下浮程度、安装服务的周期、产品的质量程度、工艺的满意程度、质保金的比率及期限等。洽谈初期要留有一定余地,步步为营,让对方觉得你思路很清晰,增加对你的信任感,会促使洽谈向有利于己方的方向发展。

（4）让对方跟着你的思路走。这跟洽谈的准备是否充分有很大关系,不要弄个措手不及。自己利用交谈技艺,控制住局势的发展。不要对对方提出的条件很爽快地答应,不然就会给对方造成一种迫不及待和不诚实的感觉,对方会无休止地提条件,而且有意拖期签约,甚至导致洽谈的失败。

（5）善于做一名忠实的听众。为了显示出对别人的尊重,不要自己喋喋不休,有时要静静地听,听的时候要看着对方的眼睛。只有掌握听的技巧,才能更容易接近对方,使洽谈处于友好的气氛。

(6) 抓住要点,体现优势。努力在各方面寻找自己的优势,以增加谈判的砝码,如品牌、价格、质量、服务、工期等方面的优势。

(7) 在充分掌握对手情况的基础上,就竞争对手的有关情况作出系统的、条理清晰的分析。切忌诋毁竞争对手,不要过多谈及对手。要用"我们的优势在于……""现在,当今世界、社会或某一地区等的潮流……要求如何如何……(像我们这样的产品)"等语句,把对方的思路重新引导到我们的优势上来。注意讲话的条理性和连贯性,不要自相矛盾。签订备忘录,这样自己不仅可以使双方保持交流的连贯性,也能给对方留下一个工作严谨的印象。

四、注意事项

1. 忌准备不足

毛泽东同志说不打无准备之仗,销售拜访也是如此。如果你对要拜访的客户一点也不了解,你的拜访不但不能达成订单,而且会适得其反。

【案例】

小王:赵总,你好,我是大华公司的销售人员小王,这是我们产品的资料,你看你们是否感兴趣?

赵总:放在我这里吧!我感兴趣的话给你打电话。

小王:你看看,我们的设备质量好,而且价格也便宜……

赵总:对不起,我还有个会,我会和你联系的,好吗?

小王:……

(小王刚走,赵总顺手将小王的资料扔进了垃圾桶。)

老李:赵总,您好,我是大华公司的销售人员老李,这是我们产品的资料,你看你们是否感兴趣?

赵总:放在我这里吧!我感兴趣的话给你打电话。

老李:如果用我们的设备,会比你现在用的 W 型号的设备效率提高 30%,而且节能 10%……

赵总:效率提高 30%?你讲讲。

老李:……

赵总:好、好、好!我将认真考虑你们的设备。

2. 忌指指点点

到客户处,千万不要为了推销自己的产品对客户采购其他厂家的设备或人员贸然指指点点,妄加评论。

【案例】

小王:赵总,我发现你们这儿的老李这个人很实在,很讲义气。

赵总:是吗?

小王:可不,上次我……

(小王发现赵总的脸色已经很难看,后来才知道赵总和老李向来不和。)

小王来找赵总的目的是销售产品,客户的其他事情与他并不相干,客户的内部关系相当复杂,很多是他想不到的,他都图一时口舌之快,触犯"雷区"。

3. 忌贬低对手

将自己的产品和竞争产品比较是应该的,但不要为了自己而不负责任地贬低对手,这样会影响自己在客户心目中的形象。

【案例】

老李:赵总,竞争对手的问题我不好说,关于他们的服务、质量你可以打听一下,但是我们的服务、质量我很有信心。

赵总:是的,我听说他们的质量是有点问题。

一般来说,对竞争对手的评价要欲言又止,含而不露,如果直接评价对手会给客户一种你在诋毁竞争对手的感觉,甚至他会认为你的品质有问题,不可信。

4. 忌一叶障目

工业品采购的决策过程比较复杂,有决策部门、有影响部门,工业品销售拜访最忌一叶障目,只盯住某个部门不放,分不清谁是决策者、谁是影响者、谁是实际使用者,不知道针对不同的人采用不同的工作方法、针对企业采购流程分别做不同人的工作。

【案例】

赵总:不好意思,我们采购部是想买你的产品,可是技术部门大力推荐另外一家公司的产品,我们也没办法。

小李:采购不是你们采购部门的事吗?

小李的问题在于简单地认为采购就是采购部门的事,而没有把客户的采购流程搞清楚。在拜访时要在交谈中了解客户的采购流程,一般客户都会告诉你。

5. 忌过度承诺

在工业品销售拜访中客户作为购买方可能会提出一些你做不到的或不在你授权内的事情,你一定要谨慎承诺,千万不要承诺你做不到的事情。

【案例】

小李:赵总,你看我们设备的尾款该付了吧!

赵总:好、好、好!小李,你上回说的为我们免费维修老设备的事,你看也该兑现了吧!

小李:赵总,我们的服务部说这款设备我们维修不了,真是对不起。

赵总:……

小李为了获得订单承诺了自己做不到的事情,其结果使客户有一种上当受骗的感觉,大为恼火。客户恐怕今后不会再和小李合作了。

6. 忌急于求成

科特勒把一个完整复杂的采购过程分八个阶段：发现需求、确定需求、确定产品规格、寻找供应商、征询报价、选择供应商、确定购买规则、购买评估。对于复杂工业品设备的采购一般不会通过一次拜访就能签单，因此工业品销售拜访不可急于求成，把价格一降到底，不留余地。

【案例】

小李：赵总，你看，我们可以在报价的基础上下降10%。

赵总：你们的价格还是太高，我们再考虑考虑。

小李：好吧，一口价，我再降5个点。

赵总：好吧，我们开会研究一下。

一个月后小李再来拜访。

赵总：小李，我们决定购买你们公司的产品，但是还要降5个点。

小李：对不起，赵总，我给你报的已经是底价了。

赵总：小李，你不实在！你的竞争对手可又给我降了5个点，你看着办吧！

小李：……

精明的买家总是认为卖方不会将价格一次让到位，他们总是试图让卖方一再让步。小李在一次拜访中连连降价，导致后来没有降价的空间，成交困难。

7. 忌当断不断

前面讲到急于求成是工业品销售拜访中的一忌，相反，遇事不果断、拖拖拉拉也是一忌。

【案例】

赵总：你们的产品确实不错，服务也很好，就是价格贵了点。这样，你再降五个点，我们今天就签合同。

小李：这可不行，我得回去请示领导，价格这么低我做不了主。

两天后小李再来拜访。

小李：赵总，我们可以再降三个点，你看……

赵总：对不起，我们已经和另外一家公司签过合同了。

小李：……

到了马上就要签单的关键时刻，一定要把握住时机，不要认为客户表达了购买意愿就一定买你的产品，这个时候往往是最危险的时候，因为你的竞争对手为了从你手中夺过订单往往会在这个时候给出最大的优惠，在你犹豫的过程中，订单就成了竞争对手的囊中之物。

8. 忌不懂装懂

每个人都有自己不知道的东西，当客户问到你回答不了的问题时，实话实说最好，千万不要不懂装懂，否则丢人不算，还会失掉客户对你的信任。

【案例】

赵总：小李……

小李：对不起，赵总，这个问题我还真不清楚，但是我们公司的王工是专门研究这方面问题的专家，他也许能解决这个问题，我回公司后，请教一下王工，再给你一个满意的答复。

客户往往不会因为你不知道某方面的问题轻视你，除非是简单的常识。相反他们往往会对你的诚实产生好感。

9. 忌不期而至

工业品的销售拜访不能像上门推销日用品那样——先想方设法过门卫关，然后到办公楼里像没头苍蝇似地乱撞。工业品的销售拜访一般要预约，不然你的拜访结果不会很理想。

【案例】

老王：是大华公司吗？请问采购部的电话是多少？采购部吗？我是科电公司，我们生产的×××设备比现在通行的设备效率提高30%，你看我去拜访你方便吗？

通过电话预约会给客户充分的准备时间，以便客户根据自己的计划安排时间和你会谈，以免打乱客户的工作计划。

10. 忌目标不清

优秀的业务人员每次拜访都有明确的目标，他们清楚通过这次拜访要达到什么样的目的，这样的拜访才有方向。如果目标不清，每次拜访就有可能流于形式，达不到拜访应有的效果。

【案例】

老王：赵总，不知道你们这个采购项目是否有计划，大概什么时候采购？

赵总：我们已经报了计划，大概今年五月份之前落实。

老王：那你看我是否方便和技术部门接触一下，以便了解你们的需求，麻烦你引见一下，好吗？

老王这次拜访的目标是了解用户预算情况，并想通过赵总的介绍设法和分管技术的李总建立联系。尽管老王和赵总谈了许多其他事情，但是老王始终没有忘记这次拜访的目的。

思考与练习...

1. 接待的内容有哪些？
2. 接待要做怎样的心理准备？

3. 洽谈的基本原则是什么？
4. 洽谈需要哪些心态？
5. 案例分析。

小A是某学校毕业的学生,参加工作后,他虚心好学,把接待来访的过程认真记在心里。在接待方面,特别注意迎客、待客、送客这三个环节,力求使来访者满意。

一天,办公室来了一位下级单位的工作人员。刚听到叩门声,他就赶忙放下手中的工作,说声"请进",同时起身相迎。来客进屋后,他并未主动与对方握手,而是热情地招呼对方:"请坐,请坐,你有什么事需要我帮忙吗？"小A的热情接待给对方留下了深刻的印象。

思考分析:小A如何会给别人留下深刻的印象？

FOURTEEN 第十四章
演讲与辩论

　　由于现代经济的日益发展,当今社会更需要既会"做"又会"说"的人,在这样的现实面前,口才就成了人们适应社会发展需要的重要手段。据有关调查发现,大学生在口头表达能力方面存在着明显的欠缺,在被调查的86人中,有68人明确表示以前没有受过这方面的专门训练,占到总人数的79%,有42%的同学对自己的表达能力不满意,有71.7%的同学在有很多人的场合中很少说话,有22.7%的同学表示不愿意在众人面前讲话,更有28.4%的同学承认自己是一个不善于表达的人。

　　事实上,"说"的能力在当今社会是无比重要的。《说苑丛谈》中说:"口者,关也。舌者,机也。一言而非,驷马莫追。一言而急,驷马弗及。一言而适,可以却敌。一言而得,可以保国。"刘勰的《文心雕龙》中说:"一人之辩,重于九鼎之宝;三寸之舌,强于百万之师。"姚亚平指出,在人们的日常语言活动中,"听"占45%,"说"占30%,而"读"占16%,"写"只占到了9%,也就是说口语交际能力占到了75%。

　　从以上的叙述中,我们已经深刻认识到口才在人们的日常生活中所占的重要地位。那我们应该如何提高自己的语言表达能力呢?我认为,演讲和辩论就是两种最为行之有效的方法和途径。

第一节 演 讲 概 述

一、演讲的本质

　　演讲又称为讲演、演说。演讲是一种对众人有计划、有目的、有主题、有系统的、直接带有艺术性的社会实践活动,也可被称为"扩大的沟通"。

　　演讲不只有"讲",还必须有"演"。不但要传播思想理念,还要注重"演"的艺术性。这二者是缺一不可,相辅相成的。当然,二者的和谐统一必须是以"讲"为主,以"演"为辅。在这里,"讲"起主导作用,是决定因素;而"演"必须建立在"讲"的基础上,否则便失去了演讲的意义。因此,演讲与报告、发言、讲话等传播手段是有着明显的不同的。整个演讲活动必须包括四个要素：演讲者（主体）、听众（客体）、沟通主客体的信息，以及主客体所处的环境。四者缺一不可。

演讲在传播手段方面主要包括三个方面：有声语言、态势语言和主体形象。

1．有声语言（讲）

有声语言是演讲活动中最主要的表达手段，它是由语言和声音两种要素组成的，在演讲活动中传递信息、表达思想感情，能够充分体现出演讲者的主张、见解和态度，将其传达给听众，从而产生说服力、感召力，使听众受到教育和鼓舞。

2．态势语言（演）

态势语言是指演讲者的姿态、动作、手势和表情等，它是流动着的形体动作，辅助有声语言承载着思想和情感，诉诸听众的视觉器官，可以使听众产生与听觉同步的效应，加强有声语言的表达效果。

3．主体形象

演讲者都是以其自身形象出现在听众面前的，那么他（她）的体形、容貌、发型、着装、举止神态等直接诉诸听众的视觉感受。因此，在一般情况下，主体形象的美丑好坏，不仅直接影响着演讲者思想感情的表达，而且影响着听众的心理情绪和美感享受。

总而言之，演讲的本质在于它是一种通过充分调动演讲者的语言艺术和形象魅力，从而增强感染力的传播方式。

二、演讲的特征

演讲就是讲话，但并非所有的讲话都是演讲，它在以下方面有着比普通讲话更高的要求。

1．现实性

演讲的内容要与我们的现实生活紧密相关，它要提出和回答日常生活中人们所关心和瞩目的问题，所以演讲的主旨和材料必须是从现实生活中提炼出来的。演讲者必须针对现实中的某个问题，运用现实生活中的真实事例，阐明自己的观点，启迪、说服和鼓励听众。

2．个性化

演讲的内容应该是演讲者内心世界和情感个性的一种表现。正所谓文如其人，演讲也是如此。虽然现在很多的演讲稿并非是演讲者亲自撰写，但一份成功的演讲稿必须能够反映演讲者的思想、个性、气质、形象和习惯。同时，演讲者在准备的过程中，必须将演讲稿完全内化为自己的东西，唯有如此，演讲时才能做到情深意切、感人至深。只有能够体现个性的演讲才是具有生命力的演讲。

1）艺术性

演讲的魅力就在于它不仅是一种传播思想的方式，它还应在表达形式上不断追求艺术化,给人以美的享受。

首先,演讲者在演讲时,应避免简单的陈述说教,而应力求塑造具体可感的形象,加入自己的感情色彩,这样使听众更容易受到感染。

其次,在声音的运用上,演讲者也要追求声音的圆润洪亮,语气要显得和谐自然,节奏要优雅动人,达到通过声音的韵律来感召听众的目的。比如:要表达爱时,应气徐声柔;在表达恨时,应气足声硬;在表达悲时,应气沉声缓;表达怒时,应气粗声重。虽说对于演讲者的声音要求不能像对待音乐家那样苛刻,但我们还是要从追求艺术性的角度来力求声音更美一些,因为优美的声音对听众来说本身就是一种享受。而且,如果演讲者的声音不好听,也许还会引起听众的反感。

最后,由于演讲者是以自身形象出现在听众面前,因此还需要用妥善的仪态和表情来配合话语,这也是一种非常重要的演讲技巧。

2)鼓动性

鼓动性是指演讲者能够通过自己的演讲,来激发听众愿意按照演讲者所表达的意志采取行动。所以说,没有鼓动性的演讲,就不能说是成功的演讲。主要原因如下:

(1)一切正直的人们都有追求真善美的渴望,演讲者传播了真善美,自然会引起听众的共鸣,使其受到激励和鼓舞;

(2)演讲者用自己炽热的感情去引发听众的感情,容易达到影响听众的目的;

(3)演讲者的形象、语言、情感、体态以及演讲词的结构、节奏、情节等均能抓住听众的心;

(4)演讲的直观性使其与听众直接交流,极易感染和打动听众。

可以说,是否具有鼓动性是演讲成功与否的一个重要标志。

第二节 命题演讲

命题演讲即由别人拟定题目或范围,并经过一定时间的准备后所作的演讲。演讲前的准备包括心理准备、演讲稿准备和演讲技巧准备等。由于命题演讲是经过充分准备后所进行的演讲,所以命题演讲的特点是:主题鲜明、针对性强、内容稳定、结构完整。一般来说,命题演讲的成功率较高。

一、演讲准备

1. 演讲前的心理准备

演讲前的心理准备主要包括两个方面:一是心理调控,二是情感调控。

1）心理调控

戴尔·卡耐基经过多年的调查，得出一个统计数据："有 80%～90% 的学生，对到台上讲话感到困扰，而已经步入社会的成年人，则 100% 恐惧公开发表演说。"

英国前首相狄斯累利说："宁愿带一支骑兵去冲锋陷阵，也不愿首次去国会发表演说。"

由此可见，大多数演讲者，包括一些演说家，他们在初次演讲时，都会存在着怯场心理。心理调控就是为了克服怯场心理。

首先，正确认识怯场心理。不要觉得怯场是一种胆小、丢人的行为，罗斯福曾经说过："每一个新手，常常都有一个心慌病。心慌并不是胆小，乃是一种过度的精神刺激。"从这句话我们可知，心慌其实是一种正常的生理和心理现象，人人都有，只是每个人的程度不同罢了。著名的演说家尚且不可避免，更何况我们普通人呢？只要自身加强训练，怯场的心理一定会逐渐得到克服。

其次，要学会运用积极的心理暗示，来帮助自己克服自卑感和胆怯心理，从而增强自信心。法拉第在演讲时暗示自己："听众一无所知。"卡耐基说："你要假设听众都欠你的钱，正要求你多宽限几天；你是神气的债主，根本不用怕他们。"日本演讲训练教程甚至主张"把听众当傻瓜"，虽然这种说法不太好听，但是对于克服怯场心理，还是有一定作用的。

再次，演讲前一定要做好充分的准备。不少人怯场主要是缺乏准备所造成的，即便是久经沙场的演讲高手，如果他事先没有做好充分的准备，在演讲时同样会感到手足无措。也就是说，演讲前的工作做得越充分，越认真，就越有助于克服怯场心理。

除此之外，还要多学习、多借鉴、多锻炼。可运用多种视听手段，去学习和借鉴古今中外优秀的演说家的演讲技巧、演讲举止和演讲风度，努力学习他人的长处。能够把握各种机会，锻炼自己，例如：在研讨会上积极发言；课上课下，能勇于回答老师的提问和敢于对某个问题发表不同的看法和见解。

2）情感调控

演讲是需要投入真实的情感的，但情感表现要恰当，失控的情感是不可取的。我们要注意以下两点。

一是要调节过激情绪。所谓过激情绪，是指演讲者在演讲时不能保持冷静、适当地表现情感，例如，有的演讲者讲到兴奋时，会手舞足蹈，声嘶力竭；说到伤心时，又泪流满面，不能自制，这些都是情感失控的表现。这种过激的情绪，如果不加以控制与调节，就会影响到演讲者演讲才能的发挥，不利于演讲的成功。

二是要控制冲动情绪。1959 年，赫鲁晓夫在联合国的讲台上发表演讲，台下的听众有的喧闹，有的吹口哨，面对如此情景，他被激怒了，竟然脱下皮鞋，用力敲打讲台。这种失态即是缘于情感的失控，但显然这种行为是不可取的。

2. 了解与演讲有关的情况

1）了解演讲的性质、目的

人们的任何社会实践活动都有明确的目的,演讲也不例外。美国第16任总统林肯关于解放黑奴的演讲,目的是动员美国人民为解放黑奴、废除奴隶制而斗争;杨振宁、李政道两位科学家发表的学术演讲,目的是宣传他们的科学发现,让社会接受其正确观点,从而推动科学文化的进步;闻一多《最后一次演讲》的目的是揭露和痛斥敌人,鼓舞听众,推动民主运动。每一位演讲者在演讲之前,都必须明确演讲的性质,树立正确的演讲目的,这样的演讲才会有意义、有价值。

2）了解演讲的环境

在演讲之前,首先要了解演讲的环境,演讲的具体环境是指演讲的规模、规格、会场条件、时间安排等。演讲者只有对这些有了充分的了解之后,才能有针对性地运用材料、构思设计主题、选择语言风格、安排演讲时间。

3）了解听众

演讲者的首要任务是要了解听众,要想打动听众、感染听众,就必须事先了解听众。

毛泽东曾说过:"如果真想做宣传,就要看对象,就要想一想自己的文章、演说、谈话、写字是给什么人看的、给什么人听的,否则就等于不要人看,不要人听。"还说:"射箭要看靶子,弹琴要看听众,写文章作演说倒可以不看读者不看听众么?"

所以了解听众是为了更有针对性地进行演讲的准备,尽量迎合听众的心理,强化演讲的效果。

二、演讲稿的准备

演讲是一种具体的社会实践活动,其有形的语言载体就是演讲稿。好的演讲者必须要有好的演讲稿。俗话说:"巧妇难为无米之炊。"再好的演说家也无法将肤浅空洞的内容演绎得天花乱坠。

演讲不仅要从形式上吸引人,更需要从内容上打动人,写出一篇好的演讲稿,你的演讲就成功了一半。

1. 确定主题

所谓主题,就是演讲者在演讲中所要表达的中心思想或基本观点,可以说是整个演讲的灵魂。在确定主题时,我们要注意以下两点。

一是主题要合适。演讲的主题应该是人们普遍关心的问题,这样的主题才有价值,才能被听众所欢迎。同时还要注意听众的年龄、受教育程度、职业等,根据听众的具体情况,来把握演讲的内容,这样才会在演讲的过程中形成听众与演讲者的互动。

二是主题要集中。一般来说,一篇演讲稿只能确定一个主题,如果主题太多,会造成演讲的内容头绪纷繁,结构松散,话说了很多,但台下的听众却不知道你到底想要表达什么观点。所以演讲稿只需要围绕一个主题,把问题讲清楚,讲透彻,结构层次清楚,这样听众听得明白,自然会在脑海里留下深刻的印象。正如德国著名的演说家海因兹·雷曼所说:"在一次演讲中,宁可牢牢地敲进一个钉子,也不要松松地按上几个一拔即出的图钉。"

2. 选用材料

材料是演讲的血肉,材料的选择和使用在演讲稿的写作过程中是一个重要的环节。

首先,要围绕主题筛选材料。主题是演讲稿的思想观点,是演讲的宗旨所在。材料是主题形成的基础,又是表现主题的支柱。演讲稿的思想观点必须靠材料来支撑,材料必须能充分地表现主题,有力地支撑主题。所以,凡是能充分说明、突出、烘托主题的材料就应选用,否则就应舍弃,要做到材料与观点的统一。另外,还要选择那些新颖的、典型的、真实的材料,使主题表现得更深刻、更有力。

其次,要考虑到听众的情况。听众的思想状况、文化程度、职业状况及心理需求等,都对演讲有制约作用。因此,选用的材料要尽量贴近听众的生活,这样,不仅容易使他们心领神会,而且听起来也会感兴趣。一般而言,对青少年的演讲应形象有趣,寓理于事,举例时要尽量选取他们所崇拜的人和有轰动效应的事情;对工人、农民的演讲,要生动风趣,通俗易懂,尽可能列举他们身边的人或他们周围的事做例子;而对知识分子的演讲,则使用材料时必须讲究文化层次。

3. 安排结构

不同类型、不同内容的演讲稿,其结构方式也各不相同,但基本是由开头、高潮、结尾三部分构成。

1)开头

俗话说:"良好的开头是成功的一半。"好的演讲开头能够先声夺人,富有吸引力,它在全篇中占据着重要的地位。开头的方式有以下几种。

(1)开门见山,揭示主题。演讲稿的开头就直接提出演讲意图和演讲主题。例如,鲁迅先生在《少读中国书,做好事之徒》的开头:

今天我的讲题是:《少读中国书,做好事之徒》。我来本校是搞国学研究工作的,是担任中国文学史课的,论理应当劝大家埋首古籍,多读中国书。但我在北京,就看到有人在主张读经,提倡复古。来这里后,又看见有些人老抱着《古文观止》不放,这使我想到,与其多读中国书,不如少读中国书好。

再如宋庆龄《在接受加拿大维多利亚大学荣誉法学博士学位仪式上的讲话》的开头:

我为接受加拿大维多利亚大学荣誉法学博士学位感到荣幸。

这种演讲的开头,简明扼要,不绕弯子,开宗明义地提出自己的观点。

（2）介绍情况，说明根由。开头如能向听众报告一些新发生的事实，就比较容易吸引听众，引起人们的注意。恩格斯的《在燕妮·马克思墓前的讲话》的开头：

我们现在安葬的这位品德崇高的女性，在1814年生于萨尔茨维德尔。她的父亲冯·威斯特华伦男爵在特利尔城时和马克思一家很亲近；两家人的孩子在一块长大。当马克思进大学的时候，他和自己未来的妻子已经知道他们的生命将永远地连接在一起了。

这个开头对发生的事情、人物对象作出了必要的介绍和说明，为进一步向听众提示论题做了铺垫。

（3）提出问题，引导思考。通过提问，引导听众思考一个问题，并由此造成一个悬念，引起听众想知道答案的好奇心。弗雷德里克·道格拉斯于1854年7月4日在美国纽约州罗彻斯特市举行的国庆大会上发表的《谴责奴隶制的演说》，一开讲就能引发听众的积极思考，把人们带入一个深沉而愤怒的情境中去：

公民们，请恕我问一问，今天为什么邀我在这儿发言？我，或者我所代表的奴隶们，同你们的国庆节有什么相干？《独立宣言》中阐明的政治自由和生来平等的原则难道也普降到我们的头上？因而要我来向国家的祭坛奉献上我们卑微的贡品，承认我们得到并为你们的独立带给我们的恩典而表达虔诚的谢意么？

像这种开头方式，就是先用问题来引起听众的注意，把听众的注意力集中到演讲上来，再用自问自答的方式来阐述自己的观点，这样能够达到激发听众思维、引起听众的思考的效果，并且还能给听众留下较深刻的印象。

（4）援引事实，引起关注。可以引用一些初看不太可能，但的确是现实的典型事例来开头，同样能抓住听众的心，吸引他们的注意力。卡耐基曾说他的一个学生在一次演讲中是这样开头的：

各位听众，你知道吗？现在世界上还有17个国家未取消奴隶制。

听众听后自然大吃一惊："什么，目前还有奴隶制吗？都什么年代了？是哪些国家？在哪儿？"吊起了听众的胃口，那接下来的演讲就顺利了。

（5）故事导入，妙趣横生。用一个具体生动的故事导入演讲主题。这里的故事可以是生活中的趣闻，可以是书中的传奇，也可以是历史上有影响的事件。白岩松的演讲《人格是最高的学位》就采取了这种故事导入的方法：

很多年前，有一位学大提琴的年轻人向本世纪最伟大的大提琴家卡萨尔斯讨教："我怎样才能成为一名优秀的大提琴家？"卡萨尔斯面对雄心勃勃的年轻人，意味深长地回答："先成为优秀而大写的人，然后成为一名优秀的音乐人，再然后就会成为一名优秀的大提琴家。"

在这里，听众自然就把卡萨尔斯的话与主题"做文与做人"联系起来，也就有兴趣去听演讲者是如何分析二者之间的关系，从而收到较好的现场效果。

（6）名言切入，增强力度。利用名言警句引出演讲的主题内容。这种开头既

能点明演讲的主旨,又能增强语言的文采,展现出深厚的文化底蕴。如《事业是怎样成功的》这篇演讲稿是这样开头的:

著名的心理学家赫巴德说:"全世界都愿意把金钱和名誉的最优奖品,只赠给一件事,那就是创造力。"创造力是什么?简单来说,就是不必人家指示,就能够做出别人没做过的事……

这篇演讲的开头借用赫巴德的名言切入,指出事业的成功和人的创造力是分不开的。

此外,演讲词的开头方式还有很多种,在这里就不一一举例了。不管哪种方式,我们的目的就是要唤起听众的好奇心,引起他们的兴趣,才能取得良好的演讲效果。至于哪种方式适合演讲者本人,这需要演讲者在广泛的演讲实践中,根据不同的演讲主题来选择。

2)高潮

没有高潮的演讲是平淡的,甚至是乏味的,也可以说是失败的。所谓高潮,即演讲中最精彩、最激动人心的段落。当听众听到高潮部分时,会和演讲者产生共鸣。那么如何将演讲推向高潮?可采取以下几种方法。

(1)由点及面,逐步扩展。由对"这一个"事实的叙述推及包含"这一类"的事实,由点及面将演讲推向高潮。

演讲稿《铭记国耻,把握今天》中有这样一段话:

吉鸿昌高挂写有"我是中国人"标语的木牌,走在一片蓝眼睛、黄头发的洋人群中。正是这千百万个赤子,才撑起了我们民族的脊梁,才使我们看到了祖国的希望;正是他们,冒着敌人的炮火,用满腔的热血,谱写了无愧于时代的《义勇军进行曲》……正是他们,才使得我们今天的炎黄子孙一次又一次地登上世界最高领奖台……

演讲者以吉鸿昌的爱国举动做"点",联想到千千万万个爱国者,通过层层铺排推进,概括出一代代爱国者的崇高情怀,使单一的事例所体现的思想意义得到扩展、升华,将演讲推向高潮。

(2)由表及里,进行深化。由对客观存在的事实的叙述,升华为内在思想,由表及里深化主题,从而达到演讲高潮。孙中山先生在一次演讲中讲到这样一个故事:

南洋爪哇有一个财产超过千万的华侨富翁,一次外出访友,因未带夜间通行证怕被荷兰巡捕查获,只得花钱请一个日本妓女送自己回家。为什么请一个日本妓女呢?因为日本妓女虽然很穷,但是她的祖国强盛,所以她地位高,行动自由。这个华侨虽然很富有,但他的祖国落后,所以他的地位还不如日本的一个妓女。

最后孙中山先生大声疾呼:

如果国家灭亡了,我们到处都要受气,不但自己受气,子子孙孙都要受气啊!

孙中山先生在这里对一个典型材料进行了由表及里的深化分析,揭示出国家贫弱，人民必受欺凌，"落后就要挨打"的道理，唤起了听众强烈的爱国之心，将演讲推向了高潮。

（3）由抑及扬，形成反衬。先抑后扬，"抑"为"扬"蓄势，最后由抑及扬，形成反衬效果。卢国华的演讲《愿君敢为天下先》的高潮部分：

也许有人说，年轻气盛，不知天高地厚，改革的潮是那么好弄的吗？弄得好，该你走运，福星高照；弄得不好，该你倒霉，身败名裂……如果我们徘徊观望，如果我们不求有功但求无过，如果我们事不关己，高高挂起，如果我们害怕枪打出头鸟，信奉"人言可畏"的法则，那么，我们就会被历史所淘汰，被时代所抛弃，被生活所嘲弄。因此，我们必须去无畏拼搏，去大胆开拓，去承担风险，去顽强竞争！

在这里，演讲者先设立一个与结论相反的前提，极力地"抑"，再用否定性结论，为结论的"扬"蓄势，最后才水到渠成地"扬"起来，这样由抑及扬的反衬，把演讲推向高潮。

能将演讲推向高潮的方法还有很多，大家要注意的是在主体部分的行文上，要在理论上一步步说服听众，在内容上一步步吸引听众，在感情上一步步感染听众。要精心安排结构层次，层层深入，水到渠成地推向高潮。

3）结尾

结尾是演讲内容的自然收束。言简意赅、余音绕梁的结尾能使听众精神振奋，并促使听众不断地思考和回味；而松散疲沓、枯燥无味的结尾只能使听众感到厌倦，并随着时过境迁而被遗忘。怎样才能够使听众留下深刻的印象呢？美国作家约翰·沃尔夫说："演讲最好在听众兴趣到高潮时果断收束，未尽时戛然而止。"这是演讲稿结尾最为有效的方法。在演讲处于高潮的时候，听众的大脑皮层高度兴奋，注意力和情绪都由此而达到最佳状态，如果在这种状态下突然收束演讲，那么保留在听众大脑中的最后印象就特别深刻。下面就给大家介绍几种结尾方式。

（1）总结式结尾。卡耐基在《演讲训练教程》中谈到这样一个例子，芝加哥铁路公司的一名交通经理在演讲结束时讲道：

总之，根据我们自己操作这套设备的经验，以及根据我们在东部、西部、北部使用这套机器的经验——它操作简单，效果精确；再加上它在一年之内预防撞车事故发生而节省下的金钱，促使我以最急切的心情建议：请立即采用这套机器。

对此，卡耐基给予了高度评价：你们看出了这篇演讲成功的地方吗？你们不必听到演讲的其余部分，就可以感受到那些内容。他只用了几个句子，就把整个演讲重点全部概括进去了。

（2）号召式结尾。例如，毛泽东的演讲《论联合政府》是这样结尾的：

成千上万的先烈，为着人民的利益，在我们的前头英勇地牺牲了，让我们高举起他们的旗帜，踏着他们的血迹前进吧！一个新民主主义的中国不久就要诞生了，让我们迎接这个伟大的日子吧！

（3）幽默式结尾。一个演讲者在演讲结束时能赢得笑声，不仅能创造融洽和谐的氛围，还会给听众留下美好的回忆。我国著名作家老舍先生在某市的一次演讲中，开头即说：

我今天给大家谈六个问题。接着，他第一、第二、第三、第四、第五，井井有条地谈下去。谈完第五个问题，他发现离散会的时间不多了，于是他提高嗓门，一本正经地说：第六，散会。

听众开始一愣，立刻就欢快地鼓起掌来。老舍在这里运用的就是一种"平地起波澜"的演讲艺术，打破了正常的演讲程序，从而出乎听众的意料，收到了幽默的效果。

三、演讲提纲写作示例

演讲提纲是演讲词最精要的凝结，它能让演讲者的思路更加清晰，一份优秀的演讲提纲能为演讲者提供积极的心理支持。下面的演讲提纲适合大部分演讲。

1．序言（5％的时间）

（1）开始陈述以获得注意和引起兴趣——利用听众的善解心理。

① 开头的陈述。

② 如果有必要，其他论证性材料。

（2）第二段介绍性文字（如果有必要）。

2．正文（90％的时间）

（1）演说的第一个要点 A。

① 支持 A 要点的主论点。

② 支持 A 要点的副论点。

（2）演说的第二个要点 B。

① 支持 B 要点的主论点。

② 支持 B 要点的副论点。

（3）演说的第三个要点 C。

① 支持 C 要点的主论点。

② 支持 C 要点的副论点。

3．结尾（5％的时间）

总结：

① 令人满意的结束语；

② 感谢听众。

四、演讲技巧

1．有声语言的表达技巧

演讲中语速应适中，富于变化。太快让人听不清楚，对主要观点难以形成深刻印象,而急促的语速也给人以过于紧张、缺乏控制力的错觉;太慢显得拖沓,容易让人失去耐心,给人以缺乏力度和激情、技巧不熟练、对演讲内容不熟悉等感觉;过于死板的语速容易使人陷入单调的境地,这时须要用一定的提速来突出激情部分,加强自己想强调的部分。

2. 体态语言技巧

体态语言并不是使用越多越好,如果无目的地乱用一气,会有喧宾夺主之嫌,不仅不能为演讲增色,反而会因此而招致非议。在这里就列举一些使用频率较高的体态语予以阐述。

(1) 走姿:从台下到台上。心理学家史诺嘉丝的试验表明,人们的步姿不仅和他的性格有关,而且和他的心情、职业有关。可以这样说,从台下到台上的这段路,就是展现你的精神风貌的舞台。无论怎样的走姿,做到自然、轻松、自信、稳健,就会给人一个好的印象。一般来说,向前移步表示积极性的意义;向后移则表示消极性的意义;向左、向右移动则表示对某一侧听众特别的传情致意等。

(2) 站姿:自然得体。演讲者应该挺胸收腹,精神饱满,两肩放松,胸略向前上方挺起。身体挺直,不要左右摇摆。演讲中一般提倡"丁"字步,两腿前后交叉,距离以不超过一只脚的长度为宜。演讲者全身的重力应集中在前脚上,后脚跟略微提起。站姿主要还是以自然得体为度,不必刻意追求一举手、一投足都完美无缺。

(3) 手势:多一张嘴表达。手势是演讲中使用频率最高,也是最富有表现力的体态语。美国第37位总统理查德·尼克松在演讲时,因为动作和语言不一致留下很多轶闻,值得我们注意。在一次招待会上,他举起双手招呼记者们站起来,嘴上却说:"大家请坐!"而在另一次演讲时,他手指听众,嘴上却说"我",然后又批判自己说"你们"。这种配合不当的表现,让记者们大伤脑筋。手势的运用是否恰当,直接或间接地给予演讲效果以不同的影响。

(4) 表情:细腻丰富。法国著名作家罗曼·罗兰说:"面部表情是多少世纪培养成功的语言,是比嘴里讲得更复杂千百倍的语言。"

演讲中常用到的体态语如眼睛、微笑、服饰等,都有其各自的特色,是有声语言所不能替代的表达方式,需要演讲者在生活中注意观察、学习、积累,以备演讲之用。当然,我们未必都是为了演讲去学习准备,在日常生活中各种社交场合,如果恰当地使用了体态语言,就会让你的表现更加出色。

第三节 即兴演讲

即兴演讲也称为即席演讲,"即兴"强调的是演讲者兴之所至,有感而发;"即席",强调的是演讲者事先未作准备,临场发挥。即兴演讲是在一定场合下,演讲者事先未作任何准备,只是根据需要当场所作的临时发言。即兴演讲是各种演讲形式中难度最大的,要求演讲者思维敏捷、反应迅速。同时,对演讲者语言的逻辑性和口头表达的雄辩性方面都有更高的要求。

一、即兴演讲的特点

1. 即兴发挥

即兴演讲大多只有两三分钟的时间打腹稿,是靠"临阵换枪"即兴发挥,故而得名。至于即兴演讲比赛,更是当场抽签得题,临时做演讲准备,马上进行比赛的。如原国务院副总理、经贸部部长吴仪在国际谈判中尤其鲜明地体现了这一点。1991年底,在中美知识产权谈判中,美方一见面就出言不逊,说:"我们是在和小偷谈判。"吴仪立即回击:"我们是在和强盗谈判。请看,你们博物馆里的展品,有多少是从中国抢来的!"美方人员一听,被噎得直瞪眼。

2. 篇幅短小

由于临时准备、即兴发挥的讲话很难构思出长篇大论来,所以即兴演讲一般是主题单一、篇幅短小、时间短暂的演讲。有的两三分钟,有的甚至寥寥几句。语言生动形象,强调口语化,少用或不用书面语,句式短小、灵活,不用难以理解的长句子。

3. 使用面广

即兴演讲在日常生活中使用面很广,如小范围社交聚会中的欢迎、欢送、哀悼、竞选、就职、答谢、婚礼、寿庆等场合下的发言或讲话。对于教师而言,在主题班会、迎新仪式、毕业典礼、节日联欢等场合,即兴演讲也有广泛的运用。在这些场合里,演讲者只要言简意赅,当场表示某种心意即可,不宜做过于冗长的演讲。改革开放以来,随着社会生活节奏的加快,即兴演讲越来越受到各方面的欢迎。

二、即兴演讲技巧

1. 准备技巧

(1)知识素养准备。丰厚的知识储备是成功演讲的基础,是一个演讲者必须具备的条件。如果没有一定的知识积累,是很难获得演讲成功的。如何去储备知识,这就要求我们平时要广泛地阅读、收集、积累材料,同时加强思想、道德、情感等各方面的修养。这是一个长期的过程。在这里介绍以下几种方法。

① 多收集历史资料。对那些重要的历史事件、人物的有关情况要熟记,特别要注意收集那些并不为人所熟悉的材料,这样才会给人带来新鲜感。

② 多收集现实资料。对当今国内外发生的重大的政治、经济、文化、科技等各个领域的事件、人物的有关情况要多加了解和分析,并进行独立思考。

③ 熟记名言警句、寓言故事。多记名言警句、俗语谚语、古典诗词、经典文学、

寓言故事等。做到随手拈来,为我所用。

(2) 临场观察准备。演讲者要尽快观察、熟悉演讲现场,及时收集捕捉现场的所见所闻,包括现场环境、听众、其他演讲者的演讲情况等,以确定自己的话题,增加演讲的即兴因素。

(3) 心理素质准备。演讲者要随时做好即兴演讲的准备,在心理上做到有备而来,要有稳定的情绪、十足的信心、必胜的信念,这样才能保证情绪饱满。

2. 快速构思技巧

1) 借景发挥

演讲者在演讲现场,可以捕捉到现场的景物,要能与自己的演讲内容巧妙联系,这样既能突出演讲的主题,又能给听众留下深刻的印象。例如,1863年,美国葛底斯堡国家烈士公墓竣工。落成典礼那天,国务卿埃弗雷特站在主席台上,看见人群、麦田、牧场等历历在目,他心潮起伏,立即改变了原先想好的开头,而从眼前的景物谈起:

站在明净的长天之下,从这片经过人们终年耕耘而今已安静憩息的辽阔田野放眼望去,那雄伟的阿勒格尼山隐隐约约地耸立在我们的前方,兄弟们的坟墓就在我们脚下,我真不敢用我这微不足道的声音打破上帝和大自然所安排的这意味无穷的平静。但是我必须完成你们交给我的责任,我祈求你们,祈求你们的宽容和同情……

这段开场白语言优美,人、景、物、情是那么完美而又自然地融合在一起。当埃弗雷特刚刚讲完这段话时,不少听众早已泪水盈眶了。

2) 借事发挥

演讲者以现场发生的某件事为触发点,展开议论,揭示主题。在一次以母亲颂为主题的晚会上,当节目快结束时,导演通过耳机告诉倪萍,还剩三分钟多一点的时间,让她即兴发挥。倪萍略作停顿,便走向了观众席。说:

"我想知道,今天在场的观众朋友们,有哪位是陪母亲一起来参加这场晚会的?"当一位小伙子站起来后,倪萍做惊喜状:"是吗?可不可以把你的母亲介绍给大家?""可以。"小伙子的母亲笑盈盈地在观众热烈的掌声中站起来。"这位妈妈,我们都为你自豪,有这么好的儿子真幸福啊!孝敬老人是最受人们尊敬的,我们应该向你学习,请坐下。"倪萍转向了镜头:"儿子带母亲看节目本来算不了什么了不起的,但我常常在我们的演播厅里看到的却是一对对情侣、一对对夫妻……我希望从今天以后能在这里见到更多的孩子陪着父母来……"

三分钟的空白,对现场直播来说,时间有点太长了,倪萍清楚地知道,即使自己说得再动听,也未免有些乏味,所以,她想到了让观众参与。这场即兴发挥,不仅巧妙地填补了空白,让观众在不知不觉中欣赏了一场完整的晚会,而且起到了画龙点睛的作用,使这台舞会的主题更加突出。

除此之外,还可采用借人发挥、借物发挥、借言发挥的方法。不管哪种方法,都需要演讲者根据现场的具体情况来随机应变,选择最能适合自己的。

 思考与练习...

1. 扩句练习,承接已提供材料的意思,沿着原文思路,或充实、阐释,或引申论证,写一段话,然后登台演讲。

苦练出口才,常言道:"台上一分钟,台下十年功。"熟练的猎人,一枪就能射中飞鸟;高明的医生,一刀就能正中患处,使病人康复……(请你讲下去)

2. 给下面的命题设计一个好的开头或结尾,并就其中一个作命题演讲练习。
① 我爱我的专业 ② 我眼中的金钱 ③ 掌握自己的命运 ④ 学会感恩

3. 以"面对挫折抬起你的头"为题,进行即兴演讲。

4. 每个人在一张小纸条上写下一个题目,然后再将纸条折起,把它们摇混。然后一个人抽出一个题目,并立刻站起来就题目讲话60秒。

第四节 辩　　论

辩论是一种高层次的口语表达技巧,在现实生活中发挥着重要的作用。论辩能力的强弱,是衡量一个人是否具有口才的重要尺度。

一、辩论的含义

辩论是参与谈话的双方,由于对同一问题持有不同的见解,用阐述作为基本方式,以突显真理、否定谬论作为基本目的,双方各自发表自己的观点,批驳对方的观点,进行针锋相对的语言交锋。辩论口才就是辩论过程中所展示出来的语言表达能力。在辩论中,通过质疑、诘难、驳斥和揭露对方的矛盾,从而确立自己的论断,以便最后取得正确的认识。在现代社会,人们的竞争要靠口才和智慧,而辩才就是口才的最高峰。

二、辩论的特点

1. 观点鲜明

论辩双方的观点或者是截然对立的,或者存在着明显的分歧。辩论一开始双方就要坚定地坚持自己的观点。在原则问题上,语言一定要明确,不能含糊,要让对方一听就知道自己坚持的是什么。

2. 针锋相对

在激烈的论战中,辩论双方要针锋相对。辩论者要使用明快、锋利的语言,迫使对方难以招架,辩论者要千方百计地证明自己的观点是正确的,又要有充足的理由去批驳对方的观点,并且迫使对方放弃自己的观点。

3. 说理严密

辩论是双方持不同观点进行论辩,辩论者的任何一方不仅要力图使自己的观点正确、鲜明,论据充分有力,阐述合乎逻辑,还要善于从对方的阐述中找到纰漏,抓住破绽,打开辩驳的突破口。这就要求辩论者的说理必须十分严密,否则,一旦露出破绽,就会使自己遭受失败。

4. 机敏风趣

辩论过程中的机敏是任何其他的口语形式所不能比拟的。机敏是智慧的表现,又同风趣幽默紧密联系着;风趣可以使你在辩论中大显神威,在驳斥对方的同时,可使对手不得不在哄堂大笑中败下阵去。

在大学生活期间,大学生可以通过辩论赛的锻炼,提高自己的思辨能力、反应能力和口语表达能力,丰富自己的学习生活。但现实生活的主调并不是辩论,作为在校大学生,应该清楚地认识到:辩论是辩论,生活是生活。

三、辩词的撰写要求

辩词也称为陈词,是为了便于开拓思路,撰写辩词前可以请教练或其他人进行辅导,也可以适当地阅读一些辩词,加深对辩词的形式感受,以形成自己的"辩词意识"。但是,自己的辩词一定要自己来写,因为通过自己亲手写辩词,会激活自己的思维和已有的知识储备,体味自己的辩词是否具有杀伤力。如写得顺畅,说明自己对问题的认识是清楚的、有把握的。无论辩词写得好与否,最终都会在辩论的赛场中显现出来。辩词撰写完毕后,辩手可以请人审读,也可以让人提意见,但是,修改时一定要自己动手,这样可做到知己。

1. 把握时间的分配

辩论场上的辩论时间是有限制的,因此,辩词的撰写务必要考虑时间的分配问题。如何开头,怎么结尾,核心问题是什么,各部分需要多少时间来安排才是合适的,都需要认真谋划,仔细分配。由于考虑到辩场上的情况变化而适时改变、增减内容,一般一篇辩词不可写满,应该留出 30~40 秒的时间,以便到场后再作补充或增加。3分钟的辩词,按一般语速来计算,大约有 850 字,因此,辩手可以在这个基础上适当增减,这样就不会出现超时或时间用不完的现象。

2. 抓住辩词中的闪光元素

辩词是根据战略文案的要求来写的,因此,一篇辩词应该要完成和体现战略文案的内容,这是最基本的要求,要力争出彩、出效果,才能出奇制胜。所以辩手必须考虑到辩词中闪光的趣味元素、诗词元素和哲学元素。辩词中的这三元素是闪光点,在实际应用中不仅能使论辩出彩,而且还能使辩词生辉。

四、辩论赛的一般规则

1. 人员规则

(1) 每场比赛须由主办单位指派会场主席一名,以主持比赛,维护会场秩序,保障辩论有序进行。

(2) 每场比赛须由主办单位指派计时员、计分员及招待人员各若干名。

(3) 每场比赛须由主办单位安排三名以上(含三名)单数裁判人员担任裁判工作,裁判人员不得中途入席、离席或更换,并且裁判人员须于赛前评阅比赛题目及规则。

(4) 每场比赛,各队出赛人员四名,称一辩、二辩、三辩、四辩,或一辩、二辩、三辩及自由发言人。出赛名单于每场比赛前 10 分钟向主办单位提出。主席宣布比赛开始后 15 分钟,队员仍未到齐的,视为弃权。

2. 辩论赛程序(由辩论会主席执行)

(1) 开场白,宣布辩题。

(2) 队员入场,介绍参赛队及其所持立场,介绍参赛队员,介绍规则、评委及其点评嘉宾。

(3) 主席宣布比赛开始。

(4) 主席评判团交评分表后退席评议。此时为观众自由提问时间。

(5) 主席评判团入席,点评嘉宾评析赛事。

(6) 主席宣布比赛结果(包括最佳辩手),宣布比赛结束。

3. 辩论过程

辩论过程包括四部分:陈词阶段、盘问阶段、自由辩论阶段、总结陈词阶段。辩论过程中要求用普通话进行表述。

1) 陈词阶段

(1) 正、反方一辩发言。

(2) 正、反方二辩发言。

(3) 正、反方三辩发言。

2) 盘问阶段

(1) 反方四辩提问。

(2) 正方四辩回答、提问。

(3) 反方三辩回答、提问。

(4) 正方三辩回答、提问。

(5) 反方二辩回答、提问。

(6) 正方二辩回答、提问。

(7) 反方一辩回答、提问。

(8) 正方一辩回答、提问。

(9) 反方四辩回答。

每人 30 秒，共 4 分钟。

3) 自由辩论阶段

由正方先发言，然后反方发言，正反方依次轮流发言（各 4 分钟）。

4) 总结陈词阶段

(1) 反方四辩总结陈词（4 分钟）。

(2) 正方四辩总结陈词（4 分钟）。

4．辩论时间分配

全场辩论时间总计 40 分钟。

(1) 陈词阶段共 18 分钟。正、反方辩手发言各 3 分钟。

(2) 盘问阶段共 4 分钟。提问用时 10 秒，回答用时 20 秒。各队累积用时 2 分钟。

(3) 自由辩论阶段共 10 分钟。正、反方各用时 5 分钟。

(4) 总结陈词阶段共 8 分钟。正、反方各用时 4 分钟。

5．辩论规则

1) 教练提交材料、发言

(1) 提交材料的时间、内容。在比赛开始前 1 小时，各参赛队应向组委会提交 800 字左右的文字材料（一式 6 份），材料内容包括本队对立场的分析理解，逻辑框架设计，主要论点、论据，对对方立论的分析等有关辩论的战略、战术。

(2) 发言时间：每方用时 4 分钟。

(3) 发言内容：破题，对辩论双方立场利弊分析，本方战略战术。

(4) 教练陈词采取背对背方式（对方教练及队员回避）。

2) 盘问规则

(1) 每个队员的发言应包括回答与提问两部分。回答应简洁，提问应明了（每次提问只限一个问题）。

(2) 对方提出问题时，被问一方必须回答，不得回避，也不得反驳。

3) 自由辩论规则

(1) 自由辩论发言必须在两队之间交替进行，首先由正方一名队员发言，然后由反方一名队员发言，双方轮流，直到时间用完为止。

(2) 各队耗时累计计算，当一方发言结束，即开始计算另一方用时。

(3) 在总时间内，各队队员的发言次序、次数和用时不限。

（4）如果一队的时间已经用完，另一队可以放弃发言，也可以轮流发言，直到时间用完为止。放弃发言不影响打分。

（5）辩论中各方不得宣读事先准备的稿件或展示事先准备的图表，但可以出示所引用的书籍或报刊的摘要。

（6）比赛中，辩手不得离开座位，不得打扰对方或本方辩手发言。

五、辩论中的攻防技巧

进攻与防守是辩论中克敌制胜的关键，所以辩论者必须知己知彼，掌握很好的攻防技巧。辩论中，攻防是缺一不可的，只攻不防，一旦遇到强手，就有可能惊慌失措，自乱阵脚；只防不攻，等于自行交出武器，最终落个被动挨打的下场。只有将攻防结合起来，才能所向披靡，立于不败之地。

1．辩论中的进攻技巧

进攻是取得辩论胜利的重要手段，只有进攻，才会打败对方。但进攻切忌盲目，要抓住论敌的弱点和要害，一举得胜。进攻的方法有很多，在这里列举一二，供大家参考。

1）刚言慑服

刚言慑服是指在面对对手的挑战时毫不畏惧，以压倒一切的无畏精神和刚正的言词来慑服对手。理直气壮，义正词严，就会产生一股浩然正气，让人信服。例如，在"真理越辩越明"的辩论中，首都师范大学（正方）四辩有一段充满浩然正气的总结陈词：

宇宙浩瀚无边，百万年的历史也不过沧海一粟，但人类就在这沧海一粟中认识自然，改造自然，创造出今天规律的世界，这恰是人们不懈地探寻真理、缅怀真理、运用真理、传播真理的结果。人类的理性就是要追求真理，追求和平、自由、民主；人类的精神就是要反对垃圾真理，反对禁锢视听，反对愚民政策，反对以势压人。为了这个世界的真善美，人们甚至以殉难的精神高扬这样的信念：要为真理而斗争。

这段辩词慷慨激昂，它不仅回顾了人类追求真理、捍卫真理的史实，而且采用了一系列排比造势，高度赞扬了人们要为真理而斗争的坚定信念，深切感人。

2）攻心服敌

善辩者以攻心为主，动摇对方的军心，瓦解对方的士气。攻心要做到知己知彼，洞察对方的性格和内心活动，从而有针对性地发起进攻，使对方不知不觉地按照你的思维向你靠拢，产生某种认同感。

例如，在"99 国际大专辩论赛"中，西安交通大学队（反方）三辩路一鸣在"美是客观存在还是主观感受"的论辩中，针对正方马来西亚大学队女辩手，就采用了攻心战术：

正方二辩：请问对方三辩，我美不美？

反方三辩：对方二辩非常美，但这个观点只代表我个人的感受，有没有人认为对方二辩不美呢？如果有人胆敢说对方二辩不美的话，我们是不是要踏上千万只脚让他永世不得翻身呢？如果美的标准是客观的话，你何必问我你美不美，你只要拿美的客观标准去衡量一下就可以了，何必问大家你美不美呢？

路一鸣的回答，既在意料之外，又在情理之中，他既满足了女性的一部分虚荣心，又伤害了她的另一部分虚荣心，使她恼羞而不能怒。路一鸣的攻心术不但使对方有口难辩，而且借对方的问话有力地证明了自己的观点。

3）出奇制胜

出奇制胜就是要打破人们习以为常的思维习惯，用论敌意想不到的方法进行进攻，从而获胜。出奇制胜重在一个"奇"字。

4）先发制人

论辩中要把握机会，辩者要选择最佳时间、最佳气氛，针对论敌的弱点发动进攻，以便取得最佳的论辩效果。先发制人就是要在时间上抢在对手的前面，抓住对方的要害，趁对方还来不及防范，以突然袭击的方式，击溃对方的心理防线。

5）击其要害

在辩论中要善于抓住对手的要害和弱点，一旦抓住对手的要害和弱点，就要一攻到底，置论敌于死地。

例如，在"温饱是谈道德的必要条件"的辩论中，辩手就运用了击其要害的方法：

反方：对方讲的无非是温饱也能谈道德。这一点我们什么时候反对过了？问题是对方所要论证的是没有温饱就绝对不能谈道德。请对方举例说明，哪怕是一个。人类社会在何时、何地、何种情况下一点道德都不谈？

正方：请对方不要搞错。我方在一开始就说，温饱是谈道德的必要条件，是指我们谈道德不能脱离温饱。对方能够对这个问题作出批评吗？

反方：任何理论应用到任何一个历史时期，比解一个一次方程都简单。请对方不要回避我们的问题，举出你们的实例来。

正方：我方的论点对方没有任何批驳，所以我方的定义已经成立了。其次，对方的解释依然是在饥寒的情况下你可以对他进行道德要求，这可以吗？请回答。

反方：你的论点不是自己说成立就成立了，不然还要批判干什么？

这段辩论中，反方中国复旦大学队紧紧抓住了英国剑桥大学队难以回答清楚的两个核心问题：一个是逻辑问题，即要求对方证明没有温饱就绝对不能谈道德；一个是事实问题，即请对方举出一个实例来证明其论点。在这次辩论中，剑桥大学队没有有效地回答这两个要害问题。复旦大学则紧抓不放，步步紧逼，终于使对手方寸大乱，说出了令人好笑的一句话："我方的论点对方没有任何批驳，所以我方的定义已经成立了。"复旦大学队敏锐出击,用一句巧妙的反问,将剑桥大学置于与评委尖锐对立的境地,胜负也就可想而知了。

6) 巧问控敌

"问"是辩论中重要的进攻武器,巧妙地发问往往能争取主动,辩论中离不开问。

(1) 连环发问　连环发问是指在辩论中打乱对手的思维,使对手在不断的问题中难以招架,不能喘息。需要注意的是,每一次的提问都要有新的东西。例如,

正方:请问对方辩友,是不是企业打着这样的招牌:只要女性不要男性呢?

反方:那我来告诉你,根据对《北京晚报》一个月的调查表明,那上面有六分之一的广告写着"只要女性不要男性啊"!

正方:请问,当你听到性别歧视的时候,你认为歧视的是男性呢?还是女性?

这里,正方两次发问,都有效地控制了对方。第一次发问,使反方跟着正方的思路走,这样自然会导致被动,紧接着,正方又接着发起第二问,使反方陷入了困境。

(2) 反诘疑问　反问是以问对问,是一种防守反击术,主要目的还是在于进攻。例如,下面是首届国际大专辩论赛中双方辩手互相反诘的一段辩词:

正方:对方同学一直回避一个问题,你们总是举仁人志士的超道德行为,告诉我们社会上每一个人都做得到。请问对方,你们认为今天在座的各位,包括你们在内,有几个人做得到颜回一箪食、一瓢饮？有几个人是欧阳修？有几个人是笛卡儿？有几个人是范仲淹？

反方:既然对方辩友不喜欢谈仁人志士,那我们谈谈普通人。刚才对方三辩讲到一个小孩的例子,那我问对方辩友:如果是在吃不饱的情况下,你就不谈道德了吗?

这段话双方都采用了反诘疑问,正方的反问无疑是一种主动进攻,而反方如果当真去回答那几个问题,不仅难以回答,即使能够回答,也会掉入对方的陷阱。于是反方马上巧妙一转,也用反诘的方式回敬对方。

7) 针锋相对

就是针对对方的观点或战略战术,鲜明地亮出自己的观点,并且进行强有力的进攻,击败对手。这种战术需要立论正确,论据充分,并且能抓住对方的要害进行有力地驳斥。例如,关于"人类社会应重义轻利"论辩中的一段辩词:

正方:二战期间,如果没有四川人民的重义精神,为中国抗日战争输送了那么多的好儿女,中国怎么可能取得反法西斯战争的胜利呢?

反方:二战期间,四川人民贡献的不仅仅是空洞的道义,而是人力、物力、财力。

这里,正方南京大学队针对反方四川联大队,列举四川人民为抗战输送了无数的好儿女,得出这是重义的结论;四川联大队则针锋相对,阐明四川人民贡献的并

不是空洞的道义,而是人力、物力、财力,这些与利有关,得出这是重利的结论。对同样一件事,双方各自得出尖锐对立的结论。

8) 层层深入

辩论双方立论,都有它的核心支柱,向对方进攻时,不能只伤其皮毛,而应动摇其根基。

例如,首届国际大专辩论赛中关于"人性本善"辩论中反方复旦大学队三辩的一段辩词:

对方一辩说,有的人是"放下屠刀、立地成佛"的,这不错。但我请问,如果人都是性本善的话,谁会拿起屠刀呢?第二,对方二辩说,人一教一学就能够善,那我们看到好多人他们做恶事的时候,是不要教、不要学,就会去做的。我们再看到,对方辩友认为恶都是外因,但我请问,如果鸡蛋没有缝的话,苍蝇会去叮它吗?所以它是有内因起作用的。

复旦大学队的这段辩词,体现出了一种高超的批驳艺术:第一个批驳,借对方所引用的一句俗语,采用因果论证法,点明"人性本善"的不可信;第二个批驳,是以反面事例来论证对方说的"人一教一学就能够善"这一论据的不可靠;支撑整个正方辩论的核心论据是:恶都是外因,所以第三个批驳便是针对这一核心论据的,反方用一个形象的比喻,指出恶不是外因,而是内因。所以我们可以看到,这三个批驳,层层深入,具有巨大的攻击力。

9) 小中见大

俗话说"窥一斑而知全豹",在辩论中,认识客观事物,要选取最典型、最具有代表性的特征,由表及里,认识到事物的本质,以便取得胜利。

东汉时有个陈蕃,有一天他父亲的好友薛勤来访,见他独居一屋,屋内杂乱,龌龊不堪,薛勤便问:"孺子何不洒扫以待宾客?"陈蕃说道:"大丈夫处世,当扫除天下,安事一屋乎?"薛勤反问道:"一屋不扫,何以扫天下?"

陈蕃有这种"扫天下"的雄心壮志,固然是好的,但是像他这样连自己的屋子都懒得扫的人,他真的有能力去"扫天下"吗?薛勤的反问,从小中见大,一针见血地驳斥了陈蕃的不切实际。

10) 釜底抽薪

在辩论中,要证明论点,必须要有充分的论据。就像一锅沸水,要想制止水沸腾,最好的一招就是将锅底的柴火抽去,水自然就不能沸腾了。同样的道理,辩论时,我们只要能将对手的论据驳倒,其论点自然就站不住脚了。例如,有关"都市化有利于人类发展"中的一段辩词:

反方自由人:解决什么呢?都市的柏油路太硬,踩不出脚印,大多数民工不得不带着失误和迷蒙重返家园。一亿农民工用亲身体验为您高歌了一曲都市悲歌,您听见了吗?您还能说都市化是解决农村剩余劳动力的正确答案?

正方自由人：我方一而再、再而三地用理性提问了从香港到中国都市化的实例，对方辩友却一而再、再而三地用感性告诉我们有过渡期的失调问题。正如我方刚才所说，有过渡期的失调难道就可以否认它是不利于人类发展吗？这样的逻辑对方辩友是怎么推论出来的，请对方辩友给大家解释一下好不好？

反方耶鲁大学队首先列举了都市化过渡期存在的一些失调问题，以此来批驳正方，证明自己的"都市化不利于人类发展"的论点。他们的论据虽然是真实的，但正方却鲜明地指出他们的论据推不出论点。显然反方是犯了以偏概全的错误。

2．辩论中的防守技巧

辩论中应是积极的防守，而不应是消极被动的挨打。防守是为了保护自己，寻找战机，反败为胜。

1）以退为进

面对论敌强大的攻势，有时要采取以退为进的策略。首先要承认或褒扬对方的观点，等到对方失去戒备时，再发动进攻，痛击对手。

1894年里根与对手蒙代尔为竞选总统有这样一段语言交锋：在论辩中蒙代尔自恃年轻力壮，竭力攻击里根年龄大，不适宜担此重任。里根回答说："蒙代尔说我年龄大而精力不充沛，我想我是不会把对手年轻、不成熟这类问题在竞选中加以利用的。"这一绝妙的回答立即博得全场的热烈掌声。最后，选民们接纳了里根。

在这里，里根不得不默认对手说他"年龄大而精力不充沛"，但却嘴上说不利用对手的"年轻、不成熟"，其实这比正面指责更具讽刺，而且不失幽默感，所以选民接纳了里根。

2）防守反击

防守反击最能体现辩论的精髓，也最能检验辩论者的辩论水平。防守反击先是要防，面对敌人的进攻，要防得天衣无缝，等到论敌露出破绽，便及时进行反击，反击的方法有很多，而反诘法是最常用的战术。

3）金蝉脱壳

金蝉脱壳是指在辩论中当自己处于不利的处境时，不能硬战，要避开锋芒，组织反攻。用此方法，语言转换要巧妙自然，能够对对方产生迷惑性。

关于"艾滋病是医学问题，不是社会问题"辩论中的一段辩词：

正方：请问，成百上千的医务工作者在研究，这只是在寻找钥匙吗？

反方：我们不能仅仅让医学来参与！在非洲很多地方，艾滋病已经导致了"千山鸟飞绝，万径人踪灭"，还要让医学这个"孤舟蓑笠翁"来"独钓寒江雪"吗？

正方悉尼大学提出的反诘是很有力度的，广大医务工作者所从事的工作是庄严而又神圣的，并不是像寻找钥匙那样简单，而正方辩手知道如果就这个问题与对方辩论的话，只会处于被动，于是他就引用了几句古诗，巧妙地转移了对方的进攻目标,还印证了自己的论题。

4) 以问代答

在辩论中,对方常常会提出一些敏感的或难以回答的问题,如果你不愿或不能正面回答时,就可以采用以问代答的方法,向对方提出一个与之相关、实质内容却又背道而驰的问题,从而化被动为主动。

5) 设定条件

有时对方提出的问题,在不同的条件下,可能会有不同的回答,这时就要弄清对方提问的目的,特别要警惕对方是否设有陷阱,然后设定对自己有利的条件作为前提,去回答问题。

在首届国际大专辩论赛关于"温饱是谈道德的必要条件"的辩论中,正方英国剑桥大学队提了一个很难回答的问题:

你不能用社会的需要去剥夺他就那么一点点生存和温饱。人一生只有一次,你不能用社会逼人。假如,我们现在十个人投票,赞成说将对方的第三辩的财富充公,来满足大家的需要,这是公认的,这样是对的吗?谢谢!

这个问题确实不好回答,如果说将自己的全部财产充公的做法是对的,这显然有悖于常理,如果说这种做法是不对的,又等于否定了己方"温饱不是谈道德的必要条件"的观点,如果避而不答,又会显示自己理屈词穷。面对这种设有陷阱的攻略,一旦防守不严,就会被对方撕开防线,长驱直入,后果不堪设想。我们再来看复旦大学队的同学是如何巧妙回答、转危为安的:"谢谢主席,各位好,如果我的财产充公,能够为很多人民谋福利的话,我想我会选择这样做的,因为做人要做有道德的人。"

正方同学聪明地运用了设定条件法,先设定如果财产充公"能够为大多数人谋福利"这一条件,然后作答,这样做不但化解了对方的难题,而且还顺势证明了己方的观点。

6) 幽默问答

有时候碰到难以回答的问题,可以采用幽默的方式来回答,这样能够事半功倍。

美国第16任总统林肯,是美国历任总统中最具有幽默感的一位,他常用自嘲的方式来达到雄辩的目的,而这种方式是极具幽默性的。一次,林肯为了黑奴问题与美国作家、废奴运动的领袖道格拉斯发生了争执。在辩论时,道格拉斯指责林肯是两面派。众所周知,林肯的面貌很难看,无疑道格拉斯的话带有双关的意思,想置林肯于难堪境地。谁知林肯却装作很委屈的样子说:"现在,请听众来评评看,要是我还有另一副面孔的话,你认为我还会戴这副面具吗?"

听众们包括道格拉斯听了林肯的话,都笑了起来。林肯也就巧妙地否定了对方的指责。这就是幽默的力量。

7）模糊作答

如果对方的提问很尖锐,不好作答,这时就可采用模糊作答法,可以答非所问,也可以巧妙地转换话题,总之就是让对方无话可说。

在一次记者招待会上,一名外国记者有意向我方发难:"请问,对台湾问题,贵国政府所采取的最后措施是什么?"我国外交人员冷静地回答:"请阁下相信,我们最终会解决这个问题的。而我倒真是有点担心,如果贵国反政府运动继续下去,贵国政府是否能具有维护现状的能力?"

对于记者的问题,在当时的条件下,我国外交人员难以回答,所以就采用了似答非答的方法,接着又改变话题,反问了一个让对方难以回答的问题,所以也就不了了之了。

8）妙补失言

辩论中难免会有失言的时候,一旦被对手抓住,就会成为论敌的突破口。这时须保持冷静,设法摆脱困境。

1959年美国副总统尼克松出访前苏联,向前苏联领导人赫鲁晓夫问起前苏联的潜艇计划。赫鲁晓夫冲口而出:"我们能制造多少艘潜艇,就制造多少艘。"在场的米高扬一听,知道"走火"了,连忙给赫鲁晓夫使了个眼色,并马上补上了一句:"主席的意思是我们为了防御的目的,需要多少就制造多少。"

尼克松向赫鲁晓夫提出的问题是事关军事秘密的,尼克松提问的动机相当微妙,而赫鲁晓夫信口开河的一句话,会很容易让对方抓住把柄,幸好,米高扬反应敏捷,巧妙地补救了赫鲁晓夫的失言。

9）以柔克刚

在辩论时,有时会碰到咄咄逼人的对手,这时应避开锋芒,不与之发生正面的冲突,应见机行事,以柔克刚。

 思考与练习...

1. 阅读材料,回答问题。

两位朋友,一位请另一位吃饭,请柬上写着两句话:"如果你来,你就是贪吃,如果你不来,你就是看不起我,无论你来还是不来,你要么贪吃,要么瞧不起我。"

如果你是他的朋友,你会如何应对?

2. 请反驳下列错误说法。

有位乘客在车上打碎了玻璃,乘务员找到他说:"你损坏了人民的财产,请你照价赔偿!"乘客说:"人民的财产?我是人民的一员,人民财产也有我的一份,我不赔,我的那一份不要了。"

3. 在下列命题中选择一个辩题,围绕辩题准备材料,进行辩论。
① 宽松式管理对大学生利大于弊　宽松式管理对大学生弊大于利
② 青年成才的关键是自身能力　青年成才的关键是外部机遇
③ 代沟的主要责任在父母　代沟的主要责任在子女
④ 网络对大学生的影响利大于弊　网络对大学生的影响弊大于利

附录一
普通话异读词审音表

该表是由国家语委、国家教委（今教育部）和广电部于1985年12月发布的。该表着眼于普通话词语的一些异读现象来审定读音，它继承了1963年发布的《普通话异读词三次审音总表初稿》的成果，重新审订了某些读音。到目前为止，它是关于异读词读音规范的最新的法定标准，是我们规范异读字读音的主要依据。

A

阿（一）ā　～訇　～罗汉　～木林　～姨
　（二）ē　～谀　～附　～胶　～弥陀佛
挨（一）āi　～个　～近
　（二）ái　～打　～说
癌 ái（统读）
霭 ǎi（统读）
蔼 ǎi（统读）
隘 ài（统读）
谙 ān（统读）
埯 ǎn（统读）
昂 áng（统读）
凹 āo（统读）
拗（一）ào　～口
　（二）niù　执～　脾气很～
坳 ào（统读）

B

拔 bá（统读）
把 bà　印～子
白 bái（统读）
膀 bǎng　翅～
蚌（一）bàng　蛤～
　（二）bèng　～埠
傍 bàng（统读）

磅 bàng　过~

龅 bāo（统读）

胞 bāo（统读）

薄(一) báo(语)　常单用，如"纸很~"。

　　(二) bó（文）　多用于复音词。~弱　稀~　淡~　尖嘴~舌　单~　厚~

堡(一) bǎo　碉~　~垒

　　(二) bǔ　~子　吴~　瓦窑~　柴沟~

　　(三) pù　十里~

暴(一) bào　~露

　　(二) pù　一~（曝）十寒

爆 bào（统读）

焙 bèi（统读）

惫 bèi（统读）

背 bèi　~脊　~静

鄙 bǐ（统读）

俾 bǐ（统读）

笔 bǐ（统读）

比 bǐ（统读）

臂(一) bì　手~　~膀

　　(二) bei　胳~

庇 bì（统读）

髀 bì（统读）

避 bì（统读）

辟 bì　复~

裨 bì　~补　~益

婢 bì（统读）

痹 bì（统读）

壁 bì（统读）

蝙 biān（统读）

遍 biàn（统读）

骠(一) biāo　黄~马

　　(二) piào　~骑　~勇

傧 bīn（统读）

缤 bīn（统读）

濒 bīn（统读）
髌 bìn（统读）
屏（一）bǐng ～除 ～弃 ～气 ～息
　（二）píng ～藩 ～风
柄 bǐng（统读）
波 bō（统读）
播 bō（统读）
菠 bō（统读）
剥（一）bō（文） ～削
　（二）bāo（语）
泊（一）bó 淡～ 飘～ 停～
　（二）pō 湖～ 血～
帛 bó（统读）
勃 bó（统读）
铍 bó（统读）
伯（一）bó ～～(bo) 老～
　（二）bǎi 大～子（丈夫的哥哥）
箔 bó（统读）
簸（一）bǒ 颠～
　（二）bò ～箕
膊 bo 胳～
卜 bo 萝～
醭 bú（统读）
哺 bǔ（统读）
捕 bǔ（统读）
鹎 bǔ（统读）
埠 bù（统读）

C

残 cán（统读）
惭 cán（统读）
灿 càn（统读）
藏（一）cáng 矿～
　（二）zàng 宝～
糙 cāo（统读）
嘈 cáo（统读）

螬 cáo（统读）

厕 cè（统读）

岑 cén（统读）

差（一）chā（文）　不～累黍　不～什么　偏～　色～　～别　视～　误
　　　　　　　　～　电势～　一～念之～　～池　～错　言～语错　一～二错　阴错阳～
　　　　　　　　～等　～额　～价　～强人意　～数　～异

　　（二）chà（语）　～不多　～不离　～点儿

　　（三）cī　参～

猹 chá（统读）

搽 chá（统读）

阐 chǎn（统读）

羼 chàn（统读）

颤（一）chàn　～动　发～

　　（二）zhàn　～栗（战栗）　打～（打战）

鞯 chàn（统读）

伥 chāng（统读）

场（一）chǎng　～合　～所　冷～　捧～

　　（二）cháng　外～　圩～　～院　一～雨

　　（三）chang　排～

钞 chāo（统读）

巢 cháo（统读）

嘲 cháo　～讽　～骂　～笑

耖 chào（统读）

车（一）chē　安步当～　杯水～薪　闭门造～　螳臂当～

　　（二）jū　（象棋棋子名称）

晨 chén（统读）

称 chèn　～心　～意　～职　对～　相～

撑 chēng（统读）

乘（动作义,念 chéng）　包～制　～便　～风破浪　～客　～势　～兴

橙 chéng（统读）

惩 chéng（统读）

澄（一）chéng（文）　～清（如"～清混乱"、"～清问题"）

　　（二）dèng（语）　单用,如"把水～清了"

痴 chī（统读）

吃 chī（统读）

弛 chí（统读）

褫 chǐ（统读）

尺 chǐ ～寸 ～头

豉 chǐ（统读）

侈 chǐ（统读）

炽 chì（统读）

舂 chōng（统读）

冲 chòng ～床 ～模

臭（一）chòu 遗～万年
（二）xiù 乳～ 铜～

储 chǔ（统读）

处 chǔ（动作义） ～罚 ～分 ～决 ～理 ～女 ～置

畜（一）chù（名物义） ～力 家～ 牲～ 幼～
（二）xù（动作义） ～产 ～牧 ～养

触 chù（统读）

搐 chù（统读）

绌 chù（统读）

黜 chù（统读）

闯 chuǎng（统读）

创（一）chuàng 草～ ～举 首～ ～造 ～作
（二）chuāng ～伤 重～

绰（一）chuò ～～有余
（二）chuo 宽～

疵 cī（统读）

雌 cí（统读）

赐 cì（统读）

伺 cì ～候

枞（一）cōng ～树
（二）zōng ～阳〔地名〕

从 cóng（统读）

丛 cóng（统读）

攒 cuán 万头～动 万箭～心

脆 cuì（统读）

撮（一）cuō ～儿 一～儿盐 一～儿匪帮
（二）zuǒ 一～儿毛

措 cuò（统读）

D

搭 dā（统读）

答（一）dá　报～　～复
　（二）dā　～理　～应

打 dá　苏～　一～（十二个）

大（一）dà　～夫（古官名）　～王（如爆破～王、钢铁～王）
　（二）dài　～夫（医生）　～黄　～王（如山～王）　～城〔地名〕

呆 dāi（统读）

傣 dǎi（统读）

逮（一）dài（文）如"～捕"。
　（二）dǎi（语）单用，如"～蚊子"、"～特务"。

当（一）dāng　～地　～间儿　～年（指过去）　～日（指过去）　～天（指过去）　～时（指过去）　螳臂～车
　（二）dàng　一个～俩　安步～车　适～　～年（同一年）　～日（同一时候）　～天（同一天）

档 dàng（统读）

蹈 dǎo（统读）

导 dǎo（统读）

倒（一）dǎo　颠～　颠～是非　颠～黑白　颠三～四　倾箱～箧　排山～海　～板　～嚼　～仓　～嗓　～戈　潦～
　（二）dào　～粪（把粪弄碎）

悼 dào（统读）

纛 dào（统读）

凳 dèng（统读）

羝 dī（统读）

氐 dī〔古民族名〕

堤 dī（统读）

提 dī　～防

的 dí　～当　～确

抵 dǐ（统读）

蒂 dì（统读）

缔 dì（统读）

谛 dì（统读）

点 diǎn　打～（收拾、贿赂）

跌 diē（统读）

蝶 dié（统读）

订 dìng（统读）

都（一）dōu　～来了
　　（二）dū　～市　首～　大～（大多）

堆 duī（统读）

吨 dūn（统读）

盾 dùn（统读）

多 duō（统读）

咄 duō（统读）

掇（一）duō（"拾取、采取"义）
　　（二）duo　撺～　掂～

裰 duō（统读）

踱 duó（统读）

度 duó　忖～　～德量力

E

婀 ē（统读）

F

伐 fá（统读）

阀 fá（统读）

砝 fǎ（统读）

法 fǎ（统读）

发 fà　理～　脱～　结～

帆 fān（统读）

幡 fān（统读）

梵 fàn（统读）

坊（一）fāng　牌～　～巷
　　（二）fáng　粉～　磨～　碾～　染～　油～　谷～

妨 fáng（统读）

防 fáng（统读）

肪 fáng（统读）

沸 fèi（统读）

汾 fén（统读）

讽 fěng（统读）

肤 fū（统读）

敷 fū（统读）

俘 fú（统读）

浮 fú（统读）

服 fú ～毒 ～药

拂 fú（统读）

辐 fú（统读）

幅 fú（统读）

甫 fǔ（统读）

复 fù（统读）

缚 fù（统读）

G

噶 gá（统读）

冈 gāng（统读）

刚 gāng（统读）

岗 gǎng ～楼 ～哨 ～子 门～ 站～ 山～子

港 gǎng（统读）

葛（一）gé ～藤 ～布 瓜～

（二）gě〔姓〕（包括单、复姓）

隔 gé（统读）

革 gé ～命 ～新 改～

合 gě（一升的十分之一）

给（一）gěi（语）单用。

（二）jǐ（文）补～ 供～ 供～制 ～予 配～ 自～自足

亘 gèn（统读）

更 gēng 五～ ～生

颈 gěng 脖～子

供（一）gōng ～给 提～ ～销

（二）gòng 口～ 翻～ 上～

佝 gōu（统读）

枸 gǒu ～杞

勾 gòu ～当

估（除"～衣"读 gù 外，都读 gū）

骨（除"～碌"、"～朵"读 gū 外，都读 gǔ）

谷 gǔ ～雨

锢 gù（统读）

冠（一）guān（名物义） ～心病
　　（二）guàn（动作义） 沐猴而～　～军
犷 guǎng（统读）
庋 guǐ（统读）
桧（一）guì[树名]
　　（二）huì[人名]"秦～"。
刽 guì（统读）
聒 guō（统读）
蝈 guō（统读）
过（除姓氏读 guō 外，都读 guò）

H

虾 há　～蟆
哈（一）hǎ　～达
　　（二）hà　～什蚂
汗 hán　可～
巷 hàng　～道
号 háo　寒～虫
和（一）hè　唱～　附～　曲高～寡
　　（二）huo　搀～　搅～　暖～　热～　软～
貉（一）hé（文）　一丘之～
　　（二）háo（语）　～绒　～子
壑 hè（统读）
褐 hè（统读）
喝 hè　～采　～道　～令　～止　呼幺～六
鹤 hè（统读）
黑 hēi（统读）
亨 hēng（统读）
横（一）héng　～肉　～行霸道
　　（二）hèng　蛮～　～财
訇 hōng（统读）
虹（一）hóng（文）　～彩　～吸
　　（二）jiàng（语）　单用
讧 hòng（统读）
囫 hú（统读）
瑚 hú（统读）

蝴 hú（统读）

桦 huà（统读）

徊 huái（统读）

踝 huái（统读）

浣 huàn（统读）

黄 huáng（统读）

荒 huang 饥~（指经济困难）

贿 huì（统读）

贿 huì（统读）

会 huì 一~儿 多~儿 ~厌（生理名词）

混 hùn ~合 ~乱 ~凝土 ~淆 ~血儿 ~杂

蠖 huò（统读）

霍 huò（统读）

豁 huò ~亮

获 huò（统读）

J

羁 jī（统读）

击 jī（统读）

奇 jī ~数

芨 jī（统读）

缉（一）jī 通~ 侦~
　　（二）qī ~鞋口

几 jī 茶~ 条~

圾 jī（统读）

戢 jí（统读）

疾 jí（统读）

汲 jí（统读）

棘 jí（统读）

藉 jí 狼~（籍）

嫉 jí（统读）

脊 jí（统读）

纪（一）jǐ〔姓〕
　　（二）jì ~念 ~律 纲~ ~元

偈 jì ~语

绩 jì（统读）

迹 jì(统读)

寂 jì(统读)

箕 jī 簸～

辑 jí 逻～

茄 jiā 雪～

夹 jiā　～带藏掖　～道儿　～攻　～棍　～生　～杂　～竹桃　～注

浃 jiā(统读)

甲 jiǎ(统读)

歼 jiān(统读)

鞯 jiān(统读)

间(一) jiān　～不容发　中～

（二）jiàn　中～儿　～道　～谍　～断　～或　～接　～距　～隙　～续　～阻　～作　挑拨离～

趼 jiǎn(统读)

俭 jiǎn(统读)

缰 jiāng(统读)

膙 jiǎng(统读)

嚼(一) jiáo(语)　味同～蜡　咬文～字

（二）jué(文)　咀～　过屠门而大～

（三）jiào　倒～(倒嚼)

佼 jiǎo　～幸

角（一）jiǎo　八～(大茴香)　～落　独～戏　～膜　～度　～儿(犄～)　～楼　勾心斗～　号～　口～(嘴～)　鹿～菜　头～

（二）jué　～斗　～儿(脚色)　口～(吵嘴)　主～儿　配～儿　～力　捧～儿

脚（一）jiǎo　根～

（二）jué　～儿(也作"角儿",脚色)

剿（一）jiǎo　围～

（二）chāo　～说　～袭

校 jiào　～勘　～样　～正

较 jiào(统读)

醮 jiào(统读)

嗟 jiē(统读)

疖 jiē(统读)

结（除"～了个果子"、"开花～果"、"～巴"、"～实"念 jiē 之外,其他都念 jié)

睫 jié(统读)

芥（一）jiè　～菜（一般的芥菜）　～末
　　（二）gài　～菜（也作"盖菜"）　～蓝菜

矜 jīn　～持　自～　～怜

仅 jǐn　～～　绝无～有

馑 jǐn(统读)

觐 jìn(统读)

浸 jìn(统读)

斤 jin　千～（起重的工具）

茎 jīng(统读)

粳 jīng(统读)

鲸 jīng(统读)

境 jìng(统读)

痉 jìng(统读)

劲 jìng　刚～

窘 jiǒng(统读)

究 jiū(统读)

纠 jiū(统读)

鞫 jū(统读)

鞠 jū(统读)

掬 jū(统读)

苴 jū(统读)

咀 jǔ　～嚼

矩（一）jǔ　～形
　　（二）ju　规～

俱 jù(统读)

龟 jūn　～裂（也作"皲裂"）

菌（一）jūn　细～　病～　杆～　霉～
　　（二）jùn　香～　～子

俊 jùn(统读)

K

卡（一）kǎ　～宾枪　～车　～介苗　～片　～通
　　（二）qiǎ　～子　关～

揩 kāi(统读)

慨 kǎi(统读)

忾 kài(统读)

勘 kān(统读)

看 kān　～管　～护　～守

慷 kāng(统读)

拷 kǎo(统读)

坷 kē　～拉(垃)

疴 kē(统读)

壳(一) ké(语)　～儿　贝～儿　脑～　驳～枪
　(二) qiào(文)　地～　甲～　躯～

可(一) kě　～～儿的
　(二) kè　～汗

恪 kè(统读)

刻 kè(统读)

克 kè　～扣

空(一) kōng　～心砖　～城计
　(二) kòng　～心吃药

眍 kōu(统读)

矻 kū(统读)

酷 kù(统读)

框 kuàng(统读)

矿 kuàng(统读)

傀 kuǐ(统读)

溃(一) kuì　～烂
　(二) huì　～脓

篑 kuì(统读)

括 kuò(统读)

L

垃 lā(统读)

邋 lā(统读)

罱 lǎn(统读)

缆 lǎn(统读)

蓝 lán　苤～

琅 láng(统读)

捞 lāo(统读)

劳 láo(统读)

醪 láo(统读)

烙 (一) lào ～印 ～铁 ～饼

(二) luò 炮～(古酷刑)

勒 (一) lè(文) ～逼 ～令 ～派 ～索 悬崖～马

(二) lēi(语) 多单用。

擂(除"～台"、"打～"读 lèi 外,都读 léi)

礌 léi(统读)

羸 léi(统读)

蕾 lěi(统读)

累 (一) lèi (辛劳义,如"受～"〔受劳～〕)

(二) léi (如"～赘")

(三) lěi (牵连义,如"带～"、"～及"、"连～"、"赔～"、"牵～"、"受～"〔受牵～〕)

蠡 (一) lí 管窥～测

(二) lǐ ～县 范～

喱 lí(统读)

连 lián(统读)

敛 liǎn(统读)

恋 liàn(统读)

量 (一) liàng ～入为出 忖～

(二) liɑng 打～ 掂～

踉 liàng ～跄

潦 liáo ～草 ～倒

劣 liè(统读)

捩 liè(统读)

趔 liè(统读)

拎 līn(统读)

遴 lín(统读)

淋 (一) lín ～浴 ～漓 ～巴

(二) lìn ～硝 ～盐 ～病

蛉 líng(统读)

榴 liú(统读)

馏 (一) liú(文) 如"干～"、"蒸～"。

(二) liù(语) 如"～馒头"。

镏 liú ～金

碌 liù　～碡

笼（一）lóng（名物义）　～子　牢～

　　（二）lǒng（动作义）　～络　～括　～统　～罩

偻（一）lóu　佝～

　　（二）lǚ　伛～

瘘 lou　疣～

胪 lú（统读）

掳 lǔ（统读）

露（一）lù（文）　赤身～体　～天　～骨　～头角　藏头～尾　抛头～面　～头（矿）

　　（二）lòu（语）　～富　～苗　～光　～相　～马脚　～头

橹 lǔ（统读）

捋（一）lǚ　～胡子

　　（二）luō　～袖子

绿（一）lǜ（语）

　　（二）lù（文）　～林　鸭～江

挛 luán（统读）

孪 luán（统读）

掠 lüè（统读）

囵 lún（统读）

络 luò　～腮胡子

落（一）luò（文）　～膘　～花生　～魄　涨～　～槽　着～

　　（二）lào（语）　～架　～色　～炕　～枕　～儿　～子（一种曲艺）

　　（三）là（语），遗落义。丢三～四　～在后面

M

脉（除"～～"念 mòmò 外，一律念 mài）

漫 màn（统读）

蔓（一）màn（文）　～延　不～不支

　　（二）wàn（语）　瓜～　压～

牤 māng（统读）

氓 máng　流～

芒 máng（统读）

铆 mǎo（统读）

瑁 mào（统读）

虻 méng（统读）

盟 méng(统读)

祢 mí(统读)

眯(一) mí ～了眼(灰尘等入目,也作"迷")

(二) mī ～了一会儿(小睡) ～缝着眼(微微合目)

靡(一) mí ～费

(二) mǐ 风～ 委～ 披～

秘(除"～鲁"读 bì 外,都读 mì)

泌(一) mì(语) 分～

(二) bì(文) ～阳〔地名〕

娩 miǎn(统读)

缈 miǎo(统读)

皿 mǐn(统读)

闽 mǐn(统读)

茗 míng(统读)

酩 mǐng(统读)

谬 miù(统读)

摸 mō(统读)

模(一) mó ～范 ～式 ～型 ～糊 ～特儿 ～棱两可

(二) mú ～子 ～具 ～样

膜 mó(统读)

摩 mó 按～ 抚～

嫫 mó(统读)

墨 mò(统读)

耱 mò(统读)

沫 mò(统读)

缪 móu 绸～

N

难(一) nán 困～(或变轻声) ～兄～弟(难得的兄弟,现多用作贬义)

(二) nàn 排～解纷 发～ 刁～ 责～ ～兄～弟(共患难或同受苦难的人)

蝻 nǎn(统读)

蛲 náo(统读)

讷 nè(统读)

馁 něi(统读)

嫩 nèn(统读)

恁 nèn(统读)
妮 nī(统读)
拈 niān(统读)
鲇 nián(统读)
酿 niàng(统读)
尿（一）niào 糖～症
　　（二）suī （只用于口语名词)尿(niào)～　～脬
嗫 niè(统读)
宁（一）níng 安～
　　（二）nìng 　～可　～〔姓〕
忸 niǔ(统读)
脓 nóng(统读)
弄（一）nòng 玩～
　　（二）lòng 　～堂
暖 nuǎn(统读)
衄 nǜ(统读)
疟（一）nüè(文) ～疾
　　（二）yào(语) 发～子
娜（一）nuó 婀～　袅～
　　（二）nà （人名）

O

殴 ōu(统读)
呕 ǒu(统读)

P

杷 pá(统读)
琶 pá(统读)
牌 pái(统读)
排 pǎi 　～子车
迫 pǎi 　～击炮
湃 pài(统读)
爿 pán(统读)
胖 pán 　心广体～（～为安舒貌）
蹒 pán(统读)
畔 pàn(统读)
乓 pāng(统读)

滂 pāng(统读)

脬 pāo(统读)

胚 pēi(统读)

喷（一）pēn ～嚏

（二）pèn ～香

（三）pen 嚏～

澎 péng(统读)

坯 pī(统读)

披 pī(统读)

匹 pǐ(统读)

僻 pì(统读)

譬 pì(统读)

片（一）piàn ～子 唱～ 画～ 相～ 影～ ～儿会

（二）piān(口语一部分词) ～子 ～儿 唱～儿 画～儿 相～儿 影～儿

剽 piāo(统读)

缥 piāo ～缈(飘渺)

撇 piē ～弃

聘 pìn(统读)

乒 pīng(统读)

颇 pō(统读)

剖 pōu(统读)

仆（一）pū 前～后继

（二）pú ～从

扑 pū(统读)

朴（一）pǔ 俭～ ～素 ～质

（二）pō ～刀

（三）pò ～硝 厚～

氆 pǔ(统读)

瀑 pù ～布

曝（一）pù 一～十寒

（二）bào ～光(摄影术语)

Q

栖 qī 两～

戚 qī(统读)

漆 qī(统读)

期 qī(统读)

蹊 qī　～跷

蛴 qí(统读)

畦 qí(统读)

萁 qí(统读)

骑 qí(统读)

企 qǐ(统读)

绮 qǐ(统读)

杞 qǐ(统读)

憩 qì(统读)

洽 qià(统读)

签 qiān(统读)

潜 qián(统读)

荨（一）qián（文）　～麻
　（二）xún（语）　～麻疹

嵌 qiàn(统读)

欠 qiɑn　打哈～

戕 qiāng(统读)

镪 qiāng　～水

强（一）qiáng　～渡　～取豪夺　～制　博闻～识
　（二）qiǎng　勉～　牵～　～词夺理　～迫　～颜为笑
　（三）jiàng　倔～

襁 qiǎng(统读)

跄 qiàng(统读)

悄（一）qiāo　～～儿的
　（二）qiǎo　～默声儿的

橇 qiāo(统读)

翘（一）qiào（语）　～尾巴
　（二）qiáo（文）　～首　～楚　连～

怯 qiè(统读)

挈 qiè(统读)

趄 qie　趔～

侵 qīn(统读)

衾 qīn(统读)

噙 qín(统读)
倾 qīng(统读)
亲 qìng ～家
穹 qióng(统读)
黢 qū(统读)
曲(麯)qū 大～ 红～ 神～
渠 qú(统读)
瞿 qú(统读)
氍 qú(统读)
苣 qǔ ～荬菜
龋 qǔ(统读)
趣 qù(统读)
雀 què ～斑 ～盲症

R

髯 rán(统读)
攘 rǎng(统读)
桡 ráo(统读)
绕 rào(统读)
任 rén〔姓，地名〕
妊 rèn(统读)
扔 rēng(统读)
容 róng(统读)
糅 róu(统读)
茹 rú(统读)
嚅 rú(统读)
蠕 rú(统读)
辱 rǔ(统读)
挼 ruó(统读)

S

靸 sǎ(统读)
噻 sāi(统读)
散(一) sǎn 懒～ 零零～～ ～漫
　(二) sàn 零～
丧 sāng 哭～着脸
扫(一) sǎo ～兴

（二）sào　～帚

埽 sào(统读)

色（一）sè(文)

　　（二）shǎi(语)

塞（一）sè(文)　动作义。

　　（二）sāi(语)　名物义,如:"活～"、"瓶～";动作义,如:"把洞～住"。

森 sēn(统读)

煞（一）shā　～尾　收～

　　（二）shà　～白

啥 shá(统读)

厦（一）shà(语)

　　（二）xià(文)　～门　噶～

杉（一）shān(文)　紫～　红～　水～

　　（二）shā(语)　～篙　～木

衫 shān(统读)

姗 shān(统读)

苫（一）shàn　（动作义,如"～布"）

　　（二）shān　（名物义,如"草～子"）

墒 shāng(统读)

猞 shē(统读)

舍 shè　宿～

慑 shè(统读)

摄 shè(统读)

射 shè(统读)

谁 shéi,又音 shuí

娠 shēn(统读)

什（甚）shén　～么

蜃 shèn(统读)

葚（一）shèn(文)　桑～

　　（二）rèn(语)　桑～儿

胜 shèng(统读)

识 shí　常～　～货　～字

似 shì　～的

室 shì(统读)

螫（一）shì(文)

（二）zhē(语)
蛰 shi　钥～
殊 shū(统读)
蔬 shū(统读)
疏 shū(统读)
叔 shū(统读)
淑 shū(统读)
菽 shū(统读)
熟（一）shú(文)
　　（二）shóu(语)
署 shǔ(统读)
曙 shǔ(统读)
漱 shù(统读)
戍 shù(统读)
蟀 shuài(统读)
孀 shuāng(统读)
说 shuì　游～
数 shuò　～见不鲜
硕 shuò(统读)
朔 shuò(统读)
艘 sōu(统读)
嗾 sǒu(统读)
速 sù(统读)
塑 sù(统读)
虽 suī(统读)
绥 suí(统读)
髓 suǐ(统读)
遂（一）suì　毛～自荐
　　（二）suí　半身不～
隧 suì(统读)
隼 sǔn(统读)
莎 suō　～草
缩（一）suō　收～
　　（二）sù　～砂密(一种植物)
嗍 suō(统读)

索 suǒ(统读)

T

趿 tā(统读)

鳎 tǎ(统读)

獭 tǎ(统读)

沓（一）tà　重～

　　（二）ta　疲～

　　（三）dá　一～纸

苔（一）tái(文)

　　（二）tāi(语)

探 tàn(统读)

涛 tāo(统读)

悌 tì(统读)

佻 tiāo(统读)

调 tiáo　～皮

帖（一）tiē　妥～　伏伏～～　俯首～耳

　　（二）tiě　请～　字～儿

　　（三）tiè　字～　碑～

听 tīng(统读)

庭 tíng(统读)

骰 tóu(统读)

凸 tū(统读)

突 tū(统读)

颓 tuí(统读)

蜕 tuì(统读)

臀 tún(统读)

唾 tuò(统读)

W

娲 wā(统读)

挖 wā(统读)

瓦 wà　～刀

喎 wāi(统读)

蜿 wān(统读)

玩 wán(统读)

惋 wǎn(统读)

脘 wǎn(统读)

往 wǎng(统读)

忘 wàng(统读)

微 wēi(统读)

巍 wēi(统读)

薇 wēi(统读)

危 wēi(统读)

韦 wéi(统读)

违 wéi(统读)

唯 wéi(统读)

圩(一) wéi　～子
　(二) xū　～(墟)场

纬 wěi(统读)

委 wěi　～靡

伪 wěi(统读)

萎 wěi(统读)

尾(一) wěi　～巴
　(二) yǐ　马～儿

尉 wèi　～官

文 wén(统读)

闻 wén(统读)

紊 wěn(统读)

喔 wō(统读)

蜗 wō(统读)

硪 wò(统读)

诬 wū(统读)

梧 wú(统读)

牾 wǔ(统读)

乌 wù　～拉(也作"靰鞡")　～拉草

杌 wù(统读)

鹜 wù(统读)

X

夕 xī(统读)

汐 xī(统读)

晰 xī(统读)

析 xī(统读)

皙 xī(统读)

昔 xī(统读)

溪 xī(统读)

悉 xī(统读)

熄 xī(统读)

蜥 xī(统读)

螅 xī(统读)

惜 xī(统读)

锡 xī(统读)

樨 xī(统读)

袭 xí(统读)

檄 xí(统读)

峡 xiá(统读)

暇 xiá(统读)

吓 xià 杀鸡～猴

鲜 xiān 屡见不～ 数见不～

锨 xiān(统读)

纤 xiān ～维

涎 xián(统读)

弦 xián(统读)

陷 xiàn(统读)

霰 xiàn(统读)

向 xiàng(统读)

相 xiàng ～机行事

淆 xiáo(统读)

哮 xiào(统读)

些 xiē(统读)

颉 xié ～颃

携 xié(统读)

偕 xié(统读)

挟 xié(统读)

械 xiè(统读)

馨 xīn(统读)

囟 xìn(统读)

行 xíng　操～　德～　发～　品～

省 xǐng　内～　反～　～亲　不～人事

芎 xiōng(统读)

朽 xiǔ(统读)

宿 xiù　星～　二十八～

煦 xù(统读)

蓿 xu　苜～

癣 xuǎn(统读)

削(一) xuē(文)　剥～　～减　瘦～
　(二) xiāo(语)　切～　～铅笔　～球

穴 xué(统读)

学 xué(统读)

雪 xuě(统读)

血(一) xuè(文)　用于复音词及成语,如"贫～"、"心～"、"呕心沥～"、"～泪史"、"狗～喷头"等。
　(二) xiě(语)　口语多单用,如"流了点儿～"及几个口语常用词,如:"鸡～"、"～晕"、"～块子"等。

谑 xuè(统读)

寻 xún(统读)

驯 xùn(统读)

逊 xùn(统读)

熏 xùn　煤气～着了

徇 xùn(统读)

殉 xùn(统读)

蕈 xùn(统读)

Y

押 yā(统读)

崖 yá(统读)

哑 yǎ　～然失笑

亚 yà(统读)

殷 yān　～红

芫 yán　～荽

筵 yán(统读)

沿 yán(统读)

焰 yàn(统读)

夭 yāo(统读)

肴 yáo(统读)

杳 yǎo(统读)

舀 yǎo(统读)

钥(一) yào(语)　～匙
　(二) yuè(文)　锁～

曜 yào(统读)

耀 yào(统读)

椰 yē(统读)

噎 yē(统读)

叶 yè　～公好龙

曳 yè　弃甲～兵　摇～　～光弹

屹 yì(统读)

轶 yì(统读)

谊 yì(统读)

懿 yì(统读)

诣 yì(统读)

艾 yì　自怨自～

荫 yìn(统读)　("树～"、"林～道"应作"树阴"、"林阴道")

应(一) yīng　～届　～名儿　～许　提出的条件他都～了　是我～下来的任务
　(二) yìng　～承　～付　～声　～时　～验　～邀　～用　～运
　　～征　里～外合

萦 yíng(统读)

映 yìng(统读)

佣 yōng　～工

庸 yōng(统读)

臃 yōng(统读)

壅 yōng(统读)

拥 yōng(统读)

踊 yǒng(统读)

咏 yǒng(统读)

泳 yǒng(统读)

莠 yǒu(统读)

愚 yú(统读)

娱 yú(统读)

愉 yú(统读)

伛 yǔ(统读)

屿 yǔ(统读)

吁 yù　呼～

跃 yuè(统读)

晕(一) yūn　～倒　头～
　(二) yùn　月～　血～　～车

酝 yùn(统读)

Z

匝 zā(统读)

杂 zá(统读)

载(一) zǎi　登～　记～
　(二) zài　搭～　怨声～道　重～　装～　～歌～舞

簪 zān(统读)

咱 zán(统读)

暂 zàn(统读)

凿 záo(统读)

择(一) zé　选～
　(二) zhái　～不开　～菜　～席

贼 zéi(统读)

憎 zēng(统读)

甑 zèng(统读)

喳 zhā　喳喳～～

轧(除"～钢"、"～辊"念 zhá 外,其他都念 yà)(gá 为方言,不审)

摘 zhāi(统读)

粘 zhān　～贴

涨 zhǎng　～落　高～

着(一) zháo　～慌　～急　～家　～凉　～忙　～迷　～水　～雨
　(二) zhuó　～落　～手　～眼　～意　～重　不～边际
　(三) zhāo　失～

沼 zhǎo(统读)

召 zhào(统读)

遮 zhē(统读)

蛰 zhé(统读)

辙 zhé(统读)

贞 zhēn(统读)

侦 zhēn(统读)

帧 zhēn(统读)

胗 zhēn(统读)

枕 zhěn(统读)

诊 zhěn(统读)

振 zhèn(统读)

知 zhī(统读)

织 zhī(统读)

脂 zhī(统读)

植 zhí(统读)

殖(一)zhí 繁～ 生～ ～民
（二）shi 骨～

指 zhǐ(统读)

掷 zhì(统读)

质 zhì(统读)

蛭 zhì(统读)

秩 zhì(统读)

栉 zhì(统读)

炙 zhì(统读)

中 zhōng 人～(人口上唇当中处)

种 zhòng 点～(义同"点播"。动宾结构念 diǎnzhǒng,义为点播种子)

诌 zhōu(统读)

骤 zhòu(统读)

轴 zhòu 大～子戏 压～子

碡 zhou 碌～

烛 zhú(统读)

逐 zhú(统读)

属 zhǔ ～望

筑 zhù(统读)

著 zhù 土～

转 zhuǎn 运～

撞 zhuàng(统读)

幢（一）zhuàng 一～楼房

（二）chuáng　经～（佛教所设刻有经咒的石柱）

拙 zhuō(统读)

茁 zhuó(统读)

灼 zhuó(统读)

卓 zhuó(统读)

综 zōng　～合

纵 zòng(统读)

粽 zòng(统读)

镞 zú(统读)

组 zǔ(统读)

钻（一）zuān　～探　～孔

　（二）zuàn　～床　～杆　～具

佐 zuǒ(统读)

唑 zuò(统读)

柞（一）zuò　～蚕　～绸

　（二）zhà　～水（在陕西）

做 zuò(统读)

作（除"～坊"读 zuō 外,其余都读 zuò）

附录二

多音多义字表

1. 阿 ā　～訇　～罗汉　～木林　～姨
     ē　～附　～谀　～胶　～弥陀佛
2. 挨 āi　～个　～近
     ái　～打　～说
3. 拗 ào　～口
     niù　执～　脾气很～
4. 把 bà　印～子
     bǎ　～握
5. 膀 bǎng　翅～
     pāng　～
     páng　～胱
6. 蚌 bàng　蛤～
     bèng　～埠
7. 磅 bàng　过～
     páng　～礴
8. 堡 bǎo　碉～
     bǔ　～子　吴～　瓦窑～　柴沟～
     pù　十里～
9. 暴 bào　～露
     pù　一～（曝）十寒
10. 背 bèi　～脊　～静
      bēi　～包袱
11. 辟 bì　复～
      pì　开～
12. 裨 bì　～补　～益
      pí　～将（副将）
13. 骠 biāo　黄～马
      piào　～骑　～勇

| 14 | 屏 | bǐng | ~除　~气　~弃　~息 |
| | | píng | ~藩　~风 |

| 15 | 泊 | bó | 淡~　飘~　停~ |
| | | pō | 湖~　血~ |

| 16 | 伯 | bó | 老~　~伯(bo) |
| | | bǎi | 大~子(丈夫的哥哥) |

| 17 | 簸 | bǒ | 颠~ |
| | | bò | ~箕 |

| 18 | 卜 | bo | 萝~ |
| | | bǔ | 占~ |

| 19 | 藏 | cáng | 矿~ |
| | | zàng | 宝~ |

| 20 | 颤 | chàn | ~动　发~ |
| | | zhàn | ~栗(战栗)　打~(打战) |

21	场	chǎng	~合　~所　冷~　捧~
		cháng	外~　圩~　~院　一~雨
		chang	排~

| 22 | 嘲 | cháo | ~讽　~骂　~笑 |
| | | zhāo | 嘲哳,同啁哳,待规范 |

| 23 | 车 | chē | 安步当~　杯水~薪　闭门造~　螳臂当~ |
| | | jū | (象棋棋子名称) |

24	称	chèn	~心　~意　~职　对~　相~
		chēng	名~　~兄道弟
		chèng	同秤,待规范

| 25 | 乘 | chéng | 动作义:包~制　~便　~风破浪　~客　~势　~兴 |
| | | shèng | 史~　千~之国 |

| 26 | 尺 | chǐ | ~寸　~头 |
| | | chě | 民族音乐中音阶的一级,相当于简谱的2 |

| 27 | 冲 | chòng | ~床　~模 |
| | | chōng | 首当其~　气~霄汉　~账 |

| 28 | 臭 | chòu | 遗~万年 |
| | | xiù | 乳~　铜~ |

| 29 | 处 | chǔ | 动作义:~罚　~分　~决　~理　~女　~置 |
| | | chù | ~所 |

| 30 | 畜 | chù | 名物义:~力　家~　牲~　幼~ |

附录二　多音多义字表

	xù	动作义：～产　～牧　～养	
31	创 chuàng	草～　～举　首～　～造　～作	
	chuāng	～伤	
32	绰 chuò	～～有余	
	chuo	宽～	
	chāo	～起一根棍子	
33	伺 cì	～候	
	sì	～机　窥～	
34	枞 cōng	～树	
	zōng	～阳（地名）	
35	攒 cuán	万头～动　万箭～心	
	zǎn	积～　～钱	
36	撮 cuō	～儿　一～儿盐　一～儿匪帮	
	zuǒ	一～儿毛	
37	答 dá	报～　～复	
	dā	～理　～应	
38	打 dá	苏～　一～（十二个）	
	dǎ	～击	
39	大 dà	～夫（古官名）　～王，如：爆破～王、钢铁～王	
	dài	～夫（医生）　～黄　～王（如山～王）　～城（地名）	
40	当 dāng	～地、～间儿、螳臂～车；指过去的某个时间：～年、～时、～天、～日	
	dàng	一个～俩、安步～车、适～；指同一时间：～年（同一年）、～天（同一天）～时（同一时候）	
41	倒 dǎo	颠～是非　颠三～四　～嗓　～仓　潦～　颠～　倾箱～箧　排山～海　～板　～嚼　～戈	
	dào	～粪（把粪弄碎）	
42	氐 dī	〔古民族名〕	
	dǐ	根本	
43	提 dī	～防	
	tí	～高	
44	的 dí	～当　～确	
	dì	目～	
	de	助词	
45	点 dian	打～（收拾、贿赂）	

		diǎn	雨~ 斑~ ~缀 正~ ~心
46	都	dōu	~来了
		dū	~市 首~ 大~(大多)
47	掇	duō	拾~ ~开("拾取、采取"义)
		duo	撺~(怂恿) 掇~(斟酌)
48	度	duó	忖~ ~德量力
		dù	程~
49	发	fà	理~ 脱~ 结~
		fā	~生
50	坊	fāng	牌~ ~巷 潍~
		fáng	粉~ 磨~ 碾~ 染~ 油~ 谷~
51	服	fú	~毒 ~药
		fù	~药
52	岗	gǎng	~楼 ~哨 ~子 门~ 站~ 山~子
		gāng	同"冈",待规范
53	葛	gé	~藤 ~布 瓜~
		gě	(姓)(包括单、复姓)
54	革	gé	~命 ~新 改~
		jí	危急:病~
55	合	gě	(一升的十分之一)
		hé	~作
56	更	gēng	五~ ~生
		gèng	~加
57	颈	gěng	脖~子
		jǐng	脖子:长~鹿
58	供	gōng	~给 提~ ~销
		gòng	口~ 翻~ 上~
59	枸	gǒu	~杞
		gōu	~橘(枳)
		jǔ	~橼
60	勾	gòu	~当
		gōu	~结
61	估	gù	~衣
		gū	(其他词语)
62	骨	gū	~碌 ~朵

		gǔ	（其他词语）
63	谷	gǔ	～雨
		yù	吐～浑
64	冠	guān（名物义）	～心病
		guàn（动作义）	沐猴而～ ～军
65	桧	guì	树名
		huì	人名,"秦～"
66	过	guō（姓氏读法）	
		guò（其他词语）	
67	虾	há	～蟆
		xiā	～米
68	哈	hǎ	～达
		hà	～什蚂
		hā	～～大笑
69	汗	hán	可～
		hàn	～流浃背
70	巷	hàng	～道
		xiàng	街头～尾
71	号	háo	寒～虫
		hào	记～
72	和	hè	唱～ 附～ 曲高～寡
		huo	搀～ 搅～ 暖～ 热～ 软～
		hé	～平
		huó	～面
		huò	～药
		hú	～了（打牌用语）
73	喝	hè	～采 ～道 ～令 ～止 呼幺～六
		hē	～水
74	横	héng	～肉 ～行霸道
		hèng	蛮～ ～财
75	荒	huāng	饥～（指经济困难）
		huang	～芜 ～凉 ～疏
76	会	huì	一～儿 多～儿 ～厌（生理名词）
		kuài	～计
77	混	hùn	～合 ～乱 ～凝土 ～淆 ～血儿 ～杂

hún ～话　～水　同"浑",待规范

78　豁　huò　～亮
　　　　huō　～开　～上命
　　　　huá　～拳同"划拳",待规范

79　奇　jī　～数
　　　　qí　～怪

80　缉　jī　通～　侦～
　　　　qī　～鞋口

81　几　jī　茶～　条～
　　　　jǐ　～个

82　藉　jí　狼～(籍)
　　　　jiè　～子

83　纪　jǐ（姓）
　　　　jì　～念　～律　纲～　～元

84　偈　jì　～语（佛经中的唱词）
　　　　jié　～武

85　箕　ji　簸～
　　　　jī　斗～

86　辑　ji　逻～
　　　　jí　剪～

87　茄　jiā　雪～
　　　　qié　～子

88　夹　jiā　～带藏掖　～道儿　～功　～棍　～生　～杂　～竹桃　～注
　　　　jiá　～袄
　　　　ga　～肢窝

89　间　jiān　～不容发　中～
　　　　jiàn　中～儿　～道　～谍　～断　挑拨离～　～距　～隙　～续
　　　　　　　～阻　～作　～或　～接

90　佼　jiǎo　～幸
　　　　yáo　僬（jiāo）～：传说中的矮人

91　角　jiǎo　八～（大茴香）　～落　独～戏　～膜　～度　～儿（犄～）
　　　　　　　～楼　勾心斗～　号～　头～　口～（嘴～）　鹿～菜
　　　　jué　～斗　～儿（脚色）　口～（吵嘴）　配～儿　主～儿　～力
　　　　　　　捧～儿

92　脚　jiǎo　根～

		jué	～儿（也作"角儿"，脚色），待规范
93	剿	jiǎo	围～
		chāo	～说　～袭
94	校	jiào	～勘　～样　～正
		xiào	学～　大～
95	结	jiē	～了个果子　开花～果　～巴　～实念
		jié	（其他词语）
96	芥	jiè	～菜（一般的芥菜）　～末
		gài	～菜（也作"盖菜"，待规范）　～蓝菜
97	矜	jīn	～持　自～　～怜
		qín	古代矛柄
98	仅	jǐn	～～　绝无～有
		jìn	（将近）
99	斤	jin	千～（起重的工具）
		jīn	一～　斧～
100	劲	jìng	刚～
		jìn	～头　没～　骄傲～儿
101	咀	jǔ	～嚼
		zuǐ	"嘴"的俗字，待规范
102	矩	jǔ	～形
		ju	规～
103	龟	jūn	～裂（也作"皲裂"），待规范
		guī	乌～
		qiū	～兹（cí）
104	菌	jūn	细～　病～　杆～　霉～
		jùn	香～　～子
105	卡	kǎ	～宾枪　～车　～介苗　～片　～通
		qiǎ	～子　关～
106	看	kān	～管　～护　～守
		kàn	～门　～押
107	坷	kē	～拉（垃）
		kě	坎～
108	可	kě	～～儿的
		kè	～汗
109	空	kóng	～心砖　～城计

		kòng	～心吃药
110	溃	kuì	～烂
		huì	～脓
111	蓝	lan	苤～
		lán	～色
112	烙	lào	～印 ～铁 ～饼
		luò	炮～（古酷刑）
113	擂	lèi	～台 打～
		léi	（其他词语）
114	累	lěi	牵连义：带～ ～及 连～ 赔～ 牵～ 受牵～
		léi	～赘
		lèi	辛劳义：受～（受劳～）
115	蠡	lí	管窥～测
		lǐ	～县 范～
116	量	liàng	～入为出 忖～
		liang	打～ 掂～
		liáng	测～
117	踉	liàng	～跄
		liáng	跳～
118	潦	liáo	～草 ～倒
		lǎo	雨水大
119	淋	lín	～浴 ～漓 ～巴
		lìn	～硝 ～盐 ～病
120	镏	liú	～金
		liù	～子（戒指）
121	碌	liù	～碡
		lù	忙～ ～～无为
122	笼	lóng	名物义：～子 牢～
		lǒng	动作义：～络 ～括 ～统 ～罩
123	偻	lóu	佝～
		lǚ	伛(yǔ)～
124	捋	lǚ	～胡子
		luō	～袖子
125	络	luò	～腮胡子
		lào	～子

126	脉	mò	～～
		mài	（其他词语）
127	氓	máng	流～
		méng	古代称百姓
128	眯	mí	～了眼（灰尘等入目，也作"迷"）
		mī	～了一会儿（小睡）　～缝着眼（微微合目）
129	靡	mí	～费
		mǐ	风～　委～　披～
130	秘	bì	～鲁
		mì	（其他词语）
131	模	mó	～范　～式　～型　～糊　～特儿　～棱两可
		mú	～子　～具　～样
132	摩	mó	按～　抚～
		mā	～挲（sa）
133	缪	móu	绸～
		miào	姓
		miù	纰（pī）～（错误）
134	难	nán	困～（或变轻声）　～兄～弟（难得的兄弟，现多用作贬义）
		nàn	排～解纷　发～　刁～　责～　～兄～弟（共患难或同受苦难的兄弟）
135	宁	níng	安～
		nìng	～可　无～〔姓〕
136	弄	nòng	玩～
		lòng	～堂
137	娜	nuó	婀～　袅～
		nà	人名
138	排	pǎi	～子车
		pái	～列
139	迫	pǎi	～击炮
		pò	逼～
140	胖	pán	心广体～（～为安舒貌）
		pàng	肥～
141	喷	pēn	～嚏
		pèn	～香
		pen	～嚏

142 缥 piāo ~缈（飘缈）
　　　piǎo 青白色

143 撇 piē ~弃　~油
　　　piě ~砖头　两~胡子

144 仆 pū 前~后继
　　　pú ~从

145 朴 pǔ 俭~　~素　~质
　　　pō ~刀
　　　pò ~硝　厚~
　　　piáo 姓

146 瀑 pù ~布
　　　bào ~河

147 曝 pù 一~十寒
　　　bào ~光（摄影术语）

148 栖 qī 两~
　　　xī ~~（不安定）

149 蹊 qī ~跷
　　　xī 独辟~径

150 欠 qian 打哈~
　　　qiàn ~债　~佳

151 镪 qiāng ~水
　　　qiǎng 古代成串的钱

152 强 qiáng ~渡　~取豪夺　~制　博闻~识
　　　qiǎng 勉~　牵~　~词夺理　~迫　~颜为笑
　　　jiàng 倔~

153 悄 qiāo ~~儿的
　　　qiǎo ~默声儿的

154 趄 qiè 趔~
　　　jū 趑（zī）~（行走困难）

155 亲 qìng ~家
　　　qīn ~友　~自

156 曲 qū 大~　红~　神~
　　　qǔ 歌~

157 苣 qǔ ~荬（mǎi）菜
　　　jù 莴~

| 158 | 雀 què ～斑 ～盲症
| | qiāo ～子(～[què]斑)
| | qiǎo 家～儿(麻～)
| 159 | 任 rén ［姓,地名］
| | rèn 信～ ～务
| 160 | 散 sǎn 懒～ 零零～～ ～漫
| | sàn ～会
| 161 | 丧 sāng 哭～着脸
| | sāng ～事
| | sàng ～失
| 162 | 扫 sǎo ～兴
| | sào ～帚
| 163 | 煞 shā ～尾 收～
| | shà ～白
| 164 | 苫 shàn （动作义,如"～布"）
| | shān （名物义,如"草～子"）
| 165 | 舍 shè 宿～
| | shě ～弃
| 166 | 谁 shéi,又 shuí
| 167 | 识 shí 赏～ ～货 ～字
| | zhì 标～ 博闻强～
| 168 | 似 shì ～的
| | sì 相～
| 169 | 匙 shi 钥～
| | chí 汤～
| 170 | 说 shuì 游～
| | shuō ～话
| | yuè 同"悦",待规范
| 171 | 数 shuò ～见不鲜
| | shù ～目
| | shǔ ～一～
| 172 | 遂 suì 不～心 毛～自荐
| | suí 半身不～
| 173 | 莎 suō ～草
| | shā （用于人名）

174	缩	suō	收～	
		sù	～砂密（一种植物）	
175	沓	tà	重(chóng)～　纷至～来	
		ta	疲～	
		dá	一～纸	
176	调	tiáo	～皮　～侃	
		diào	～查	
177	帖	tiē	妥～　伏伏～～　俯首～耳	
		tiě	请～　字～儿	
		tiè	字～　碑～	
178	瓦	wà	～刀	
		wǎ	～房	
179	圩	wéi	～子	
		xū	～（墟）场	
180	委	wěi	～靡	
		wēi	～蛇(yí)	
181	尾	wěi	～巴	
		yǐ	马～儿	
182	尉	wèi	～官	
		yù	～迟（姓）　～犁（地名）	
183	乌	wù	～拉　～拉草	
		wū	～鸦　～飞兔走　～烟瘴气	
184	吓	xià	杀鸡～猴	
		hè	恐～	
185	鲜	xiān	屡见不～　数见不～	
		xiǎn	～见　～有　寡廉～耻	
186	纤	xiān	～维	
		qiàn	～夫　背(bēi)～	
187	相	xiàng	～机行事	
		xiāng	互～　～亲	
188	颉	xié	～颃	
		jié	用于人名：仓～	
189	行	xíng	操～　德～　发～　品～	
		háng	～伍　排～　银～	
		hàng	树～子	

		héng	道~
190	省	xǐng	（动作义）内~　反~　~亲　不~人事
		shěng	~份　~事　尚书~
191	宿	xiù	星~　二十八~
		xiǔ	一~
		sù	~舍
192	熏	xùn	煤气~着了
		xūn	~鱼　烟~火燎
193	哑	yǎ	~然失笑
		yā	咿~
194	殷	yān	~红
		yīn	~实　~勤　~朝
		yǐn	象声词
195	芫	yán	~荽
		yuán	~花
196	叶	yè	~公好龙
		xié	~韵
197	曳	yè	弃甲~兵　~光弹　摇~
		zhuài	把门~上
198	艾	yì	自怨自~
		ài	~蒿　方兴未~　少~
199	应	yīng	提出的条件他都~了　~届　~许　~名儿　是我~下来的任务
		yìng	~承　~付　~声　~时　~验　~邀　~用　~运　~征　里~外合
200	佣	yōng	~工
		yòng	~金（回扣）
201	吁	yù	呼~
		yū	象声词，吆喝牲口的声音
		xū	长~短叹
202	晕	yūn	~倒　头~
		yùn	月~　血~　~车
203	载	zǎi	登~　记~
		zài	搭~　怨声~道　重~　装~　~歌~舞

204　择　zé　选~
　　　　zhái　~不开　~菜　~席

205　喳　zhā　唧唧~~（鸟叫的声音）
　　　　chā　喊喊~~（低声说话的声音）

206　轧　zhá　~钢　~辊
　　　　yà　（其他词语）

207　粘　zhān　~贴
　　　　nián　姓；又同"黏"，待规范

208　涨　zhǎng　~落　高~
　　　　zhàng　头昏脑~　豆子泡~了

209　着　zháo　~慌　~急　~家　~凉　~忙　~迷　~水
　　　　zhuó　~落　~手　~眼　~意　~重　不~边际
　　　　zhāo　失~
　　　　zhe　助词

210　殖　zhí　繁~　生~　~民
　　　　shi　骨~

211　中　zhōng　人~（人口上唇当中处）
　　　　zhòng　~肯

212　种　zhòng　点~　义同"点播"，注意：动宾结构时念 diǎnzhǒng，义为点播种子
　　　　zhǒng　~子
　　　　chóng　姓

213　轴　zhòu　大~子戏　压~子
　　　　zhóu　车~

214　属　zhǔ　~望
　　　　shǔ　亲~

215　著　zhù　土~
　　　　zhuó　同"着"，待规范

216　转　zhuǎn　运~
　　　　zhuàn　旋~

217　幢　zhuàng　一~楼房
　　　　chuáng　经~（佛教所设刻有经咒的石柱）

218　综　zōng　~合
　　　　zèng　织布机上的装置

219　钻　zuān　~探　~孔

		zuàn	～床　～杆　～具
220	柞	zuò	～蚕　～绸
		zhà	～水（在陕西）
221	作	zuō	～坊
		zuò	（其他词语）

附录三
普通话水平测试用必读轻声词语表

说　明

1. 本表根据《普通话水平测试用普通话词语表》编制。
2. 本表供普通话水平测试第二项——读多音节词语（100个音节）测试使用。
3. 本表共收词545条（其中"子"尾词206条），按汉语拼音字母顺序排列。
4. 条目中的非轻声音节只标本调，不标变调；条目中的轻声音节，注音不标调号，如"明白　míngbai"。

1 爱人 àiren	2 案子 ànzi	3 巴掌 bāzhang
4 把子 bǎzi	5 把子 bàzi	6 爸爸 bàba
7 白净 báijing	8 班子 bānzi	9 板子 bǎnzi
10 帮手 bāngshou	11 梆子 bāngzi	12 膀子 bǎngzi
13 棒槌 bàngchui	14 棒子 bàngzi	15 包袱 bāofu
16 包涵 bāohan	17 包子 bāozi	18 豹子 bàozi
19 杯子 bēizi	20 被子 bèizi	21 本事 běnshi
22 本子 běnzi	23 鼻子 bízi	24 比方 bǐfang
25 鞭子 biānzi	26 扁担 biǎndan	27 辫子 biànzi
28 别扭 bièniu	29 饼子 bǐngzi	30 拨弄 bōnong
31 脖子 bózi	32 簸箕 bòji	33 补丁 bǔding
34 不由得 bùyóude	35 不在乎 bùzàihu	36 步子 bùzi
37 部分 bùfen	38 裁缝 cáifeng	39 财主 cáizhu
40 苍蝇 cāngying	41 差事 chāishi	42 柴火 cháihuo
43 肠子 chángzi	44 厂子 chǎngzi	45 场子 chǎngzi
46 车子 chēzi	47 称呼 chēnghu	48 池子 chízi
49 尺子 chǐzi	50 虫子 chóngzi	51 绸子 chóuzi
52 除了 chúle	53 锄头 chútou	54 畜生 chùsheng
55 窗户 chuānghu	56 窗子 chuāngzi	57 锤子 chuízi
58 刺猬 cìwei	59 凑合 còuhe	60 村子 cūnzi
61 耷拉 dāla	62 答应 dāying	63 打扮 dǎban

64 打点 dǎdian	65 打发 dǎfa	66 打量 dǎliang
67 打算 dǎsuan	68 打听 dǎting	69 大方 dàfang
70 大爷 dàye	71 大夫 dàifu	72 带子 dàizi
73 袋子 dàizi	74 耽搁 dānge	75 耽误 dānwu
76 单子 dānzi	77 胆子 dǎnzi	78 担子 dànzi
79 刀子 dāozi	80 道士 dàoshi	81 稻子 dàozi
82 灯笼 dēnglong	83 提防 dīfang	84 笛子 dízi
85 底子 dǐzi	86 地道 dìdao	87 地方 dìfang
88 弟弟 dìdi	89 弟兄 dìxiong	90 点心 diǎnxin
91 调子 diàozi	92 钉子 dīngzi	93 东家 dōngjia
94 东西 dōngxi	95 动静 dòngjing	96 动弹 dòngtan
97 豆腐 dòufu	98 豆子 dòuzi	99 嘟囔 dūnang
100 肚子 dǔzi	101 肚子 dùzi	102 缎子 duànzi
103 对付 duìfu	104 对头 duìtou	105 队伍 duìwu
106 多么 duōme	107 蛾子 ézi	108 儿子 érzi
109 耳朵 ěrduo	110 贩子 fànzi	111 房子 fángzi
112 份子 fènzi	113 风筝 fēngzheng	114 疯子 fēngzi
115 福气 fúqi	116 斧子 fǔzi	117 盖子 gàizi
118 甘蔗 gānzhe	119 杆子 gānzi	120 杆子 gǎnzi
121 干事 gànshi	122 杠子 gàngzi	123 高粱 gāoliang
124 膏药 gāoyao	125 稿子 gǎozi	126 告诉 gàosu
127 疙瘩 gēda	128 哥哥 gēge	129 胳膊 gēbo
130 鸽子 gēzi	131 格子 gézi	132 个子 gèzi
133 根子 gēnzi	134 跟头 gēntou	135 工夫 gōngfu
136 弓子 gōngzi	137 公公 gōnggong	138 功夫 gōngfu
139 钩子 gōuzi	140 姑姑 gūgu	141 姑娘 gūniang
142 谷子 gǔzi	143 骨头 gǔtou	144 故事 gùshi
145 寡妇 guǎfu	146 裤子 guàzi	147 怪物 guàiwu
148 关系 guānxi	149 官司 guānsi	150 罐头 guàntou
151 罐子 guànzi	152 规矩 guīju	153 闺女 guīnü
154 鬼子 guǐzi	155 柜子 guìzi	156 棍子 gùnzi
157 锅子 guōzi	158 果子 guǒzi	159 蛤蟆 háma
160 孩子 háizi	161 含糊 hánhu	162 汉子 hànzi
163 行当 hángdang	164 合同 hétong	165 和尚 héshang
166 核桃 hétao	167 盒子 hézi	168 红火 hónghuo

169 猴子 hóuzi	170 后头 hòutou	171 厚道 hòdao
172 狐狸 húli	173 胡琴 húqin	174 糊涂 hútu
175 皇上 huángshang	176 幌子 huǎngzi	177 胡萝卜 húluóbo
178 活泼 huópo	179 火候 huǒhou	180 伙计 huǒji
181 护士 hùshi	182 机灵 jīling	183 脊梁 jǐliang
184 记号 jìhao	185 记性 jìxing	186 夹子 jiāzi
187 家伙 jiāhuo	188 架势 jiàshi	189 架子 jiàzi
190 嫁妆 jiàzhuang	191 尖子 jiānzi	192 茧子 jiǎnzi
193 剪子 jiǎnzi	194 见识 jiànshi	195 毽子 jiànzi
196 将就 jiāngjiu	197 交情 jiāoqing	198 饺子 jiǎozi
199 叫唤 jiàohuan	200 轿子 jiàozi	201 结实 jiēshi
202 街坊 jiēfang	203 姐夫 jiěfu	204 姐姐 jiějie
205 戒指 jièzhi	206 金子 jīnzi	207 精神 jīngshen
208 镜子 jìngzi	209 舅舅 jiùjiu	210 橘子 júzi
211 句子 jùzi	212 卷子 juànzi	213 咳嗽 késou
214 客气 kèqi	215 空子 kòngzi	216 口袋 kǒudai
217 口子 kǒuzi	218 扣子 kòuzi	219 窟窿 kūlong
220 裤子 kùzǐ	221 快活 kuàihuo	222 筷子 kuàizi
223 框子 kuàngzi	224 困难 kùnnan	225 阔气 kuòqi
226 喇叭 lǎba	227 喇嘛 lǎma	228 篮子 lánzi
229 懒得 lǎnde	230 浪头 làngtou	231 老婆 lǎopo
232 老实 lǎoshi	233 老太太 lǎotaitai	234 老头子 lǎotóuzi
235 老爷 lǎoye	236 老子 lǎozi	237 姥姥 lǎolao
238 累赘 léizhui	239 篱笆 líba	240 里头 lǐtou
241 力气 lìqi	242 厉害 lìhai	243 利落 lìluo
244 利索 lìsuo	245 例子 lìzi	246 栗子 lìzi
247 痢疾 lìji	248 连累 liánlei	249 帘子 liánzi
250 凉快 liángkuai	251 粮食 liángshi	252 两口子 liǎngkǒuzi
253 料子 liàozi	254 林子 línzi	255 翎子 língzi
256 领子 lǐngzi	257 溜达 liūda	258 聋子 lóngzi
259 笼子 lóngzi	260 炉子 lúzi	261 路子 lùzi
262 轮子 lúnzi	263 萝卜 luóbo	264 骡子 luózi
265 骆驼 luòtuo	266 妈妈 māma	267 麻烦 máfan
268 麻利 máli	269 麻子 mázi	270 马虎 mǎhu
271 码头 mǎtou	272 买卖 mǎimai	273 麦子 màizi

274 馒头 mántou	275 忙活 mánghuo	276 冒失 màoshi
277 帽子 màozi	278 眉毛 méimao	279 媒人 méiren
280 妹妹 mèimei	281 门道 méndao	282 眯缝 mīfeng
283 迷糊 míhu	284 面子 miànzi	285 苗条 miáotiao
286 苗头 miáotou	287 名堂 míngtang	288 名字 míngzi
289 明白 míngbai	290 蘑菇 mógu	291 模糊 móhu
292 木匠 mùjiang	293 木头 mùtou	294 那么 nàme
295 奶奶 nǎinai	296 难为 nánwei	297 脑袋 nǎodài
298 脑子 nǎozi	299 能耐 néngnai	300 你们 nǐmen
301 念叨 niàndao	302 念头 niàntou	303 娘家 niánjia
304 镊子 nièzi	305 奴才 núcai	306 女婿 nǚxu
307 暖和 nuǎnhuo	308 疟疾 nüèji	309 拍子 pāizi
310 牌楼 páilou	311 牌子 páizi	312 盘算 pánsuan
313 盘子 pánzi	314 胖子 pàngzi	315 狍子 páozi
316 盆子 pénzi	317 朋友 péngyou	318 棚子 péngzi
319 脾气 píqi	320 皮子 pízi	321 痞子 pǐzi
322 屁股 pìgu	323 片子 piānzi	324 便宜 piányi
325 骗子 piànzi	326 票子 piàozi	327 漂亮 piàoliang
328 瓶子 píngzi	329 婆家 pójia	330 婆婆 pópo
331 铺盖 pùgai	332 欺负 qīfu	333 旗子 qízi
334 前头 qiántou	335 钳子 qiánzi	336 茄子 qiézi
337 亲戚 qīnqi	338 勤快 qínkuai	339 清楚 qīngchu
340 亲家 qìngjia	341 曲子 qǔzi	342 圈子 quānzi
343 拳头 quántou	344 裙子 qúnzi	345 热闹 rènào
346 人家 rénjia	347 人们 rénmen	348 认识 rènshi
349 日子 rìzi	350 褥子 rùzi	351 塞子 sāizi
352 嗓子 sǎngzi	353 嫂子 sǎozi	354 扫帚 sàozhou
355 沙子 shāzi	356 傻子 shǎzi	357 扇子 shànzi
358 商量 shāngliang	359 上司 shàngsi	360 上头 shàngtou
361 烧饼 shāobing	362 勺子 sháozi	363 少爷 shàoye
364 哨子 shàozi	365 舌头 shétou	366 身子 shēnzi
367 什么 shénme	368 婶子 shěnzi	369 生意 shēngyi
370 牲口 shēngkou	371 绳子 shéngzi	372 师父 shīfu
373 师傅 shīfu	374 虱子 shīzi	375 狮子 shīzi
376 石匠 shíjiang	377 石榴 shíliu	378 石头 shítou

379 时候 shíhou	380 实在 shízai	381 拾掇 shíduo
382 使唤 shǐhuan	383 世故 shìgu	384 似的 shìde
385 事情 shìqing	386 柿子 shìzi	387 收成 shōucheng
388 收拾 shōushi	389 首饰 shǒushi	390 叔叔 shūshu
391 梳子 shūzi	392 舒服 shūfu	393 舒坦 shūtan
394 疏忽 shūhu	395 爽快 shuǎngkuai	396 思量 sīliang
397 算计 suànji	398 岁数 suìshu	399 孙子 sūnzi
400 他们 tāmen	401 它们 tāmen	402 她们 tāmen
403 台子 táizi	404 太太 tàitai	405 摊子 tānzi
406 坛子 tánzi	407 毯子 tǎnzi	408 桃子 táozi
409 特务 tèwu	410 梯子 tīzi	411 蹄子 tízi
412 挑剔 tiāoti	413 挑子 tiāozi	414 条子 tiáozi
415 跳蚤 tiàozao	416 铁匠 tiějiang	417 亭子 tíngzi
418 头发 tóufa	419 头子 tóuzi	420 兔子 tùzi
421 妥当 tuǒdang	422 唾沫 tuòmo	423 挖苦 wāku
424 娃娃 wáwa	425 袜子 wàzi	426 晚上 wǎnshang
427 尾巴 wěiba	428 委屈 wěiqu	429 为了 wèile
430 位置 wèizhi	431 位子 wèizi	432 蚊子 wénzi
433 稳当 wěndang	434 我们 wǒmen	435 屋子 wūzi
436 稀罕 xīhan	437 席子 xízi	438 媳妇 xífu
439 喜欢 xǐhuan	440 瞎子 xiāzi	441 匣子 xiázi
442 下巴 xiàba	443 吓唬 xiàhu	444 先生 xiānsheng
445 乡下 xiāngxia	446 箱子 xiāngzi	447 相声 xiàngsheng
448 消息 xiāoxi	449 小伙子 xiǎohuǒzi	450 小气 xiǎoqi
451 小子 xiǎozi	452 笑话 xiàohua	453 谢谢 xièxie
454 心思 xīnsi	455 星星 xīngxing	456 猩猩 xīngxing
457 行李 xíngli	458 性子 xìngzi	459 兄弟 xiōngdi
460 休息 xiūxi	461 秀才 xiùcai	462 秀气 xiùqi
463 袖子 xiùzi	464 靴子 xuēzi	465 学生 xuésheng
466 学问 xuéwen	467 丫头 yātou	468 鸭子 yāzi
469 衙门 yámen	470 哑巴 yǎba	471 胭脂 yānzhi
472 烟筒 yāntong	473 眼睛 yǎnjing	474 燕子 yànzi
475 秧歌 yāngge	476 养活 yǎnghuo	477 样子 yàngzi
478 吆喝 yāohe	479 妖精 yāojing	480 钥匙 yàoshi
481 椰子 yēzi	482 爷爷 yéye	483 叶子 yèzi

484 一辈子 yībèizi	485 衣服 yīfu	486 衣裳 yīshang
487 椅子 yǐzi	488 意思 yìsi	489 银子 yínzi
490 影子 yǐngzi	491 应酬 yìngchou	492 柚子 yòuzi
493 冤枉 yuānwang	494 院子 yuànzi	495 月饼 yuèbing
496 月亮 yuèliang	497 云彩 yúncai	498 运气 yùnqi
499 在乎 zàihu	500 咱们 zánmen	501 早上 zǎoshang
502 怎么 zěnme	503 扎实 zhāshi	504 眨巴 zhǎba
505 栅栏 zhàlan	506 宅子 zháizi	507 寨子 zhàizi
508 张罗 zhāngluo	509 丈夫 zhàngfu	510 帐篷 zhàngpeng
511 丈人 zhàngren	512 帐子 zhàngzi	513 招呼 zhāohu
514 招牌 zhāopai	515 折腾 zhēteng	516 这个 zhège
517 这么 zhème	518 枕头 zhěntou	519 镇子 zhènzi
520 芝麻 zhīma	521 知识 zhīshi	522 侄子 zhízi
523 指甲 zhǐjia(zhījia)	524 指头 zhǐtou(zhítou)	525 种子 zhǒngzi
526 珠子 zhūzi	527 竹子 zhúzi	528 主意 zhǔyi(zhúyi)
529 主子 zhǔzi	530 柱子 zhùzi	531 爪子 zhuǎzi
532 转悠 zhuànyou	533 庄稼 zhuāngjia	534 庄子 zhuāngzi
535 壮实 zhuàngshi	536 状元 zhuàngyuan	537 锥子 zhuīzi
538 桌子 zhuōzi	539 字号 zìhao	540 自在 zìzai
541 粽子 zòngzi	542 祖宗 zǔzong	543 嘴巴 zuǐba
544 作坊 zuōfang	545 琢磨 zuómo	

注意：轻声词不是没有调子，而是轻短，具体取决于前一音节的调子。去声后的轻声最低，调值是[1]，如"柿子"，阴平后的轻声较低，调值是[2]，如"摊子"，阳平后的轻声是中调，调值是[3]，如"坛子"，上声后的轻声较高，是半高调，调值是[4]，如"毯子"。

附录四
普通话水平测试用儿化词语表

说　明

1. 本表参照《普通话水平测试用普通话词语表》及《现代汉语词典》编制,加 * 的是以上二者未收,根据测试需要而酌增的条目。

2. 本表仅供普通话水平测试第二项——读多音节词语(100 个音节)测试使用。本表儿化音节,在书面上一律加"儿",但并不表明所列词语在任何语用场合都必须儿化。

3. 本表共收词 189 条,按儿化韵母的汉语拼音顺序排列。

4. 本表列出原形韵母和所对应的儿化韵,用＞表示条目中儿化音节的注音,只在基本形式后面加 r,如"一会儿 yīhuìr",不标语音上的实际变化。

一

a＞ar　　刀把儿 dāobàr　　号码儿 hàomǎr
　　　　戏法儿 xìfǎr　　在哪儿 zàinǎr
　　　　找茬儿 zhǎochár　　打杂儿 dǎzár
　　　　板擦儿 bǎncār

ai＞ar　　名牌儿 míngpáir　　鞋带儿 xiédàir
　　　　壶盖儿 húgàir　　小孩儿 xiǎoháir
　　　　加塞儿 jiāsāir

an＞ar　　快板儿 kuàibǎnr　　老伴儿 lǎobànr
　　　　蒜瓣儿 suànbànr　　脸盘儿 liǎnpánr
　　　　脸蛋儿 liǎndànr　　收摊儿 shōutānr
　　　　栅栏儿 zhàlánr　　包干儿 bāogānr
　　　　笔杆儿 bǐgǎnr　　门槛儿 ménkǎnr

二

ang＞ar(鼻化)　　药方儿 yàofāngr　　赶趟儿 gǎntàngr
　　　　　　　香肠儿 xiāngchángr　　瓜瓤儿 guāràngr

三

ia＞iar　　掉价儿 diàojiàr　　一下儿 yīxiàr
　　　　　豆芽儿 dòuyár

ian＞iar　　小辫儿 xiǎobiànr　　照片儿 zhàopiānr
　　　　　扇面儿 shànmiànr　　差点儿 chàdiǎnr
　　　　　一点儿 yīdiǎnr　　雨点儿 yǔdiǎnr
　　　　　聊天儿 liáotiānr　　拉链儿 lāliànr
　　　　　冒尖儿 màojiānr　　坎肩儿 kǎnjiānr
　　　　　牙签儿 yáqiānr　　露馅儿 lòuxiànr
　　　　　心眼儿 xīnyǎnr

四

iang＞iar（鼻化）　鼻梁儿 bíliángr　　透亮儿 tòuliàngr
　　　　　　　　花样儿 huāyàngr

五

ua＞uar　　脑瓜儿 nǎoguār　　大褂儿 dàguàr
　　　　　麻花儿 máhuār　　笑话儿 xiàohuar
　　　　　牙刷儿 yáshuār

uai＞uar　　一块儿 yīkuàir

uan＞uar　　茶馆儿 cháguǎnr　　饭馆儿 fànguǎnr
　　　　　火罐儿 huǒguànr　　落款儿 luòkuǎnr
　　　　　打转儿 dǎzhuànr　　拐弯儿 guǎiwānr
　　　　　好玩儿 hǎowánr　　大腕儿 dàwànr

六

uang＞uar（鼻化）　蛋黄儿 dànhuángr　　打晃儿 dǎhuàngr
　　　　　　　　天窗儿 tiānchuāngr

七

üan＞üar　　烟卷儿 yānjuǎnr　　手绢儿 shǒujuànr
　　　　　出圈儿 chūquānr　　包圆儿 bāoyuánr
　　　　　人缘儿 rényuánr　　绕远儿 ràoyuǎnr
　　　　　杂院儿 záyuànr

八

ei＞er　刀背儿 dāobèir　摸黑儿 mōhēir
en＞er　老本儿 lǎoběnr　花盆儿 huāpénr
　　　　嗓门儿 sǎngménr　把门儿 bǎménr
　　　　哥们儿 gēmenr　纳闷儿 nàmènr
　　　　后跟儿 hòugēnr　高跟儿鞋 gāogēnrxié
　　　　别针儿 biézhēnr　一阵儿 yīzhènr
　　　　走神儿 zǒushénr　大婶儿 dàshěnr
　　　　小人儿书 xiǎorénrshū　杏仁儿 xìngrénr
　　　　刀刃儿 dāorènr

九

eng＞er（鼻化）　钢镚儿 gāngbèngr　夹缝儿 jiāfèngr
　　　　　　　　脖颈儿 bógěngr　提成儿 tíchéngr

十

ie＞ier　半截儿 bànjiér　小鞋儿 xiǎoxiér
üe＞üer　旦角儿 dànjuér　主角儿 zhǔjuér

十一

uei＞uer　跑腿儿 pǎotuǐr　一会儿 yīhuìr
　　　　　耳垂儿 ěrchuír　墨水儿 mòshuǐr
　　　　　围嘴儿 wéizuǐr　走味儿 zǒuwèir
uen＞uer　打盹儿 dǎdǔnr　胖墩儿 pàngdūnr
　　　　　砂轮儿 shālúnr　冰棍儿 bīnggùnr
　　　　　没准儿 méizhǔnr　开春儿 kāichūnr
ueng＞uer（鼻化）　＊小瓮儿 xiǎowèngr

十二

-i(前)＞er　瓜子儿 guāzǐr　石子儿 shízǐr
　　　　　　没词儿 méicír　挑刺儿 tiāocìr
-i(后)＞er　墨汁儿 mòzhīr　锯齿儿 jùchǐr
　　　　　　记事儿 jìshìr

十三

i＞i:er　针鼻儿 zhēnbír　垫底儿 diàndǐr

　　　　　　　肚脐儿 dùqír　玩意儿 wányìr
in>i:er　　有劲儿 yǒujìnr　送信儿 sòngxìnr
　　　　　　　脚印儿 jiǎoyìnr

十四
ing>i:er(鼻化)　花瓶儿 huāpíngr　打鸣儿 dǎmíngr
　　　　　　　图钉儿 túdīngr　门铃儿 ménlíngr
　　　　　　　眼镜儿 yǎnjìngr　蛋清儿 dànqīngr
　　　　　　　火星儿 huǒxīngr　人影儿 rényǐngr

十五
ü>ü:er　　毛驴儿 máolǘr　小曲儿 xiǎoqǔr
　　　　　　　痰盂儿 tányúr
üe>ü:er　　合群儿 héqúnr

十六
e>er　　模特儿 mótèr　逗乐儿 dòulèr
　　　　　　　唱歌儿 chànggēr　挨个儿 āigèr
　　　　　　　打嗝儿 dǎgér　饭盒儿 fànhér
　　　　　　　在这儿 zàizhèr

十七
u>ur　　碎步儿 suìbùr　没谱儿 méipǔr
　　　　　　　儿媳妇儿 érxífur　梨核儿 líhúr
　　　　　　　泪珠儿 lèizhūr　有数儿 yǒushùr

十八
ong>or(鼻化)　果冻儿 guǒdòngr　门洞儿 méndòngr
　　　　　　　胡同儿 hútòngr　抽空儿 chōukòngr
　　　　　　　酒盅儿 jiǔzhōngr　小葱儿 xiǎocōngr
iong>ior(鼻化)　＊小熊儿 xiǎoxióngr

十九
ao>aor　　红包儿 hóngbāor　灯泡儿 dēngpàor
　　　　　　　半道儿 bàndàor　手套儿 shǒutàor

跳高儿 tiàogāor　叫好儿 jiàohǎor
口罩儿 kǒuzhàor　绝着儿 juézhāor
口哨儿 kǒushàor　蜜枣儿 mìzǎor

二十
iao＞iaor　鱼漂儿 yúpiāor　火苗儿 huǒmiáor
　　　　　跑调儿 pǎodiàor　面条儿 miàntiáor
　　　　　豆角儿 dòujiǎor　开窍儿 kāiqiàor

二十一
ou＞our　衣兜儿 yīdōur　老头儿 lǎotóur
　　　　年头儿 niántóur　小偷儿 xiǎotōur
　　　　门口儿 ménkǒur　纽扣儿 niǔkòur
　　　　线轴儿 xiànzhóur　小丑儿 xiǎochǒur
　　　　加油儿 jiāyóur

二十二
iou＞iour　顶牛儿 dǐngniúr　抓阄儿 zhuājiūr
　　　　　棉球儿 miánqiúr

二十三
uo＞uor　火锅儿 huǒguōr　做活儿 zuòhuór
　　　　大伙儿 dàhuǒr　邮戳儿 yóuchuōr
　　　　小说儿 xiǎoshuōr　被窝儿 bèiwōr
(o)＞or　耳膜儿 ěrmór　粉末儿 fěnmòr

附录五
普通话水平测试等级标准(试行)

一级甲等朗读和自由交谈时,语音标准,词语、语法正确无误,语调自然,表达流畅。测试总失分率在3%以内。

乙等朗读和自由交谈时,语音标准,词语、语法正确无误,语调自然,表达流畅。偶然有字音、字调失误。测试总失分率在8%以内。

二级甲等朗读和自由交谈时,声韵调发音基本标准,语调自然,表达流畅。少数难点音(平翘舌音、前后鼻尾音、边鼻音等)有时出现失误。词语、语法极少有误。测试总失分率在13%以内。

乙等朗读和自由交谈时,个别调值不准,声韵母发音有不到位现象。难点音(平翘舌音、前后鼻尾音、边鼻音、fu_hu、z_zh_j、送气不送气、i_不分、保留浊塞音和浊塞擦音、丢介音、复韵母单音化等)失误较多。方言语调不明显。有使用方言词、方言语法的情况。测试总失分率在20%以内。

三级甲等朗读和自由交谈时,声韵母发音失误较多,难点音超出常见范围,声调调值多不准。方言语调较明显。词语、语法有失误。测试总失分率在30%以内。

乙等朗读和自由交谈时,声韵调发音失误多,方音特征突出。方言语调明显。词语、语法失误较多。外地人听其谈话有听不懂的情况。测试总失分率在40%以内。

附录六
计算机辅助普通话水平测试第四题评分补充规定(试行)

计算机辅助普通话水平测试系统主要是对考生测试的前三项内容进行计算机自动评测,第四项由测试员人工评测。但由于机测考场的特殊性,考生在出现背稿、离题、说话难以继续等情况时不能得到测试员的及时提示或引导,现对有关问题做出以下补充规定。

一、朗读文本

应试人背诵媒体刊载的文章(包括《大纲》60篇朗读作品),扣5分。

二、离题

应试人说话离题,视程度扣4分、5分、6分。

三、缺时

1. 应试人操作计算机时可能会因不熟练而耽搁时间,开头空缺10秒可以不计为缺时,从第11秒开始计算缺时时间,在缺时中扣分。

2. 说话过程中,句中停顿次数较多、时间较长,在自然流畅中视程度扣分。

3. 说话不到3分钟,从应试人说话完全终止时计算缺时时间,在缺时中扣分。

四、无效语料

应试人说话不具备评判价值的可作为无效语料,如唱歌、有意读数读秒、反复重复某一句话等,累计占时参照缺时扣分。

附录七

常见语音错误、语音缺陷举例

一、常见语音错误举例

(一)声母

1. zh、ch、sh 读做 z、c、s,或者 z、c、s 读做 zh、ch、sh。如:"知、齿、是"读做 zi、ci、si,"作、错、思"读做"zhuo、chuo、shi"。

2. zh、ch、sh 读做 j、q、x。如:"专、唇、顺"读做"juan、qun、xun"。

3. n 读做 l。如:"男女"读做"lanlü"。

4. f 读做 h,或者 h 读做 f。如:"红"读做"fong","飞"读做"hui"。

5. j、q、x 读做 g、k、h。如:"街、敲、项"读做"gai、kao、hang"。

6. z、c、s 读做 j、q、x。如:"醉"读做"ji"。

7. 不送气音读做送气音。如"捕、堤、概"读做"pu、ti、kai"。

8. 尖音明显,把 j、q、x 读做 z、c、s。如"小"读做"siao"。

9. r 读做 l、[z]或零声母。如"肉"读做"lou、[zou]、ou"。

10. 在零声母音节前加上后鼻辅音。如"藕、袄"读做"ngou、ngao"。

(二)韵母

1. 后鼻韵母读做前鼻韵母。如:"汤、灯、洪"读做"tan、den、hun"。

2. 把 uen 读做 ong,en 读做 eng。如"滚、很"读做"gong、heng"。

3. 合口呼韵母 uei、uen、uan 丢失 u 韵头。如:"最、吨、团"读做"zei、den、tan"。

4. u 读做 ou。如"粗鲁"读做"coulou"。

5. üe、iao 读做 yo。如"学、药"读做"yo"。

6. 撮口呼韵母读成齐齿呼韵母。如"去、全"读做"qi、qian"。

7. 撮口呼韵母读成韵母[i]。如:"雨"读做 yi。

8. 合口呼韵母读成撮口呼韵母。如:"专、春、书"读做"juan、qun、xu"。

9. ei 读做 i、e 如:"梅、黑"读做"mi、he"。

10. ian 读做 in。如"面"读做"min"。

11. i 读做 ei。如"毕"读做"bei"。

12. "er"韵母读做 e 或[ɯ],没有卷舌动作。如"儿"读做 e 或[ɯ]。

13. e 读做 uo、o。如"歌、河"读做"guo、huo"。

（三）声调

1．阴平与阳平相混。如："泼"读做"pó"，"研"读做"yān"。

2．阳平与上声相混。如："跑"读做"pǎo"，"潜"读做"qiǎn"。

3．去声读做阳平或读成平调（近似阴平）。如："复习"读做"fúxí"或"fūxí"。

（四）语流音变

1．"一、不"在语流中不变或变错。如："一律"读做"yīlǜ"，"一会儿"读做"yìhuǐr"。

2．上声变调错误。如："粉笔"读做"fěnbí"。

3．必读轻声词没有读做轻声。如"眼睛"读做"yǎnjīng"。

4．把儿化韵读成了两个独立的音节。如："花儿"读做"huā'ér"。

5．语气词"啊"未根据语境按规律变读。如："唱啊唱"读做"chang a chang"。

二、常见语音缺陷举例

（一）声母

1．zh、ch、sh 发音部位靠前，或发音部位靠后。

2．j、q、x 带有轻微的尖音。

3．边音 l 带有鼻音色彩，或鼻音 n 带有边音色彩。

（二）韵母

1．n、ng 归音不明确。

2．复韵母、鼻韵母中主要元音的开口度偏小，或者舌位靠前、靠后。

3．复韵母动程明显不够。

4．u、ü 的圆唇度明显不够。

5．er 舌位靠后，或者卷舌音色彩不明显。

（三）声调

1．阴平调调值明显偏低，或前平后扬。

2．阳平调上升高度不到位，或有曲调特征。

3．上声调只降不升，读做 21 或 211，或者没有降到位，调值偏高。

4．去声调起调偏低，有"平直"的感觉，或者音时过长，尾音有上扬的倾向。

（四）语流音变

1．轻声词语中第二个音节不够轻、短，或者调值偏高。

2．儿化音卷舌不够，或者按规律变读时，开口度偏大或偏小。

3．语流中的轻重格式不当。

附录八

湖北省普通话水平测试朗读作品

作品1号　节选自茅盾《白杨礼赞》

那是力争上游的一种树,笔直的干[1],笔直的枝。它的干呢,通常是丈把高,像是加以人工似的[2],一丈以内,绝无旁枝;它所有的桠枝[3]呢,一律向上,而且紧紧靠拢,也像是加以人工似的,成为一束,绝无横斜逸出;它的宽大的叶子也是片[4]片向上,几乎[5]没有斜生的,更不用说倒垂[6]了;它的皮,光滑而有银色的晕圈[7],微微泛出淡青色。这是虽在北方的风雪的压迫下却保持着倔强[8]挺立的一种树!哪怕只有碗来粗细罢,它却努力向上发展,高到丈许,两丈,参天耸立,不折不挠[9],对抗着西北风。

这就是白杨树,西北极普通的一种树,然而决不是平凡的树!

它没有婆娑[10]的姿态,没有屈曲[11]盘旋的虬[12]枝,也许你要说它不美丽,如果美是专指"婆娑"或"横斜逸出"之类而言,那么,白杨树算不得树中的好女子[13];但是它却是伟岸,正直,朴质,严肃,也不缺乏温和,更不用提它的坚强不屈与挺拔,它是树中的伟丈夫[14]!当你在积雪初融的高原上走过,看见平坦的大地上傲然挺立这么一株或一排白杨树,难道你就只觉得树只是树,难道你就不想到它的朴质,严肃,坚强不屈,至少也象征了北方的农民;难道你竟一点儿也不联想到,在敌后的广大土//地上……

语音提示:

1. 干 gàn　　　2. 似的 shì·de　　3. 桠枝 yāzhī　　4. 片 piàn
5. 几乎 jīhū　　6. 倒垂 dàochuí　　7. 晕圈 yùnquān　　8. 倔强 juéjiàng
9. 挠 náo　　　10. 婆娑 pósuō　　11. 屈曲 qūqū　　　12. 虬 qiú
13. 女子 nǚzǐ　　14. 丈夫 zhàngfū

作品2号　节选自张健鹏、胡足青主编《故事时代》中《差别》

两个同龄的年轻人同时受雇于一家店铺[1],并且拿同样的薪水。

可是一段时间后,叫阿诺德的那个小伙子青云直上,而那个叫布鲁诺的小伙子却仍在原地踏步。布鲁诺很不满意老板的不公正待遇。终于有一天他到老板那儿发牢骚了。老板一边耐心地听着他的抱怨,一边在心里盘算[2]着怎样向他解释清楚[3]他和阿诺德之间的差别[4]。

"布鲁诺先生[5]",老板开口说话了,"您现在到集市上去一下,看看今天早上有什么卖的。"

布鲁诺从集市上回来向老板汇报说,今早集市上只有一个农民拉了一车土豆在卖。

"有多少?"老板问。

布鲁诺赶快戴上帽子又跑到集上,然后回来告诉[6]老板一共四十袋土豆。

"价格是多少?"

布鲁诺又第三次跑到集上问来了价格。

"好吧",老板对他说,"现在请您坐到这把椅子上一句话也不要说,看看阿诺德怎么说。"

阿诺德很快就从集市上回来了。向老板汇报说到现在为止只有一个农民在卖土豆,一共四十口袋[7],价格是多少多少;土豆质量[8]很不错,他带回来一个让老板看看。这个农民一个钟头以后还会弄[9]来几箱西红柿,据他看价格非常公道。昨天他们铺子的西红柿卖得很快,库存已经不//多了。……

语音提示:

1. 店铺 diànpù   2. 盘算 pán·suan   3. 清楚 qīng·chu   4. 差别 chābié
5. 先生 xiān·sheng   6. 告诉 gào·su   7. 口袋 kǒu·dai   8. 质量 zhìliàng
9. 弄 nòng

作品3号　节选自贾平凹《丑石》

我常常遗憾我家门前那块丑石:它黑黝黝[1]地卧在那里,牛似的[2]模样[3];谁也不知道是什么时候[4]留在这里的,谁也不去理会它。只是麦收时节,门前摊了麦子,奶奶总是说:这块丑石,多占地面呀,抽空把它搬走吧。

它不像汉白玉那样的细腻,可以刻字雕花,也不像大青石那样的光滑,可以供[5]来浣纱[6]捶布。它静静地卧在那里,院边的槐阴没有庇覆[7]它,花儿[8]也不再在它身边生长。荒草便繁衍[9]出来,枝蔓[10]上下,慢慢地,它竟锈上了绿苔[11]、黑斑。我们这些做孩子的,也讨厌起它来,曾合伙要搬走它,但力气又不足;虽时时咒骂它,嫌弃它,也无可奈何,只好任它留在那里了。

终有一日,村子里来了一个天文学家。他在我家门前路过,突然发现了这块石头,眼光立即[12]就拉直了。他再没有离开,就住了下来;以后又来了好些人,都说这是一块陨石[13],从天上落下来已经有二三百年了,是一件了不起[14]的东西[15]。不久便来了车,小心翼翼地将它运走了。

这使我们都很惊奇,这又怪又丑的石头,原来是天上的啊[16]!它补过天,在天上发过热、闪过光,我们的先祖或许仰望[17]过它,它给了他们光明、向往、憧憬[18];而它落下来了,在污土里,荒草里,一躺就//是几百年了!……

语音提示:
1. 黑黝黝 hēiyǒuyǒu/hēiyōuyōu　2. 似的 shì·de　3. 模样 múyàng
4. 时候 shí·hou　5. 供 gōng　6. 浣纱 huànshā　7. 庇覆 bìfù
8. 花儿 huā'er　9. 繁衍 fányǎn　10. 枝蔓 zhīwàn　11. 绿苔 lùtái
12. 立即 lìjí　13. 陨石 yǔnshí　14. 了不起 liǎobuqǐ　15. 东西 dōng·xi
16. 啊 ya　17. 仰望 yǎngwàng　18. 憧憬 chōngjǐng

作品 4 号　节选自[德]博多·舍费尔《达瑞的故事》,刘志明译

在达瑞八岁的时候[1],有一天他想去看电影。因为[2]没有钱,他想是向爸妈要钱,还是自己挣钱。最后他选择了后者。他自己调制[3]了一种汽水[4],向过路的行人出售。可那时正是寒冷的冬天,没有人买,只有两个人例外——他的爸爸和妈妈。

他偶然有一个和非常成功的商人谈话的机会。当他对商人讲述了自己的"破产史"后,商人给了他两个重要的建议:一是尝试为别人解决一个难题;二是把精力集中在你知道的、你会的和你拥有的东西[5]上。

这两个建议很关键。因为对于一个八岁的孩子而言,他不会做的事情[6]很多。于是他穿过大街小巷,不停地思考:人们会有什么难题,他又如何利用这个机会?

一天,吃早饭时父亲让达瑞去取报纸。美国的送报员总是把报纸从花园篱笆[7]的一个特制的管子里塞[8]进来。假如你想穿着睡衣舒舒服服地吃早饭和看报纸,就必须离开温暖的房间,冒着寒风,到花园去取。虽然路短,但十分麻烦[9]。

当达瑞为父亲取报纸的时候,一个主意[10]诞生了。当天[11]他就按响邻居的门铃,对他们说,每个月只需付给他一美元,他就每天早上把报纸塞到他们的房门底下。大多数人同意了,很快他有//了七十多个顾客。……

语音提示:
1. 时候 shí·hou　2. 因为 yīn·wèi　3. 调制 tiáozhì　4. 汽水 qìshuǐr
5. 东西 dōng·xi　6. 事情 shì·qing　7. 篱笆 lí·ba　8. 塞 sāi
9. 麻烦 má·fan　10. 主意 zhǔ·yi　11. 当天 dàngtiān

作品 5 号　节选自峻青《第一场雪》

这是入冬以来,胶东半岛上第一场雪。

雪纷纷扬扬，下得很大。开始还伴着一阵儿小雨，不久就只见大片大片的雪花，从彤云[1]密布的天空中飘落下来。地面上一会儿[2]就白了。冬天的山村，到了夜里就万籁俱寂[3]，只听得雪花簌簌[4]地不断往下落，树木的枯枝被雪压断了，偶尔[5]咯吱一声响。

大雪整整下了一夜。今天早晨，天放晴了，太阳出来了。推开门一看，嗬[6]！好大的雪啊[7]！山川、河流、树木、房屋，全都罩上了一层厚厚的雪，万里江山，变成了粉妆玉砌的世界。落光了叶子的柳树上挂满了毛茸茸亮晶晶的银条儿；而那些冬夏常青的松树和柏树[8]上，则挂满了蓬松松沉甸甸的雪球儿。一阵风吹来，树枝轻轻地摇晃，美丽的银条儿和雪球儿簌簌地落下来，玉屑[9]似的[10]雪末儿随风飘扬，映着清晨的阳光，显出一道道五光十色的彩虹。

大街上的积雪足有一尺多深，人踩上去，脚底下发出咯吱咯吱的响声。一群群孩子在雪地里堆雪人，掷[11]雪球儿。那欢乐的叫喊声，把树枝上的雪都震落下来了。

俗话说，"瑞雪兆丰年"。这个话有充分的科学根据，并不是一句迷信的成语。寒冬大雪，可以冻死一部分越冬的害虫；融化了的水渗[12]进土层深处，又能供应[13]//庄稼生长的需要。……

语音提示：

1. 彤云 tóngyún　　2. 一会儿 yíhuìr　　3. 万籁俱寂 wànlàijùjì　　4. 簌簌 sùsù
5. 偶尔 ǒu·ěr　　6. 嗬 hē/hè　　7. 啊 ya　　8. 柏树 bǎishù
9. 玉屑 yùxiè　　10. 似的 shì·de　　11. 掷 zhì　　12. 渗 shèn
13. 供应 gōngyìng

作品6号　节选自谢冕《读书人是幸福人》

我常想读书人是世间幸福人，因为[1]他除了拥有现实的世界之外，还拥有另一个更为浩瀚[2]也更为丰富的世界。现实的世界是人人都有的，而后一个世界却为[3]读书人所独有。由此我想，那些失去或不能阅读的人是多么的不幸，他们的丧失是不可补偿的。世间有诸多的不平等，财富的不平等，权力的不平等，而阅读能力的拥有或丧失却体现为[4]精神的不平等。

一个人的一生，只能经历自己拥有的那一份欣悦，那一份苦难，也许再加上他亲自闻知的那一些关于自身以外的经历和经验。然而，人们通过阅读，却能进入不同时空的诸多他人的世界。这样，具有阅读能力的人，无形间获得[5]了超越有限生命的无限可能性。阅读不仅使他多识了草木虫鱼之名，而且可以上溯[6]远古下及未来，饱览存在的与非存在的奇风异俗。

更为[7]重要的是，读书加惠于人们的不仅是知识[8]的增广，而且还在于精神的感化与陶冶[9]。人们从读书学做人,从那些往哲先贤以及当代才俊的著述中学得他们的人格。人们从《论语[10]》中学得[11]智慧的思考,从《史记》中学得严肃的历史精神,从《正气歌》中学得人格的刚烈,从马克思学得人世//的激情,……

语音提示：

1. 因为 yīn·wèi　　2. 浩瀚 hàohàn　　3. 为 wéi　　4. 为 wéi
5. 获得 huòdé　　6. 溯 sù　　7. 为 wéi　　8. 知识 zhī·shi
9. 陶冶 táoyě　　10. 论语 lúnyǔ　　11. 学得 xuédé

作品7号　节选自唐继柳编译《二十美金的价值》

一天,爸爸下班回到家已经很晚了,他很累也有点儿烦,他发现五岁的儿子靠在门旁正等着他。

"爸,我可以问您一个问题吗?"

"什么问题?""爸,您一小时可以赚多少钱?""这与[1]你无关,你为什么问这个问题?"父亲生气地说。

"我只是想知道,请告诉我,您一小时赚多少钱?"小孩儿哀求道。"假如你一定要知道的话,我一小时赚二十美金。"

"哦[2],"小孩儿低下了头,接着又说,"爸,可以借我十美金吗?"父亲发怒了:"如果你只是要借钱去买毫无意义的玩具的话,给我回到你的房间睡觉去。好好想想为什么你会那么自私。我每天辛苦工作,没时间和你玩儿小孩子的游戏。"

小孩儿默默地回到自己的房间关上门。

父亲坐下来还在生气。后来,他平静下来了。心想他可能对孩子太凶了——或许孩子真的很想买什么东西,再说他平时很少要过钱。

父亲走进孩子的房间:"你睡了吗?""爸,还没有,我还醒着。"孩子回答[3]。

"我刚才可能对你太凶了,"父亲说,"我不应该发那么大的火儿——这是你要的十美金。""爸,谢谢您。"孩子高兴地从枕头下拿出一些被弄皱[4]的钞票,慢慢地数[5]着。

"为什么你已经有钱了还要?"父亲不解地问。

"因为[6]原来不够,但现在凑够了。"孩子回答,"爸,我现在有二十美金了……

语音提示：

1. 与 yǔ　　2. 哦 ò　　3. 回答 huídá　　4. 弄皱 nòngzhòu
5. 数 shǔ　　6. 因为 yīn·wèi

作品8号　节选自巴金《繁星》

我爱月夜，但我也爱星天。从前在家乡七八月的夜晚在庭院里纳凉的时候[1]，我最爱看天上密密麻麻的繁星。望着星天，我就会忘记一切，仿佛[2]回到了母亲的怀里似的[3]。

三年前在南京我住的地方[4]有一道后门，每晚我打开后门，便看见一个静寂的夜。下面是一片菜园，上面是星群密布的蓝天。星光在我们的肉眼里虽然微小，然而它使我们觉得光明无处不在。那时候我正在读一些天文学的书，也认得[5]一些星星，好像它们就是我的朋友[6]，它们常常在和我谈话一样。

如今在海上，每晚和繁星相对，我把它们认得很熟了。我躺在舱面上，仰望天空。深蓝色的天空里悬着无数半明半昧[7]的星。船在动，星也在动，它们是这样低，真是摇摇欲坠呢！渐渐地我的眼睛模糊[8]了，我好像看见无数萤火虫在我的周围飞舞。海上的夜是柔和的，是静寂的，是梦幻的。我望着许多认识[9]的星，我仿佛看见它们在对我眨眼[10]，我仿佛听见它们在小声说话。这时我忘记了一切。在星的怀抱中我微笑着，我沉睡着。我觉得自己是一个小孩子，现在睡在母亲的怀里了。

有一夜，那个在哥伦波上船的英国人指给我看天上的巨人。他用手指着://……

语音提示：

1. 时候 shí·hou　　2. 仿佛 fǎngfú　　3. 似的 shì·de　　4. 地方 dì·fang
5. 认得 rèn·de　　6. 朋友 péng·you　　7. 昧 mèi　　8. 模糊 mó·hu
9. 认识 rèn·shi　　10. 眨眼 zhǎyǎn

作品9号　节选自李恒瑞《风筝畅想曲》

假日[1]到河滩上转转[2]，看见许多孩子在放风筝[3]。一根根长长的引线，一头系[4]在天上，一头系在地上，孩子同风筝都在天与地之间悠荡，连心也被悠荡的恍恍惚惚了，好像又回到了童年。

儿时的放风筝，大多是自己的长辈或家人编扎[5]的，几根削[6]得很薄[7]的篾[8]，用细纱线扎成各种鸟兽的造型，糊上雪白的纸片，再用彩笔勾勒出面孔与翅膀的图案。通常扎得最多的是"老雕""美人儿[9]""花蝴蝶"等。

我们家前院就有位叔叔，擅扎风筝，远近闻名。他扎的风筝不只体型好看，色彩艳丽，放飞得高远，还在风筝上绷一叶用蒲苇[10]削成的膜片，经风一吹，发出"嗡嗡"的声响，仿佛[11]是风筝的歌唱，在蓝天下播扬，给开阔的天地增添了无尽的韵味，给驰荡的童心带来几分疯狂。

我们那条胡同[12]的左邻右舍[13]的孩子们放的风筝几乎[14]都是叔叔编扎的。他的风筝不卖钱,谁上门去要,就给谁,他乐意自己贴钱买材料。

后来,这位叔叔去了海外,放风筝也渐与[15]孩子们远离了。不过年年叔叔给家乡写信,总不忘提起儿时的放风筝。香港回归之后,他在家信中说到,他这只被故乡放飞到海外的风筝,尽管飘荡游弋[16],经沐风雨,可那线头儿一直在故乡和//亲人手中牵着,……

语音提示:

1. 假日 jiàrì 2. 转转 zhuàn·zhuan 3. 风筝 fēng·zheng 4. 系 jì
5. 编扎 biānzā 6. 削 xiāo 7. 薄 báo 8. 篾 miè
9. 人儿 rénr 10. 蒲苇 púwěi 11. 仿佛 fǎngfú 12. 胡同 hú·tong
13. 舍 shè 14. 几乎 jīhū 15. 与 yǔ 16. 游弋 yóuyì

作品10号　节选自[美]艾尔玛·邦贝克《父亲的爱》

爸不懂得怎样表达爱,使我们一家人融洽[1]相处[2]的是我妈。他只是每天上班下班,而妈则把我们做过的错事开列清单,然后由他来责骂我们。

有一次我偷了一块糖果,他要我把它送回去,告诉[3]卖糖的说是我偷来的,说我愿意替他拆箱卸货作为[4]赔偿。但妈妈[5]却明白我只是个孩子。

我在运动场打秋千跌断了腿,在前往医院途中一直抱着我的,是我妈。爸把汽车停在急诊室门口,他们叫他驶开,说那空位[6]是留给紧急车辆停放的。爸听了便叫嚷道:"你以为[7]这是什么车?旅游车?"

在我生日会上,爸总是显得有些不大相称[8]。他只是忙于吹气球,布置餐桌,做杂务。把插着蜡烛的蛋糕推过来让我吹的,是我妈。

我翻阅照相册[9]时,人们总是问:"你爸爸是什么样子的?"天晓得!他老是忙着替别人拍照。妈和我笑容可掬地一起拍的照片[10],多得不可胜数[11]。

我记得妈有一次叫他教[12]我骑自行车。我叫他别放手,但他却说是应该放手的时候[13]了。我摔倒之后,妈跑过来扶我,爸却挥手要她走开。我当时生气极了,决心要给他点儿颜色看。于是我马上爬上自行车,而且自己骑给他看。他只是微笑。

我念大学时,所有的家信都是妈写的。他//除了寄支票外……

语音提示:

1. 融洽 róngqià 2. 相处 xiāngchǔ 3. 告诉 gào·su 4. 作为 zuòwéi
5. 妈妈 mā·ma 6. 空位 kòngwèi 7. 以为 yǐwéi 8. 相称 xiāngchèn
9. 照相册 zhàoxiàngcè 10. 照片 zhàopiàn/zhàopiānr
11. 不可胜数 bù kě shèng shǔ 12. 教 jiāo 13. 时候 shí·hou

作品11号　节选自冯骥才《国家荣誉感》

一个大问题一直盘踞¹在我脑袋²里：

世界杯怎么会有如此巨大的吸引力？除去足球本身的魅力之外，还有什么超乎其上而更伟大的东西³？

近来观看世界杯，忽然从中得到了答案：是由于一种无上崇高的精神情感——国家荣誉感！

地球上的人都会有国家的概念，但未必时时都有国家的感情。往往人到异国，思念家乡，心怀故国，这国家概念就变得有血有肉，爱国之情来得非常具体。而现代社会，科技昌达，信息快捷，事事上网，世界真是太小太小，国家的界限似乎⁴也不那么清晰了。再说足球正在快速世界化，平日里各国球员频繁转会⁵，往来随意，致使越来越多的国家联赛都具有国际的因素。球员们不论国籍，只效力于自己的俱乐部，他们比赛时的激情中完全没有爱国主义的因子。

然而，到了世界杯大赛，天下大变。各国球员都回国效力，穿上与光荣的国旗同样色彩的服装。在每一场比赛前，还高唱国歌以宣誓对自己祖国的挚爱⁶与忠诚。一种血缘⁷情感开始在全身的血管⁸里燃烧起来，而且立刻热血⁹沸腾。

在历史时代，国家间经常发生对抗，好男儿¹⁰戎装¹¹卫国。国家的荣誉往往需要以自己的生命去//换取。……

语音提示：

1. 盘踞 pánjū　　2. 脑袋 nǎo·dai　　3. 东西 dōng·xi　　4. 似乎 sìhū
5. 转会 zhuǎnhuì　　6. 挚爱 zhì'ài　　7. 血缘 xuèyuán　　8. 血管 xuèguǎn
9. 热血 rèxuè　　10. 男儿 nán'ér　　11. 戎装 róngzhuāng

作品12号　节选自峻青《海滨仲夏夜》

夕阳落山不久，西方的天空，还燃烧着一片橘红色的晚霞。大海，也被这霞光染成了红色，而且比天空的景色更要壮观。因为¹它是活动的，每当一排排波浪涌起的时候²，那映照在浪峰上的霞光，又红又亮，简直就像一片片霍霍燃烧着的火焰，闪烁着，消失了。而后面的一排，又闪烁着，滚动着，涌了过来。

天空的霞光渐渐地淡下去了，深红的颜色变成了绯红³，绯红又变为⁴浅红。最后，当这一切红光都消失了的时候，那突然显得高而远了的天空，则呈现出一片肃穆的神色。最早出现的启明星，在这蓝色的天幕上闪烁起来了。它是那么大，那么亮，整个广漠的天幕上只有它在那里放射着令人注目的光辉，活像一盏悬挂在高空的明灯。

夜色加浓,苍空中的"明灯"越来越多了。而城市各处的真的灯火也次第亮了起来,尤其是围绕[5]在海港周围山坡上的那一片灯光,从半空倒映[6]在乌蓝的海面上,随着波浪,晃动[7]着,闪烁着,像一串流动着的珍珠,和那一片片密布在苍穹[8]里的星斗[9]互相辉映,煞[10]是好看。

在这幽美的夜色中,我踏着软绵绵的沙滩,沿着海边,慢慢地向前走去。海水,轻轻地抚摸着细软的沙滩,发出温柔的//刷刷声。……

语音提示:

1. 因为 yīn·wèi 2. 时候 shí·hou 3. 绯红 fēihóng 4. 为 wéi
5. 围绕 wéirào 6. 倒映 dàoyìng 7. 晃动 huàngdòng 8. 苍穹 cāngqióng
9. 星斗 xīngdǒu 10. 煞 shà

作品 13 号　节选自童裳亮《海洋与生命》

生命在海洋里诞生绝不是偶然的,海洋的物理和化学性质,使它成为[1]孕育原始生命的摇篮。

我们知道,水是生物的重要组成部分,许多动物组织的含水量在百分之八十以上,而一些海洋生物的含水量高达百分之九十五。水是新陈代谢的重要媒介,没有它,体内的一系列生理和生物化学反应就无法进行,生命也就停止。因此,在短时期内动物缺水要比缺少食物更加危险。水对今天的生命是如此重要,它对脆弱的原始生命,更是举足轻重了。生命在海洋里诞生,就不会有缺水之忧。

水是一种良好的溶剂。海洋中含有许多生命所必需的无机盐,如氯[2]化钠、氯化钾、碳酸盐、磷酸盐,还有溶解氧,原始生命可以毫不费力地从中吸取它所需要的元素。

水具有很高的热容量,加之海洋浩大,任凭夏季烈日曝晒[3],冬季寒风扫荡,它的温度变化却比较[4]小。因此,巨大的海洋就像是天然的"温箱",是孕育原始生命的温床。

阳光虽然为[5]生命所必需,但是阳光中的紫外线却有扼杀[6]原始生命的危险。水能有效地吸收紫外线,因而又为[7]原始生命提供[8]了天然的"屏障[9]"。

这一切都是原始生命得以产生和发展的必要条件。//……

语音提示:

1. 成为 chéngwéi 2. 氯 lǜ 3. 曝晒 pùshài 4. 比较 bǐjiào
5. 为 wéi 6. 扼杀 èshā 7. 为 wèi 8. 提供 tígōng
9. 屏障 píngzhàng

作品14号　节选自(台湾)林清玄《和时间赛跑》

我读小学的时候[1],我的外祖母去世了。外祖母生前最疼爱我,我无法排除自己的忧伤,每天在学校的操场上一圈儿[2]又一圈儿地跑着,跑得累倒在地上,扑在草坪上痛哭。

那哀痛的日子,断断续续地持续了很久,爸爸妈妈也不知道如何安慰我。他们知道与其[3]骗我说外祖母睡着[4]了,还不如对我说实话:外祖母永远不会回来了。

"什么是永远不会回来呢?"我问着。

"所有时间里的事物,都永远不会回来。你的昨天过去,它就永远变成昨天,你不能再回到昨天。爸爸以前也和你一样小,现在也不能回到你这么小的童年了;有一天你会长大,你会像外祖母一样老;有一天你度过了你的时间,就永远不会回来了。"爸爸说。

爸爸等于给我一个谜语,这谜语比课本上的"日历挂在墙壁,一天撕去一页,使我心里着急[5]"和"一寸光阴一寸金,寸金难买寸光阴"还让我感到可怕;也比作文本上的"光阴似[6]箭,日月如梭[7]"更让我觉得有一种说不出的滋味。

时间过得那么飞快,使我的小心眼儿[8]里不只是着急,还有悲伤。有一天我放学回家,看到太阳快落山了,就下决心说:"我要比太阳更快地回家。"我狂奔回去,站在庭院前喘气的时候,看到太阳//还露着半边脸……

语音提示：

1. 时候 shí·hou　　2. 一圈儿 yìquānr　　3. 与其 yǔqí　　4. 睡着 shuìzháo
5. 着急 zháojí　　6. 似 sì　　7. 梭 suō　　8. 心眼儿 xīnyǎnr

作品15号　节选自陈灼主编《实用汉语中级教程》(上)中《胡适的白话电报》

三十年代初,胡适在北京大学任教授。讲课时他常常对白话文大加称赞[1],引起一些只喜欢文言文而不喜欢白话文的学生[2]的不满。

一次,胡适正讲得得意[3]的时候[4],一位姓魏的学生突然站了起来,生气地问:"胡先生[5],难道说白话文就毫无缺点吗?"胡适微笑着回答说:"没有。"那位学生更加激动了:"肯定有!白话文废话太多,打电报用字多,花钱多。"胡适的目光顿时变亮了,轻声地解释说:"不一定吧!前几天有位朋友[6]给我打来电报,请我去政府部门工作,我决定不去,就回电拒绝了。复电是用白话写的,看来也很省字。请同学们根据我这个意思[7],用文言文写一个回电,看看究竟是白话文省字,还是文言文省字?"胡教授刚说完,同学们立刻认真地写了起来。

十五分钟过去,胡适让同学举手,报告用字的数目,然后挑了一份用字最少的

文言电报稿,电文是这样写的:

"才疏学浅,恐难胜任,不堪[8]从命。"白话文的意思是:学问不深,恐怕很难担任这个工作,不能服从安排。

胡适说,这份写得确实不错,仅用了十二个字。但我的白话电报却只用了五个字:

"干不了,谢谢[9]!"

胡适又解释说:"干不了"就有才疏学浅、恐难胜任的意思;"谢谢"既//对朋友的介绍表示感谢……

语音提示:

1. 称赞 chēngzàn　　2. 学生 xué·sheng　　3. 得意 déyì　　4. 时候 shí·hou
5. 先生 xiān·sheng　　6. 朋友 péng·you　　7. 意思 yì·si　　8. 堪 kān
9. 谢谢 xiè·xie

作品16号　节选自[俄]柯罗连科《火光》,张铁夫译

很久以前,在一个漆黑的秋天的夜晚,我泛舟在西伯利亚一条阴森森的河上。船到一个转弯处,只见前面黑黢黢[1]的山峰下面一星火光蓦地[2]一闪。

火光又明又亮,好像就在眼前……

"好啦,谢天谢地!"我高兴地说,"马上就到过夜的地方[3]啦!"

船夫扭头朝身后的火光望了一眼,又不以为然地划[4]起桨来。

"远着呢!"

我不相信他的话,因为[5]火光冲破朦胧[6]的夜色,明明在那儿闪烁[7]。不过船夫是对的,事实上,火光的确[8]还远着呢。

这些黑夜的火光的特点是:驱散[9]黑暗,闪闪发亮,近在眼前,令人神往。乍[10]一看,再划几下就到了……其实却还远着呢!……

我们在漆黑如墨的河上又划了很久。一个个峡谷和悬崖,迎面驶来,又向后移去,仿佛[11]消失在茫茫的远方,而火光却依然停在前头,闪闪发亮,令人神往——依然是这么近,又依然是那么远……

现在,无论是这条被悬崖峭壁[12]的阴影笼罩的漆黑的河流,还是那一星明亮的火光,都经常浮现在我的脑际,在这以前和在这以后,曾有许多火光,似乎[13]近在咫尺[14],不止使我一人心驰神往。可是生活之河却仍然在那阴森森的两岸之间流着,而火光也依旧非常遥远。因此,必须加劲划桨……

然而,火光啊[15]……毕竟……毕竟就//在前头!……

语音提示:

1. 黑黢黢 hēiqūqū　　2. 蓦地 mòdì　　3. 地方 dì·fang　　4. 划 huá

5. 因为 yīn·wèi　　6. 朦胧 ménglóng　　7. 闪烁 shǎnshuò　　8. 的确 díquè
9. 驱散 qūsàn　　10. 乍 zhà　　11. 仿佛 fǎngfú　　12. 峭壁 qiàobì
13. 似乎 sìhū　　14. 咫尺 zhíchǐ　　15. 啊 nga

作品17号　节选自老舍《济南的冬天》

对于一个在北平住惯的人,像我,冬天要是不刮风,便觉得[1]是奇迹[2];济南[3]的冬天是没有风声的。对于一个刚由伦敦回来的人,像我,冬天要能看得见日光,便觉得是怪事;济南的冬天是响晴的。自然,在热带的地方[4],日光永远是那么毒,响亮的天气,反有点儿叫人害怕。可是,在北方的冬天,而能有温晴的天气,济南真得[5]算个宝地。

设若单单是有阳光,那也算不了[6]出奇。请闭上眼睛[7]想:一个老城,有山有水,全在天底下晒着阳光,暖和[8]安适地睡着[9],只等春风来把它们唤醒,这是不是理想的境界？小山把济南围了个圈儿[10],只有北边缺着点口儿[11]。这一圈小山在冬天特别可爱,好像是把济南放在一个小摇篮里,它们安静不动地低声地说:"你们放心吧,这儿[12]准保暖和。"真的,济南的人们在冬天是面上含笑的。他们一看那些小山,心中便觉得有了着落[13],有了依靠。他们由天上看到山上,便不知不觉地想起:明天也许就是春天了吧？这样的温暖,今天夜里山草也许就绿起来了吧？就是这点儿幻想不能一时实现,他们也并不着急[14],因为[15]这样慈善的冬天,干什么[16]还希望别的呢！

最妙的是下点儿小雪呀。看吧,山上的矮松越发的青黑,树尖儿[17]上顶//着一髻儿白花……

语音提示：

1. 觉得 jué·de　　2. 奇迹 qíjì　　3. 济南 jǐnán
4. 地方 dì·fang　　5. 得 děi　　6. 算不了 suàn bù liǎo
7. 眼睛 yǎn·jing　　8. 暖和 nuǎn·huo　　9. 睡着 shuì·zhe
10. 圈儿 quānr　　11. 口儿 kǒur　　12. 这儿 zhèr
13. 着落 zhuóluò　　14. 着急 zháojí　　15. 因为 yīn·wèi
16. 什么 shén·me　　17. 尖儿 jiānr

作品18号　节选自郑莹《家乡的桥》

纯朴的家乡村边有一条河,曲[1]曲弯弯,河中架一弯石桥,弓样的小桥横跨两岸。

每天,不管是鸡鸣晓月,日丽中天,还是月华泻地,小桥都印下串串足迹,洒落串串汗珠。那是乡亲[2]为了追求多棱[3]的希望,兑现[4]美好的遐想[5]。弯弯小桥,不时荡过轻吟低唱,不时露[6]出舒心的笑容。

因而,我稚小[7]的心灵,曾将心声献给小桥:你是一弯银色的新月,给人间普照光辉;你是一把闪亮的镰刀,割刈[8]着欢笑的花果;你是一根晃悠悠[9]的扁担[10],挑[11]起了彩色的明天!哦[12],小桥走进我的梦中。

我在飘泊[13]他乡的岁月,心中总涌动[14]着故乡的河水,梦中总看到弓样的小桥。当我访南疆探北国,眼帘闯进座座雄伟的长桥时,我的梦变得丰满了,增添了赤橙黄绿青蓝紫。

三十多年过去,我带着满头霜花回到故乡,第一紧要的便是去看望小桥。

啊!小桥呢?它躲起来了?河中一道长虹,浴着朝霞熠熠[15]闪光。哦,雄浑的大桥敞开胸怀,汽车的呼啸[16]、摩托的笛音、自行车的叮铃,合奏着进行交响乐;南来的钢筋、花布、北往的柑橙、家禽,绘出交流欢悦图……

啊!蜕变[17]的桥,传递了家乡进步的消息[18],透露[19]了家乡富裕的声音。时代的春风,美好的追求,我蓦地[20]记起儿时唱//给小桥的歌……

语音提示:

1. 曲 qū
2. 乡亲 xiāngqīn
3. 棱 léng
4. 兑现 duìxiàn
5. 遐想 xiáxiǎng
6. 露 lù
7. 稚小 zhìxiǎo
8. 割刈 gēyì
9. 晃悠悠 huàngyōuyōu
10. 扁担 biǎn·dan
11. 挑 tiāo
12. 哦 ò
13. 漂泊 piāobó
14. 涌动 yǒngdòng
15. 熠熠 yìyì
16. 呼啸 hūxiào
17. 蜕变 tuìbiàn
18. 消息 xiāo·xi
19. 透露 tòulù
20. 蓦地 mòdì

作品19号　节选自游宇明《坚守你的高贵》

三百多年前,建筑设计师莱伊恩受命设计了英国温泽市政府大厅。他运用工程力学的知识[1],依据自己多年的实践,巧妙地设计了只用一根柱子支撑的大厅天花板。一年以后,市政府权威人士进行工程验收时,却说只用一根柱子支撑天花板太危险,要求莱伊恩再多加几根柱子。

莱伊恩自信只要一根坚固的柱子足以保证大厅安全,他的"固执"惹恼了市政官员,险些被送上法庭。他非常苦恼,坚持自己原先的主张吧,市政官员肯定会另找人修改设计;不坚持吧,又有悖[2]自己为人[3]的准则。矛盾了很长一段时间,莱伊恩终于想出了一条妙计,他在大厅里增加了四根柱子,不过这些柱子并未与天花板接触,只不过是装装样子。

三百多年过去了,这个秘密始终没有被人发现。直到前两年,市政府准备修缮[4]大厅的天花板,才发现莱伊恩当年的"弄虚作假"[5]。消息[6]传出后,世界各国的建筑专家和游客云集,当地政府对此也不加掩饰,在新世纪到来之际,特意将大厅作为[7]一个旅游景点对外开放,旨[8]在引导人们崇尚[9]和相信科学。

作为一名建筑师,莱伊恩并不是最出色的。但作为一个人,他无疑非常伟大,这种//伟大表现在他始终恪守着自己的原则……

语音提示:

1. 知识 zhī·shi　　2. 悖 bèi　　3. 为人 wéirén　　4. 修缮 xiūshàn

5. 弄虚作假 nòngxūzuòjiǎ　　6. 消息 xiāo·xi

7. 作为 zuòwéi　　8. 旨 zhǐ　　9. 崇尚 chóngshàng

作品20号　节选自陶猛译《金子》

自从传言有人在萨文河畔[1]散步[2]时无意发现了金子后,这里便常有来自四面八方的淘金者。他们都想成为[3]富翁,于是寻遍了整个河床,还在河床上挖出很多大坑,希望借助它们找到更多的金子。的确[4],有一些人找到了,但另外一些人因为[5]一无所得而只好扫兴[6]归去。

也有不甘心落空的,便驻扎[7]在这里,继续寻找。彼得·弗雷特就是其中一员。他在河床附近买了一块没人要的土地,一个人默默[8]地工作。他为了找金子,已把所有的钱都押在这块土地上。他埋头苦干了几个月,直到土地全变成了坑坑洼洼[9],他失望了——他翻遍了整块土地,但连一丁点儿金子都没看见。

六个月后,他连买面包的钱都没有了。于是他准备离开这儿到别处去谋生。

就在他即将[10]离去的前一个晚上,天下起了倾盆[11]大雨,并且一下就是三天三夜。雨终于停了,彼得走出小木屋,发现眼前的土地看上去好像和以前不一样:坑坑洼洼已被大水冲刷平整,松软的土地上长出一层绿茸茸的小草。

"这里没找到金子,"彼得忽有所悟地说,"但这土地很肥沃,我可以用来种花,并且拿到镇上去卖给那些富人,他们一定会买些花装扮他们华丽的客//厅。"……

语音提示:

1. 河畔 hépàn　　2. 散步 sànbù　　3. 成为 chéngwéi　　4. 的确 díquè

5. 因为 yīn·wèi　　6. 扫兴 sǎoxìng　　7. 驻扎 zhùzhā　　8. 默默 mòmò

9. 坑坑洼洼 kēng·kengwāwā　　10. 即将 jíjiāng　　11. 倾盆 qīngpén

作品21号　节选自青白《捐诚》

我在加拿大学习期间[1]遇到过两次募捐,那情景至今使我难以忘怀。

一天,我在渥太华[2]的街上被两个男孩子拦住去路。他们十来岁,穿得整整齐齐,每人头上戴着个做工精巧、色彩鲜艳的纸帽,上面写着"为帮助患小儿[3]麻痹[4]的伙伴募捐。"其中的一个,不由分说就坐在小凳上给我擦起皮鞋来,另一个则彬彬有礼地发问:"小姐,您是哪国人?喜欢渥太华吗?""小姐,在你们国家有没有小孩儿患小儿麻痹?谁给他们医疗费?"一连串的问题,使我这个有生以来头一次在众目睽睽[5]之下让别人擦鞋的异乡人,从近乎狼狈的窘态[6]中解脱出来。我们像朋友[7]一样聊起天儿[8]来……

几个月之后,也是在街上。一些十字路口处或车站坐着几位老人。他们满头银发[9],身穿各种老式军装,上面布满了大大小小形形色色的徽章、奖章,每人手捧一大束鲜花,有水仙、石竹、玫瑰及叫不出名字[10]的,一色[11]雪白。匆匆过往的行人纷纷止步,把钱投进这些老人身旁的白色木箱内,然后向他们微微鞠躬,从他们手中接过一朵花。我看了一会儿[12],有人投一两元,有人投几百元,还有人掏出支票填好后投进木箱。那些老军人毫不注意人们捐多少钱,一直不//停地向人们低声道谢。……

语音提示:

1. 期间 qījiān　　2. 渥太华 Wòtàihuá　　3. 小儿 xiǎo'ér　　4. 麻痹 mábì
5. 睽睽 kuíkuí　　6. 窘态 jiǒngtài　　7. 朋友 péng·you　　8. 天儿 tiānr
9. 银发 yínfà　　10. 名字 míng·zi　　11. 一色 yísè　　12. 一会儿 yíhuìr

作品 22 号　节选自王文杰《可爱的小鸟》

没有一片绿叶,没有一缕[1]炊烟,没有一粒泥土,没有一丝花香,只有水的世界,云的海洋。

一阵台风袭过,一只孤单的小鸟无家可归,落到被卷到洋里的木板上,乘[2]流而下,姗姗[3]而来,近了,近了!……

忽然,小鸟张开翅膀,在人们头顶盘旋了几圈儿,"噗啦[4]"一声落到了船上。许是累了?还是发现了"新大陆"?水手撵[5]它它不走,抓它,它乖乖地落在掌心。可爱的小鸟和善良的水手结成[6]了朋友[7]。

瞧,它多美丽,娇巧的小嘴,啄[8]理着绿色的羽毛,鸭子样的扁脚,呈现出春草的鹅黄。水手们把它带到舱里,给它"搭铺[9]",让它在船上安家落户,每天,把分到的一塑料筒淡水匀给它喝,把从祖国带来的鲜美的鱼肉分给它吃,天长日久,小鸟和水手的感情日趋笃厚[10]。清晨,当第一束阳光射进舷[11]时,它便敞开美丽的歌喉,唱啊[12]唱,嘤嘤[13]有韵,宛如春水淙淙[14]。人类给它以生命,它毫不悭吝[15]地把自己的艺术青春奉献给了哺育[16]它的人。可能都是这样,艺术家们的青春只会献给尊敬他们的人。

小鸟给远航生活蒙上了一层浪漫色调[17]。返航时,人们爱不释手,恋恋不舍地想把它带到异乡。可小鸟憔悴[18]了,给水,不喝!喂肉,不吃!油亮的羽毛失去了光泽。是啊[19],我//们有自己的祖国,……

语音提示：

1. 一缕 yìlǚ
2. 乘 chéng
3. 姗姗 shānshān
4. 噗啦 pūlā
5. 撵 niǎn
6. 结成 jiéchéng
7. 朋友 péng·you
8. 啄 zhuó
9. 搭铺 dāpù
10. 笃厚 dǔhòu
11. 舷窗 xiánchuāng
12. 啊 nga
13. 嘤嘤 yīngyīng
14. 淙淙 cóngcóng
15. 悭吝 qiānlìn
16. 哺育 bǔyù
17. 色调 sèdiào
18. 憔悴 qiáocuì
19. 啊 ra

作品23号　节选自（台湾）刘墉《课不能停》

纽约的冬天常有大风雪,扑面的雪花不但令人难以睁开眼睛[1],甚至呼吸都会吸入冰冷的雪花。有时前一天晚上还是一片晴朗,第二天拉开窗帘,却已经积雪盈[2]尺,连门都推不开了。

遇到这样的情况,公司、商店常会停止上班,学校也通过广播,宣布停课。但令人不解的是,惟有公立小学,仍然开放。只见黄色的校车,艰难地在路边接孩子,老师则一大早就口中喷[3]着热气,铲去车子前后的积雪,小心翼翼地开车去学校。

据统计,十年来纽约的公立小学只因为[4]超级暴风雪停过七次课。这是多么令人惊讶[5]的事。犯得着[6]在大人都无须上班的时候[7]让孩子去学校吗？小学的老师也太倒霉了吧?

于是,每逢大雪而小学不停课时,都有家长打电话去骂。妙的是,每个打电话的人,反应[8]全一样——先是怒气冲冲地责问,然后满口道歉,最后笑容满面地挂上电话。原因是,学校告诉[9]家长：

在纽约有许多百万富翁,但也有不少贫困的家庭。后者白天开不起暖气,供[10]不起午餐,孩子的营养全靠学校里免费的中饭,甚至可以多拿些回家当[11]晚餐。学校停课一天,穷孩子就受一天冻,挨[12]一天饿,所以老师们宁愿[13]自己苦一点儿,也不能停课。//……

语音提示：

1. 眼睛 yǎn·jing
2. 盈 yíng
3. 喷 pēn
4. 因为 yīn·wèi
5. 惊讶 jīngyà
6. 犯得着 fàndezháo
7. 时候 shí·hou
8. 反应 fǎnyìng
9. 告诉 gào·su
10. 供 gōng
11. 当 dàng
12. 挨 ái
13. 宁愿 nìngyuàn

作品24号　节选自严文井《莲花和樱花》

十年,在历史上不过是一瞬间[1]。只要稍加注意,人们就会发现：在这一瞬间里,各种事物都悄悄经历了自己的千变万化。

这次重新访日,我处处感到亲切和熟[2]悉,也在许多方面发觉了日本的变化。就拿奈良[3]的一个角落[4]来说吧,我重游了为之[5]感受很深的唐招提寺,在寺内各处匆匆走了一遍,庭院依旧,但意想不到还看到了一些新的东西[6]。其中之一,就是近几年从中国移植来的"友谊[7]之莲"。

在存放鉴真遗像的那个院子里,几株中国莲昂然挺立,翠绿的宽大荷叶正迎风而舞,显得十分愉快。开花的季节已过,荷花朵朵已变为莲蓬[8]累累[9]。莲子[10]的颜色正在由青转紫,看来已经成熟[11]了。

我禁不住[12]想:"因"已转化为[13]"果"。

中国的莲花开在日本,日本的樱花开在中国,这不是偶然。我希望这样一种盛况延续不衰。可能有人不欣赏花,但决不会有人欣赏落在自己面前的炮弹。

在这些日子里,我看到了不少多年不见的老朋友[14],又结识[15]了一些新朋友。大家喜欢涉及的话题之一,就是古长安和古奈良。那还用得着[16]问吗,朋友们缅怀[17]过去,正是瞩望[18]未来。瞩目于未来的人们必将获得[19]未来。

我不例外,也希望一个美好的未来。

为[20]//了中日人民之间的友谊……

语音提示:

1. 一瞬间 yíshùnjiān　　2. 熟 shú　　3. 奈良 nàiliáng
4. 角落 jiǎoluò　　5. 为之 wèizhī　　6. 东西 dōng·xi
7. 友谊 yǒuyì　　8. 莲蓬 lián·peng　　9. 累累 léiléi
10. 莲子 liánzǐ　　11. 成熟 chéngshú　　12. 禁不住 jīnbúzhù
13. 为 wéi　　14. 朋友 péng·you　　15. 结识 jiéshí
16. 用得着 yòngdezháo　　17. 缅怀 miǎnhuái　　18. 瞩望 zhǔwàng
19. 获得 huòdé　　20. 为 wèi

作品 25 号　节选自朱自清《绿》

梅雨潭闪闪的绿色招引着我们,我们开始追捉她那离合的神光了。揪[1]着草,攀着乱石,小心探身下去,又鞠躬过了一个石穹门[2],便到了汪汪一碧的潭边了。瀑布[3]在襟袖[4]之间,但是我的心中已没有瀑布了。我的心随潭水的绿而摇荡。那醉人的绿呀!仿佛[5]一张极大极大的荷叶铺[6]着,满是奇异的绿呀。我想张开两臂抱住她,但这是怎样一个妄想啊[7]。

站在水边,望到那面,居然觉着[8]有些远呢!这平铺着、厚积着的绿,着实[9]可爱。她松松地皱缬[10]着,像少妇拖着的裙幅;她滑滑的明亮着,像涂了"明油"一般,有鸡蛋清那样软,那样嫩;她又不杂些尘滓[11],宛然[12]一块温润的碧玉,只清清的一色——但你却看不透她!

我曾见过北京什刹海[13]拂地[14]的绿杨,脱不了鹅黄的底子,似乎[15]太淡了。我又曾见过杭州虎跑[16]寺近旁高峻而深密的"绿壁",丛叠[17]着无穷的碧草与绿叶的,那又似乎太浓了。其余呢,西湖的波太明了,秦淮河的也太暗了。可爱的,我将什么来比拟[18]你呢?我怎么[19]比拟得出呢?大约潭是很深的,故能蕴蓄[20]着这样奇异的绿;仿佛蔚蓝[21]的天融了一块在里面似的[22],这才这般的鲜润啊[23]。

那醉人的绿呀!我若能裁你以为带,我将赠给那轻盈[24]的//舞女……

语音提示:

1. 揪 jiū
2. 石穹门 shíqióngmén
3. 瀑布 pùbù
4. 襟袖 jīnxiù
5. 仿佛 fǎngfú
6. 铺 pū
7. 啊 nga
8. 觉着 jué·zhe
9. 着实 zhuóshí
10. 皱缬 zhòuxié
11. 尘滓 chénzǐ
12. 宛然 wǎnrán
13. 什刹海 Shíchàhǎi
14. 拂地 fúdì
15. 似乎 sìhū
16. 虎跑 hǔpáo
17. 丛叠 cóngdié
18. 比拟 bǐnǐ
19. 怎么 zěn·me
20. 蕴蓄 yùnxù
21. 蔚蓝 wèilán
22. 似的 shì·de
23. 啊 na
24. 轻盈 qīngyíng

作品 26 号　节选自许地山《落花生》

我们家的后园有半亩[1]空地[2],母亲说:"让它荒着怪可惜的,你们那么[3]爱吃花生,就开辟出来种花生吧。"我们姐弟几个都很高兴,买种[4],翻地,播种[5],浇水,没过几个月,居然收获了。

母亲说:"今晚我们过一个收获节,请你们父亲也来尝尝[6]我们的新花生,好不好?"我们都说好。母亲把花生做成了好几样食品,还吩咐就在后园的茅亭里过这个节。

晚上[7]天色不太好,可是父亲也来了,实在很难得[8]。

父亲说:"你们爱吃花生吗?"

我们争着答应[9]:"爱!"

"谁能把花生的好处说出来?"

姐姐说:"花生的味美。"

哥哥说:"花生可以榨油。"

我说:"花生的价钱便宜[10],谁都可以买来吃,都喜欢[11]吃。这就是它的好处。"

父亲说:"花生的好处很多,有一样最可贵:它的果实埋在地里,不像桃子、石榴[12]、苹果那样,把鲜红嫩绿的果实高高地挂在枝头[13]上,使人一见就生爱慕之心。你们看它矮矮地长[14]在地上,等到成熟[15]了,也不能立刻分辨[16]出来它有没有果实,必须挖出来才知道。"

我们都说是,母亲也点点头。

父亲接下去说:"所以你们要像花生,它虽然不好看,可是很有用,不是外表好看而没有实用的东西[17]。"

我说:"那么,人要做有用的人,不要做只讲体面,而对别人没有好处的人了。"//……

语音提示:

1. 亩 mǔ   2. 空地 kòngdì   3. 那么 nà·me   4. 买种 mǎizhǒng
5. 播种 bōzhǒng   6. 尝尝 cháng·chang   7. 晚上 wǎn·shang   8. 难得 nándé
9. 答应 dā·ying   10. 便宜 pián·yi   11. 喜欢 xǐ·huan   12. 石榴 shí·liu
13. 枝头 zhītóu   14. 长 zhǎng   15. 成熟 chéngshú   16. 分辨 fēnbiàn
17. 东西 dōng·xi

作品27号　节选自[俄]屠格涅夫《麻雀》,巴金译

我打猎归来,沿着花园的林阴路走着。狗跑在我前边。

突然,狗放慢脚步,蹑足潜行[1],好像嗅[2]到了前边有什么[3]野物。

我顺着林阴路望去,看见了一只嘴边还带黄色、头上生着柔毛的小麻雀。风猛烈地吹打着林阴路上的白桦[4]树,麻雀从巢[5]里跌落下来,呆呆地伏在地上,孤立无援地张开两只羽毛还未丰满的小翅膀。

我的狗慢慢向它靠近。忽然,从附近一棵树上飞下一只黑胸脯[6]的老麻雀,像一颗石子[7]似的[8]落到狗的跟前。老麻雀全身倒竖[9]着羽毛,惊恐万状,发出绝望、凄惨的叫声,接着向露出[10]牙齿、大张着的狗嘴扑去。

老麻雀是猛扑下来救护幼雀的。它用身体掩护着自己的幼儿……但它整个小小的身体因恐怖而战栗[11]着,它小小的声音也变得粗暴嘶哑,它在牺牲自己!

在它看来,狗该是多么庞大[12]的怪物[13]啊[14]!然而,它还是不能站在自己高高的、安全的树枝上……一种比它的理智更强烈的力量,使它从那儿[15]扑下身来。

我的狗站住了,向后退了退……看来,它也感到了这种力量。

我赶紧唤住惊慌失措的狗,然后我怀着崇敬的心情,走开了。

是啊[16],请不要见笑。我崇敬那只小小的、英勇的鸟儿[17],我崇敬它那种爱的冲动和力量。

爱,我想,比//死和死的恐惧更强大。……

语音提示:

1. 蹑足潜行 nièzú qiánxíng   2. 嗅 xiù   3. 什么 shén·me
4. 桦 huà   5. 巢 cháo   6. 胸脯 xiōngpú   7. 石子 shízǐ
8. 似的 shì·de   9. 倒竖 dàoshù   10. 露出 lùchū   11. 战栗 zhànlì

12. 庞大 pángdà　　13. 怪物 guài·wu　　14. 啊 wa　　15. 那儿 nàr
16. 啊 ra　　17. 鸟儿 niǎo'er

作品 28 号　　节选自唐若水译《迷途笛音》

那年我六岁。离我家仅一箭之遥的小山坡旁,有一个早已被废弃的采石场,双亲从来不准我去那儿,其实那儿风景十分迷人。

一个夏季的下午,我随着一群小伙伴偷偷上那儿去了。就在我们穿越了一条孤寂[1]的小路后,他们却把我一个人留在原地,然后奔[2]向"更危险的地带"了。

等他们走后,我惊慌失措[3]地发现,再也找不到要回家的那条孤寂的小道了。像只无头的苍蝇[4],我到处乱钻[5],衣裤上挂满了芒刺。太阳已经落山,而此时此刻,家里一定开始吃晚餐了,双亲正盼着我回家……想着想着,我不由得背靠着一棵树,伤心地呜呜大哭起来……

突然,不远处传来了声声柳笛。我像找到了救星,急忙循[6]声走去。一条小道边的树桩上坐着一位吹笛人,手里还正削[7]着什么[8]。走近细看,他不就是被大家称为[9]"乡巴佬儿"[10]的卡廷[11]吗?

"你好,小家伙儿[12],"卡廷说,"看天气多美,你是出来散步的吧?"

我怯生生[13]地点点头,答[14]道:"我要回家了。"

"请耐心等上几分钟,"卡廷说,"瞧,我正在削一支柳笛,差不多就要做好了,完工后就送给你吧!"

卡廷边削边不时把尚未成形的柳笛放在嘴里试吹一下。没过多久,一支柳笛便递到我手中。我俩在一阵阵清脆悦耳的笛音//中,踏上了归途……

语音提示:

1. 孤寂 gūjì　　　　　2. 奔 bēn　　　　　3. 惊慌失措 jīnghuāng shīcuò
4. 苍蝇 cāngying　　5. 钻 zuān　　　　　6. 循 xún
7. 削 xiāo　　　　　8. 什么 shén·me　　9. 称为 chēngwéi
10. 乡巴佬儿 xiāngbalǎor　11. 卡廷 kǎtíng　　12. 小家伙儿 xiǎojiāhuor
13. 怯生生 qièshēngshēng　14. 答 dá

作品 29 号　　节选自小学《语文》第六册《莫高窟》

在浩瀚无垠[1]的沙漠里,有一片美丽的绿洲,绿洲里藏着一颗闪光的珍珠。这颗珍珠就是敦煌[2]莫高窟[3]。它坐落在我国甘肃省敦煌市三危山和鸣沙山的怀抱中。

鸣沙山东麓[4]是平均高度为[5]十七米的崖壁。在一千六百多米长的崖壁上,凿[6]有大小洞窟七百余个,形成了规模宏伟的石窟群。其中四百九十二个洞窟中,共有彩色塑像两千一百余尊,各种壁画共四万五千多平方米。莫高窟是我国古代无数艺术匠师留给人类的珍贵文化遗产。

莫高窟的彩塑,每一尊都是一件精美的艺术品。最大的有九层楼那么高,最小的还不如一个手掌大。这些彩塑个性鲜明,神态各异。有慈眉善目的菩萨[7],有威风凛凛[8]的天王,还有强壮勇猛的力士……

莫高窟壁画的内容丰富多彩,有的是描绘古代劳动人民打猎、捕鱼、耕田、收割的情景,有的是描绘人们奏乐、舞蹈、演杂技的场面,还有的是描绘大自然的美丽风光。其中最引人注目的是飞天。壁画上的飞天,有的臂挎[9]花篮,采摘鲜花;有的反弹[10]琵琶[11],轻拨银弦[12];有的倒悬[13]身子,自天而降;有的彩带飘拂[14],漫天遨游[15];有的舒展着双臂,翩翩起舞。看着这些精美动人的壁画,就像走进了//灿烂辉煌的艺术殿堂。

……

语音提示:

1. 浩瀚无垠 hàohànwúyín   2. 敦煌 Dūnhuáng   3. 窟 kū
4. 麓 lù   5. 为 wéi   6. 凿 záo
7. 菩萨 púsà   8. 威风凛凛 wēifēng lǐnlǐn   9. 挎 kuà
10. 弹 tán   11. 琵琶 pípá   12. 弦 xián
13. 倒悬 dàoxuán   14. 飘拂 piāofú   15. 遨游 áoyóu

作品30号　节选自张抗抗《牡丹的拒绝》

其实你在很久以前并不喜欢牡丹[1],因为它总被人作为富贵膜拜[2]。后来你目睹[3]了一次牡丹的落花,你相信所有的人都会为[4]之感动:一阵清风徐来,娇艳鲜嫩的盛期牡丹忽然整朵整朵地坠落[5],铺撒[6]一地绚丽[7]的花瓣。那花瓣落地时依然鲜艳夺目,如同一只奉上祭坛的大鸟脱落的羽毛,低吟[8]着壮烈的悲歌离去。

牡丹没有花谢花败之时,要么烁[9]于枝头[10],要么归于泥土,它跨越萎顿[11]和衰老,由青春而死亡,由美丽而消遁[12]。它虽美却不吝惜[13]生命,即使[14]告别也要展示给人最后一次的惊心动魄。

所以在这阴冷的四月里,奇迹不会发生。任凭游人扫兴[15]和诅咒[16],牡丹依然安之若素[17]。它不苟且[18]、不俯就、不妥协[19]、不媚俗[20],甘愿自己冷落自己。它遵循自己的花期[21]自己的规律,它有权利为自己选择每年一度的盛大节日。它为什么不拒绝寒冷?

天南海北的看花人,依然络绎不绝[22]地涌入洛阳城。人们不会因牡丹的拒绝而拒绝它的美。如果它再被贬谪[23]十次,也许它就会繁衍出十个洛阳牡丹城。

于是你在无言的遗憾中感悟到，富贵与高贵只是一字之差[24]。同人一样，花儿[25]也是有灵性的，更有品位之高低。品位这东西[26]为气为魂为//筋骨为神韵，……

语音提示：

1. 牡丹 mǔdān	2. 膜拜 móbài	3. 目睹 mùdǔ
4. 为 wéi	5. 坠落 zhuìluò	6. 铺撒 pūsǎ
7. 绚丽 xuànlì	8. 低吟 dīyín	9. 烁 shuò
10. 枝头 zhītóu	11. 萎顿 wěidùn	12. 消遁 xiāodùn
13. 吝惜 lìnxī	14. 即使 qíshǐ	15. 扫兴 sǎoxìng
16. 诅咒 zǔzhòu	17. 安之若素 ān zhī ruò sù	18. 苟且 gǒuqiě
19. 妥协 tuǒxié	20. 媚俗 mèisú	21. 花期 huāqī
22. 络绎不绝 luòyì bùjué	23. 贬谪 biǎnzhé	24. 差 chā
25. 花儿 huā'ér	26. 东西 dōng·xi	

作品31号　节选自《中考语文课外阅读试题精选》中《"能吞能吐"的森林》

　　森林涵养[1]水源，保持水土，防止水旱灾害的作用非常大。据专家测算，一片十万亩[2]面积的森林，相当于一个两百万立方米的水库，这正如农谚[3]所说的："山上多栽树，等于修水库。雨多它能吞，雨少它能吐[4]。"

　　说起森林的功劳，那还多得很。它除了为人类提供[5]木材及许多种生产、生活的原料之外，在维护生态环境方面也是功劳卓著[6]。它用另一种"能吞能吐"的特殊功能孕育了人类。因为[7]地球在形成之初，大气中的二氧化碳含量很高，氧气很少，气温也高，生物是难以生存的。大约在四亿年之前，陆地才产生了森林。森林慢慢将大气中的二氧化碳吸收，同时吐[8]出新鲜氧气，调节气温；这才具备了人类生存的条件，地球上才最终有了人类。

　　森林，是地球生态系统的主体，是大自然的总调度[9]室，是地球的绿色之肺。森林维护地球生态环境的这种"能吞能吐"的特殊功能是其他任何物体都不能取代的。然而，由于地球上的燃烧物增多，二氧化碳的排放量急剧增加，使得地球生态环境急剧恶化，主要表现为全球气候变暖，水分[10]蒸发加快，改变了气流的循环[11]，使气候变化加剧，从而引发热浪、飓风[12]、暴雨、洪涝[13]及干旱。

　　为了//使地球……

语音提示：

1. 涵养 hányǎng	2. 亩 mǔ	3. 农谚 nóngyàn	4. 吐 tǔ
5. 提供 tígōng	6. 卓著 zhuózhù	7. 因为 yīnwèi	8. 吐 tǔ

9. 调度 diàodù   10. 水分 shuǐfèn   11. 循环 xúnhuán   12. 飓风 jùfēng
13. 洪涝 hónglào

作品32号　节选自(台湾)杏林子《朋友和其他》

朋友¹即将²远行。

暮春时节，又邀了几位朋友在家小聚。虽然都是极熟³的朋友，却是终年难得⁴一见，偶尔⁵电话里相遇，也无非是几句寻常⁶话。一锅小米稀饭，一碟大头菜，一盘自家酿制⁷的泡菜，一只巷口买回的烤鸭，简简单单，不像请客，倒⁸像家人团聚。

其实，友情也好，爱情也好，久而久之都会转化为亲情。

说也奇怪，和新朋友会谈文学、谈哲学、谈人生道理等等，和老朋友却只话家常，柴米油盐，细细碎碎，种种琐事⁹。很多时候¹⁰，心灵的契合¹¹已经不需要太多的言语来表达。

朋友新烫了个头，不敢回家见母亲，恐怕惊骇¹²了老人家，却欢天喜地来见我们，老朋友颇能以一种趣味性的眼光欣赏这个改变。

年少¹³的时候，我们差不多都在为别人而活，为苦口婆心的父母活，为循循善诱¹⁴的师长活，为许多观念、许多传统的约束力而活。年岁逐增，渐渐挣脱¹⁵外在的限制与束缚¹⁶，开始懂得为自己活，照自己的方式做一些自己喜欢¹⁷的事，不在乎¹⁸别人的批评意见，不在乎别人的诋毁¹⁹流言，只在乎那一份随心所欲的舒坦²⁰自然。偶尔，也能够纵容自己放浪一下，并且有一种恶作剧的窃喜。

就让生命顺其自然，水到渠成吧，犹如窗前的//乌桕……

语音提示：

1. 朋友 péng·you   2. 即将 jíjiāng   3. 熟 shú   4. 难得 nándé
5. 偶尔 ǒu'ěr   6. 寻常 xúncháng   7. 酿制 niàngzhì   8. 倒 dào
9. 琐事 suǒshì   10. 时候 shí·hou   11. 契合 qìhé   12. 惊骇 jīnghài
13. 年少 niánshào   14. 循循善诱 xúnxún shàn yòu   15. 挣脱 zhèngtuō
16. 束缚 shùfù   17. 喜欢 xǐ·huan   18. 在乎 zài·hu   19. 诋毁 dǐhuǐ
20. 舒坦 shū·tan

作品33号　节选自莫怀戚《散步》

我们在田野散步：我，我的母亲，我的妻子¹和儿子²。

母亲本不愿出来的。她老了，身体不好，走远一点儿³就觉得很累。我说，正因为⁴如此，才应该多走走。母亲信服地点点头，便去拿外套。她现在很听我的话,就像我小时候[5]很听她的话一样。

这南方初春的田野,大块小块的新绿随意地铺[6]着,有的浓,有的淡,树上的嫩芽也密了,田里的冬水也咕咕[7]地起着水泡。这一切都使人想着一样东西[8]——生命。

我和母亲走在前面,我的妻子和儿子走在后面。小家伙[9]突然叫起来:"前面是妈妈和儿子,后面也是妈妈和儿子。"我们都笑了。

后来发生了分歧[10];母亲要走大路,大路平顺;我的儿子要走小路,小路有意思[11]。不过,一切都取决于我。我的母亲老了,她早已习惯听从她强壮的儿子;我的儿子还小,他还习惯听从他高大的父亲;妻子呢,在外面,她总是听我的。一霎时[12]我感到了责任的重大。我想找一个两全的办法,找不出;我想拆散[13]一家人,分成两路,各得其所,终不愿意。我决定委屈[14]儿子,因为我伴同他的时日还长。我说:"走大路。"

但是母亲摸摸孙儿的小脑瓜,变了主意[15]:"还是走小路吧。"她的眼随小路望去:那里有金色的菜花,两行[16]整齐的桑树,//……

语音提示:

1. 妻子 qī·zi   2. 儿子 ér·zi   3. 一点儿 yìdiǎnr   4. 因为 yīn·wèi
5. 时候 shí·hou   6. 铺 pū   7. 咕咕 gūgū   8. 东西 dōng·xi
9. 小家伙 xiǎojiā·huo   10. 分歧 fēnqí   11. 意思 yì·si   12. 一霎时 shàshí
13. 拆散 chāisàn   14. 委屈 wěi·qu   15. 主意 zhǔ·yi   16. 行 háng

作品34号　节选自罗伯特·罗威尔《神秘的"无底洞"》

地球上是否真的存在"无底洞"?按说地球是圆的,由地壳[1]、地幔[2]和地核三层组成,真正的"无底洞"是不应存在的,我们所看到的各种山洞、裂口、裂缝,甚至火山口也都只是地壳浅部的一种现象。然而中国一些古籍[3]却多次提到海外有个深奥莫测的无底洞。事实上地球上确实有这样一个"无底洞"。

它位于希腊亚各斯古城的海滨[4]。由于濒临[5]大海,大涨潮[6]时,汹涌[7]的海水便会排山倒海[8]般地涌入洞中,形成一股湍湍[9]的急流。据测,每天流入洞内的海水量达三万多吨。奇怪的是,如此大量的海水灌入洞中,却从来没有把洞灌满。曾有人怀疑,这个"无底洞",会不会就像石灰岩地区的漏斗[10]、竖井、落水洞一类的地形。然而从二十世纪三十年代以来,人们就做了多种努力企图寻找它的出口,却都是枉费心机[11]。

为了揭开这个秘密,一九五八年美国地理学会派出一支考察队,他们把一种经久不变的带色染料溶解在海水中,观察染料是如何随着海水一起沉下去。接着又察看了附近海面以及岛上的各条河、湖,满怀希望地寻找这种带颜色的水,结果[12]

令人失望。难道是海水量太大把有色水稀释[13]得太淡,以致无法发现?//……

语音提示:

1. 地壳 dìqiào
2. 地幔 dìmàn
3. 古籍 gǔjí
4. 海滨 hǎibīn
5. 濒临 bīnlín
6. 涨潮 zhǎngcháo
7. 汹涌 xiōngyǒng
8. 排山倒海 pái shān dǎo hǎi
9. 湍 tuān
10. 漏斗 lòudǒu
11. 枉费心机 wǎngfèi xīnjī
12. 结果 jiéguǒ
13. 稀释 xīshì

作品35号　节选自[奥]茨威格《世间最美的坟墓》,张厚仁译

我在俄国见到的景物再没有比托尔斯泰墓更宏伟、更感人的。

完全按照[1]托尔斯泰的愿望,他的坟墓成了世间最美的,给人印象最深刻的坟墓。它只是树林中的一个小小的长方形土丘,上面开满鲜花——没有十字架,没有墓碑,没有墓志铭,连托尔斯泰这个名字[2]也没有。

这位比谁都感到受自己的声名所累[3]的伟人,却像偶尔[4]被发现的流浪汉,不为[5]人知的士兵,不留名姓地被人埋葬了。谁都可以踏进他最后的安息地,围在四周稀疏[6]的木栅栏[7]是不关闭的——保护列夫·托尔斯泰得以[8]安息的没有任何别的东西[9],惟有人们的敬意;而通常,人们却总是怀着好奇[10],去破坏伟人墓地的宁静。

这里,逼人的朴素禁锢[11]住任何一种观赏的闲情,并且不容许你大声说话。风儿[12]俯临[13],在这座无名者之墓的树木之间飒飒[14]响着,和暖[15]的阳光在坟头[16]嬉戏[17];冬天,白雪温柔地覆盖这片幽暗的圭[18]土地。无论你在夏天或冬天经过这儿[19],你都想象不到,这个小小的、隆起的长方体里安放着一位当代最伟大的人物。

然而,恰恰是这座不留姓名的坟墓,比所有挖空心思[20]用大理石和奢华[21]装饰建造的坟墓更扣人心弦[22]。在今天这个特殊的日子//里……

语音提示:

1. 按照 ànzhào
2. 名字 míng·zi
3. 累 lěi
4. 偶尔 ǒu'ěr
5. 为 wéi
6. 稀疏 xīshū
7. 栅栏 zhà·lan
8. 得以 déyǐ
9. 东西 dōng·xi
10. 好奇 hàoqí
11. 禁锢 jìngù
12. 风儿 fēng'ér
13. 俯临 fǔlín
14. 飒飒 sàsà
15. 和暖 hénuǎn
16. 坟头 féntóu
17. 嬉戏 xīxì
18. 圭 guī
19. 这儿 zhèr
20. 心思 xīn·si
21. 奢华 shēhuá
22. 心弦 xīnxián

作品36号　节选自叶圣陶《苏州园林》

　　我国的建筑,从古代的宫殿到近代的一般住房,绝大部分是对称[1]的,左边怎么[2]样,右边也怎么样。苏州园林可绝不讲究对称,好像故意避免似的[3]。东边有了一个亭子[4]或者一道回廊,西边决不会来一个同样的亭子或者一道同样的回廊。这是为什么[5]?我想,用图画来比方[6],对称的建筑是图案画,不是美术画,而园林是美术画,美术画要求自然之趣,是不讲究对称的。

　　苏州园林里都有假山和池沼[7]。假山的堆叠[8],可以说是一项艺术而不仅是技术。或者是重峦叠嶂[9],或者是几座小山配合着竹子[10]花木,全在乎[11]设计者和匠师们[12]生平多阅历,胸中有丘壑[13],才能使游览者攀登的时候[14]忘却苏州城市,只觉得[15]身在山间。至于池沼,大多引用活水。有些园林池沼宽敞[16],就把池沼作为全园的中心,其他景物配合着布置。水面假如成河道模样[17],往往安排桥梁。假如安排两座以上的桥梁,那就一座一个样,决不雷同。池沼或河道的边沿很少砌齐整的石岸,总是高低屈曲[18]任其自然。还在那儿[19]布置几块玲珑[20]的石头[21],或者种些花草。这也是为了取得[22]从各个角度看都成一幅[23]画的效果。池沼里养着金鱼或各色鲤鱼,夏秋季节荷花或睡莲开//放……

语音提示:

1. 对称 duìchèn　　2. 怎么 zěn·me　　3. 似的 shì·de
4. 亭子 tíng·zi　　5. 为什么 wèishén·me　　6. 比方 bǐ·fang
7. 池沼 chízhǎo　　8. 堆叠 duīdié　　9. 重峦叠嶂 chóng luán dié zhàng
10. 竹子 zhú·zi　　11. 在乎 zài·hu　　12. 匠师们 jiàngshī·men
13. 丘壑 qiūhè　　14. 时候 shí·hou　　15. 觉得 jué·de
16. 宽敞 kuānchǎng　　17. 模样 múyàng　　18. 屈曲 qūqū
19. 那儿 nàr　　20. 玲珑 línglóng　　21. 石头 shí·tou
22. 取得 qǔdé　　23. 幅 fú

作品37号　节选自《态度创造快乐》

　　一位访美中国女作家,在纽约遇到一位卖花的老太太[1]。老太太穿着[2]破旧,身体虚弱,但脸上的神情却是那样祥和兴奋[3]。女作家挑[4]了一朵花说:"看起来,你很高兴。"老太太面带微笑地说:"是的,一切都这么[5]美好,我为什么[6]不高兴呢?""对烦恼,你倒[7]真能看得开。"女作家又说了一句。没料到,老太太的回答更令女作家大吃一惊:"耶稣在星期五被钉[8]上十字架时,是全世界最糟糕的一天,可三天后就是复活节。所以,当我遇到不幸时,就会等待三天,这样一切就恢复正常了。"

"等待三天",多么富于哲理的话语,多么乐观的生活方式。它把烦恼和痛苦抛下,全力去收获快乐[9]。

沈从文在"文革"期间[10],陷入了非人的境地。可他毫不在意,他在咸宁时给他的表侄、画家黄永玉写信说:"这里的荷花真好,你若来……"身陷苦难却仍为[11]荷花的盛开[12]欣喜赞叹不已,这是一种趋于澄明[13]的境界,一种旷达洒脱的胸襟[14],一种面临磨难[15]坦荡从容[16]的气度,一种对生活童子[17]般的热爱和对美好事物无限向往的生命情感。

由此可见,影响一个人快乐的,有时并不是困境及磨难,而是一个人的心态。如果把自己浸泡[18]在积极、乐观、向上的心态中,快乐必然会//占据你的每一天。

语音提示:

1. 太太 tài·tai   2. 穿着 chuānzhuó   3. 兴奋 xīngfèn
4. 挑 tiāo   5. 这么 zhè·me   6. 为什么 wèishén·me
7. 倒 dào   8. 钉 dìng   9. 快乐 kuàilè
10. 期间 qījiān   11. 为 wèi   12. 盛开 shèngkāi
13. 澄明 chéngmíng   14. 胸襟 xiōngjīn   15. 磨难 mónàn
16. 从容 cóngróng   17. 童子 tóngzǐ   18. 浸泡 jìnpào

作品38号 节选自杨朔《泰山极顶》

泰山极顶看日出,历来被描绘成十分壮观的奇景。有人说:登泰山而看不到日出,就像一出大戏没有戏眼,味儿[1]终究有点寡淡[2]。

我去爬山那天,正赶上个难得[3]的好天,万里长空,云彩丝儿[4]都不见。素常烟雾腾腾的山头[5],显得眉目分明。同伴们都欣喜地说:"明天早晨准可以看见日出了。"我也是抱着这种想头[6],爬上山去。

一路从山脚往上爬,细看山景,我觉得挂在眼前的不是五岳独尊的泰山,却像一幅[7]规模惊人的青绿山水画,从下面倒[8]展开来。在画卷[9]中最先露[10]出的是山根[11]底那座明朝建筑岱宗坊[12],慢慢地便现出王母池、斗[13]母宫、经石峪[14]。山是一层比一层深,一叠比一叠奇,层层叠叠,不知还会有多深多奇,万山丛中,时而点染着极其工细的人物。王母池旁的吕祖殿里有不少尊明塑,塑着吕洞宾等一些人,姿态神情是那样有生气,你看了,不禁[15]会脱口赞叹说:"活啦。"

画卷继续展开,绿阴森森的柏洞[16]露面[17]不太久,便来到对松山。两面奇峰对峙[18]着,满山峰都是奇形怪状的老松,年纪怕都有上千岁了,颜色竟那么浓,浓得好像要流下来似的[19]。来到这儿[20],你不妨[21]权当[22]一次画里的写意人物,坐在路旁的对松亭里,看看山色,听听流//水和松涛。……

语音提示：

1. 味儿 wèir
2. 寡淡 guǎdàn
3. 难得 nándé
4. 云彩丝儿 yún·cai sīr
5. 山头 shāntóu
6. 想头 xiǎng·tou
7. 幅 fú
8. 倒 dào
9. 画卷 huàjuàn
10. 露 lù
11. 山根 shāngēnr
12. 岱宗坊 dàizōngfāng
13. 斗 dǒu
14. 峪 yù
15. 不禁 bùjīn
16. 柏洞 bǎidòng
17. 露面 lòumiàn
18. 对峙 duìzhì
19. 似的 shì·de
20. 这儿 zhèr
21. 不妨 bùfáng
22. 权当 quándāng

作品39号　节选自《教师博览·百期精华》中《陶行知的"四块糖果"》

育才小学校长陶行知[1]在校园看到学生[2]王友用泥块砸自己班上的同学，陶行知当即[3]喝止[4]了他，并令他放学后到校长室去。无疑，陶行知要好好教育这个"顽皮"的学生。那么[5]他是如何教育的呢？

放学后，陶行知来到校长室，王友已经等在门口准备挨[6]训了。可一见面，陶行知却掏出一块糖果送给王友，并说："这是奖给你的，因为[7]你按时[8]来到这里，而我却迟到了。"王友惊疑地接过糖果。

随后，陶行知又掏出一块糖果放到他手里，说："这第二块糖果也是奖给你的，因为当[9]我不让你再打人时，你立即就住手了，这说明你很尊重我，我应该奖你。"王友更惊疑了，他眼睛[10]睁得大大的。

陶行知又掏出第三块糖果塞[11]到王友手里，说："我调查过了，你用泥块砸那些男生，是因为他们不守游戏规则，欺负[12]女生；你砸他们，说明你很正直善良，且有批评不良行为的勇气，应该奖励你啊！"王友感动极了，他流着眼泪后悔地喊道："陶……陶校长，你打我两下吧！我砸的不是坏人，而是自己的同学啊[13]……"

陶行知满意地笑了，他随即掏出第四块糖果递给王友，说："为[14]你正确地认识[15]错误，我再奖给你一块糖果，只可惜我只有这一块糖果了。我的糖果//没有了……

语音提示：

1. 陶行知 TáoXíngzhī
2. 学生 xué·sheng
3. 当即 dāngjí
4. 喝止 hèzhǐ
5. 那么 nà·me
6. 挨 ái
7. 因为 yīn·wèi
8. 按时 ànshí
9. 当 dāng
10. 眼睛 yǎn·jing
11. 塞 sāi
12. 欺负 qī·fu
13. 啊 ya
14. 为 wèi
15. 认识 rèn·shi

作品40号　节选自毕淑敏《提醒幸福》

享受幸福是需要学习的,当它即将[1]来临的时刻需要提醒。人可以自然而然地学会感官的享乐,却无法天生地掌握幸福的韵律。灵魂的快意同器官的舒适像一对孪生[2]兄弟[3],时而相傍[4]相依,时而南辕北辙[5]。

幸福是一种心灵的震颤[6]。它像会倾听音乐的耳朵一样,需要不断地训练。

简而言之,幸福就是没有痛苦的时刻。它出现的频率并不像我们想象的那样少。人们常常只是在幸福的金马车已经驶过去很远时,才拣起地上的金鬃毛[7]说,原来我见过它。

人们喜爱回味幸福的标本,却忽略它披着露[8]水散发[9]清香的时刻。那时候[10]我们往往步履[11]匆匆,瞻前顾后[12]不知在忙着什么[13]。

世上有预报台风的,有预报蝗灾的,有预报瘟疫[14]的,有预报地震的。没有人预报幸福。

其实幸福和世界万物一样,有它的征兆[15]。

幸福常常是朦胧的,很有节制地向我们喷洒甘霖[16]。你不要总希望轰轰烈烈的幸福,它多半只是悄悄地扑面而来。你也不要企图把水龙头[17]拧[18]得更大,那样它会很快地流失。你需要静静地以平和之心,体验它的真谛[19]。

幸福绝大多数是朴素的。它不会像信号弹似的[20],在很高的天际闪烁[21]红色的光芒。它披着本色的外衣,亲//切温暖地包裹起我们。

语音提示:

1. 即将 jíjiāng　　　2. 孪生 luánshēng　　3. 兄弟 xiōngdì　　　4. 傍 bàng
5. 南辕北辙 nányuánběizhé　　　　　　6. 震颤 zhènchàn　　7. 鬃毛 zōngmáo
8. 露 lù　　　　　9. 散发 sànfā　　　10. 时候 shí·hou　　11. 步履 bùlǚ
12. 瞻前顾后 zhān qián gù hòu　　　　13. 什么 shén·me　　14. 瘟疫 wēnyì
15. 征兆 zhēngzhào　16. 甘霖 gānlín　　17. 龙头 lóngtóu　　18. 拧 nǐng
19. 真谛 zhēndì　　20. 似的 shì·de　　21. 闪烁 shǎnshuò

作品41号　节选自刘燕敏《天才的造就》

在里约热内卢的一个贫民窟[1]里,有一个男孩子[2],他非常喜欢足球,可是又买不起,于是就踢塑料盒,踢汽水瓶,踢从垃圾箱里拣来的椰子壳[3]。他在胡同[4]里踢,在能找到的任何一片空地上踢。

有一天,当他在一处干涸[5]的水塘里猛踢一个猪膀胱[6]时,被一位足球教练看见了。他发现这个[7]男孩儿踢得很像是那么[8]回事,就主动提出要送给他一个足球。小男孩儿得到足球后踢得更卖劲[9]了。不久,他就能准确地把球踢进远处随意摆放的一个水桶里。

圣诞节到了,孩子的妈妈[10]说:"我们没有钱买圣诞礼物送给我们的恩人,就让我们为他祈祷吧。"

小男孩儿[11]跟随妈妈祈祷[12]完毕,向妈妈要了一把铲子便跑了出去。他来到一座别墅[13]前的花园里,开始挖坑。

就在他快要挖好坑的时候,从别墅里走出一个人来,问小孩儿在干什么[14],孩子抬起满是汗珠的脸蛋儿[15],说:"教练,圣诞节到了,我没有礼物送给您,我愿给您的圣诞树挖一个树坑。"

教练把小男孩儿从树坑里拉上来,说,我今天得到了世界上最好的礼物。明天你就到我的训练场去吧。

三年后,这位十七岁的男孩儿在第六届足球锦标赛上独进二十一球,为巴西第一次捧回了金杯。一个原来不//为世人所知的名字——贝利……

语音提示:

1. 贫民窟 pínmínkū 2. 孩子 hái·zi 3. 壳 kér 4. 胡同 hútòngr
5. 干涸 gānhé 6. 膀胱 pángguāng 7. 这个 zhège 8. 那么 nà·me
9. 卖劲 màijinr 10. 妈妈 mā·ma 11. 男孩儿 nánháir 12. 祈祷 qídǎo
13. 别墅 biéshù 14. 什么 shén·me 15. 脸蛋儿 liǎndànr

作品42号　节选自[法]罗曼·加里《我的母亲独一无二》

记得我十三岁时,和母亲住在法国东南部的耐斯城。母亲没有丈夫[1],也没有亲戚[2],够清苦的,但她经常能拿出令人吃惊的东西[3],摆在我面前。她从来不吃肉,一再说自己是素食者。然而有一天,我发现母亲正仔细地用一小块碎面包擦那给我煎牛排用的油锅。我明白[4]了她称[5]自己为[6]素食者的真正原因。

我十六岁时,母亲成了耐斯市美蒙旅馆的女经理。这时,她更忙碌了。一天,她瘫在椅子上,脸色苍白,嘴唇发灰。马上找来医生,做出诊断:她摄取了过多的胰岛素。直到这时我才知道母亲多年一直对我隐瞒[7]的疾痛[8]——糖尿病。

她的头歪向枕头一边,痛苦地用手抓挠[9]胸口。床架上方,则挂着一枚我一九三二年赢得[10]耐斯市少年乒乓球冠军的银质奖章。

啊,是对我的美好前途的憧憬[11]支撑着她活下去,为了给她那荒唐的梦至少加一点真实的色彩,我只能继续努力,与时间竞争,直至一九三八年我被征入空军。巴黎很快失陷,我辗转[12]调[13]到英国皇家空军。刚到英国就接到了母亲的来信。这些信是由在瑞士的一个朋友[14]秘密地转[15]到伦敦,送到我手中的。

现在我要回家了,胸前佩戴着醒目的绿黑两色的解放十字绶//带[16]……

语音提示：

1. 丈夫 zhàng·fu
2. 亲戚 qīn·qi
3. 东西 dōng·xi
4. 明白 míng·bai
5. 称 chēng
6. 为 wéi
7. 隐瞒 yǐnmán
8. 疾痛 jítòng
9. 抓挠 zhuā·nao
10. 赢得 yíngdé
11. 憧憬 chōngjǐng
12. 辗转 zhánzhuǎn
13. 调 diào
14. 朋友 péng·you
15. 转 zhuǎn
16. 绶带 shòudài

作品43号　节选自[波兰]玛丽·居里《我的信念》，剑捷译

生活对于任何人都非易事，我们必须有坚韧不拔的精神。最要紧的，还是我们自己要有信心。我们必须相信，我们对每一件事情[1]都具有天赋[2]的才能，并且，无论付出任何代价，都要把这件事完成。当[3]事情结束[4]的时候[5]，你要能问心无愧地说："我已经尽[6]我所能了。"

有一年的春天，我因病被迫在家里休息[7]数[8]周。我注视着我的女儿们所养的蚕正在结[9]茧[10]，这使我很感兴趣。望着这些蚕执著[11]地、勤奋地工作，我感到我和它们非常相似[12]。像它们一样，我总是耐心地把自己的努力集中在一个目标上。我之所以如此，或许是因为[13]有某种力量在鞭策着我——正如蚕被鞭策着去结茧一般。

近五十年来，我致力于科学研究，而研究，就是对真理的探讨。我有许多美好快乐的记忆。少女时期我在巴黎大学，孤独地过着求学的岁月；在后来献身科学的整个时期，我丈夫[14]和我专心致志，像在梦幻中一般，坐在简陋[15]的书房里艰辛地研究，后来我们就在那里发现了镭[16]。

我永远追求安静的工作和简单的家庭生活。为了实现这个理想，我竭力[17]保持宁静的环境，以免受人事的干扰和盛名的拖累[18]。

我深信，在科学方面我们有对事业而不是//对财富的兴趣。……

语音提示：

1. 事情 shì·qing
2. 天赋 tiānfù
3. 当 dāng
4. 结束 jiéshù
5. 时候 shí·hou
6. 尽 jìn
7. 休息 xiū·xi
8. 数 shù
9. 结 jié
10. 茧 jiǎn
11. 执著 zhízhuó
12. 相似 xiāngsì
13. 因为 yīnwèi
14. 丈夫 zhàng·fu
15. 简陋 jiǎnlòu
16. 镭 léi
17. 竭力 jiélì
18. 拖累 tuōlěi

作品44号　节选自[美]彼得·基·贝得勒《我为什么当教师》

我为什么[1]非要教书[2]不可？是因为[3]我喜欢当[4]教师[5]的时间安排表和生活

节奏。七、八、九三个月给我提供[6]了进行回顾、研究、写作的良机,并将三者有机融合,而善于回顾、研究和总结正是优秀教师素质中不可缺少的成分。

干这行[7]给了我多种多样的"甘泉"去品尝,找优秀的书籍去研读,到"象牙塔"和实际世界里去发现。教学[8]工作给我提供了继续学习的时间保证,以及多种途径、机遇和挑战。

然而,我爱这一行的真正原因,是爱我的学生[9]。学生们在我的眼前成长、变化。当教师意味着亲历"创造"过程的发生——恰似[10]亲手赋予[11]一团泥土以生命,没有什么比目睹它开始呼吸更激动人心的了。

权利我也有了:我有权利去启发诱导[12],去激发智慧的火花,去问费心思考的问题,去赞扬回答的尝试,去推荐书籍,去指点迷津。还有什么别的权利能与之相比呢?

而且,教书还给我金钱和权利之外的东西,那就是爱心。不仅有对学生的爱,对书籍的爱,对知识的爱,还有教师才能感受到的对"特别"学生的爱。这些学生,有如冥顽不灵[13]的泥块,由于接受了老师的炽爱[14]才勃发了生机。

所以,我爱教书,还因为,在那些勃发生机的"特∥别"学生身上……

语音提示:

1. 什么 shén·me   2. 教书 jiāoshū   3. 因为 yīn·wèi   4. 当 dāng
5. 教师 jiàoshī   6. 提供 tígōng   7. 行 háng   8. 教学 jiàoxué
9. 学生 xué·sheng   10. 恰似 qiàsì   11. 赋予 fùyǔ   12. 诱导 yòudǎo
13. 冥顽不灵 míngwánbùlíng   14. 炽爱 chì'ài

作品45号　节选自《中考语文课外阅读试题精选》中《西部文化和西部开发》

中国西部我们通常是指黄河与[1]秦岭相连一线以西,包括西北和西南的十二个省、市、自治区。这块广袤[2]的土地面积为五百四十六万平方公里,占国土总面积的百分之五十七;人口二点八亿,占全国总人口的百分之二十三。

西部是华夏文明的源头[3]。华夏祖先的脚步是顺着水边走的:长江上游出土过元谋人牙齿化石,距今约一百七十万年;黄河中游出土过蓝田人头盖骨,距今约七十万年。这两处古人类都比距今约五十万年的北京猿人资格更老。

西部地区是华夏文明的重要发源地,秦皇汉武以后,东西方文化在这里交汇融合,从而有了丝绸之路的驼铃声声,佛[4]院深寺的暮鼓晨钟。敦煌莫高窟[5]是世界文化史上的一个奇迹[6],它在继承汉晋艺术传统的基础上,形成了自己兼收并蓄[7]的恢宏[8]气度,展现出精美绝伦的艺术形式和博大精深的文化内涵[9]。秦始皇兵马俑[10]、西夏王陵、楼兰古国、布达拉宫、三星堆、大足石刻等历史文化遗产,同样为[11]世界所瞩目[12],成为中华文化重要的象征。

西部地区又是少数民族及其文化的集萃地[13],几乎[14]包括了我国所有的少数民族。在一些偏远的少数民族地区,仍保留//了一些……

语音提示:

1. 与 yǔ
2. 广袤 guǎngmào
3. 源头 yuántóu
4. 佛 fó
5. 莫高窟 Mògāokū
6. 奇迹 qíjì
7. 兼收并蓄 jiānshōubìngxù
8. 恢宏 huīhóng
9. 内涵 nèihán
10. 兵马俑 bīngmǎyǒng
11. 为 wéi
12. 瞩目 zhǔmù
13. 集萃地 jícuìdì
14. 几乎 jīhū

作品46号　节选自王蒙《喜悦》

高兴[1],这是一种具体的被看得到摸得着[2]的事物所唤起的情绪。它是心理的,更是生理的。它容易来也容易去,谁也不应该[3]对它视而不见失之交臂,谁也不应该总是做那些使自己不高兴也使旁人不高兴的事。让我们[4]说一件最容易做也最令人高兴的事吧,尊重你自己,也尊重别人,这是每一个人的权利,我还要说这是每一个人的义务。

快乐[5],它是一种富有概括性的生存状态、工作状态。它几乎[6]是先验的,它来自生命本身的活力,来自宇宙、地球和人间的吸引,它是世界的丰富、绚丽[7]、阔大、悠久的体现。快乐还是一种力量,是埋在地下的根脉[8]。消灭一个人的快乐比挖掘[9]掉一棵大树的根要难得多。

欢欣,这是一种青春的、诗意的情感。它来自面向着未来伸开双臂奔跑的冲力,它来自一种轻松而又神秘、朦胧而又隐秘的激动,它是激情即将[10]到来的预兆,它又是大雨过后的比下雨还要美妙得多也久远得多的回味……

喜悦,它是一种带有形而上[11]色彩的修养和境界。与其[12]说它是一种情绪,不如说它是一种智慧、一种超拔、一种悲天悯人[13]的宽容和理解,一种饱经沧桑的充实和自信,一种光明的理性,一种坚定//的成熟……

语音提示:

1. 高兴 gāoxìng
2. 摸得着 mōdezháo
3. 应该 yīnggāi
4. 我们 wǒ·men
5. 快乐 kuàilè
6. 几乎 jīhū
7. 绚丽 xuànlì
8. 根脉 gēnmài
9. 挖掘 wājué
10. 即将 jíjiāng
11. 形而上 xíng'érshàng
12. 与其 yǔqí
13. 悲天悯人 bēitiānmǐnrén

作品47号　节选自舒乙《香港:最贵的一棵树》

在湾仔[1],香港最热闹[2]的地方[3],有一棵榕树,它是最贵的一棵树,不光在香港,在全世界,都⁴是最贵的。

树,活的树,又不卖,何言其贵?只因它老,它粗,是香港百年沧桑的活见证,香港人不忍看着它被砍伐,或者被移走,便跟要占用⁵这片山坡的建筑者谈条件:可以在这儿⁶建大楼盖商厦,但一不准砍树,二不准挪⁷树,必须把它原地精心养起来,成为⁸香港闹市中的一景。太古大厦的建设者最后签了合同⁹,占用这个大山坡建豪华商厦的先决条件是同意保护这棵老树。

树长在半山坡上,计划将树下面的成千上万吨山石全部掏空¹⁰取走,腾出地方来盖楼,把树架在大楼上面,仿佛¹¹它原本是长在楼顶上似的¹²。建设者就地造了一个直径十八米、深十米的大花盆,先固定好这棵老树,再在大花盆底下盖楼。光这一项就花了两千三百八十九万港币,堪称¹³是最昂贵的保护措施了。

太古大厦落成之后,人们可以乘¹⁴滚动扶梯一次到位,来到太古大厦的顶层,出后门,那儿¹⁵是一片自然景色。一棵大树出现在人们面前,树干¹⁶有一米半粗,树冠¹⁷直径足有二十多米,独木成林,非常壮观,形成一座以它为中心的小公园,取名叫"榕圃"¹⁸。树前面//插着铜牌……

语音提示:

1. 湾仔 wānzǎi   2. 热闹 rè·nao   3. 地方 dì·fang   4. 都 dōu
5. 占用 zhànyòng   6. 这儿 zhèr   7. 挪 nuó   8. 成为 chéngwéi
9. 合同 hé·tong   10. 掏空 tāokōng   11. 仿佛 fǎngfú   12. 似的 shì·de
13. 堪称 kānchēng   14. 乘 chéng   15. 那儿 nàr   16. 树干 shùgàn
17. 树冠 shùguān   18. 榕圃 róngpǔ

作品48号　节选自巴金《小鸟的天堂》

我们¹的船渐渐地逼近榕树了:我有机会看清它的真面目:是一棵大树,有数不清的丫枝²,枝上又生根,有许多根一直垂到地上,伸进泥土里。一部分³树枝垂到水面,从远处看,就像一棵大树斜躺在水面上一样。

现在正是枝繁叶茂的时节。这棵榕树好像在把它的全部生命力展示给我们看。那么多的绿叶,一簇⁴堆在另一簇的上面,不留一点儿缝隙⁵。翠绿的颜色明亮地在我们的眼前闪耀,似乎⁶每一片树叶上都有一个新的生命在颤动⁷,这美丽的南国的树!

船在树下泊⁸了片刻,岸上很湿,我们没有上去。朋友⁹说这里是"鸟的天堂",有许多鸟在这棵树上做窝,农民不许人去捉它们。我仿佛¹⁰听见几只鸟扑翅的声音,但是等到我的眼睛¹¹注意地看那里时,我却看不见一只鸟的影子,只有无数¹²的树根立在地上,像许多木桩。地是湿的,大概涨潮¹³时河水常常冲¹⁴上岸去。"'鸟的天堂'里没有一只鸟。"我这样想道。船开了,一个朋友拨着船,缓缓地流到河中间去。

第二天,我们划[15]着船到一个朋友的家乡去,就是那个有山有塔的地方[16]。从学校出发,我们又经过那"鸟的天堂"。

这一次是在早晨,阳光照在水面上,也照在树梢上。一切都//显得非常光明。……

语音提示:

1. 我们 wǒ·men　　2. 丫枝 yāzhī　　3. 部分 bù·fen　　4. 簇 cù
5. 缝隙 fèngxì　　6. 似乎 sìhū　　7. 颤动 chàndòng　　8. 泊 bó
9. 朋友 péng·you　　10. 仿佛 fǎngfú　　11. 眼睛 yǎn·jing　　12. 无数 wúshù
13. 涨潮 zhǎngcháo　　14. 冲 chōng　　15. 划 huá　　16. 地方 dì·fang

作品49号　节选自夏衍《野草》

有这样一个故事[1]。

有人问:世界上什么[2] 东西[3] 的气力最大?回答纷纭得很,有的说"象",有的说"狮",有人开玩笑似的[4] 说:是"金刚",金刚有多少气力,当然大家全不知道。

结果[5],这一切答案完全不对,世界上气力最大的,是植物的种子[6]。一粒种子所可以显现出来的力,简直是超越一切。

人的头盖骨,结合[7] 得非常致密与[8] 坚固,生理学家和解剖[9] 学者用尽[10] 了一切的方法,要把它完整地分出来,都没有这种力气[11]。后来忽然有人发明了一个方法,就是把一些植物的种子放在要剖析[12] 的头盖骨里,给它以温度与湿度,使它发芽。一发芽,这些种子便以可怕的力量,将一切机械力所不能分开的骨骼[13],完整地分开了。植物种子的力量之大,如此如此。

这,也许特殊[14] 了一点儿,常人不容易理解。那么,你看见过笋的成长吗?你看见过被压在瓦砾[15]和石块下面的一棵小草的生长吗?它为[16]着向往阳光,为着达成它的生之意志,不管上面的石块如何重,石与石之间如何狭,它必定要曲曲折折[17]地,但是顽强不屈地透到地面上来。它的根往土壤钻[18],它的芽往地面挺,这是一种不可抗拒的力,阻止它的石块,结果也被它掀翻[19],一粒种子的力量之大,//如此如此……

语音提示:

1. 故事 gù·shi　　2. 什么 shén·me　　3. 东西 dōng·xi　　4. 似的 shì·de
5. 结果 jiéguǒ　　6. 种子 zhǒng·zi　　7. 结合 jiéhé　　8. 与 yǔ
9. 解剖 jiěpōu　　10. 用尽 yòngjìn　　11. 力气 lì·qi　　12. 剖析 pōuxī
13. 骨骼 gǔgé　　14. 特殊 tèshū　　15. 瓦砾 wǎlì　　16. 为 wèi
17. 曲曲折折 qūqūzhézhé　　18. 钻 zuān　　19. 掀翻 xiānfān

作品50号　节选自纪广洋《一分钟》

著名教育家班杰明曾经[1]接到一个青年人的求救电话,并与[2]那个向往成功、渴望指点的青年人约好了见面的时间和地点。

待那个青年如约而至时,班杰明的房门敞开[3]着,眼前的景象却令青年人颇感意外——班杰明的房间里乱七八糟、狼藉[4]一片。

没等青年人开口,班杰明就招呼[5]道:"你看我这房间,太不整洁了,请你在门外等候一分钟,我收拾[6]一下,你再进来吧。"一边说着,班杰明就轻轻地关上了房门。

不到一分钟[7]的时间,班杰明就又打开了房门并热情地把青年人让进客厅。这时,青年人的眼前展现出另一番景象——房间内的一切已变得井然有序,而且有两杯刚刚倒[8]好的红酒,在淡淡的香水气息里还漾[9]着微波[10]。

可是,没等青年人把满腹的有关人生和事业的疑难问题向班杰明讲出来,班杰明就非常客气地说道:"干杯。你可以走了。"

青年人手持酒杯一下子[11]愣住[12]了,既尴尬[13]又非常遗憾地说:"可是,我……我还没向您请教呢……"

"这些……难道还不够吗?"班杰明一边微笑着,一边扫视着自己的房间,轻言细语地说,"你进来又有一分钟了。"

"一分钟……一分钟……"青年人若有所思地说,"我懂了,您让我明白[14]了一分钟的时间可以做许//多事情……

语音提示:

1. 曾经 céngjīng
2. 与 yǔ
3. 敞开 chǎngkāi
4. 狼藉 lángjí
5. 招呼 zhāo·hu
6. 收拾 shōu·shi
7. 一分钟 yīfēngzhōng
8. 倒 dào
9. 漾 yàng
10. 微波 wēibō
11. 一下子 yíxià·zi
12. 愣住 lèngzhù
13. 尴尬 gānyù
14. 明白 míng·bai

作品51号　节选自张玉庭《一个美丽的故事》

有个塌鼻子[1]的小男孩儿[2],因为[3]两岁时得过脑炎,智力受损,学习起来很吃力。打个比方[4],别人写作文能写二三百字,他却只能写三五行。但即便[5]这样的作文,他同样能写得很动人。

那是一次作文课,题目是《愿望》。他极其认真地想了半天,然后极认真地写,那作文极短。只有三句话:我有两个愿望,第一个是,妈妈[6]天天笑眯眯地看着我说:"你真聪明。"第二个是,老师天天笑眯眯地看着我说:"你一点儿[7]也不笨。"

于是,就是这篇作文,深深地打动了他的老师,那位妈妈式的老师不仅给了他最高分,在班上带感情地朗读了这篇作文,还一笔一画地批道:你很聪明,你的作文写得非常感人,请放心,妈妈肯定会格外喜欢[8]你的,老师肯定会格外喜欢你的,大家肯定会格外喜欢你的。

捧着作文本,他笑了,蹦蹦跳跳地回家了,像只喜鹊[9]。但他并没有把作文本拿给妈妈看,他是在等待,等待着一个美好的时刻。

那个时刻终于到了,是妈妈的生日——一个阳光灿烂[10]的星期天[11]:那天,他起得特别早,把作文本装在一个亲手做的美丽的大信封里,等着妈妈醒来。妈妈刚刚睁眼醒来,他就笑眯眯地走到妈妈跟前说:"妈妈,今天是您的生日,我要//送给您一件礼物。"……

语音提示:

1. 鼻子 bí·zi 2. 男孩儿 nánháir 3. 因为 yīn·wèi 4. 比方 bǐ·fang
5. 即便 jíbiàn 6. 妈妈 mā·ma 7. 一点儿 yìdiǎnr 8. 喜欢 xǐ·huan
9. 喜鹊 xǐquè 10. 灿烂 cànlàn 11. 星期天 xīngqītiān

作品52号　节选自苦伶《永远的记忆》

小学的时候[1],有一次我们[2]去海边远足,妈妈[3]没有做便饭,给了我十块钱买午餐。好像走了很久,很久,终于到海边了,大家坐下来便吃饭,荒凉的海边没有商店,我一个人跑到防风林外面去,级任老师要大家把吃剩的饭菜分给我一点儿[4]。有两三个男生留下一点儿给我,还有一个女生,她的米饭拌了酱油,很香。我吃完的时候,她笑眯眯[5]地看着我,短头发[6],脸圆圆的。

她的名字[7]叫翁香玉。

每天放学的时候,她走的是经过我们家的一条小路,带着一位比她小的男孩儿[8],可能是弟弟[9]。小路边是一条清澈[10]见底的小溪,两旁竹阴覆盖,我总是远远地跟在她后面,夏日的午后特别炎热,走到半路她会停下来,拿手帕[11]在溪水里浸湿,为小男孩儿擦脸。我也在后面停下来,把肮脏[12]的手帕弄[13]湿了擦脸,再一路远远跟着她回家。

后来我们家搬到镇上去了,过几年我也上了中学。有一天放学回家,在火车上,看见斜对面一位短头发、圆圆脸的女孩儿,一身素净[14]的白衣黑裙。我想她一定不认识[15]我了。火车很快到站了,我随着人群挤向门口,她也走近了,叫我的名字。这是她第一次和我说话。

她笑眯眯的,和我一起走过月台。以后就没有再见过//她了。

语音提示:

1. 时候 shí·hou 　　2. 我们 wǒ·men 　　3. 妈妈 mā·ma

4. 一点儿 yìdiǎnr　　5. 笑眯眯 xiàomīmī　　6. 头发 tóu·fa
7. 名字 míng·zi　　8. 男孩儿 nánháir　　9. 弟弟 dì·di
10. 清澈 qīngchè　　11. 手帕 shǒupà　　12. 肮脏 āngzāng
13. 弄 nòng　　14. 素净 sù·jing　　15. 认识 rèn·shi

作品53号　节选自小学《语文》第六册中《语言的魅力》

在繁华的巴黎大街的路旁,站着一个衣衫褴褛[1]、头发[2]斑白、双目失明的老人。他不像其他乞丐[3]那样伸手向过路行人[4]乞讨,而是在身旁立一块木牌,上面写着:"我什么[5]也看不见!"街上过往的行人很多,看了木牌上的字都无动于衷,有的还淡淡一笑,便姗姗[6]而去了。

这天中午,法国著名诗人让·彼浩勒也经过这里。他看看木牌上的字,问盲老人:"老人家[7],今天上午有人给你钱吗?"

盲老人叹息着回答:"我,我什么也没有得到。"说着,脸上的神情非常悲伤。

让·彼浩勒听了,拿起笔悄悄地在那行[8]字的前面添上了"春天到了,可是"几个字,就匆匆地离开了。

晚上[9],让·彼浩勒又经过这里,问那个盲老人下午的情况。盲老人笑着回答说:"先生,不知为什么,下午给我钱的人多极了!"让·彼浩勒听了,摸着胡子[10]满意地笑了。

"春天到了,可是我什么也看不见!"这富有诗意的语言,产生这么大的作用,就在于它有非常浓厚的感情色彩。是的,春天是美好的,那蓝天白云,那绿树红花,那莺歌燕舞,那流水人家[11],怎么[12]不叫人陶醉呢?但这良辰美景,对于一个双目失明的人来说,只是一片漆黑。当人们[13]想到这个[14]盲老人,一生中竟连万紫千红的春天//都不曾看到……

语音提示:

1. 褴褛 lánlǚ　　2. 头发 tóu·fa　　3. 乞丐 qǐgài
4. 行人 xíngrén　　5. 什么 shén·me　　6. 姗姗 shānshān
7. 老人家 lǎo·ren·jia　　8. 行 háng　　9. 晚上 wǎn·shang
10. 胡子 hú·zi　　11. 人家 rénjiā　　12. 怎么 zěn·me
13. 人们 rén·men　　14. 这个 zhè·ge

作品54号　节选自蒲昭和《赠你四味长寿药》

有一次,苏东坡的朋友[1]张鹗[2]拿着一张宣纸来求他写一幅[3]字,而且希望他写一点儿[4]关于养生方面的内容。苏东坡思索了一会儿[5],点点头说:"我得到了一个养生长寿古方,药只有四味,今天就赠给[6]你吧。"于是,东坡的狼毫在纸上挥洒起来,上面写着:"一曰[7]无事以当[8]贵,二曰早寝[9]以当富,三曰安步以当车,四曰晚食以当肉。"

这哪里有药?张鹗一脸茫然地问。苏东坡笑着解释说,养生长寿的要诀[10],全在这四句里面。

所谓"无事以当贵",是指人不要把功名利禄[11]、荣辱过失考虑得太多,如能在情志上潇洒大度,随遇而安,无事以求,这比富贵更能使人终其天年。

"早寝以当富",指吃好穿好、财货充足,并非就能使你长寿。对老年人来说,养成良好的起居习惯,尤其是早睡早起,比获得[12]任何财富更加宝贵。

"安步以当车",指人不要过于讲求安逸[13]、肢体不劳,而应多以步行来替代骑马乘[14]车,多运动才可以强健体魄,通畅气血[15]。

"晚食以当肉",意思是人应该用已饥方食、未饱先止代替对美味佳肴[16]的贪吃无厌。他进一步解释,饿了以后才进食,虽然是粗茶淡饭,但其香甜可口会胜过山珍;如果饱了还要勉强[17]吃,即使[18]美味佳肴摆在眼前也难以//下咽……

语音提示:

1. 朋友 péng·you　　2. 鹗 è　　3. 幅 fú　　4. 一点儿 yìdiǎnr
5. 一会儿 yíhuìr　　6. 赠给 zènggěi　　7. 曰 yuē　　8. 当 dàng
9. 寝 qǐn　　10. 要诀 yàojué　　11. 利禄 lìlù　　12. 获得 huòdé
13. 安逸 ānyì　　14. 乘 chéng　　15. 气血 qìxuè　　16. 肴 yáo
17. 勉强 miǎnqiǎng　　18. 即使 jíshǐ

作品55号　节选自[美]本杰明·拉什《站在历史的枝头微笑》

人活着,最要紧[1]的是寻觅[2]到那片代表着生命绿色和人类希望的丛林,然后选一高高的枝头[3]站在那里观览人生,消化痛苦,孕育歌声,愉悦世界!

这可真是一种潇洒的人生态度,这可真是一种心境爽朗的情感风貌。

站在历史的枝头微笑,可以减免许多烦恼。在那里,你可以从众生相[4]所包含的甜酸苦辣、百味人生中寻找你自己;你境遇中的那点儿[5]苦痛,也许相比之下,再也难以占据[6]一席之地;你会较[7]容易地获得[8]从不悦中解脱灵魂的力量,使之不致变得灰色。

人站得高些,不但能有幸早些领略到希望的曙光,还能有幸发现生命的立体的诗篇。每一个人的人生,都是这诗篇中的一个词、一个句子或者一个标点。你可能没有成为一个美丽的词,一个引人注目的句子,一个惊叹号,但你依然是这生命的立体诗篇中的一个音节、一个停顿、一个必不可少的组成部分[9]。这足以使你放弃前嫌,萌生为[10]人类孕育新的歌声的兴致,为世界带来更多的诗意。

最可怕的人生见解,是把多维的生存图景看成平面。因为[11]那平面上刻下的大多是凝固[12]了的历史——过去的遗迹[13];但活着的人们[14],活得却是充满着新生智慧的,由//不断逝去的……

语音提示：

1. 要紧 yàojǐn
2. 寻觅 xúnmì
3. 枝头 zhītóu
4. 众生相 zhòngshēngxiàng
5. 点儿 diǎnr
6. 占据 zhànjù
7. 较 jiào
8. 获得 huòdé
9. 部分 bù·fen
10. 为 wèi
11. 因为 yīn·wèi
12. 凝固 nínggù
13. 遗迹 yíjì
14. 人们 rén·men

作品56号　节选自《中国的宝岛——台湾》

中国的第一大岛、台湾省的主岛台湾,位于中国大陆架的东南方,地处[1]东海和南海之间,隔[2]着台湾海峡和大陆相望。天气晴朗的时候[3],站在福建沿海较[4]高的地方[5],就可以隐隐约约地望见岛上的高山和云朵。

台湾岛形状狭长[6],从东到西,最宽处[7]只有一百四十多公里;由南至北,最长的地方约有三百九十多公里。地形像一个纺织用的梭子[8]。

台湾岛上的山脉[9]纵贯[10]南北,中间的中央山脉犹如全岛的脊梁[11]。西部为海拔近四千米的玉山山脉,是中国东部的最高峰。全岛约有三分之一的地方是平地,其余[12]山地。岛内有缎带般的瀑布[13]、蓝宝石似的[14]湖泊[15],四季常青的森林和果园,自然景色十分优美。西南部的阿里山和日月潭,台北市郊的大屯山风景区,都是闻名世界的游览胜地。

台湾岛地处热带和温带之间,四面环海,雨水充足,气温受到海洋的调剂[16],冬暖夏凉,四季如春,这给水稻和果木生长提供[17]了优越的条件。水稻、甘蔗[18]、樟脑是台湾的"三宝"。岛上还盛产[19]鲜果和鱼虾。

台湾岛还是一个闻名世界的"蝴蝶王国"。岛上的蝴蝶共有四百多个品种,其中有不少是世界稀有的珍贵品种。岛上还有不少鸟语花香的蝴//蝶谷……

语音提示：

1. 地处 dìchǔ
2. 隔 gé
3. 时候 shí·hou
4. 较 jiào
5. 地方 dì·fang
6. 狭长 xiácháng
7. 处 chù
8. 梭子 suō·zi
9. 山脉 shānmài
10. 纵贯 zòngguàn
11. 脊梁 jǐ·liang
12. 为 wéi
13. 瀑布 pùbù
14. 似的 shì·de
15. 湖泊 húpō
16. 调剂 tiáojì
17. 提供 tígōng
18. 甘蔗 gān·zhe
19. 盛产 shèngchǎn

作品57号　节选自小思《中国的牛》

对于中国的牛,我有着一种特别尊敬的感情。

留给我印象最深的,要算在田垄[1]上的一次"相遇[2]"。

一群朋友[3]郊游,我领头在狭窄[4]的阡陌[5]上走,怎料迎面来了几头耕牛,狭道容不下人和牛,终有一方要让路。它们[6]还没有走近,我们已经预计斗[7]不过畜牲[8],恐怕难免踩到田地泥水里,弄[9]得鞋袜又泥又湿了。正踟蹰[10]的时候,带头的一头牛,在离我们不远的地方[11]停下来,抬起头看看[12],稍迟疑一下,就自动走下田去。一队耕牛,全跟着它离开阡陌,从我们身边经过。

我们都呆了,回过头来,看着深褐色[13]的牛队,在路的尽头[14]消失,忽然觉得自己受了很大的恩惠。

中国的牛,永远沉默地为[15]人做着沉重的工作。在大地上,在晨光或烈日下,它拖着沉重的犁,低头一步又一步,拖出了身后一列又一列松土,好让人们[16]下种[17]。等到满地金黄或农闲时候[18],它可能还得[19]担当搬运负重的工作;或终日绕[20]着石磨[21],朝同一方向,走不计程的路。

在它沉默的劳动中,人便得到应得的收成[22]。

那时候,也许,它可以松一肩重担,站在树下,吃几口嫩草。偶尔[23]摇摇尾巴[24],摆摆耳朵[25],赶走飞附身上的苍蝇[26],已经算是它最闲适的生活了。

中国的牛,没有成群奔跑的习//惯……

语音提示:

1. 田垄 tiánlǒng　　2. 相遇 xiāngyù　　3. 朋友 péng·you　　4. 狭窄 xiázhǎi
5. 阡陌 qiānmò　　6. 它们 tā·men　　7. 斗 dòu　　8. 畜牲 chù·sheng
9. 弄 nòng　　10. 踟蹰 chíchú　　11. 地方 dì·fang　　12. 看看 kàn·kan
13. 褐色 hèsè　　14. 尽头 jìntóu　　15. 为 wèi　　16. 人们 rén·men
17. 下种 xiàzhǒng　　18. 时候 shí·hou　　19. 得 děi　　20. 绕 rào
21. 石磨 shímò　　22. 收成 shōu·cheng　　23. 偶尔 ǒu'ěr　　24. 尾巴 wěi·ba
25. 耳朵 ěr·duo　　26. 苍蝇 cāng·ying

作品58号　节选自老舍《住的梦》

不管我的梦想能否成为[1]事实,说出来总是好玩儿[2]的:

春天,我将要住在杭州。二十年前,旧历的二月初,在西湖我看见了嫩柳与菜花,碧浪与翠竹。由我看到的那点儿[3]春光,已经可以断定,杭州的春天必定会教[4]人整天生活在诗与图画之中。所以,春天我的家应当[5]是在杭州。

夏天,我想青城山应当算作最理想的地方[6]。在那里,我虽然只住过十天,可是它的幽静已拴住了我的心灵。在我所看见过的山水中，只有这里没有使我失望。到处都是绿，目之所及，那片淡而光润的绿色都在轻轻地颤动[7]，仿佛[8]要流入空中与心中似的[9]。这个绿色会像音乐，涤[10]清了心中的万虑。

秋天一定要住北平。天堂是什么[11]样子，我不知道，但是从我的生活经验去判断，北平之秋便是天堂。论天气，不冷不热。论吃的，苹果、梨、柿子[12]、枣儿[13]、葡萄，每样都有若干[14]种。论花草，菊花种类之多，花式之奇，可以甲天下。西山有红叶可见，北海可以划船[15]——虽然荷花已残，荷叶可还有一片清香。衣食住行[16]，在北平的秋天，是没有一项不使人满意的。

冬天，我还没有打好主意[17]，成都[18]或者相当的合适，虽然并不怎样[19]和暖[20]，可是为了水仙，素心腊梅，各色的茶花，仿佛就受一点儿[21]寒//冷……

语音提示：

1. 成为 chéngwéi　　2. 好玩儿 hǎowánr　　3. 点儿 diǎnr　　4. 教 jiào
5. 应当 yīngdāng　　6. 地方 dì·fang　　7. 颤动 chàndòng　　8. 仿佛 fǎngfú
9. 似的 shì·de　　10. 涤 dí　　11. 什么 shén·me　　12. 柿子 shì·zi
13. 枣儿 zǎor　　14. 若干 ruògān　　15. 划船 huáchán　　16. 行 xíng
17. 主意 zhǔ·yi　　18. 成都 chéngdū　　19. 怎样 zěnyàng　　20. 和暖 hénuǎn
21. 一点儿 yìdiǎnr

作品59号　节选自宗璞《紫藤萝瀑布》

我不由得[1]停住了脚步。

从未见过开得这样盛[2]的藤萝，只见一片辉煌的淡紫色，像一条瀑布[3]，从空中垂下，不见其发端[4]，也不见其终极，只是深深浅浅的紫，仿佛[5]在流动，在欢笑，在不停地生长。紫色的大条幅上，泛着点点银光，就像迸溅[6]的水花。仔细看时，才知那是每一朵紫花中的最浅淡的部分[7]，在和阳光互相挑逗[8]。

这里除了光彩，还有淡淡的芳香。香气似乎[9]也是浅紫色的，梦幻一般轻轻地笼罩[10]着我。忽然记起十多年前，家门外也曾[11]有过一大株紫藤萝，它依傍[12]一株枯槐爬得很高，但花朵从来都稀落，东一穗[13]西一串伶仃[14]地挂在树梢，好像在察言观色，试探什么[15]。后来索性连那稀零的花串也没有了。园中别的紫藤花架也都拆掉，改种了果树。那时的说法是，花和生活腐化有什么必然关系。我曾遗憾地想：这里再看不见藤萝花了。

过了这么[16]多年，藤萝又开花了，而且开得这样盛，这样密，紫色的瀑布遮住了粗壮的盘虬[17]卧龙般的枝干[18]，不断地流着，流着，流向人的心底。

花和人都会遇到各种各样的不幸，但是生命的长河是无止境的。我抚摸了[19]一下那小小的紫色的花舱，那里满装了生命的酒酿[20]，它张满了帆，在这//闪光的……

语音提示:

1. 不由得 bùyóu·de 2. 盛 shèng 3. 瀑布 pùbù 4. 发端 fāduān
5. 仿佛 fǎngfú 6. 迸溅 bèngjiàn 7. 部分 bù·fen 8. 挑逗 tiǎodòu
9. 似乎 sìhū 10. 笼罩 lǒngzhào 11. 曾 céng 12. 依傍 yībàng
13. 穗 suì 14. 伶仃 língdīng 15. 什么 shén·me 16. 这么 zhè·me
17. 盘虬 pánqiú 18. 枝干 zhīgàn 19. 抚摸 fǔmō 20. 酒酿 jiǔniàng

作品 60 号　节选自林光如《最糟糕的发明》

在一次名人访问中,被问及上个世纪最重要的发明是什么[1]时,有人说是电脑,有人说是汽车,等等。但新加坡的一位知名人士却说是冷气机。他解释,如果没有冷气,热带地区如东南亚国家,就不可能有很高的生产力,就不可能达到今天的生活水准。他的回答实事求是,有理有据。

看了上述报道,我突发奇想:为什么没有记者问:"二十世纪最糟糕的发明是什么?"其实二〇〇二年十月中旬[2],英国的一家报纸就评出了"人类最糟糕的发明"。获此"殊荣[3]"的,就是人们每天大量使用的塑料袋。

诞生于上个世纪三十年代的塑料袋,其家族包括用塑料制成的快餐饭盒、包装纸、餐用杯盘、饮料瓶、酸奶杯、雪糕杯,等等。这些废弃物形成的垃圾[4],数量[5]多、体积大、重量轻、不降解[6],给治理工作带来很多技术难题和社会问题。

比如,散落[7]在田间、路边及草丛中的塑料餐盒,一旦被牲畜[8]吞食,就会危及健康甚至导致死亡。填埋废弃塑料袋、塑料餐盒的土地,不能生长庄稼[9]和树木,造成土地板结[10],而焚烧[11]处理[12]这些塑料垃圾,则会释放出多种化学有毒气体,其中一种称为[13]二噁英[14]的化合物,毒性极大。

此外,在生产塑料袋、塑料餐盒的//过程中……

语音提示:

1. 什么 shén·me 2. 中旬 zhōngxún 3. 殊荣 shūróng 4. 垃圾 lājī
5. 数量 shùliàng 6. 降解 jiàngjiě 7. 散落 sànluò 8. 牲畜 shēngchù
9. 庄稼 zhuāng·jia 10. 板结 bǎnjié 11. 焚烧 fénshāo 12. 处理 chǔlǐ
13. 称为 chēngwéi 14. 二噁英 èr'èyīng

参 考 文 献

[1] 人民教育出版社中学语文室. 现代汉语知识[M]. 北京:人民教育出版社,1999.
[2] 邢福义. 普通话培训测试指要[M]. 武汉:华中师范大学出版社,2010.
[3] 张保志. 普通话口语交际教程[M]. 北京:科学普及出版社,2007.
[4] 王非,霍维佳. 大学生口才与演讲训练[M]. 北京:清华大学出版社,2010.
[5] 刘金同,裴明珍,李兴军. 大学生实用口才与演讲[M]. 2版. 北京:清华大学出版社,2009.
[6] 陈丛耘. 口语交际与人际沟通[M]. 重庆:重庆大学出版社,2010.
[7] 孙汝建. 口语交际理论与技巧[M]. 北京:中国轻工业出版社,2007.
[8] 费尔巴斯(Firbas.J.). 书面与口语交际中的功能句子观[M]. 北京:世界图书出版公司北京公司,剑桥大学出版社,2007.
[9] 王景华,尹建国. 普通话口语交际[M]. 北京:北京师范大学出版社,2011.
[10] 周彬琳. 实用演讲与口才[M]. 大连:东北财经大学出版社,2010.
[11] 张晓梅. 现代口语交际礼仪[M]. 北京:中国青年出版社,2009.
[12] 金幼华. 实用口语技能训练[M]. 杭州:浙江大学出版社,2006.
[13] 何书宏. 演讲与口才知识全集[M]. 北京:北京工业大学出版社,2005.
[14] 罗爽. 实用口才技巧与训练[M]. 北京:机械工业出版社,2009.
[15] 金正昆. 接待礼仪[M]. 北京:中国人民大学出版社,2009.